Tipps
Anregungen für eine weitere Reise

Seidenstraße: Fahrt durch die Flammenden Berge bei Turfan

Shandong – Heimat des Konfuzius
Die Heimatprovinz von Konfuzius mit dem heiligen Berg Tai Shan steht nicht nur für Geschichte, sondern ebenso für Freizeitvergnügen und Entwicklungsdynamik, wie Shandongs Hafenstadt und Sommerfrische Qingdao beweist. Viele lohnende Ziele sind noch wenig bekannt – ein Grund mehr für Entdecker, hierher zu kommen. (siehe S. 227 - 229)

Schatzkammer Shanxi
Ein Besuch Nordshanxis gleicht einer Zeitreise auf den Spuren alter Frömmigkeit. Schon die Kaiserdynastie der Nördlichen Wei hinterließ hier mit den Buddha-Grotten von Yungang einen beeindruckenden Schatz buddhistischer Kunst. Weiter südlich schlagen der Frauentempel Jin Ci und die alte Bankenstadt Pingyao andere Themen an. (siehe S. 233 - 236)

Metropolregion Perlfluss-Delta
Südchinas Boomregion im Perlfluss-Delta hat zwei Zentren: das alte Kanton und das moderne Hongkong. Einflüsse aus dem fernen Westen machen sich hier schon bemerkbar, seit die Portugiesen in Macau anlandeten. Unbeeindruckt davon leben die Kantonesen eine ganz eigene Identität, die sich auch vom Rest Chinas stark abhebt. (siehe S. 214 - 219)

Naturwunder in Sichuan
Die von hohen Bergen gesäumte Provinz hat einen eigenen Charakter und ist zugleich enorm vielfältig. Es gibt mehrere Naturparks im Norden der Provinz, Pandas, den heiligen Berg Emeishan und andere Kulturhighlights. Berühmt ist die Provinz zudem für ihre scharfe Küche. (siehe S. 237 - 244)

Fujian und die Hakka
Die südostchinesische Provinz am Meer ist zwar nicht reich an Highlights, zählt aber zu den angenehmsten Orten Chinas und ist auch ein beliebtes Badeziel. Eine Besonderheit sind die kreisrunden Wohnburgen der Hakka. Mehrere Stockwerke hoch und mit einem Innenhof versehen, leben hier mehrere Familien wie in einem kleinen Dorf zusammen. (siehe S. 178 - 183)

Badeinsel Hainan
Ganz im Süden Chinas liegt die tropische Insel Hainan und ganz im Süden davon die Stadt Sanya. Das Wetter ist hier rund um das Jahr, vor allem aber im Winter, angenehm warm. Es gibt mehrere Badebuchten mit feinem Sand und hochwertigen Hotels. Ein idealer Ort, um seine Reise ausklingen zu lassen. (siehe S. 144 - 149)

In China wurde die Gymnastik erfunden. Die Gesundheitsideale des Daoismus, denen wir Qigong und Schattenboxen verdanken, prägen Chinas Kultur seit zwei Jahrtausenden. Der Energiefluss des Körpers, das Qi (sprich: »tchi«), soll reguliert und Yin und Yang in Harmonie gebracht werden für Gesundheit und Spannkraft. Das China von heute aber bietet natürlich viel mehr. Nur im klimatisierten Bus herumfahren, aussteigen, Fotos schießen und wieder einsteigen? Das muss nicht sein.

Sport

Baden und Wassersport
Auf nach Sanya (siehe S. 144 - 149) zum Schwimmen, Surfen, Jetski-Fahren, Schnorcheln und Tauchen! Ein Badeort im Norden ist Qingdao (siehe S. 140 - 143), aber auch Xiamen (siehe S. 178 - 183) und Hongkong (siehe S. 63 - 75) haben schöne Strände.

Eislaufen
Der kalte nordchinesische Winter, gewöhnlich mit wenig Schnee, schafft ideale Verhältnisse zum Eislaufen, wo immer es Seen oder Teiche gibt.

Frühsport
Mit den Chinesen morgens im Park Gymnastik treiben kann man überall, aber nirgends schöner als am Himmelstempel in Peking (siehe S. 124) und am Bund in Shanghai (siehe S. 156 - 157). Wem Schattenboxen, Schwertgymnastik oder Qigong-Übungen zu fremd sind, macht bei der Walzer- oder Diskotanzgruppe mit.

Golf
Chinas neuer Trendsport. Die meisten, größten und schönsten Plätze liegen im Süden, allein 16 auf der Tropeninsel Hainan (siehe S. 144 - 149). Auch der weltgrößte ist in Südchina: der Mission Hills Golf Club (siehe S. 214). Weniger aufwendig ist ein Besuch im Chaoyang Kosaido Golf Club in Peking: Er ist innenstadtnah und verfügt über einen Neun-Loch-Platz und eine Driving Range.

Fahrradfahren
Viele Städte bieten sich zum Radeln geradezu an: Man sieht mehr und ist flexibel. Besonders gilt dies für Peking (siehe S. 114 - 1139), aber auch für Dali (siehe S. 37 - 40) und Yangshuo (siehe S. 51 - 52) mit Umgebung. Dort finden sich auch viele Radvermieter; alternativ kann man im Hotel fragen. Auch Überlandtouren per Rad sind möglich – für alle Schwierigkeitsgrade.

10 AKTIVITÄTEN

Aktivitäten
Sport und andere Angebote

Reiten
Reiten wird verschiedentlich an der Großen Mauer angeboten – auf Pferden wie auf Kamelen. Sehr lohnende, mehrtägige Reitausflüge lassen sich im Bergland von Nordsichuan unternehmen, und zwar von Songpan (siehe S. 240) aus. Kurze Kamelritte durch die riesigen Sanddünen von Dunhuang (siehe S. 47) sind ein Vergnügen für Alt und Jung. Längere Touren auf dem Kamelrücken am Rande der Sandwüste Taklamakan (siehe S. 225) lassen sich von den dortigen Oasenstädten aus arrangieren. Ein einmaliges Erlebnis bietet die mehrtägige Durchquerung dieser Wüste, sie sollte jedoch gut organisiert sein.

Wandern
Alle bekannten, erschlossenen Berge sind mit gepflasterten Wegen hergerichtet. Für mehrtägige, anspruchsvollere und äußerst lohnende Touren eignen sich besonders der Emeishan (siehe S. 238 - 239) und die Tigersprungschlucht (siehe S. 102). Für einfachere Touren bietet sich die landschaftlich einmalige Umgebung von Yangshuo (siehe S. 51 - 52) an. Trekkingtouren sind in Tibet (siehe S. 245 - 252) und im Pamir (siehe S. 226) möglich, erfordern jedoch eine entsprechende Kondition.

Andere Aktivitäten

Bootsfahrten
Die besten Touren gehen durch die Yangtze-Schluchten (siehe S. 253 - 256) und die Karstlandschaft bei Guilin (siehe S. 51). Motorisierte Bootsausflüge gibt es auf dem Huangpu in Shanghai (siehe S. 150 - 151) und in Hongkong (siehe S. 63 - 75). Für Wildwasserfahrten fährt man nach Deqing (siehe S. 217).

Sprachkurse
Chinesisch ist im Kommen – und nicht nur in China nützlich. Viele Universitäten bieten Ferienkurse für Ausländer an, oft in Kombination mit einem touristischen Programm. Ideal sind Kurse in Peking, da dort das beste Hochchinesisch gesprochen wird. In Hongkong kann man auch Kantonesisch lernen.

Taiji Quan
Auch als „Schattenboxen" bekannt oder „Tai Chi" geschrieben, ist dies eine langsame, konzentrierte Gymnastik, die vor allem ältere Chinesen schätzen. In Hongkong trifft sich eine englischsprachige Taiji-Gruppe unter Leitung von William und Pandora dreimal wöchentlich am Museum of Art (siehe S. 258).

In China unterwegs
Kleiner Kompass für eine fremde Welt

China ist mehr als ein Land: Es ist ein Universum. Nie enden die Entdeckungen, und das gleich in mehreren Dimensionen.

Fangen wir mit den räumlichen Maßen an. 39 Stunden braucht beispielsweise der Expresszug für die 4.047 Bahnkilometer von Shanghai bis ins zentralasiatische Urumqi, der küstenfernsten Großstadt der Erde, aber von dort bis in den westlichsten Zipfel des Landes kurz vor Afghanistan sind noch einmal 1.200 Kilometer zurückzulegen. Ähnlich beim Weg von Norden nach Süden: Harbin, Chinas nördlichste Provinzhauptstadt, in der jährlich vier Monate Dauerfrost herrscht, liegt selbst schon 900 Kilometer südlich vom nördlichsten Punkt des Landes. Von Harbin über Tianjin bis Kanton im Süden ist man mit der Bahn 34 ½ Stunden unterwegs, das sind 3.650 Kilometer Schiene – fast so weit wie in der Luftlinie von Oslo bis Kairo. Von Kanton bis an das Südkap der Tropeninsel Hainan wären aber noch einmal 700 Kilometer zu fliegen. Die längste Eisenbahnfahrt, die man derzeit in China unternehmen kann, geht von Kanton nach Lhasa: 53 Stunden Fahrt, 4.980 Schienenkilometer.

Hinter diesen Zahlen stecken fast alle Klimazonen der Erde. Das Spektrum reicht vom tropischen Regenwald auf Hainan bis zum Permafrostboden in Tibet, die Landschaften umfassen Nassreisterrassen in Guangxi, Sandwüsten in Xinjiang und mitteleuropäisch anmutende Gegenden im Nordosten. Dazu kommen verschiedene Sprachen und Kulturen. In China leben ja nicht nur die ethnischen, so genannten Han-Chinesen. Fünfundfünfzig weitere Völker kommen hinzu, die meisten davon mit einer eigenen Sprache, die, wie das Mongolische oder die Turksprache der Uiguren, mit der chinesischen nicht einmal verwandt sein müssen. Die größten dieser Minderheiten sind außerhalb Chinas kaum bekannt: die Zhuang mit 17 Millionen, die Hui (chinesische Moslems) mit 10.6 und die Miao mit 9,4 Millionen Mitgliedern. Aber auch die Chinesen unterscheiden sich je nach Region. Das Kantonesische, das offiziell als Dialekt gilt, wäre nach europäischen Maßstäben schon eine andere Sprache, und was hat ein Shanghaier Diskogirl mit einem Bauern gemein, dessen Hauptsorge vordringende Sanddünen sind? In der Tat: Je näher man China kommt, umso mehr löst es sich auf in Millionen Details, umso weniger lässt sich sagen, wie China eigentlich ist. Nach zwei Wochen in China kann man flott über das Land urteilen, aber nach zwei Jahren wird man sehr, sehr vorsichtig.

Und was erst, wenn wir uns der historischen Dimension zuwenden, der Kunst, der Literatur, der Philosophie und dem gesammelten zivilisatorischen

IN CHINA UNTERWEGS

Wissen von Jahrhunderten und Jahrtausenden? Die „5000 Jahre chinesische Kultur" oder gar „5000 Jahre chinesische Geschichte", die gern angeführt werden, sind zwar eine von der Wissenschaft längst abgetane Mär, denn eine chinesische Identität entwickelten die frühen Staatswesen allenfalls mit der Erfindung der Schrift im Laufe des zweiten Jahrtausends vor Christus. Aber natürlich lassen sich die Wurzeln dieses frühhistorischen China viel weiter zurückverfolgen. Aus jenen prähistorischen Anfängen wuchs in den Jahrhunderten zwischen Konfuzius und der ersten Reichseinigung, also etwa zwischen 500 und 200 vor Christus, ein schon damals vielgliedrig verflochtenes Gewirr durchaus auch widersprüchlicher Traditionen. Die Epochen danach schlugen neue Themen an, vor allem durch den Buddhismus, der China kulturell enorm bereicherte. Auch später nahm China immer wieder Anregungen und Errungenschaften von außen auf, besonders zur Tang-Zeit, als sich das Reich kurzzeitig bis Zentralasien ausdehnte und die Dichtkunst eine Blüte erreichte, die bis in die Gegenwart ausstrahlt.

Wie nun erschließt man sich all das?

Peking ist immer der beste Anfang. Hier fällt die Orientierung leicht, Konfuzianisch-Kaiserliches, Sozialistisches und Modernes liegen nebeneinander, so dass sich Chinas Grundthemen in Gegenwart wie Vergangenheit übersichtlich präsentieren: in den Opferstätten, dem Palast, im Teehaus-Varieté, im Mao-Mausoleum oder in den Galerien und Bars der jungen Avantgarde.

Nun folgt die Qual der Wahl: Kommt mit Shanghai gleich die nächste Metropole an die Reihe? Geht es tiefer zu den Wurzeln hinab, beispielsweise zur Konfuziusstadt Qufu oder zur gigantomanen Grabwächterarmee des Ersten Kaisers? Oder sind die Landschaften dran, wobei natürlich jeder gleich an die in der Tat traumhafte Turmkarstlandschaft von Guilin denkt? Eine Erstreise wird diese Hauptattraktionen gewöhnlich verbinden und für einen bunten Querschnitt sorgen. Es gibt aber noch einen anderen Zugang zum China jenseits von Peking, und der heißt: sich für eine Region entscheiden. Dann vertut man weniger Zeit mit Kofferpacken und auf Flughäfen, fährt vielmehr über Land mit Bus, Bahn oder Taxi, wandert mal einen Tag und mietet für einen anderen ein Fahrrad. Fast jeder größere Ort in der Shanghaier Gegend eignet sich dafür als Stützpunkt, einschließlich Shanghai selbst. Auch Peking taugt dafür gut, ebenso die Perlflussregion um Kanton und die oft unterschätzte, betörend vielfältige Provinz Sichuan. Wer mehr als zwei Nächte in einem Hotel wohnt, kann im Imbiss um die Ecke schon beim zweiten Besuch zum Stammgast avancieren und Bekanntschaften schließen.

Und damit wären wir bei Chinas lebendigstem Schatz: den Menschen. Überall trifft man vor allem auf junge Leute, die mal ihre Englischkenntnisse ausprobieren wollen. Solche Gelegenheiten sollte man beim Schopfe packen. Zwar sind Chinesen manchmal für europäische Normen etwas zu neugierig, aber man braucht sich dann auch nicht zu scheuen, den Spieß umzudrehen. Was man auf diese Weise erfährt, steht in keinem Reiseführer.

Bald wird man dann auch merken, dass der Umgang mit Chinesen wenig kompliziert ist. Die üblichen Höflichkeitsregeln reichen gewöhnlich aus, um nicht unversehens anzuecken. Mit Kritik an den politischen Verhältnissen hält man sich allerdings besser zurück. Schön ist es, wenn man selbst ein paar Fotos von zu Hause dabei hat. Einem Bürger Shanghais, Pekings oder Kantons wird man damit allerdings nicht mehr imponieren. Der erzählt Ihnen womöglich von seinem letzten Thailandurlaub oder beklagt, dass er Europa als seltsam altertümlich und rückständig erlebte. Chinas Entwicklungstempo versetzt einen allerdings immer wieder ins Erstaunen, und das ist auch ein Grund, nach ein paar Jahren wieder hinzufahren. Der tief greifende Wandel der großstädtischen Zentren ist zwar vorbei, die Altbauten sind abgerissen, die alten Gassen verbreitert oder verschwunden unter Shoppingpalästen, Bürogiganten oder luxuriösen Wohnblocks. Dafür werden abseits der Metropolen immer wieder Sehenswürdigkeiten entdeckt. Auf einmal mutieren selbst Dörfer, über die zuvor niemand sprach, zu landesweit bekannten Reisezielen, und Naturlandschaften werden unter Schutz gestellt, die früher niemand beachtete. Ein ewiges China, so muss man erkennen, gibt es nicht, aber das vieldimensionale Universum, dass das Reich der Mitte birgt, gebiert immer neue Überraschungen, schöne und zuweilen auch schreckliche, und liefert jedes Jahr viele weitere Gründe, noch einmal hinzufahren. China zu entdecken ist nun einmal eine unendliche Geschichte.

Reiseziele

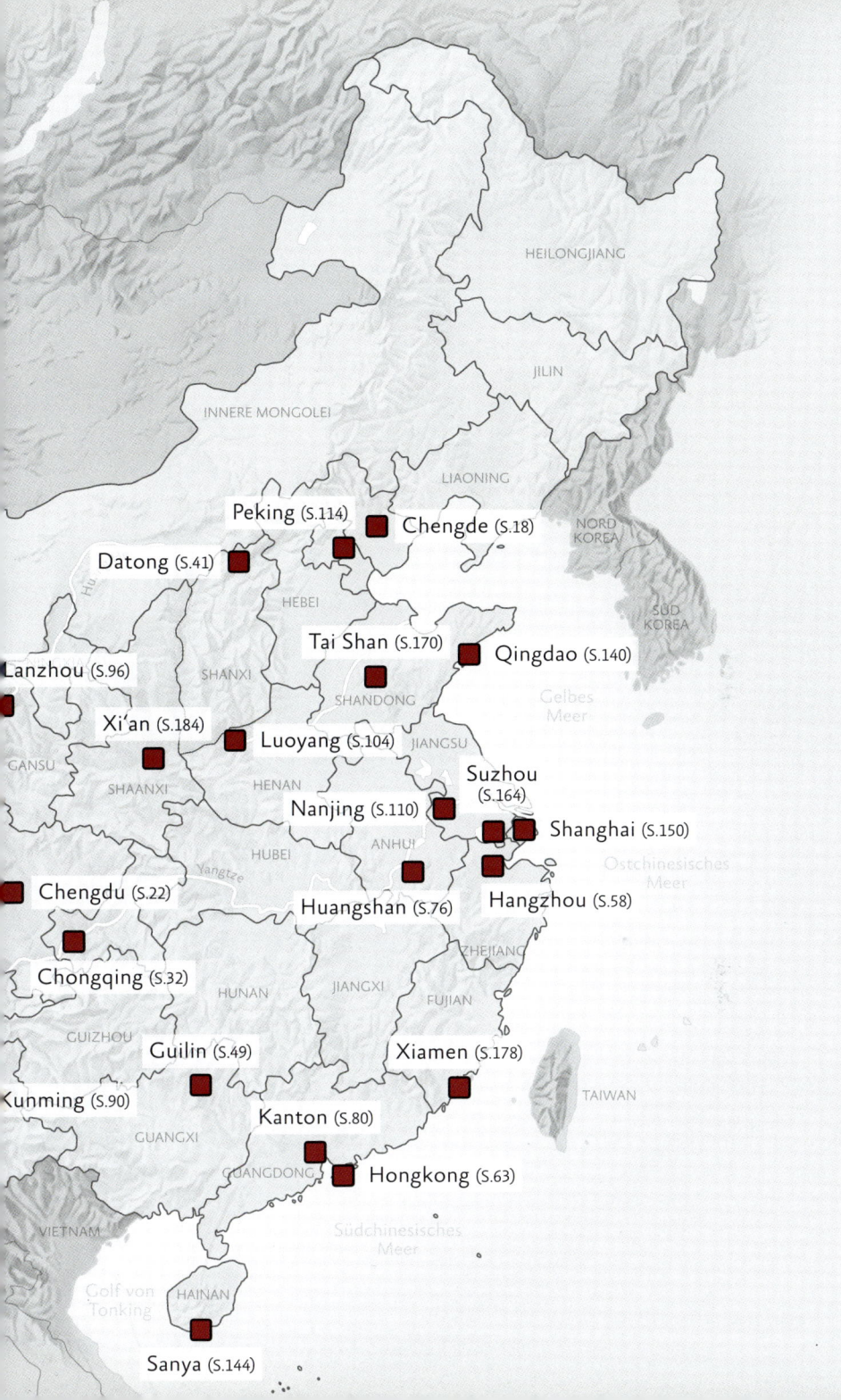

Reiseziele

Chengde

Chéngdé 承德

Putuōzongcheng Miao (links) und Xumifushou Miao (rechts)

Die Sommerresidenz der Qing-Kaiser, genutzt vom Beginn des 18. Jh.s bis 1820, ist gut für eine Übernachtung oder zwei. Die Ziele im Ort erreicht man bequem mit einem Mietfahrrad.

Historischer Hintergrund

In den ersten Jahrzehnten der Qing-Zeit reisten die Kaiser im September zur Jagd nach Mulan, 350 km nördlich von Peking. Von der dortigen Zeltstadt aus ließ sich das Reich jedoch nur schlecht regieren. So entschied sich der Kangxi-Kaiser zu einem Kompromiss: Chengde. Hier ließen sich die diplomatischen Pflichten gegenüber den verbündeten Mongolen bei Reiterspielen und Ringkämpfen mit den übrigen Anforderungen der Verwaltung bestens verbinden, zudem konnte man hierher schon Monate früher kommen und so der Pekinger Sommerhitze entgehen. 1703 war Baubeginn.

Palast

Von einst drei Gebäudetrakten der „Bergvilla zur Sommerfrische" blieb nur der Haupttrakt vollständig erhalten. Mit seinen grau gedeckten Dächern und dem Verzicht auf hohe Terrassen tritt er bescheiden-ländlich auf, wirkt aber mit seinen kiefernbestandenen Höfen auf streng symmetrischem Grundriss ebenso würdig wie wohnlich. Die Residenz erscheint nicht als eine Kleinausgabe des Pekinger Palastes, sondern ist von eigenem Charakter. Besonders fällt dies in der **Halle der Anspruchslosigkeit und Ernsthaftigkeit**[1] auf, deren Name fast als Lebensmotto des Bauherrn, des Qianlong-Kaisers, gelten könnte. Die Grundfläche dieser Hauptthronhalle misst nur ein Viertel der großen Pekinger, zudem wurde sowohl auf das übliche Säulenrot wie auch auf Goldschmuck verzichtet. Der hölzerne Wandschirm hinter dem

Thron zeigt auch keine Drachen, sondern Untertanen beim Weben und Ackern – eine Mahnung des Herrschers an sich selbst, die Arbeit des einfachen Volks zu achten. Die zwei nach Norden folgenden Hallen gehören noch zum „äußeren" Gebiet, das der Amtstätigkeit vorbehalten war. Dann leitet eine Torhalle (mit Wohnräumen für Eunuchen) zum Wohnbereich über. In einem Teil der Räume sind heute Porzellan und anderes Kunsthandwerk aus dem Palasthaushalt ausgestellt.

- Chinesischer Name: *Bìshǔ Shānzhuāng* 避暑山庄
- ¹ Halle der Anspruchslosigkeit und Ernsthaftigkeit: *Dànbójìngchéng Diàn* 澹泊敬诚殿

STADTINFO

Chinesischer Name:	*Chéngdé* 承德
Einwohnerzahl:	370.000 Einwohner
Provinz:	Hebei
Besonderheit:	Unesco-Welterbe seit 1994 (Residenz und Klöster)
Wetter:	475 mm Niederschlag/Jahr Januar: -1,6° C Juli: 30,4° C
M ü. NN:	200 m
Lage:	250 km nordöstlich von Peking
Anreise:	direkte Zugverbindung nach Peking

CHENGDE

Palastgarten

Palastgarten

Dieser größte aller kaiserlichen Gärten besteht vorwiegend aus bewaldeten Hügeln. Pavillons krönen die Gipfel. Am meisten besucht wird der von Dämmen und künstlichen Inseln gegliederte Teichgarten nahe den Palastbauten im Süden. Mit seinen Lotosfeldern sowie landschaftlichen Szenen imitiert er Ansichten Südchinas. Vieles ist von der Kunst der Literatengärten inspiriert. Dazu passen auch die Namen. So verheißen die Dämme „Lingzhi-Pfad" und „Wolkendamm" den Eintritt ins Paradies: Lingzhi-Pilze verleihen Unsterblichkeit, auf Wolken fahren die Seligen durch Raum und Zeit. Nach Norden schließt sich ein locker mit Bäumen bestandenes Flachland an, das einst als Pferdeweide und Ort für Reiterspiele und anderes Vergnügen diente. Von einem Buddhatempel blieb nur die Pagode erhalten. Ein nahes Hüttendörfchen in Form von Jurten (heute aus Beton) erinnert an ein historisches Vorbild aus Kaisers Zeiten. Offene Elektrobusse fahren zu Zielen im Hügelland.

Klöster

Um besiegte und verbündete Mongolen und Tibeter davon zu überzeugen, dass das Mandschureich ihre wahre Heimat sei, begann der Qianlong-Kaiser Mitte des 18. Jh.s mit einer einzigartigen Klosterbaudiplomatie. Die Gesandten dieser Völker, die wie das Herrscherhaus selbst dem tibetischen Buddhismus anhingen, sollten sich hier wie zu Hause fühlen. So entstanden insgesamt acht Klöster, verteilt auf zwölf Komplexe, von denen sechs weitgehend erhalten blieben. Sie liegen am Stadtrand östlich und nördlich der Residenz. Besichtigt werden die folgenden:

Pule Si, „Kloster der umfassenden Freude"

Es wird überragt von einer Rundhalle mit doppeltem Kegeldach. Das Gebäude birgt ein riesiges, dreidimensionales Mandala. Von unterhalb des Klosters schwebt eine Seilbahn auf den auffälligen **Knüppelberg**[1]; auch Ausritte werden angeboten.

- Chinesischer Name: *Pǔlè Sì* 普乐寺
- [1] Knüppelberg: *Bàngchuí Shān* 棒槌山

Puning Si, „Kloster der umfassenden Befriedung"

Vorn ein Tempelkloster im chinesischen Stil, dahinter und höher gelegen eine Imitation des tibetischen Samye-Klosters. Hier bilden 19 Gebäude ein architektonisches Mandala mit der Mahayana-Halle als Weltenberg Meru in der Mitte, umstanden von Gebäuden, die die vier Kontinente, deren Nebenkontinente sowie Sonne und Mond gemäß dem buddhistischen Weltbild darstellen. Die Mahayana-Halle birgt das größte Holzbildnis der Welt, eine 23,5 m hohe, 40-armige Guanyin in Begleitung zweier Schüler: des Sudhana und der Drachenkönigstochter.

- Chinesischer Name: *Pǔníng Sì* 普宁寺
- Lage: nordöstlich des Palastes

Puning Si

Xumifushou Miao

Das von goldenen Dächern gekrönte und von einer Pagode überragte tibetische Kloster gilt als Nachbildung des Tashilhunpo in Shigatse, der Heimat des Panchen Lama, zu dessen Besuch diese Anlage 1779 entstand. Im zentralen, dreistöckigen Roten Palast ist religiöse Kunst zu sehen. Vom angrenzenden zweistöckigen Thronpalast, die dem Kaiser diente, stehen nur noch die Außenmauern. Der Rote Palast umschließt die quadratische Goldene Halle, die den Weltenberg Meru verkörpert.

- Chinesischer Name: *Xūmífúshòu Miào* 须弥福寿庙

Putuozongcheng Miao

Das imposanteste der Klöster ist ein unsymmetrisches Ensemble aus über 50 Einzelbauten in tibetischem Stil. Der zentrale, 155 m breite weiße Palast mit dem ihn überragenden roten Palast imitiert den Potala-Palast in Lhasa. Die unteren, mit Scheinfenstern versehenen Etagen sind völlig verfüllt. Die Hauptattraktion ist das Innere des roten Palastes und die darin stehende Goldene Halle. Der ursprüngliche Bildschmuck ging zumeist verloren, was man heute hier sieht, wurde im Zuge einer aufwändigen Restaurierung teils neu geschaffen, teils hier zusammengetragen. Vom Dach aus überblickt man dieses und einige der anderen Klöster – ein Höhepunkt des Chengde-Besuches.

- Chinesischer Name: *Pǔtuózōngchèng Miào* 普陀宗乘庙

Tipps

Die zinnenbewehrte Mauer des Palastgartens ist besteigbar und gewährt im Norden einen spektakulären Ausblick auf den „Kleinen Potala".

Kangxi Ceremony: So heißt die gigantische, toll inszenierte Show, die Mitte Mai bis Mitte Oktober abends auf einer riesigen Freilichtbühne aufgeführt wird - mit Hunderten von Mitwirkenden und 200 Pferden.

Putuozongcheng Miao

CHENGDE

Chengdu

Chéngdū 成都

Panda-Aufzuchtstation bei Chéngdu

STADTINFO

Chinesischer Name:	*Chéngdū* 成都
Einwohnerzahl:	5,6 Mio. Einwohner, mit Umland 14 Mio.
Provinz:	Hauptstadt der Provinz Sichuan
Wetter:	920 mm Niederschlag/Jahr Januar: 6,2° C Juli: 25,8° C
M ü. NN:	400 m

Chengdu ist größer als Berlin, und die von hier aus verwaltete Provinz Sichuan (488.000 km², 81 Mio. Einwohner) übertrifft Deutschland an Fläche und Bevölkerung. Direktflüge aus Europa und ein deutsches Konsulat illustrieren die Bedeutung der Stadt.

Für alles, was Sichuan bietet (darunter fünf Welterbestätten) fungiert Chengdu als Ausgangspunkt. Die Stadt selbst sollte dabei nicht zu kurz kommen. Sie hat – wie Sichuan generell – eigene Traditionen und kulturelle Wurzeln, die bis ins dritte vorchristliche Jahrtausend zurückgehen.

Chengdus schönste Tradition ist seine Teekultur. Sie bietet noch eine Chinaexotik, die man woanders vermisst. Treffpunkt aller Müßiggänger ist der Teegarten. Man kauft sich dort eine Portion Teeblätter, die man mehrfach neu aufbrühen lässt, falls ein Wasserschenk die Runde macht; sonst bedient man sich aus einer bereit stehenden Thermoskanne. Dann kommen die Dienstleister: Schuhputzer, Masseure und professionelle Ohrenputzer, die mit Löffelchen und Pinselchen für reine Gehörgänge und wohliges Kitzeln sorgen.

Küche

In Sichuan liebt man es scharf, und das heißt für die meisten Nichtsichuaner: höllisch! Verlangen Sie ausdrücklich: „*Bú yào là de* 不要辣的", nichts Scharfes!, wenn Sie Bedenken haben. Schließlich gibt es auch milde oder nur halb scharfe Gerichte. Auch reichlich weißer Reis ist hilfreich.

Tipp

Mal eine Stunde im Teegarten verbummeln – samt Ohrenputzen! – ist wichtiger als jede Besichtigung. Ebenfalls ein Muss: die Sichuan-Küche!

Zentrum

Rund um den Tianfu-Platz

Auf dem zentralen Platz steht vor dem Museum für Wissenschaft und Technik eine Monumentalfigur des „Großen Führers" Mao; der Blickfang auf der Westseite ist das supermoderne Stadtmuseum. Chengdus Schauseite.

Wenshu-Kloster

- Tianfu-Platz: *Tiānfǔ Guǎngchǎng* 天府广场
- Anreise: U-Bahn 1 & 2: Tianfu Square
  Chunxi Lu: *Chūnxī Lù* 春熙路
- ² Südfluss: *Nán Hé* 南河
- Teegarten-Tipp: Genuss im Grünen bietet der Teegarten im Volkspark *Rénmín Gōngyuán* 人民公园, 400 m westl. vom Tianfu-Platz
- Restaurant-Tipp:
  Das populäre *Lóngchāoshǒu* 龙抄手 serviert vielgängige Menüs aus lauter Leckerbissen: Haupthaus bei der Chunxi Lu (*Chéngshǒu Jiē* 城守街 63)

Wenshu-Kloster

Das Heiligtum ist äußerst populär. Drinnen gibt's nicht nur einen großen Tempel, sondern auch Hallen für den Totenkult, einen beliebten Teegarten und ein vegetarisches Restaurant (sehr empfehlenswert!). Auch residiert hier die Buddhistenvereinigung der Provinz. Die ältesten der heutigen Bauten wurden ab 1820 errichtet. Der Name verweist auf die Gründungslegende: Als ein Einsiedler eingeäschert wurde, der in den Ruinen eines zerstörten Vorgängerbaus gelebt hatte, erschien in dem Rauch der Bodhisattva Manjushri (chinesisch: Wenshu).
Der Zugang zum Tempel wird scharf bewacht: von den Generälen Heng und Ha vorn und den vier Himmelskönigen dahinter. In der Mitte lacht der Dickbauchbuddha, auf seiner Rückseite sitzt der Erlöserbuddha Amitabha. Den ersten Hof flankieren Trommel- und Glockenturm. Die erste Haupthalle ist den drei großen Bodhisattvas geweiht: Guanyin in der Mitte, links Samantabhadra und rechts Manjushri. Alle drei tragen weibliche Züge; sie sitzen auf ihren Reittieren. Die nächste (dritte) Halle birgt den Jetztzeitbuddha Shakyamuni mit seinen zwei engsten Jüngern, der Schatz der vierten Halle ist ein birmanischer Jadebuddha. Am Ende folgt die Sutrenhalle mit einem gemalten Löwen, Manjushris Reittier. Die übrigen Teile des Komplexes schließen nach Osten an; das vegetarische Lokal liegt hinter dem Teegarten.
Schräg gegenüber vom Kloster profitiert ein neues Geschäftsviertel von der Magnetwirkung des Heiligtums: der „Manjushri-Bezirk" **Wenshu Fang**[1]. Es handelt sich dabei um ein Stück neu gebaute Pseudoaltstadt mit Restaurants, Kunstgewerbe- und anderen Läden.

- Chinesischer Name: *Wénshū Yuàn* 文殊院
- Lage: 2 km nördl. vom Tianfu-Platz
- [1] Wenshu Fang: *Wénshū Fāng* 文殊坊
  Anreise: U-Bahn 1: Wenshu Monastery

CHENGDU 23

Im Westen

Daoistenkloster Qingyang Gong

„Palast zum schwarzen Ziegenbock": Ein solches Tier hütete Laotse (*Lǎo Zǐ*), der legendäre Stifter des Daoismus, als er den Zöllner wieder traf, der ihn drei Jahre zuvor dazu bewegt hatte, seine Weisheiten niederzuschreiben. Laotse war unterdes wundersam verjüngt zu einem Kinde. Eben hier soll die Begegnung stattgefunden haben. Das viel besuchte Kloster bestand schon im 8. Jh., die meisten heutigen Bauten zeigen den ornamentverliebten, volkstümlichen Stil des 19. Jh.s. Ein zweigeschossiges Tor führt ins Innere, das ein Himmelsgeneral mit Schwert bewacht. Die „Halle des Urchaos" im ersten Hof zeigt Laotse als Schöpfergott. Auf seiner Rückseite sitzt eine buddhistische Figur: eine Guanyin. Beim prächtigen „Pavillon der acht Trigramme" spielen der Name und die achteckige Form auf die acht Strichsymbole des Orakel- und Weisheitsklassikers Yijing (I Ging) an.

In der Haupthalle von 1669 thronen die Drei Reinen, die Hochgötter des Daoismus. Aber die meisten Besucher drängen sich an zwei bronzenen Ziegenböcken. Sie zu berühren soll Glück bringen. Es folgt die Halle einer Sterngöttin, mit ihren drei Augen und acht Armen als hilfsmächtig zu erkennen. Neben ihr sitzen die Königinmutter des Westens (des Totenreichs) und die Erdgöttin (zuständig für Fruchtbarkeit).

Zwei Bauten auf hohen Terrassen flankieren den nächsten Hof. Rechts sieht man die Mutter des Laotse mit ihrem Söhnchen, einem Baby mit Bart – so weise kam er auf die Welt! Gegenüber ist Laotse als Lehrender zu sehen; die Halle in der Mitte birgt die „Kaiser" der fünf Naturreiche (Himmel, Erde, Wasser, zwei Regionen des Firmaments) sowie im Obergeschoss den Jadekaiser. Die letzte Halle zeigt den Gründer der Tang-Dynastie, der sich als Nachfahr des Laotse ansah, mit Frau und Sohn.

- Chinesischer Name: *Qīngyáng Gōng* 青羊宫
- Lage: 2,4 km westlich vom Tianfu-Platz
- Restaurant-Tipp: *Huángchéng Lǎomā* 皇城老妈 Sichuan-Feuertopf, schönes Ambiente *Qíntái Lù* 琴台路 106 (eine Straße östlich vom Qingyang Gong)

Provinzmuseum

Mit seinem Neubau wurde die Stadt ab Mai 2009 um eine Attraktion reicher. Die archäologisch-historische Sammlung umfasst 160.000 Objekte aus Geschichte und Vorgeschichte der Provinz. Schwerpunkte der Sammlung sind altchinesische Bronzen und Steinschnitzarbeiten. Eine ganze Abteilung ist der tibetischen Kunst gewidmet, eine andere zeigt die Reproduktionen, die der Maler Zhang Daqian in den Jahren 1941 bis 1943 von buddhistischen Wandbildern in Dunhuang anfertigte.

- Chinesischer Name: *Sìchuānshěng Bówùguǎn* 四川省博物馆
- Lage: *Huànhuā Nánlù* 浣花南路 700 m westlich vom Qingyang Gong

Strohhütte des Du Fu

Der Dichter (712-770), dessen kraftvolle Lyrik bis heute besticht, verbrachte hier vier schlechte Jahre in einer ärmlichen Behausung, die man rekonstruierte. Sehenswert ist die wunderschöne Parkanlage drumherum, zu der ein feiner Teegarten und eine Bonsaizucht gehören.

- Chinesischer Name: *Dù Fǔ Cǎotáng* 杜甫草堂
- Lage: *Cǎotáng Lù* 草堂路 600 m westlich vom Provinzmuseum

Daoistenkloster Qingyang Gong

CHENGDU

Gedenktempel Wuhou Ci

Weitere Ziele in Chengdu

Gedenktempel Wuhou Ci
Die gepflegte Anlage, die Würde und Ruhe ausstrahlt, dient dem Angedenken zweier Helden: des Feldherrn und Politikers Zhuge Liang (181-234) und des Kaisers Liu Bei (161-223), dessen Grab sich hier befindet und dessen vergoldetes Standbild die Haupthalle schmückt. Die Gedenkhalle des populäreren Zhuge Liang liegt dahinter. Der Name des Tempels verweist auf seinen Titel: Er war *hou* (Markgraf) von Wuxiang.

- Chinesischer Name: *Wǔhóu Cí* 武侯祠
- Lage: *Wǔhóu Cí Dàjiē* 武侯祠大街 2,2 km südwestlich vom Tianfu-Platz
- Restaurant-Tipp:
  Qīnshàn Zhāi 钦善斋
  Gesundheitsküche: Die Kellner erläutern beim Servieren die Wirkung jedes Gerichts auf den Körper. Hier wird vorwiegend mild gewürzt. Besonders schön sitzt man auf einer Galerie mit Blick in den grünen Innenhof.
  Wǔhóucí Dàjijiē 武侯祠大街 247, 300 m westlich vom Wuhou Ci

Panda-Aufzuchtstation
Nirgends kann man Pandas (den großen und den katzenartigen kleinen) besser erleben als hier. Die Zuchterfolge sprechen für sich. Ein kleines Museum informiert über die Tiere und ihren Lebensraum. Die weitläufige Anlage ist wie ein Park gestaltet.

- Chinesischer Name: *Xióngmāo Jīdì* 熊猫基地
- Lage: Am nordöstlichen Stadtrand, 14 km ab Zentrum

Wangjianglou-Park
Der „Park des Flussblickturms" ist berühmt für seine vielen Bambusarten. Mitten drin gibt's einen Teegarten.

- Chinesischer Name: *Wàngjiānglóu Gōngyuán* 望江楼公园
- Lage: 3,8 km südöstlich vom Tianfu-Platz

Jinsha-Museum
Eins der faszinierendsten und am besten aufgezogenen archäologischen Museen des Landes. Sein Thema

Vergoldete Bronzefigur aus dem Sanxingdui-Museum

ist die Jinsha-Kultur, die vom 13. bis 7. Jahrhundert v. Chr. das Rote Becken rund um Chengdu prägte. Eine riesige Halle überdeckt die erst im Jahr 2001 entdeckte Hauptfundstätte, nach der die Kultur benannt wurde; im zugehörigen Museum sind, effektvoll präsentiert, die Funde ausgestellt: Orakelknochen, Jade- und Bronzeobjekte, Goldmasken und eine goldene Sonnenscheibe, die zum Wahrzeichen des Museums wurde. Ein großer Museumsshop im Keller verkauft Reproduktionen. Die Gebäude sind von einem gepflegten Park umgeben, und die einprägsame Architektur ist selbst schon ein Hingucker.

- Chinesischer Name: *Jīnshā Yízhǐ Bówùguǎn* 金沙遗址博物馆
- Lage: *Jīnshā Yízhǐ Lù* 金沙遗址路, 7 km nordwestlich des Zentrums

Chengdu am Abend

Shufeng Yayun

So heißt das Theater, in dem allabendlich klassische volkstümliche Unterhaltungskünste zu erleben sind, darunter Schattenspiel und Sichuan-Oper. Am meisten fasziniert der Maskenwechsel: Auf offener Bühne ändern manche Akteure in Sekundenbruchteilen ihr Aussehen. Während der Aufführung kann man sich massieren lassen. Tgl. 20 Uhr im Kulturpark neben dem Tempelkloster Qinyang Gong.

- Chinesischer Name: *Shǔfēngyǎyùn* 蜀风雅韵
- Lage: Kulturpark *Wénhuà Gōngyuán* 文化公园
- Anreise: U-Bahn 2: Tonghuimen

26 CHENGDU

Dujiangyan

Kuan Zhai Xiangzi

Zwei hippe Altstadtgassen zum Bummeln: die breite (*kuān*) und die schmale (*zhǎi*) – in Wahrheit nahezu gleich breit –, mit ein paar weiteren Gässchen drum herum. In restaurierten Altbauten und angepassten Neubauten haben sich hier schicke Restaurants, Boutiquen und besondere Läden angesiedelt. Die Sträßchen sind autofrei, und an warmen Tagen sitzt man draußen. Natürlich ist auch tagsüber geöffnet, aber am Abend erlebt man Chengdu hier besonders schön als moderne Metropole, die ihre Traditionen spielerisch und oftmals auch mit Witz ins Heute integriert und sich dabei zudem selbstbewusst kosmopolitisch gibt.

- Chinesischer Name: *Kuānzhǎi Xiàngzi* 宽窄巷子
- Anreise: U-Bahn 4: Kuanzhaixiangzi

Ausflüge

Dujiangyan

Das älteste noch in Betrieb befindliche Bewässerungssystem der Welt! Es wurde um 250 v. Chr. von Li Bing konzipiert, der mit seinem Sohn auch die Realisierung des Großprojekts organisierte. Besichtigt wird die Teilung des Flusses Min Jiang, von dem aus der Hauptkanal eine Wasserscheide durchsticht, ehe ein Grabensystem das abgeleitete Wasser verteilt.

Der Rundgang beginnt beim wunderbar gepflegten **Lidui-Park**[1] südlich des Durchstichs; im dortigen „Tempel der Drachenzähmung" **Fulong Guan**[2], der sich über dem Hauptkanal erhebt, sieht man die ganze Anlage im Modell. Der Weg geht weiter über eine moderne Schleusenanlage auf eine Insel, die vom

Min-Fluss einen Teil des Wassers in den Hauptkanal lenkt; mit Elektrokarren kann man sich hier zur Nordspitze, dem „Fischmaul" als der eigentlichen Flussteilung, chauffieren lassen. Zeitweilig sind hier große Dreifußböcke und steingefüllte Schlauchkörbe zu sehen, mit deren Hilfe über 2000 Jahre lang die Wasserzufuhr reguliert wurde. Über eine schwankende Hängebrücke gelangt man ans Ufer und zum üppig ausgestatteten „Zweikönigstempel" **Erwang Miao**[3], in dem Li Bing und sein Sohn verehrt werden. Der beste Flussblick lässt sich vom oberhalb gelegenen Aussichtsturm **Qinyan Lou**[4] genießen.

- Chinesischer Name: *Dūjiāngyàn* 都江堰
- Lage: 60 km nordwestlich (Busse ab Chengdu Ximen-Busbahnhof 西门汽车站)
- Besonderheit: Unesco-Welterbe seit 2000
- [1] Lidui-Park: *Líduī Gōngyuán* 離堆公园
- [2] Fulong Guan: *Fúlóng Guàn* 伏龙观
- [3] Erwang Miao: *Èrwáng Miào* 二王庙
- [4] Qinyan Lou: *Qínyàn Lóu* 秦堰楼

Qingcheng Shan Berg

Der nahe Berg wurde vor bald 1900 Jahren zu einem Zentrum des Daoismus, nachdem sich der „Himmelsmeister" Zhang Daoling, der eigentliche Gründer der daoistischen Religion, hierher zurückzogen hatte und von hier im Jahr 156, angeblich 123 Jahre alt, unter Verzicht auf seine sterbliche Hülle zum Himmel auffuhr. Heute schwebt man mit weniger Übung im **Sessellift**[1] auf die bewaldeten Höhen und wandert über Bergpfade zu etlichen Klöstern. Der Ausgangspunkt am Bergfuß ist beim **Kloster Jianfu Gong**[2]. Bis zum gipfelnahen **Kloster Shangqing Gong**[3] sind rund 900 Höhenmeter zu überwinden. Der vierstündige Fußweg führt am **Kloster Tianshi Dong**[4] („Grotte des Himmelsmeisters") vorbei. Wer hier oder im Shangqing Gong übernachtet, kann morgens vom Gipfelpavillon **Laojun Ge**[5] („Lao-Zi-Pavillon") aus den Sonnenaufgang erleben.

- Chinesischer Name: *Qīngchéng Shān* 青城山
- Lage: 10 km westlich von Dujiangyan (68 km ab Chengdu)
- Anreise: Busse u.a. ab Ximen-Busbahnhof), Bergtaxe
- Besonderheit: Unesco-Welterbe seit 2000
- [1] Sessellift: *Suǒdào* 索道
- [2] Kloster Jianfu Gong: *Jiànfú Gōng* 建福宫
- [3] Kloster Shangqing Gong: *Shàngqīng Gōng* 上清宫
- [4] Kloster Tianshi Dong: *Tiānshī Dòng* 天师洞
- [5] Laojun Ge: *Lǎojūn Gé* 老君阁

Sanxingdui

Hier wurden die spektakulärsten Zeugnisse der eigenständigen Sanxingdui-Kultur entdeckt, die auf 2800 bis 800 v. Chr. datiert wird. Das 1997 eröffnete **Sanxingdui-Museum**[1] präsentiert die Funde: eindrucksvolle Bronzefiguren von Vögeln und von großohrigen Menschen mit maskenhaften Gesichtern – die größte Plastik misst 2,62 m –, dazu Objekte aus Jade, Elfenbein und Keramik. Die Kultgegenstände waren in zwei Gruben „beerdigt" worden.

- Chinesischer Name: *Sānxīngduī* 三星堆
- Lage: 40 km nördlich, westlich der Stadt *Guǎnghàn* 广汉
- [1] Sanxingdui-Museum: *Sānxīngduī Bówùguǎn* 三星堆博物馆

Kloster Tianshi Dong

Hoteltipps

Tianfu Sunshine Hotel ****

Das 4-Sterne-Hotel Tianfu Sunshine im südost-asiatischen Stil befindet sich in der Nähe der Wenshu Fang Kulturstraße. Es liegt mitten im Chunxi-Viertel im Zentrum Chengdus. Die 222 Zimmer sind elegant eingerichtet, mit allen Annehmlichkeiten wie Klimaanlage, Zimmersafe und Minibar. Ein Außenpool im 6. Stock steht den Gästen ebenso zur Verfügung wie ein Fitnessbereich, Karaoke, Billard und Tischtennis. Das Hotel hat zwei Restaurants, ein Café und eine Bar. Bis zum Nordbahnhof sind es nur 10 Minuten, und zum International Flughafen ca. 30 Minuten Fahrtzeit.

- Chinesischer Name: *Tiānfú Yángguāng Jiǔdiàn* 天府阳光酒店
- Lage: 1,3 km zum Wenshu-Kloster
- Ausstattung:
  - 222 Zimmer
  - 2 Restaurants
  - Café
  - Bar
  - Business-Center
  - Außenswimmingpool
  - Sauna
  - Teehaus
- Preisniveau: Mittelklasse
- Adresse: *Tàishēng Běilù 2* 太升北路2号
- Kontakt: +86 (0)28 86922233
  Chengdu@TFSunshinehotel.com
  www.TFSunshinehotel.com

The Temple House *****

Das Boutique Hotel The Temple House ist zentral gelegen und verbindet modernes Design mit traditionellen chinesischen Stilelementen. Die 142 Zimmer bieten einen luxuriösen Standard mit großem Flachbildfernseher, Musikanlage, Espressomaschine, sowie einer kostenlosen Minibar. Des Weiteren bietet das Hotel drei Restaurants und Bars, einen großen Spa-Bereich mit Pool, außerdem kann man sich im Hotel kostenlos Fahrräder ausleihen und die Stadt erkunden. Der Flughafen liegt 20 km, der Nordbahnhof 9 km, der Ostbahnhof 7 km entfernt. Bis zum zentralen Tianfu Platz sind es 1,7 km.

- Chinesischer Name: *Bó Shè* 博舍
- Lage: 1,7 km zum Tianfu-Platz
- Ausstattung:
  - 142 Zimmer
  - Restaurant
  - Café & Bar
  - Sauna
  - Außenswimmingpool
  - Spa / Wellness
  - Fitnessraum
  - Business-Center
- Preisniveau: Luxuriös
- Adresse: *Bǐ Tiě Shì Jiē 81* 笔帖式街81号
- Kontakt: +86 (0)28 6636 9999
  www.thetemplehousehotel.com

Seitenblick aus dem *China Tours Reisemagazin*

Chengdu: Stadt mit Charakter
Von Lukas Weber

Auf Reisen zu den vielen Sehenswürdigkeiten Sichuans ist ein Zwischenstopp in der Provinzhauptstadt Chengdu unvermeidlich. Der Verkehrsknotenpunkt hat mit seinen Pandas, Tempeln und alten Vierteln zwar einiges zu bieten, doch der eigentliche Reiz dieser Stadt zeigt sich im alltäglichen Leben ihrer Bewohner. Anders als die europäischen Großstädte besitzen die chinesischen Metropolen nur wenig charakteristische Besonderheiten. Es gibt aber auch Ausnahmen im Einheitsbrei chinesischer Städte. Unter diesen kennt man Kunming, Shanghai, Xi'an und Chengdu. Wer einmal hierher kommt, so heißt es von der Provinzhauptstadt Sichuans, der wird diese Stadt nicht wieder verlassen wollen. Und wahrlich, mit ihren Pandas und Teehäusern, mit ihren lebhaften Parks und ihrer 3000-jährigen Geschichte, vor allem aber aufgrund ihres gemütlichen Tempos ist die Stadt mit der sechstgrößten Bevölkerung Chinas einen längeren Aufenthalt mehr als wert.

■ Gärten in groß und klein

Das Leben Chengdus spielt sich zweifelsohne in den Parks ab. Entlang der Adern des Fu-Flusses (府河) ziehen sich Rad- und Fußgängerpromenaden quer durch die Stadt und bieten Raum für Erholung. Hektik kennt man hier nicht, man lässt sich Zeit. Unter grünen Bäumen laden Bänke zum Verweilen ein. Wo immer sich zwei Gegner im chinesischen Schach messen, bilden sich Menschentrauben, die mit reger Anteilnahme das Spiel verfolgen. Ein paar Meter weiter wird Taiji geübt und überall am Ufer sind Angler zu sehen, die mit den Vögeln um die Fische des Flusses konkurrieren.

Volkspark

Unter den größeren Parkanlagen ist der Volkspark (人民公园) besonders erwähnenswert. Auf verschlungenen Pfaden lässt sich im Bambuswald durch künstliche Berglandschaften spazieren, oder während einer Bootsfahrt auf einem kleinen Teich entspannen. Besonders gesellig geht es im Zentrum des Parkes zu, wo sich die Musiker zusammenfinden. Rings um den großen Platz konkurrieren Blaskapellen, Tänzer, Sänger und Trommelgruppen in einem ohrenbetäubenden Spektakel um die Aufmerksamkeit des Publikums. Nur ein paar Schritte weiter bietet eine Sammlung von Penjing-Naturlandschaften (盆景) Gelegenheit, sich mit der chinesischen Miniaturgartenkunst vertraut zu machen. Wie bei dem japanischen Pendant (Bonsai) ist das Ziel von Penjing-Landschaften, die Essenz der Natur festzuhalten und künstlerisch darzustellen. Man nennt sie deshalb auch dreidimensionale Lyrik. Aufgrund des frühen daoistischen Einflusses wird darin vor allem das Konzept der sich bedingenden Gegensätze zum Ausdruck gebracht. Beispielsweise durch Kargheit und Dichtheit des Bewuchses, Leere und Substanz, Größe und Kleinheit, Höhe und Tiefe, und vieles mehr.

■ Vom edelsten Getränk der Welt

Teehäuser haben in Chengdu lange Tradition und tragen ganz besonders zur gemütlichen Atmosphäre der Stadt bei. Wie das Wiener Kaffeehaus, fungiert das chinesische Teehaus als Ort des stressfreien Zusammentreffens. Für gewöhnlich sitzen die Gäste in abgeschlossenen Separées, wo sie ungestörte Gespräche führen oder auch einfach nur die meditative Ruhe des Teetrinkens genießen. Aufgrund des heißen Wetters, vielleicht aber auch wegen des geselligen Charakters der Sichuanesen, sind in Chengdu aber vor allem die Außengärten der Teehäuser beliebt.

Viele Pensionisten verbringen hier ihre Nachmittage. Während es ihnen hauptsächlich um das Spiel geht, nehmen sie meist mit günstigem Grünem Tee vorlieb. Doch wer speziell zum Teetrinken kommt, der kann für eine besonders exklusive Teesorte gut und gern mehrere hundert Yuan pro Tasse liegenlassen. Ein teurer Tee unterscheidet sich von einem billigen durch die Qualität der verwendeten Blätter. Die oberen Blätter eines Strauches sind wertvoller als jene der unteren Äste. Aber auch Herkunftsgebiet, Alter des Tees und des Teestrauches, sowie die Verarbeitung von Hand oder per Maschine tragen zum Preis bei.

■ Liebe geht durch den Magen

Neben Tee bietet Chengdu auch außergewöhnliche kulinarische Freuden. Die sichuanesische Küche gilt mit gutem Recht als die Beste in ganz China. Hier ist die ursprüngliche Heimat von „Fischgeruchs-Aubergine" (*Yúxiāngqiézi* 鱼香茄子) und „doppelt gebratenem Fleisch" (*Huíguōròu* 回锅肉), von „Palastverteidigungs-Huhn" (*Gōngbǎojīdīng* 宫保鸡丁) und „Salzfritiertem Fleisch" (*Yánjiānròu* 盐煎肉). Nachdem sich diese beliebten Speisen mittlerweile in ganz China finden lassen, sollte man während eines Aufenthaltes in Chengdu die Gelegenheit nutzen, einige der weniger verbreiteten Spezialitäten Sichuans zu goustieren. Zu diesen zählen feuriges „Mapo-Tofu" (*Mápódòufu* 麻婆豆腐), „in Chilisauce gebratener Fisch" (*Shuǐzhǔyú* 水煮鱼) und „Drachen-Teigtaschen" (*Lóngchāoshǒu* 龙抄手).

Berühmt ist das sichuanesische Essen vor allem für seine Würze. Die Schärfe kommt jedoch nicht von der Chilischote, sondern vom Sichuan-Pfeffer, der anstatt feuriger Hitze ein kribbelndes Betäubungsgefühl im Mund bewirkt.

Bei der Suche nach den besten Restaurants der Stadt kann man den Reiseführer getrost beiseite legen. Dicht an dicht reihen sich die Essensbuden die Straßen entlang, und noch das unscheinbarste Restaurant wird einem hier ein fabelhaftes Essen zu kredenzen vermögen. Mein derzeitiges Lieblingsrestaurant, nicht nur Chengdus sondern ganz Chinas, heißt *Xiāngcūnxiǎocài* 乡村小采 und liegt unweit des Xinnanmen Busbahnofes in der Zhìmín Lù (致民路). Doch wird man nach guten Restaurants nirgendwo in der Stadt lange suchen müssen. Aus Erfahrung würde ich sagen, je kleiner und familiärer, umso besser schmeckt das Essen.

 TIPP: China Tours Reisemagazin

Entdecken Sie weitere spannende Geschichten rund um das Thema China auf: www.ChinaTours.de/Magazin

CHENGDU

Hierher kommen Vergnügungsreisende meistens nur, um sich einzuschiffen für die Drei-Schluchten-Fahrt oder hier nach derselben auf Bahn, Bus oder Flieger zu wechseln. Aber einen Tag darf man der Yangtzemetropole schon gönnen.

Das Besondere an Chongqing (alte deutsche Schreibung: Tschungking) ist die Lage auf Bergen und Hügeln an Yangtze und Jialing-Fluss, die beide eine schmale Halbinsel mit der Innenstadt einzwängen, ehe sie zusammenfließen. Das Auf und Ab des Geländes macht Chongqing zu einer Stadt (fast) ohne Radler. Einst ein wenig bedeutender Yangtzehafen, wurde Chongqing 1938 Chinas Hauptstadt im Zweiten Weltkrieg. Damals siedelte sich auch Industrie hier an. Sieben Jahre lang flogen die Japaner zahllose Luftangriffe gegen die Stadt. Die Bewohner suchten dann in Bunkern Schutz, die in die Hänge gegraben waren. Ab 1949 entstand hier ein Zentrum der Rüstungsproduktion. Kulturhistorisch gesehen, gehört Chongqing zu Sichuan; tatsächlich wurde es mit einem Gebiet fast so groß wie Österreich erst 1997 von der Provinz abgetrennt.

Küche

Kulinarisch wie kulturell gehört Chongqing zu Sichuan, und entsprechend scharf sind die Speisen. Spezialität ist Feuertopf *huǒguō* 火锅.

Tipp

Versäumen Sie nicht eine Seilbahnfahrt über den Yangtze zu unternehmen, das Drei-Schluchten-Museum zu besuchen und in der Abenddämmerung den Blick vom Pipa-Berg schweifen zu lassen.

Östliches Zentrum

Die Yangtzeschiffe legen nahe der Landspitze an, wo sich die zwei großen Flüsse treffen. Der dortige **Chaotian-Men-Platz**[1] ist ein beliebter Aussichtspunkt mit Blick auf das vom Hamburger Büro gmp entworfene Theater. Geht man von dort die Xinhua Lu entlang und dann die Minzu Lu rechts ab, gelangt man zum **Luohan-Tempelkloster**[2] mit einer Halle der 500 Luohan (Arhats), Chongqings populärstem Buddha-Heiligtum. Weltkrieg und Kulturrevolution ließen als einzige Altertümer 900 Jahre alte Reliefs an zwei über 20 m langen Felswänden übrig.

Das Kloster liegt am Rand des Geschäftszentrums, in das die Minzu Lu mitten hinein führt – geradewegs zum **Befreiungsdenkmal**[3]. Die besteigbare Säule erinnert seit 1945 ans Kriegsende, ist heute für die Chongqinger aber vor allem ein Synonym für die lebendige, sich über mehrere Karrees erstreckende Fußgängerzone. Ostwärts gelangt man zur **Yangtzeseilbahn**[4], die über den großen Strom schwebt und ein tolles Fluss-und-Stadt-Panorama bietet.

32 CHONGQING

Chongqing
Chóngqìng 重庆

- 1 Chaotian-Men-Platz: *Cháotiānmén Guǎngchǎng* 朝天门广场
- 2 Luohan-Tempel-kloster: *Luóhàn Sì* 罗汉寺
- 3 Befreiungsdenkmal: *Jiěfàng Bēi* 解放碑
- 4 Yangtzeseilbahn: *Chángjiāng suǒdào* 长江索道 1.166 m lang, seit 1987 in Betrieb

- Restaurant-Tipps:
  Táoránjū 陶然居
  Beliebtes Lokal nahe dem Befreiungsdenkmal mit allem, was die Sichuanküche auszeichnet
  Zōuróng Lù 邹容路143, 6-7.OG

  Wuyi Straße (*Wǔyī Lù* 五一路) so heißt die Straße, die südöstlich vom Befreiungsdenkmal abzweigt, offiziell. Ihr Spitzname „Feuertopf-straße" benennt die Spezialität, die alle Lokale hier servieren.

Westliches Zentrum

Zweieinhalb Kilometer weiter westlich liegt die repräsentative Mitte der Stadt: der **Volksplatz**[1], den ein Monumentalbau aus den frühen Fünfzigerjahren beherrscht: das **Volksauditorium**[2], charakteristisch bekrönt von einem blau glasierten Kegeldach, das

STADTINFO

Chinesischer Name:	*Chóngqìng* 重庆
Einwohnerzahl:	7,7 Mio. ständige Einwohner (mit Satellitenstädten)
Provinz:	regierungsunmittelbare Stadt (Verwaltungsgebiet 82.400 km² 30 Mio. Einwohner)
Wetter:	1.080 mm Niederschlag/Jahr Januar: 7,5° C Juli: 28,6° C
M ü. NN:	200-340 m

Volksauditorium

Monumentalbuddha des Baoding Shan

an die Halle des Erntegebets in Peking erinnert. Der Veranstaltungssaal hat 4.000 Plätze. Auf der Nordseite des Platzes steht das Rathaus, und im Westen zieht das 2005 eröffnete **Drei-Schluchten-Museum**³ mit seinem 160 m langen, sichelförmigen Glasvordach die Blicke auf sich. Seine bestens in Szene gesetzten Exponate illustrieren nicht nur die Natur- und Kulturgeschichte im Bereich der Yangtzeschluchten, sondern informieren auch über die Geschichte der Stadt. Unter zwei Stunden kommt man hier kaum wieder heraus.

- ¹ Volksplatz: Rénmín Guǎngchǎng 人民广场
- ² Volksauditorium: Rénmín Dà Lǐtáng 人民大礼堂 Eintritt frei
- ³ Drei-Schluchten- Sānxiá Bówùguǎn 三峡博物馆 Museum:

Pipa-Berg

In der Abenddämmerung ist dann ein Gang auf den höchsten Gipfel im Zentrum fällig (341 m). Der (beinahe) ewige Dunst, der über Chongqing hängt, wirkt geradezu betörend, wenn ihn der Schein der Neonreklamen bonbonbunt einfärbt.

- Chinesischer Name: Pípá Shān Gōngyuán 枇杷山公园

Ausflug: Dazu

Die zu Chongqing gehörende Kreisstadt kann ignorieren, wer als Tagesausflügler gleich die Buddha-Grotten ansteuert. Dem dortigen Gedränge entgeht, wer hier übernachtet und die Grotten früh morgens besichtigt.

- Chinesischer Name: Dàzú 大足
- Lage: 160 km westlich der Stadt (Busverbindung)
- Besonderheit: Die Grottentempel sind seit 1999 Unesco-Welterbe

Baoding Shan

Dies ist die einzige Grottentempelanlage Chinas, die eine geschlossene Konzeption aufweist. Sie entstand von 1179 bis 1252 als Lebenswerk des Mönchs Zhao Zhifeng, der nebenbei ein Meister im Spendensammeln gewesen sein muss. Damals, in der Song-Zeit, war der Buddhismus in der Defensive, und der Konfuzianismus gab den Ton an. Zhao hielt dagegen und deutet hier den Konfuzianismus als Aspekt einer höheren buddhistischen Weisheit.

Anders als der Name „Schatzgipfelberg" erwarten lässt, steigt man zu den Grotten in eine Talmulde hinab. Geschickt nutzte Zhao deren Hufeisenform derart, dass die Folge der Bildnisse von den Enden des

Hufeisens aus zum Scheitelpunkt hin eine Botschaft ergibt. Man betritt die Anlage auf der rechten Seite, verfolgt dann diese bis zur Mitte und sollte anschließend auch die linke Seite ebenfalls vom Ende her bis zur Mitte betrachten.

Rechte Seite

Am Anfang schrecken den Besucher ein Tiger und die gepanzerten, kampfbereit dastehenden Dharmaschützer, um alles Böse vom Areal fern zu halten. Dahinter hält der Todesdämon Mara das Rad der Wiedergeburten in seinen Fängen. Doch in der scheinbaren Ausweglosigkeit irdischen Leidens keimt Hoffnung: Buddha strahlt über alles aus. Diese Botschaft wird im Folgenden weiter ausgeführt – in geradezu überwältigender Weise in Gestalt einer komplett vergoldeten, riesigen Guanyin, deren Kranz aus 1.007 Händen 88 Quadratmeter bedeckt. Worauf die Heilsbotschaft hinausläuft, zeigt im Scheitelpunkt der liegende Monumentalbuddha: Es ist der historische Shakyamuni (Gautama) beim Eintritt in das Nirwana, umringt von einer Trauergemeinde aus Schülern und Angehörigen.

Linke Seite

(in Gegenrichtung zu sehen) Über einer Gruppe von Schutzgöttern ist, mit vergoldetem Antlitz, Zhao Zhifengs Lehrer dargestellt. Dann kommt's dicke: Wir erfahren, wie unsere Missetaten in der Hölle vergolten werden, und schauen, was hienieden als gut und als böse gilt. Ein betrunkener Sohn berührt seine Mutter unsittlich, Übeltäter kommen unter die Kreissäge oder werden in siedendes Öl geworfen. Doch über dem Purgatorium mit seinen grausigen Schergen thront Kshitigarbha, der Bodhisattva der Unterwelt, und verheißt Erbarmen. Es folgt die himmlische Alternative: das Paradies des Amitayus. Die nächste Figurengruppe zeigt gute Taten gemäß konfuzianischer Moral, so sieht man Buddha Gautama als braven Sohn den Sarg seines Vaters tragen. Nun schließt sich die Grotte des Vairocana (des „Sonnengleichen") an, die das Dargestellte theologisch einbindet: Alle Freuden und Leiden sind in der jenseitigen Sphäre der Buddhas aufgehoben und vergessen. Erneut wird es konkret: Der Pfauenkönig, eine frühe Inkarnation des Buddha Gautama, verkörpert die buddhistische Philanthropie. Es folgt Gautamas Geburtsgeschichte (mit Mutter und Dienerin). Die Drachenköpfe darüber sind Wasserschlangen, die den Neugeborenen wuschen. Erneut ist die Mitte erreicht: Der Wohltätige und Erleuchtete wird aus der Welt des Irdischen und der Höllenqualen erlöst.

- Chinesischer Name: *Bǎodǐng Shān* 宝顶山
- Lage: 15 km nördlich von Dazu (Busverbindung ab Dazu)

Nordberg Bei Shan

290 Grotten, entstanden 892 bis etwa 1160, erfreuen mit ihren Bildwerken. Jede bietet ein geschlossenes Ensemble. Grotte Nr. 9 zeigt die tausendarmige Guanyin, Nr. 155 Buddha als Pfauenkönig, Nr. 245 das westliche Paradies des Erlöserbuddha Amitabha.

- Chinesischer Name: *Běishān Shíkè* 北山石刻
- Lage: 1,5 km nördlich von Dazu

Baoding Shan

Hoteltipps

Lafee Plaze ****

Das 4-Sterne-Hotel Chongqing Lafee Plaze Hotel liegt zentral und ist eine gute Ausgangsstation für die Erkundung der Stadt. Zu den wichtigsten Sehenswürdigkeiten ist es nicht weit. Das Hotel verfügt insgesamt über 194 geschmackvoll eingerichtete Zimmer, ausgestattet mit Minibar, Internetzugang und Wasserkocher. Der Flughafen liegt 15 km entfernt.

- Chinesischer Name: *Lāfěi Huángtíng Jiǔdiàn* 拉斐皇廷酒店
- Lage: 6 km zum Stadtzentrum
- Ausstattung:
  - 194 Zimmer
  - Restaurant
  - Café
  - Business-Center
- Preisniveau: Moderat
- Adresse: *Xuéfǔ Dàdào 11* 学府大道11号
- Kontakt: +86 (0)23 86387777
  Webmaster@Lafeeplaze.com
  www.Lafeeplaze.com

Hongyadong Hotel ****

Das Hongyadong Hotel Chongqing ist ein 4-Sterne-Hotel, erbaut im Stil traditioneller chinesischer Häuser. Es liegt im Yuzhong-Distrikt nahe dem Zusammenfluss des Jialing-Flusses und des Yangtze. 176 elegant ausgestattete Zimmer haben alle Klimaanlage, Satellitenfernsehen, Zimmersafe, Internetzugang und Minibar. Das Restaurant im Hause serviert chinesische Küche, es gibt ein Café und eine Bar / Lounge. In der Umgebung gibt es viele Restaurants und Geschäfte, die Fußgängerzone Jiefangbei ist zu Fuß schnell erreicht (1 km). Vom Chongqing Jiangbei International Airport sind es 25 km bis zum Hotel, der Bahnhof Caiyuanba ist nur 10 Minuten Fahrtzeit entfernt.

- Chinesischer Name: *Hóngyádòng Dà Jiǔdiàn* 洪崖洞大酒店
- Lage: 1 km zur Jiefangbei Fußgängerzone
- Ausstattung:
  - 176 Zimmer
  - Restaurant
  - Café
  - Bar / Lounge
  - Business-Center
- Preisniveau: Mittelklasse
- Adresse: *Cāngbái Lù 56* 滄白路56號
- Kontakt: +86 (0)23 63992888

Dali
Dàlǐ 大理

Drei Pagoden des Tempels Chongsheng Si

STADTINFO	
Chinesischer Name:	*Dàlǐ* 大理
Einwohnerzahl:	45.000 Einwohner (Altstadt mit Außenbezirken)
Provinz:	Yunnan
Wetter:	1.018 mm Niederschlag/Jahr Januar: 8,5° C Juli: 20,3° C
M ü. NN:	2.020 m

Solch eine gepflegte Altstadt hat man selten in China. Und wie schön sie liegt! Im Rücken steigt das Gebirge des Cang Shan bis auf 4.122 m auf, zu Füßen streckt sich mit breitem Panorama der 40 km lange See Er Hai. Beide bieten reichlich Ausflugsziele.
Aber Vorsicht: Hier ist **Dali-Altstadt**[1] gemeint, nicht das moderne **Xiaguan**[2], das auch Dali-Stadt genannt wird und 18 km weiter südlich liegt.
Dali ist das Zentrum der Bai-Nationalität, deren Frauen sich noch in ihrer Volkstracht kleiden. Südlich des Ortes befand sich die Hauptstadt des Nanzhao-Reichs (629-1252), bis die Mongolen sie zerstörten.
Außerhalb von Dali wird seit alters Marmor gewonnen, der auf Chinesisch daher dali shi, „Dali-Stein" heißt. Die Marmorwerkstätten und Verkaufsläden sowie die mit reichlich Marmor erbauten Prachtvillen außerhalb der Stadt zählen zu ihren besonderen Attraktionen.

- [1] Dali-Altstadt: *Dàlǐ gǔchéng* 大理古城
- [2] Xiaguan: *Xiàguān* 大理下关

Küche
In der „Ausländerstraße" findet sich für jeden westöstlichen Geschmack etwas, und man ist auf Einzelesser eingestellt. Unterhalb der Hauptstraße und in der südlichen Parallelstraße geht es ruhiger zu mit weniger Belästigung durch unerwünschte Dienstleister.

Altstadt
1,5 km lang, 1,4 km breit, wurde sie ab 1682 auf typisch chinesische Art mit geraden Straßen schachbrettartig angelegt. Wohl nie war sie so propper wie heute. Klares Gebirgswasser sprudelt in sauber ein-

gefassten Bächlein manche Straße entlang, darunter einen Teil der Hauptstraße **Fuxing Lu**[1], die vom historischen **Nordtor**[2] der Stadtmauer geradewegs zum 1984 rekonstruierten **Südtor**[3] führt. Auf dem Weg passiert man eine frisch renovierte Kirche, unterquert den Stadtturm Wuhua Lou, kommt am kleinen **Stadtmuseum**[4] vorbei (rechter Hand, einst eine Kommandantur) und trifft auf einen Marmormarkt. Der Weg kreuzt die Ost-West-Achse, die bergauf zum rekonstruierten **Westtor**[5] Cangshan Men führt, und südlich davon die „**Ausländerstraße**"[6] (Yangren Jie), auf die sich der touristische Rummel konzentriert – mit Restaurants, Bars, Herbergen, Souvenirverkäufern (schön: die Stickereien der Bai-Frauen) und leider auch mancher Belästigung.

Altstadt

- [1] Fuxing Lu: *Fùxīng Lù* 复兴路
- [2] Nordtor: *Běi Chénglóu* 北城楼
- [3] Südtor: *Nán Chénglóu* 南城楼
- [4] Stadtmuseum: *Dàlǐ-shì Bówùguǎn* 大理市博物馆
- [5] Westtor: *Cāngshān Mén* 苍山门
- [6] Ausländerstraße: *Yángrén Jiē* 洋人街

Stadtrand

Landesweit berühmt ist Dalis Wahrzeichen: die drei schlanken **Pagoden**[1] des Tempels **Chongsheng Si**[2]. Die 69 m hohe mittlere Pagode entstand schon im 9. Jh., ihre 42 m hohen Begleiter sind ein wenig jünger. Seit 2005 ist das Ensemble Teil einer gigantischen neuen Tempelanlage mit vergoldeten Riesenfiguren; in zwei Ausstellungshallen sind Reliquien ausgestellt, die bei Restaurierungsarbeiten 1978-80 gefunden wurden.

Auf dem Weg dorthin kommt man an zahlreichen Schauräumen von Marmorschleifern vorbei. Chinesen schätzen die Platten wegen ihrer Ähnlichkeit mit getuschten Landschaftsbildern.

Geht man vom Südtor bergauf, gelangt man zur 44 m großen **Einzelpagode Yi Ta**[3]. Der zugehörige Tempel ist verschwunden. Der Weg durchs Westtor führt auf die ungewöhnlich breite „**Straße des 3. Monats**"[4]. Hier findet ab dem 3. Vollmond nach Chinesisch-Neujahr ein bunter Jahrmarkt statt.

Chongsheng Si

- [1] Drei Pagoden: *Sān Tǎ* 三塔
- [2] Chongsheng Si: *Chóngshèng Sì* 崇圣寺
  Lage: 1,4 km nordwestlich des Nordtors
- [3] Einzelpagode Yi Ta: *Yī Tǎ* 一塔
  Lage: 700 m ab Südtor bergan
- [4] Straße des 3.Monats: *Sānyuè Jiē* 三月街

Ausflüge

Cang Shan

Vom oberen Ende der Straße des 3. Monats schwebt ein **Sessellift**[1] in halbstündiger Fahrt hinauf zum **Tempelkloster Zhonghe Si**[2] mit Prachtpanorama und synkretistischem Bildschmuck. Wanderwege führen weiter ins bewaldete Gebirge.

Südlich der Stadt, erreichbar per Taxi, hebt die **Gantong-Seilbahn**[3] Besucher auf den Berg. Fußpfade erschließen eine Schlucht, und wer Zeit hat, gelangt über einen 12 km langen Höhenweg nordwärts zum Zhonghe-Kloster und zum dortigen Sessellift.

- Chinesischer Name: *Cāng Shān* 苍山
- [1] Sessellift: *Cāngshān Suǒdào* 苍山索道
- [2] Zhonghe Si: *Zhōnghé Sì* 中和寺
- [3] Gantong-Seilbahn: *Gǎntōng Suǒdào* 感通索道
  Lage: 10 km südlich

Er Hai See

Gut 4 km sind es abwärts bis zum **Caicun-Anleger**[1], von wo die Ausflugsboote verkehren. Bucht man einen Törn oben in der Stadt, ist der Transfer hin und zurück gewöhnlich mit drin. Angesteuert werden ein schön gelegener Tempel am anderen Ufer und eine Insel mit einem traditionellen Fischerdorf. Im Dorf **Shaping**[2] am Nordende des Sees findet jeden Montag ein bekannter Markt statt – ein lohnendes Ziel für einen Fahrradausflug.

- Chinesischer Name: *Ěr Hǎi* 洱海
- [1] Caicun-Anleger: *Cáicūn Mǎtóu* 才村码头
  Lage: 4 km bergab
- [2] Shaping: *Shāpíng* 沙坪
  Lage: 30 km nördlich der Stadt (Busverbindungen ab Landstraße)

Sportangebote

- Ausritte ab der Bergstation der Gantong-Seilbahn,
- Radfahren zu alten Dörfern: 15 km bis *Xǐzhōu* 喜洲, 23 km bis *Zhōuchéng* 周城 oder gar rund um den See
- Fahrradvermietung im Umkreis der „Ausländerstraße"

Das Dorf Xizhou, 15 km vor Dali

Hoteltipps

Royal Hotel ★★★★

Das 4-Sterne Royal Hotel in Dali liegt in der Altstadt von Dali. Jedes der 80 gut ausgestatteten Zimmer ist geschmackvoll eingerichtet und verfügt über Internetzugang. Im hoteleigenen Restaurant werden chinesische und westliche Köstlichkeiten serviert. Das Zentrum mit dem alten Stadttor ist in fußläufiger Nähe. Der Bahnhof von Dali ist 18 km und der Flughafen 29 km entfernt.

- Chinesischer Name: *Zhōnghé Fāng Jiǔdiàn* 中和坊酒店
- Lage: Zentral in der Altstadt
- Ausstattung:
  - 80 Zimmer
  - Restaurant
  - Café
  - Bar
  - Business-Center
  - Sauna
  - Spa / Wellness
  - Fitnessraum
  - Billardtisch
- Preisniveau: Mittelklasse
- Adresse: *Zhonghe Archway, Sānyuè Jiē* 大理古城三月街
- Kontakt: +86 (0)872 2668888
  471345231@qq.com
  www.DaliRH.com

The One Resort ★★★★★

Das The One Resort liegt in der antiken Stadt Dali und bietet eine luxuriöse Unterkunft im klassischen chinesischen Stil. Ein Teil der 101 Zimmer bietet eine Blick auf das Chang Shan Gebirge. Die Zimmer sind unter anderem mit Flachbildfernsehern, Minibar und Sitzbereich ausgestattet. Ein Garten und eine Terrasse laden zum Verweilen ein. Entspannung bietet ein Wellnesscenter. Westliche Küche und Gerichte aus Yunnan werden im Restaurant, dem Maple Café und der Snow Bar angeboten. Das Resort liegt 10 Minuten Fahrtzeit vom Cang Shan Gebirge und 15 Minuten vom Er Hai See entfernt. Den Flughafen Dali erreicht man in einer Stunde mit dem Taxi.

- Chinesischer Name: *Dàlǐ Gǔchéng Yī Hào Yuán* 大理古城一号院
- Lage: 1,5 km südöstlich der Drei Pagoden
- Ausstattung:
  - 101 Zimmer
  - Restaurant & Café
  - Bar / Lounge
  - Außen- & Innenswimmingpool
  - Wellness
  - Garten & Sonnenterrasse
  - Fitnessraum
- Preisniveau: Hochwertig
- Adresse: *Gǔchéng Bó'ài Lù 9* 古城博爱路9号
- Kontakt: +86 (0)872 8899111
  www.theoneresortdali.com

Hängendes Kloster

Datong
Dàtóng 大同

STADTINFO	
Chinesischer Name:	*Dàtóng* 大同
Einwohnerzahl:	725.000 Einwohner
Provinz:	Shanxi
Wetter:	384 mm Niederschlag/Jahr Januar: -10,3° C Juli: 22,2° C
M ü. NN:	1.040 m

Nach Datong kommt man nicht wegen der Stadt, auch wenn inzwischen mit gutem Erfolg in Umweltschutz und Ortsverschönerung investiert wurde. Aber der Ort hat eine große Geschichte, und die religiöse Kunst, die von ihr zeugt, zählt zum Eindrücklichsten, was man in China zu Gesicht bekommt.

Innenstadt

Die rechteckige Stadtanlage geht auf die Ming-Zeit zurück, als Datong zu einer Grenzfestung ausgebaut wurde. Datongs damalige Bedeutung lässt einzig noch die 45,5 m lange, 8 m hohe **Neun-Drachen-Mauer**[1] erahnen. Sie entstand 1392 als „Geistermauer" eines Prinzenpalastes und ist sowohl älter als auch größer als ihre zwei kaiserlichen Pendants in Peking.

- [1] Neun-Drachen-Mauer: *Jiǔlóng Bì* 九龙壁
  Lage: *Dōng Dàjē* 东大街

Huayan-Klöster

Wenn die Ming-Zeit Datongs dritte Blütephase bezeichnet, so diese Klöster die zweite. Gegründet wurden die beiden benachbarten Komplexe (selber Zugang) vor gut 1000 Jahren von den Kitan (Liao-Dynastie); am Ende des Kitan-Reichs zerstört, baute die nachfolgende Jin-Dynastie der Dschurdschen sie wieder auf. Datong fungierte damals als Nebenhauptstadt. Die Anlage wurde 2009 renoviert und um etliche neue Hallen im historischen Baustil vergrößert.

Im **Oberen Kloster**[1], dem rechten (nördlichen) Trakt, geht es um die 1140 erbaute Haupthalle. Mit einer Grundfläche von 54 mal 29 m ist sie die größte Buddha-Halle ganz Chinas. Auf ihrem 4 m hohen Sockel wirkt sie mit dem riesigen Walmdach und dem schlichten Äußeren sehr monumental. Ein Schatz sind auch die Figuren aus dem 15. Jh., die sie birgt. Auf dem Altar sitzt der „Sonnengleiche" Vairocana, Sinnbild absoluter Erleuchtung, umringt von den Weisheitsbuddhas der vier Himmelsrichtungen. Ihnen dienen sechs Bodhisattvas. Interessanter sind die zwanzig Schutzgötter (Devas) an den Seiten der Halle, und schon amüsant die Vielfalt ihres Kopfputzes. Erst um 1900 entstanden die üppigen, 887 m² bedeckenden Wandmalereien.

Im südlich gelegenen **Unteren Kloster**² interessiert die Bhagavat-Halle, gebaut in dem Jahr 1038. In ihr blieb der originale Figurenschmuck aus der Bauzeit erhalten: drei Gruppen von je bis zu neun Tonfiguren, deren zentrale Figur jeweils einer der Buddhas der drei Zeitalter ist. Vor allem die stehenden Bodhisattvas, die teils ermutigend, teils mahnend oder darlegend die Finger heben, sprechen den Betrachter in lebendiger Intensität unmittelbar an.

- Chinesischer Name: *Huáyán Sì* 华严寺
- Lage: *Xiàsì Pō* 下寺坡 (südlich der „Großen Weststraße" *Dà Xījiē* 大西街)
- ¹ Oberes Kloster: *Shàng Huáyán Sì* 上华严寺
- ² Unteres Kloster: *Xià Huáyán Sì* 下华严寺

Shanhua-Kloster

Die Anlage hat sich seit ihrer Entstehung im 12. Jh. kaum verändert. Monumental ist die original erhaltene Torhalle mit den Figuren der Himmelskönige (frühes 16. Jh.). Die folgende Halle ist den drei Heiligen des Huayan-Buddhismus geweiht: dem Buddha Vairocana mit seinen zwei Helferbodhisattvas. Nun die Haupthalle: Deren großartiger Bildschmuck ist ein Höhepunkt der Kunst des 12. Jahrhunderts. Das ikonografische Programm mit den Weisheitsbuddhas ähnelt dem im Oberen Huayan-Kloster. Zum Kreis der Schutzgötter gehört hier die „Teufelsmutter" (mit ihrem Teufelskind dargestellt), die anderer Leute Kinder raubte und verspeiste, ehe Buddha sie bekehrte. Erhalten blieben Reste von Wandmalereien (um 1700). Zwischen dem **Südtor**¹ und der restaurierten **Stadtmauer**² steht eine Fünf-Drachen-Mauer.

- Chinesischer Name: *Shànhuà Sì* 善化寺
- ¹ Südtor: *Yǒngtài Mén* 永泰门
- ² Stadtmauer: *Chéngqiáng* 城墙
  Sie wurde auf historischem Grundriss ab 2010 rekonstruiert. Der imposanteste Teil ist die Südbastion mit ihren fünf Höfen.

Lokomotivfabrik

Sie baute 1988 die weltweit letzte Dampflokomotive. Im Fabrikmuseum ist die älteste Lok von 1882. Zu Ausflugszwecken werden einige der alten Dampflokotiven noch heute betrieben.

- Chinesischer Name: *Dàtóng Zhēngqì Jīchē Chénlièguǎn* 大同蒸汽机车陈列馆

Maitreya-Buddha aus Grotte Nr. 13 der Yungang-Grotten

Yungang-Grotten

Datongs erste Blütezeit hinterließ an einer einen Kilometer langen Felswand einige Dutzend buddhistische Grottentempel mit 51.000 Figuren. Es war, erstmals in China, ein kaiserliches Projekt, 460 bis 494 durchgeführt von der Dynastie Nördliche Wei, die in Datong residierte und dem Steppenvolk der Toba angehörte. Die Besichtigung sollte entsprechend der Stilentwicklung mit Nr. 20 beginnen; vom Empfangsgebäude verkehren Elektrokutschen dorthin. Der neue, riesige Tempel jenseits des Eingangs schwebt gleichsam über Wasser; er imitiert Paradiesarchitektur der Tang-Zeit. Bei den Grotten ist ein Fernglas nützlich. Beachten Sie auch das architektonisch interessante Grottenmuseum im Vorfeld von Grotte 20.

- Chinesischer Name: *Yúngāng Shíkū* 云冈石窟
- Lage: 15 km westlich (Minibus ab Hauptbahnhof)
- Besonderheit: Unesco-Welterbe seit 2001

Grotte Nr. 20-16
Diese ältesten der Grotten enthalten je einen Riesenbuddha. Bei Nr. 20 stürzte später die Außenwand ein, so dass er nun im Freien sitzt und das beste Fotomotiv zum Yungang-Besuch liefert. Merkmale dieser Stilphase sind die überbreiten Schultern und die griechische Nase. Wie Nr. 20 einmal aussah, zeigen die anderen vier Grotten, von denen Nr. 19 die beste ist.

Grotte Nr. 13-9
Die Details dieser reich ausgestatteten Gruppe treten dank der um 1891 erfolgten Kolorierung plastisch hervor. In Nr. 13 stützt ein vierarmiges Männchen den Arm des 13 m großen Maitreya-Buddhas. Wie heiter die Welt der Erleuchteten ist, führt Nr. 12 vor Augen: An der Decke und oben an der Längswand des Vorraums wird musiziert und in den Lüften getanzt, dass es eine Lust ist. Auch in den folgenden Grotten sieht man immer wieder himmlische Tänzer. Nr. 9 und 10 sind typisch für die spätere Bauphase, in der die Hauptkammer größer ausgeführt wurde und ein zentraler, mit Reliefs verzierter Pfeiler die Decke stützt.

Grotte Nr. 6
Die künstlerisch bedeutendste Grotte von allen erhielt zu ihrem Schutz schon 1651 einen hölzernen Vorbau. Sie ist außerordentlich reich an Bildwerken. Rings um den zentralen Pfeiler, der oben durchbrochen gearbeitet wurde, zieht sich etwas über Augenhöhe ein Fries, der die Legenden von Buddha Gautama erzählt, angefangen von seiner Geburt im Lumbini-Hain – man sieht den Knaben unter der Achsel seiner Mutter austreten (linke Seite vorn).

Grotte Nr. 5
Keine zweite schafft einen so überwältigenden Gesamteindruck. Das Antlitz der 17 m großen Buddha-Figur, der größten von Yungang, wurde 1891 vergoldet. Seine 8 m großen Begleiter betonen mit ihrem Lächeln die heitere Grundbotschaft der Grottentempel.

Grotte Nr. 3
Geplant als größte von allen, blieb sie unvollendet. Fertig gestellt wurden jedoch die monumentalen Bildnisse hinterm Eingang mit ihren zeittypischen fülligen Gesichtern.

Ausflüge

Hängendes Kloster
Auf dürren Stelzen balancieren kleine Tempelhallen an einer überhängenden Felswand. Der Anblick des Bauwerks in der Schlucht, der ein Staudamm gleich oberhalb leider einen Großteil ihres Reizes raubt, bringt mehr, als sich ins Besichtigungsgeschiebe zu begeben.

- Chinesischer Name: *Xuánkōng Sì* 悬空寺
- Lage: 70 km südöstlich

Holzpagode von Yingxian
Dieser weltweit älteste Holzturm vergleichbarer Größe (67 m hoch, 30 m Durchmesser) wurde 1056 erbaut. Er ist ein Wunderwerk der Zimmermannskunst. Bis zum 2. Stock reicht ein gemauerter Kern.

- Chinesischer Name: *Yīngxiàn Mùtǎ* 应县木塔
- Lage: 80 km südlich, im Zentrum der Kreisstadt Yingxian

Hoteltipps

Great Palace Hotel ****

Das 4-Sterne-Hotel Great Palace liegt im Zentrum von Datong, 3 km südlich des Shanhua-Kloster. Die 808 unterschiedlichen Gästezimmer sind gediegen ausgestattet, und haben alle Minibar, Klimaanlage, Wasserkocher und Zimmersafe. Im Haus stehen dem Gast Restaurants, eine Bar und ein Fitnessraum zur Verfügung. Bis zu den außerhalb gelegenen Yungang-Grotten sind es 17 km. Der Flughafen ist 18 km entfernt.

- Chinesischer Name: *Wángfǔ Zhì Zūn Jiǔdiàn* 王府至尊酒店
- Lage: Südliches Zentrum
- Ausstattung:
  - 808 Zimmer
  - Restaurant
  - Café
  - Bar
  - Business-Center
  - Fitnessraum
- Preisniveau: Moderat
- Adresse: *Wèi Dū Dàdào 452* 魏都大道452号
- Kontakt: +86 (0)352 5129818 www.greatpalacehotel.com

Yunzhongyi Traditional Inn *****

Das Yunzhongyi Traditional Inn liegt inmitten der Altstadt Datongs. Bei dem Hotel handelt es sich um ein traditionelles Hofhaus. Die 19 individuell eingerichteten Zimmer sind zwischen 35 und 78 m² groß und bieten trotz der traditionellen Einrichtung alle modernen Annehmlichkeiten, wie LCD-Fernseher, Minibar, Klimaanlage, Zimmersafe und freies W-Lan. Bis zum Oberen Kloster des Huayan-Klosters sind es nur 400 m. Auch das Shanhua-Kloster liegt sehr dicht an dem Hotel und ist zu Fuß schnell erreicht. Bis zu den außerhalb gelegenen Yungang-Grotten sind es 17 km und bis zum Flughafen 18 km.

- Chinesischer Name: *Yún Zhōng Yì Zhàn* 云中驿栈
- Lage: Zentral zwischen Oberem Kloster und Shanhua-Kloster gelegen
- Ausstattung:
  - 19 Zimmer
  - Restaurant
  - Garten
  - Fitnessraum
- Preisniveau: Luxuriös
- Adresse: *Huángpǔ Lù 199* 黄浦路199号
- Kontakt: +86 (0)182 03420199

Dunhuang
Dūnhuáng 敦煌

Singende Sanddünen

STADTINFO

Chinesischer Name:	*Dūnhuáng* 敦煌
Einwohnerzahl:	160.000 Einwohner
Provinz:	Gansu
Wetter:	40 mm Niederschlag/Jahr Verdunstung 2.468 mm Januar: -9,3° C Juli: 24,9° C
M ü. NN:	1.400 m

Drehscheibe auf der Seidenstraße – so lässt sich die historische Funktion der großen Oasenstadt in West-Gansu wohl am besten charakterisieren. Vor 2100 Jahren wurde sie erstmals ein Außenposten des chinesischen Reiches, später dominierten mal zentralasiatische Völker, mal besetzte Tibet die Oase, mal die Tanguten oder die Mongolen, dann wieder China, und so wechselhaft blieb es bis ins 18. Jh. hinein. Herrschte Frieden und gedieh der Handel, war Dunhuang reich. Zur Tang-Zeit zogen mit den Karawanen Inder und Araber, Türken und Perser durch die Stadt. Was die Gegenwart erbte, liegt in der nahen Wüste: einige lehmgelbe Ruinen und der größte buddhistische Bilderreigen der Welt.

Mogao-Grotten

Eine 1.600 m lange, bis 25 m hohe Felswand im Einschnitt eines periodischen Wüstenflusses suchte sich ein Mönch im 4. Jh. aus, um eine erste Grotte in den Berg zu schlagen – und begründete damit eine 1000 Jahre währende Tradition.

Die 492 erhaltenen Grotten, gestiftet von wohlhabenden Witwen, von Laienvereinigungen und Oasenfürsten, wurden aufwendig ausgemalt und mit Lehmfiguren ausgestattet. Keiner der anderen Grottentempel an der Seidenstraße kann es an Größe, Vielfalt und Ausdruckskraft der Bildwerke mit den Mogao-Grotten aufnehmen. Erhalten sind 45.000 m² Wandbilder und 2.400 Plastiken.

- Chinesischer Name: *Mògāo Kū* 莫高窟
- Lage: 25 km südöstlich der Stadt
- Besonderheit: Unesco-Welterbe seit 1987
- Hinweis: Unbedingt Taschenlampen mitbringen oder am Eingang ausleihen!

Frühe Phase: 4.-6. Jh.

Die Darstellungen sind stark indisch geprägt, die Menschen sind dunkelhäutig und tragen wenig mehr als einen Lendenschurz. Religiöse Comic-strips erzählen teils sehr blutrünstige Geschichten über frühere Buddha-Inkarnationen und propagieren damit ein extremes Entsagungsideal, wie es dem Hinayana-Buddhismus entspricht. Beispiele bieten die Grotten Nr. 249, 257, 428.

Mittlere Phase: 7.-9. Jh.

China beherrscht die Seidenstraße, und mit ihr erlebt die hiesige Kunst ihre größte Blütezeit. Der Mahayana-Buddhismus dominiert und verheißt auch dem Laien entsagungsfreie Wege zur Erlösung. Ein eindeutig chinesischer Stil verdrängt die indischen Elemente. Typisch sind die Paradiesdarstellungen mit Lotosteichen, Palastbauten, (Damen-)Orchestern und grazilen Tänzerinnen, z.B. in den Grotten Nr. 112, 202, 231. Monumentalfiguren entstehen: der 34,5 m große Maitreya in Nr. 96, der 26 m große Maitreya in Nr. 130, der 15,6 m lange liegende Buddha in Nr. 148 (mit herrlicher Paradiesdarstellung) und in Nr. 158 der 15 m lange, besonders schöne liegende Buddha, den acht Klassen übernatürlicher Wesen und am Fußende auch allerlei kuriose Ausländer beweinen.

Späte Phase: 10-14. Jh.

Unterschiedliche Einflüsse treten hinzu, die plastischen Figuren lösen sich von der Wand. Oft besichtigt wird die sehr große Grotte Nr. 16, deren Wände das beliebte Tausend-Buddha-Motiv zeigt: die Buddhas aller Äonen. In der finsteren Grotte Nr. 17 gleich daneben wurde vermutlich im Jahr 1035 zum Schutz vor heranstürmenden Heeren die Klosterbibliothek eingemauert und vergessen. Im Jahr 1900 entdeckte sie ein Mönch. Ab 1907 bekamen europäische Zentralasienforscher Wind davon. Sie schwatzten dem Mönch den größten und wertvollsten Teil davon ab, so dass sich heute das meiste in London und Paris befindet, darunter ein Exemplar des Diamentsutra aus dem Jahr 868. Es ist das älteste gedruckte Buch der Welt.

Grottenmuseum

In den Grotten ist fotografieren verboten, aber es gibt ja das Museum mit gut ausgeleuchteten, originalgroßen Repliken von acht Grotten. Gut bestückter Shop.

Mogao-Grotten

DUNHUANG

Singende Sanddünen

Am Südrand der Oase sind bis zu 200 m hohe Sanddünen zu bestaunen – die größten Chinas. Man kann sie besteigen (sehr mühsam!), von ihnen per Sandschlitten hinunterrutschen, oben auf Gleitschirme umsteigen oder einen halbstündigen Ausritt per Kamelkarawane unternehmen. „Singen" tun die Dünen nur, wenn sich kräftiger Wind an ihrer Kante bricht. Vom Hauptzugang rechts ab gelangt man zum **Mondsichelsee**[1], einem grundwassergespeisten Teich mitten zwischen den Dünen. Am Weg dorthin finden sich auch die genannten Sportangebote.

- Chinesischer Name: *Míngshā Shān* 鸣沙山
- Lage: 6 km südlich
- [1] Mondsichelsee: *Yuèyá Quán* 月牙泉

Ausflug: Jadetorfestung

Unter dem Han-Kaiser Wu (regierte 140-87 v. Chr.) unternahm China mächtige Feldzüge weit nach Westen und sicherte das eroberte Territorium mit den längsten Grenzmauern der Geschichte. In der topfebenen Wüste westlich von Dunhuang blieben davon eindrucksvolle Reste erhalten: die Jadetorfestung mit 10 m hohen Lehmmauern, Reste der **Han-Mauer**[1] mit Wachtturm und das 130 m lange **Flusslagerhaus**[2], die imposante Ruine eines Zentrums der Armeelogistik mit 15 m hohen Wänden.

- Chinesischer Name: *Yùmén Guān* 玉门关
- Lage: 80 km westlich
- [1] Han-Mauer: *Hàn Chángchéng* 汉长城
  Lage: 4 km westlich der Festung
- [2] Flusslagerhaus: *Hécāngchéng* 河仓城
  Lage: 11 km nordöstlich der Festung

Mondsichelsee

Hoteltipps

Dunhuang Hotel ****

Zentral gelegenes 4-Sterne-Hotel in Dunhuang mit mehreren Gebäuden. Die 246 Zimmer sind mit den üblichen Annehmlichkeiten eines chinesischen 4-Sterne-Hotels ausgestattet. Viele Geschäfte und der Nachtmarkt liegen in der Umgebung des Hotels. Eine Bushaltestelle befindet sich direkt vor dem Hotel.

- Chinesischer Name: *Dūnhuáng Bīnguǎn* 敦煌宾馆
- Lage: Zentral in Dunhuang
- Ausstattung:
  - 246 Zimmer
  - Restaurant
  - Café
  - Bar
  - Business-Center
  - Sauna
  - Fitnessraum
  - Tennisplatz
- Preisniveau: Hochwertig
- Adresse: *Yángguān Zhōnglù 151* 阳关中路151号
- Kontakt: +86 (0)937 8859128
  dhbghotel@126.com
  www.DunhuangHotel.com

Grand Soluxe Hotel Dunhuang ****(*)

Das 4,5-Sterne-Hotel Grand Soluxe wurde 2008 eröffnet und liegt zentral in Dunhuang. Märkte, Geschäfte und Restaurants befinden sich in fußläufiger Nähe. Die 256 Zimmer sind ausgestattet mit Klimaanlage und Zimmersafe. Nur 25 km sind es zu den Mogao-Grotten, 5 km zu den Singenden Sanddünen und zum Mondsichelsee. Im Hotelrestaurant wird chinesische und westliche Küche serviert. Ein Außenpool steht zur Verfügung. In 13 km Entfernung befindet sich der Flughafen, 13 km sind es auch zum Bahnhof.

- Chinesischer Name: *Yángguān Shāzhōu Jiǔdiàn* 敦煌阳光沙州大酒店
- Lage: 5 km vom Mondsichelsee
- Ausstattung:
  - 256 Zimmer
  - Restaurant
  - Café
  - Bar
  - Business-Center
  - Innenswimmingpool
  - Fitnessraum
  - Karaoke
- Preisniveau: Hochwertig
- Adresse: *Yángguān Zhōnglù 1339* 敦煌市阳关中路1339号
- Kontakt: +86 (0)937 8862888
  www.DHSoluxeHotel.com

Guilin

Guìlín 桂林

Li Jiang Fluss

STADTINFO

Chinesischer Name:	*Guìlín* 桂林
Einwohnerzahl:	900.000 Einwohner
Provinz:	Autonome Zhuang-Region Guangxi
Wetter:	1.890 mm Niederschlag/Jahr Januar: 7,9° C Juli: 28,3° C
M ü. NN:	150 m

Die Provinzstadt mit dem schönen Namen „Osmanthushain" ist eins der vier Topziele im Lande. Die Millionen von Gästen pro Jahr lockt freilich weniger der Ort als seine Umgebung, genauer: eine Fahrt auf dem Li-Fluss durch die traumhafte Turmkarstlandschaft, vorbei an Reis- und Lotosfeldern, an Kormoranfischern und Ufer mit nickendem Bambus. Aber auch die Stadt verdient einen Bummel. Sie hat mediterranes Flair und ist angenehmer, als man angesichts der steten Touristenfluten vermuten würde.

Küche

Die Gegend liefert eine enorme Vielfalt an pflanzlicher Kost, darunter Lotoswurzel *Ǒu* 藕, Wasserkastanien *Mǎtí* 马蹄, Taro *Yùtou* 芋头 und vielerlei Obst. Wer vegetarisch speist, hat es daher sowohl typisch als auch billig und gesund. Vor allem in Yangshuo ist internationale Küche verbreitet.

Stadtgebiet und Stadtrand

Promenaden

Guilin hat zwei Schauseiten: Im Osten das Ufer des **Li-Flusses**[1] (Li Jiang), im Süden das weitgehend autofreie, parkartige Ufer der Seen **Rong Hu**[2] und **Shan Hu**[3]. An der Brücke über den Rong Hu steht noch ein historisches Stadttor. Ein abendlicher Bummel führt vom Shan-Hu-Ufer durch die **Zhengyang Lu**[4], eine lebendige Fußgängerzone mit Bars und Restaurants und durch die mittlere Sun Yat-sen Straße (**Zhongshan Zhonglu**[5]), die Haupteinkaufsmeile der Stadt. Müßiggänger bevölkern den gepflegten **Zentralplatz**[6]. Dort lässt sich täglich um 20.30 Uhr an einer Hotelfassade ein künstlicher Wasserfall bestaunen.

- [1] Li-Fluss: *Lí Jiāng* 漓江
- [2] Rong Hu: *Róng Hú* 榕湖
- [3] Shan Hu: *Shān Hú* 杉湖
- [4] Zhengyang Lu: *Zhèngyáng Lù* 正阳路

- Restaurant-Tipp:
  Li River Cuisine Restaurant *Zhōuchéng* 粥城
  Erschwingliche Guilin-Küche am Stadtsee Shan Hu, bebilderte Karte. *Shānhú Běilù* 杉湖北路 3

- [5] Zhongshan Zhonglu: *Zhōngshān Zhōnglù* 中山中路
- [6] Zentralplatz: *Zhōngxīn Guǎngchǎng* 中心广场

Elefantenrüsselberg

Fubo Shan

Zwei berühmte Karsthügel stehen am Fluss. Der „wellenerduldende" (fubo) ist von oben wie von unten zu besichtigen, denn erstens kann man ihn besteigen (62 m) und zweitens birgt er in seinem hohlen Fuß buddhistische Skulpturen aus der Tang-Zeit.

- Chinesischer Name: *Fúbō Shān* 伏波山
- Lage: Nordende der *Bīnjiāng Lù* 滨江路
- Tipp: Auf der Nordseite des Hügels bietet ein Teehaus einen herrlichen Rastplatz am Wasser.

Sieben-Sterne-Park

Guilins größte Grünanlage. Die sieben Gipfel seiner Hügel sollen dem Sternbild des Großen Wagens entsprechen. Es gibt eine Tropfsteinhöhle, am Westende eine Grotte voller alter Steininschriften, am Ostende den kuriosen Kamelfelsen, mehrere Pavillons und einen kleinen Zoo.

- Chinesischer Name: *Qīxīng Gōngyuán* 七星公园
- Lage: Östliches Ufer des Li-Fluss auf Höhe der Jifeng Brücke

Elefantenrüsselberg

Der zweite, der Xianbi Shan, bzw. „Elefantenrüsselberg", erinnert – jedenfalls bei genügend hohem Wasserstand – an einen aus dem Fluss trinkenden Dickhäuter.

- Chinesischer Name: *Xiàngbí Shān* 象鼻山
- Lage: Vom Ufer südlich des Sees Shan Hu aus zu sehen

Tropfsteinhöhle Ludi Yan

Wer in Guilins größte und meistbesuchte derartige Höhle hinabsteigt, sollte sich auf fantasievolle, bonbonbunte Beleuchtung gefasst machen. In chinesischen Augen muss es einfach so sein.

- Chinesischer Name: *Lúdí Yán* 芦笛岩
- Lage: 6 km nordwestlich der Stadt
- Tipp: Der Gratisbus Nr. 58 (路公共汽车) verbindet tagsüber alle bis hier erwähnten Attraktionen.

GUILIN

Bambusfloß auf dem Yulong He-Fluss

Yao Shan

Kein Karsthügel, sondern mit seinen 909 m Höhe ein richtiger Berg. Ein Sessellift schwebt hinauf, an einer Zwischenstation kann man abwärts auf eine Sommerrodelbahn umsteigen. Am Fuß des Berges liegen mingzeitliche **Prinzengräber**[1], Grabtempelanlagen von bis zu mehreren Hektar Größe. Eine wurde vollständig restauriert, die anderen sind verwildert und ein Ziel für Entdecker.

- Chinesischer Name: *Yáo Shān* 尧山
- [1] Prinzengräber: *Jìngjiāng Wánglíng* 靖江王陵
  Lage: 7 km östlich

Ausflüge

Flussfahrten auf Li Jiang und Yulong He

Man möchte glauben: Schöner kann Reisen nicht werden – wenn man nämlich auf dem Oberdeck eines Schiffs den Li-Fluss hinab durch die wunderbare Karstkegellandschaft gleitet. Welch ein Panorama! Leider ist das Erlebnis nicht mehr so romantisch, wie es einmal war. Es gibt zu viele Motorboote, zu viel Trubel auf dem Wasser mit Lärm und Abgasen.
Sehr schade, aber nicht alternativlos, denn der Li-Fluss hat ja noch Nebenflüsse, zum Beispiel den Yulong He, der bei Yangshuo (am Ende der Li-Fluss-Kreuzfahrt) einmündet. Dort geht es ohne Motorlärm einher, denn man treibt sanft, geräuschlos und total ökologisch auf einem Bambusfloß übers Wasser.
Lauschen Sie hier wie dort den Erklärungen! Denn sonst übersieht man leicht die Bilder, die chinesische Augen in den Hügeln erkennen und damit den Naturwundern noch eine zusätzliche, kulturelle Dimension verleihen.

- Li Jiang: *Lí Jiāng* 漓江
- Yulong He: *Yùlóng Hé* 遇龙河

Yangshuo

Nur an wenigen überschaubar kleinen Orten in China gibt es eine so perfekte Infrastruktur für ausländische Feriengäste, und in kaum einem anderen wird ein längerer Aufenthalt so sehr gefallen wie hier. Die idyllische ländliche Umgebung erkundet man auf Ausflügen per Fahrrad oder Motorradriksha, man steigt auf Karstberge, badet, paddelt, nimmt an einer Floßfahrt teil und plaudert mit neuen Freunden aus aller Welt. Die Reisekasse wird dabei kaum belastet, allerdings hat man oft Mühe, sich all derer zu erwehren, die einem Geld abluchsen wollen.
Ein Paradies ist Yangshuo für Schnäppchenjäger und Andenkenkäufer. In den rund zwei Stunden von der

Ankunft des ersten Lijiang-Dampfers bis zur Abfahrt des letzten Touribusses wandeln sich die ufernahen Straßenzüge in einen riesigen Freiluftmarkt für Textilien, gefälschte Antiquitäten, Nippes, Spielzeug, Jade und vieles mehr. Wenig touristisch ist der Gemüse- und Obstmarkt in der **Diecui Lu**[1].

Nahe Wanderziele sind der gewaltige, rund 1400 Jahre alte **Banyan-Baum**[2] südlich der Stadt und jenseits davon der **Mondberg**[3] mit seinem halbmondförmigen Loch.

Impression Liu San Jie[4]: Auch wer nicht in Yangshuo bleibt, sollte diese spektakuläre Show auf einer Flussbühne vor dem Hintergrund der Karstkegel keinesfalls versäumen. 600 Laien und etliche Tiere wirken bei dem farbenprächtigen Spektakel mit, das Filmregisseur Zhang Yimou kreierte. Mehr Infos unter www.yxlsj.com

- Chinesischer Name: *Yángshuò* 阳朔
- Lage: 70 km südlich
- [1] Diecui Lu: *Diécuì Lù* 叠翠路
- [2] Banyan-Baum: *Dà Róngshù* 大榕树
- [3] Mondberg: *Yuèliàng Shān* 月亮山
- [4] Impression Liu San Jie: *Yìnxiàng Liú Sān Jiě* 印象刘三姐

Longsheng

Völlig anders, doch nicht minder faszinierend ist die Berglandschaft nahe dieser Stadt. Sie ist berühmt für ihre Terrassenfelder, Monumente bäuerlichen Fleißes. Es gibt Höhenunterschiede von 1.000 und mehr Metern auf wenige Kilometer Distanz. Auf Besucher eingestellt sind die **Longji-Terrassenfelder**[1] oberhalb des Dorfes **Jinjiang**[2], sowie das Gebiet **Dazhai**[3]. Die ganze Gegend ist Minderheitengebiet. Die Zhuang, Miao, Yao und Dong erfreuen auch mit ihren schönen Trachten und geschlossenen Dörfern in traditioneller Baukunst. Unweit von Jinjiang sieht man zwei **Wind- und Regenbrücken**[4], für die das Volk der Dong bekannt ist.

- Chinesischer Name: *Lóngshèng* 龙胜
- Lage: 80 km nördlich
- [1] Longji-Terrassenfelder: *Lóngjǐ Tītián* 龙脊梯田
- [2] Jinjiang: *Jīnjiāng* 金江
- [3] Dazhai: *Dàzhài* 大寨
- [4] Wind- und Regenbrücke: *Fēngyǔ qiáo* 风雨桥

Reisterrassenfelder von Longsheng

Hoteltipps

Park Hotel **** (Guilin)

Das komfortable 4-Sterne-Hotel liegt in ruhiger Lage am Guihu-See am Fuße des Laoren-Berges, zentral in der Innenstadt von Guilin. 266 Zimmer mit Klimaanlage, Minibar und Flachbildfernseher stehen seinen Gästen zur Verfügung. Zu Fuß entlang des Ufers mehrerer miteinander verbundener Seen erreicht man bei einem lockeren Spaziergang in ca. 20 Minuten die Fußgängerzone mit ihren Geschäften, Restaurants und Bars. Zum Bahnhof sind es 4 km und 29 km zum Flughafen.

- Chinesischer Name: *Guì Hú Fàndiàn* 桂湖饭店
- Lage: Zentral am Guihu-See
- Ausstattung:
  - 266 Zimmer
  - Restaurant
  - Bar / Lounge
  - Business-Center
  - Außenswimmingpool
  - Sauna
  - Fitnessraum
- Preisniveau: Moderat
- Adresse: *Luó Sī Shān Lù 1* 螺蛳山路 1 号
- Kontakt: +86 (0)773 2558899
  glpark@mailgl.cn
  www.parkhotelguilin.com

Shangri-La Hotel ***** (Guilin)

Das Shangri-La Guilin liegt am Li-Fluss, abseits der Hektik der Stadt. Über den Fluss schaut man auf den Diecai-Berg und die umliegenden Karstberge. Chinesische Architektur und asiatische Freundlichkeit zeichnen das 5-Sterne-Haus aus. Die 449 großzügigen Zimmer sind elegant eingerichtet und bieten entweder Flussblick oder Blick auf den üppigen Hotelgarten. Den Gästen stehen ein Innen- und Außenpool mit Poolbar, Fitnesscenter und ein Spa zur Verfügung. Das Restaurant Shang Palace mit innovativem Küchenchef, ein Café und drei Bars / Lounge sorgen für das leibliche Wohl. Zum Flughafen sind es 35 Minuten, in die Innenstadt 10 Minuten mit dem Taxi.

- Chinesischer Name: *Xiānggélǐlā Dà Jiǔdiàn* 香格里拉大酒店
- Lage: 2 km nördl. des Sieben-Sterne-Park
- Ausstattung:
  - 449 Zimmer
  - Restaurant
  - Café
  - 3 Bars / Lounge
  - Business-Center
  - Außen- & Innenswimmingpool
  - Spa / Wellness
  - Garten & Sonnenterrasse
  - Tennisplatz & Fitnessraum
- Preisniveau: Luxuriös
- Adresse: *Huán Chéng Běi Èr Lù 111* 环城北二路111号
- Kontakt: +86 (0)773 2698888
  slgl@Shangri-La.com
  www.Shangri-La.com/Guilin

Tea Cozy **** (Yangshuo)

Das Tea Cozy Hotel liegt inmitten der Karstkegellandschaft am Ufer des Yulong-Flusses. Die 12 Zimmer sind individuell im chinesischen Stil eingerichtet. Das Hotel bietet ein Restaurant und eine Dachterrasse von der man einen atemberaubenden Ausblick auf die Landschaft hat. Das Tea Cozy bietet auch einen Fahrradverleih an. Die 6 km nach Yangshuo fährt man in ca. 20 Minuten und zum Flughafen nach Guilin fährt man ca. 1 Stunde.

- Chinesischer Name: *Shuǐ Yún Gé Jīng Pǐn Jiǔdiàn* 水云阁精品酒店
- Lage: Am Yulong-Fluss 6 km westlich von Yangshuo
- Ausstattung:
  - 12 Zimmer
  - Restaurant
  - Bar
  - Business-Center
  - Wellness
  - Garten & Sonnenterrasse
  - Fahrradverleih
- Preisniveau: Mittelklasse
- Adresse: *Yùlóng Hé Jǐngqū Xià Táng Cūn 212* 遇龙河景区下塘村212号
- Kontakt: +86 (0)773 8816158
  yangshuoteacozy@gmail.com
  www.yangshuoteacozy.com

Mei Jing Lou Gasthaus (Longsheng)

Das Gasthaus aus Föhrenholz ist im traditionellen Stelzen-Stil der lokalen Minderheit erbaut und liegt inmitten der Reisterrassen, ca. 80 km von Guilin entfernt. Die Zimmer sind einfach und sauber. Es gibt keine Heizung, weshalb ein warmer Schlafsack in kälteren Monaten empfehlenswert ist. Dafür wird man jedoch mit einem wunderbaren Ausblick auf die Reisterrassen belohnt. Im Erdgeschoss des Gasthauses befindet sich ein Aufenthalts- und Speisesaal. Die Zimmer haben einfache Duschen und westliche WCs. Das Gasthaus ist nur zu Fuß erreichbar, vom Parkplatz geht man ca. 60-90 Minuten zu Fuß (200 Höhenmeter). Gegen Gebühr übernehmen einheimische Träger den Gepäcktransport. Bis zum Flughafen Guilin sind es je nach Verkehrslage 2-3 Stunden Fahrt.

- Chinesischer Name: *Měijǐng Lóu Kèzhàn* 美景楼客栈
- Lage: In den Reisterrassen
- Ausstattung:
  - 19 Zimmer
  - Speisesaal
  - Bar
  - Aussichtsterrasse
- Preisniveau: Preiswert
- Adresse: *Lóngshèngxiàn Hépíngxiāng Dàzhàicūn Tiántóuzǔ* 龙胜县和平乡大寨村田头组
- Kontakt: +86 (0)773 7585678
  Meijinglou@126.com

GUILIN 55

Seitenblick aus dem *China Tours Reisemagazin*
Tiefenentspannung in Guilin
Von Vanessa Dahlmann

„Boat?! Bamboo boat? Want to ride? Cheap, cheap!" Eine belebte Promenade in Guilin. Ältere Damen ziehen unter sattgrünen Bäumen ihre Kreise und preisen Bootstouren an.

Erkundungen der Landschaften im Umland der Stadt sind immer wieder ein Erlebnis: Ob zu Fuß unterwegs, auf einem modernen kleinen Ausflugschiff oder auf einem der für die Gegend so typischen Bambusflöße – kleine schwimmende Plattformen aus dicken zusammengebundenen Bambusstämmen oder der Pflanze nachempfundenen Plastikrohren für die etwas moderneren Besucher – Reisenden bieten sich hier stets atemberaubende Anblicke.

Guilin, gelegen in der südchinesischen Provinz Guangxi, ist für ihre wunderschönen natürlichen Landschaften bekannt ist. Steile Karstberge erheben sich plötzlich aus einem Meer von im Sonnenlicht schimmernden Reisterrassen. Selbst mitten in der Metropole fügen sich die grünen, dicht bewachsenen Hügel in das Stadtbild mit ein. Sie sind in Guangxi ebenso allgegenwärtig wie die vielen kleinen Flussärmchen, die das Umland durchziehen und noch weiter zur subtropischen Feuchtigkeit beitragen – und eben die vielen Damen, die versuchen, Touristen dazu zu bewegen, die Gegend auf einem klein Boot zu erkunden und immer für ein Pläuschchen zu haben sind.

■ Chinesisches Schach
Trotz des bunten Treibens auf den Straßen versprüht die Stadt ein sehr entspanntes Flair. Vielleicht liegt es an den vielen Rucksack-Reisenden, die in Khakishorts und Flipflops einen Zwischenstopp in einer der vielen Jugendherbergen einlegen, bevor sie von hier aus ihre weiteren Erkundungstouren durch die Provinz starten. Eventuell sind es aber auch die vielen Gruppen älterer Männer und Frauen, die sich im Freien unter den großen Bäumen am Straßenrand zusammenfinden, um sich gemeinsam die Zeit zu vertreiben. Ganz unberührt von Passanten und Lärm sitzen sie auf ihren bunten Plastikhockern und spielen Karten oder chinesisches Schach. Ein kleiner mobiler Verkaufsstand versorgt die Teilnehmer und Zuschauer dabei mit Snacks zur Stärkung der Nerven. Für Besucher scheint nichts natürlicher zu sein, als sich hier unter die Guiliner zu mischen und die Regeln der fremdartigen Spiele erklären zu lassen, während sich neben ihnen die Zwillingspagoden, eines der Wahrzeichen der Stadt, grazil aus dem See Shanhu erheben.

■ Mond und Sonne
Den Mond und die Sonne symbolisierend, bieten diese beiden schlanken Bauwerke besonders am Abend ein schönes Bild. In den Farben ihrer namensgebenden Himmelskörper erleuchtet, strahlen sie weit sichtbar aus dem Zentrum auf die Straßen hinaus. Dabei ist die Sonnenpagode auch ohne ihre kleine Schwester ein beeindruckendes Monument – immerhin ist sie die größte mit Kupfer verkleidete Pagode der Welt, die übrigens bei Gewittern nicht betreten werden darf. Die Gefahr eines Blitzschlages ist in dem metallenen Turm anscheinend zu hoch.

Bambusfloßfahrt auf dem Li-Fluss

■ Nacht über Guilin

Im Dunklen ist aber auch der Rest der Stadt besonders schön. Bricht die Dämmerung über Guilin an, erstrahlen Bäume und Sehenswürdigkeiten in buntem Licht: Der Glanz hunderter kleiner Lampen fängt sich in den vielen Flüssen, die verheißungsvoll neben den von Fußgängern bevölkerten Promenaden glitzern. Ein gemütlicher Spaziergang in der milden Abendluft darf hier ebenso wenig fehlen, wie eben eine der so häufig angepriesenen Fahrten auf einem Bambusboot.

Dem Wasserlauf Li folgend, schaukeln die Besucher auf motorisierten oder auch auf nur mit Muskelkraft angetriebenen Flößen ins Umland. Eine beeindruckende, sattgrüne Landschaft erobert langsam das Blickfeld der Schiffer, die Guilin allmählich hinter sich lassen. Eine Stadt, die immer einen entspannten Besuch wert ist.

👍 TIPP: China Tours Reisemagazin

Entdecken Sie weitere spannende Geschichten rund um das Thema China auf: www.ChinaTours.de/Magazin

Hangzhou

Hángzhōu 杭州

Westsee

STADTINFO

Chinesischer Name:	*Hángzhōu* 杭州
Einwohnerzahl:	4 Mio. Einwohner, mit Umland 8,8 Mio.
Provinz:	Hauptstadt der Provinz Zhejiang
	Südende des Kaiserkanals
Wetter:	1.400 mm Niederschlag/Jahr Januar: 4,7° C Juli: 28,1° C
M ü. NN:	10 m

Ein Ort, der glücklich macht! Selbst Pekinger Kaiser kamen mehrfach hierher und imitierten Hangzhous größte Attraktion, den Westsee, in ihren Palastgärten. Für Marco Polo war Hangzhou die schönste Stadt der Welt. Damals hatte sie ihre größte Blütezeit als Hauptstadt der Süd-Song-Dynastie (1127-1279) gerade hinter sich. Gewiss, das ist lange her, und leider hat die Stadt von heute partout modern sein wollen, was ihren Reiz nicht durchweg mehrte. Aber das Drumherum entzückt wie eh und je – mit dem See, seinen Gondeln und Promenaden, mit den grünen Hügeln, den Teeplantagen und den kulinarischen Genüssen, denn Hangzhou ist seit alters ein Hort und Inbegriff kultivierter Lebensart. So sagt es auch der Volksmund: „Was oben das Himmelreich, sind auf Erden Suzhou und Hangzhou."

Küche
Die Hangzhouer gelten als Feinschmecker. Spezialitäten sind Süß- und Salzwassertiere, darunter Wollhandkrabben und Westseefisch in brauner Soße. Bettlerhuhn wird im Lehmmantel gegart.

Tipp
Für die Hauptattraktionen reicht ein Tag. Die meisten Gruppen werden morgens auf den Westsee geschickt und strömen nachmittags zum Feilai Feng. Wer es anders herum macht, meidet das größte Gedränge.

Westsee

Chinas berühmtesten Stadtsee säumen schön gestaltete, Promenaden. Gut 6 km² groß ist das Gewässer, doch nur um 1,5 m tief. Das Auge erfreuen Weiden und Lotos, Pagoden, Pavillons, Brücken und Boote.

- Chinesischer Name: *Xī Hú* 西湖
- Tipp: Die geruderten Gondeln sind das beste Verkehrsmittel für jeden, der den See mit Muße genießen möchte; Elektrokarren befahren das Seeufer im Uhrzeigersinn und halten auf Handzeichen. Eine Runde (13 km) dauert 80 bis 90 Minuten.

Stadtpromenade
Hangzhous Schauseite zieht sich als sorgsam gepflegter Park am Stadtzentrum entlang. Hier und da laden Cafés, Teehäuser und Bars zur Rast, und es gibt reichlich Bänke. In der Mitte beim Hyatt Hotel spielt mehrmals täglich eine Musikfontäne.

Xihu Tiandi
Moderne, pavillonartige Bauten in dem Seeuferpark im Süden der Promenade bergen mehrere schicke Restaurants.

- Chinesischer Name: *Xī Hú Tiāndì* 西湖天地
- Restaurant-Tipp: Cosmic Love, *Chájiǔ Tiāndì* 天地 Dummer Name, aber feine Hangzhouküche in schickem Ambiente. *Nánshān Lù* 南山路 147

Gu Shan
Von der Stadtpromenade führt der 960 m lange **Bai-Damm**[1] als Trauerweidenallee zur einzigen natürlichen Insel im See. Sie ist größtenteils ein Park. Am Südufer passiert man das Provinzmuseum mit der Kunsthalle, eine der vier kaiserlichen Bibliotheken Chinas, das klassische Anwesen der Siegelschnitzergesellschaft und das Restaurant **Louwailou**[2].

- Chinesischer Name: *Gū Shān* 孤山
- [1] Bai-Damm: *Bái Dī* 白堤
- [2] Restaurant-Tipp: *Lóuwàilóu* 楼外楼 1848 gegründet, ist es Hangzhous berühmteste Speisegaststätte. Spezialitäten sind Westseefisch in brauner Soße und Bettlerhuhn. *Gūshān Lù* 孤山路 30

Provinzmuseum
Von archäologischen Funden über Kunsthandwerk und Skulpturen bis hin zu Malerei und Kalligrafie werden Schätze der Provinz präsentiert. Mit englischer Beschriftung.

- Chinesischer Name: *Zhèjiāngshěng Bówùguǎn* 浙江省博物馆

Kleines Yingzhou
Der Name verweist auf eine Insel im Weltmeer, auf der die Unsterblichen leben. Die Insel besteht nur aus Dämmen, die Lotos- und Seerosenteiche umschließen. Südlich davon ragen drei Steinlaternen aus dem See: Als Santan Yinyue, „drei Weiher spiegeln den Mond", bilden sie eine der zehn berühmten Westseeansichten, aber erleuchtet im Mondlicht erlebt man sie nur am Mittherbstfest.

- Chinesischer Name: *Xiǎo Yíngzhōu* 小瀛洲

Leifeng-Pagode
2002 über alten Fundamenten errichtet, beherrscht sie das Südufer. Per Lift schwebt man empor zum Panoramablick. Auf den mittleren Etagen breiten kunstreiche Reliefs die Sage von der Weißen Schlange aus. Diese hatte die Gestalt einer schönen Frau angenommen und wurde von einem bösen Mönch unter dieser 72 m hohen Pagode eingesperrt.

- Chinesischer Name: *Léifēng Tǎ* 雷锋塔

Feilai Feng und Lingyin Si

Ein Tal, ein Felshang mit alten Skulpturen, ein imposantes Tempelkloster: So formt sich hier ein bemerkenswertes Ensemble aus Natur und religiöser Kunst.

- Feilai Feng: *Fēilái Fēng* 飞来峰
- Lingyin Si: *Língyǐn Sì* 灵隐寺
- Lage: 3 km westlich des Westsees

Feilai Feng

Der indische Mönch, der am „herübergeflogenen Gipfel" im Jahr 326 das Kloster gründete, fand, die felsige Anhöhe gegenüber sehe aus, als sei ein Berg aus seiner Heimat hierher geflogen. Im 10.-14. Jh. wurden hier über 300 Skulpturen und Reliefs in den Fels geschlagen. Der Dickbauchbuddha nahe dem Kloster ist die berühmteste der Figuren.

Lingyin Si

Das „Kloster der wunderwirkenden Weltferne" beeindruckt durch die Größe seiner Hallen und Bildwerke. Bis auf zwei Sutrensäulen aus dem Jahr 969 vorn am Weg und zwei ähnlich alten, arg ramponierten Steinpagoden im ersten Hof ist nichts älter als 150 Jahre. Die Halle der Himmelskönige zeigt das übliche Figurenprogramm; prunkvoll ist das Schreingehäuse in der Mitte. Die erste Haupthalle, 1953 erbaut, ist 33 m hoch; der Shakyamuni-Buddha erreicht mit Sockel und Heiligenschein knapp 20 m Höhe. An den Seiten sind die Schutzgötter des Buddhismus dargestellt, dahinter folgen die erleuchteten Schüler des Buddha Gautama. Rückwärtig zeigt eine Reliefszenerie die barmherzige Guanyin auf einem Riesenfisch, auf dem sie über das Weltmeer fährt, um Menschen zu retten, sowie die Geschichte des Knaben Shancai, der auf dem Weg zur Erleuchtung 53 Lehrer aufsuchte. Den Medizinbuddha in der nächsten Halle begleiten seine zwei Helfer und die Schutzpatrone der zwölf Doppelstunden des Tages. Zwei weitere Hallen aus der Nach-Mao-Ära folgen. Am riesigen Granitrelief der vorletzten Halle vorbei gelangt man in die Schatzkammer des Klosters. Die neue Halle der 500 Arhats liegt westlich (links) der Achse. Diese erleuchteten Mönche sind überlebensgroß dargestellt, und entsprechend riesig ist das Gebäude, dessen Grundriss die Form eines Hakenkreuzes hat.

Hefang Jie

Ein Schmucktor führt in ein Stück rekonstruierte Altstadt. Das Ambiente der Fußgängerzone mit vielen Läden und Lokalen ist überraschend authentisch. Etwa in der Mitte zweigt eine Garküchengasse ab. Hinter einer hohen Mauer auf der Südseite verbirgt sich die 1874 gegründete **Apotheke Huqingyu Tang**[1], ein prächtiges Anwesen mit mehreren Innenhöfen. Man kann zusehen, wie Kräutermedizin gemischt wird; eine Ausstellung informiert über altchinesische Pharmazie.

- Chinesischer Name: *Héfāng Jiē* 河坊街
- [1] Apotheke Huqingyu Tang: *Hú Qìngyú Táng* 胡庆余堂

Dickbauchbuddha von Feilai Feng

Teebauer im Longjing-Dorf

Ziele am Stadtrand

Pagode der sechs Harmonien
Der 60 m hohe, wuchtige „Turm der sechs Harmonien" (die im Buddha-Kloster herrschen sollen) ragt südlich der Stadt über dem Qiantang-Fluss auf und bietet von oben einen weiten Rundblick. Der Backsteinkern des Baus ist von 1163, das dreizehngeschossige Äußere wurde 1900 erneuert.

- Chinesischer Name: Liùhé Tǎ 六和塔
- Lage: 3 km südlich des Westsees

Longjing-Dorf
Von hier kommt der über Chinas Grenzen hinaus berühmte grüne Longjing-(„Drachenbrunnen"-)Tee. Welchen Wohlstand er den Teebauern brachte, sieht man in ihrer äußerst gepflegten Siedlung – ein schönes Ziel für einen Spaziergang und den Einkauf hochwertigen Tees.

- Chinesischer Name: Lóngjīng Cūn 龙井村
- Lage: 2 km südwestlich des Westsees

- Tipp:
  Man wird Sie zur Teeverkostung einladen. Nutzen Sie die Gelegenheit, denn beste Ware bekommt man nur in den Anbaugebieten. Aber kaufen Sie dort nichts ohne Verkostung.

Hangzhou am Abend

Impression West Lake
Allabendlich entfaltet sich am Westsee eine spektakuläre Show, bei der die Mitwirkenden übers Wasser zu schreiten scheinen. Zu Musik von Kitaro wird in farbenprächtigen Bildern eine Liebesgeschichte erzählt. Mehr dazu unter www.hzyxxh.com.

- Chinesischer Name: Yìnxiàng Xīhú 印象西湖
- Lage: Běishān Lù 北山路, gegenüber vom Yue-Fei-Tempel 岳王庙
- Kartenbestellung: +86 (0)18758121460

Hoteltipps

Lily Hotel ***

Das 3-Sterne-Hotel befindet sich nahe dem Westsee. Es wurde 1994 erbaut, 2002 teilweise renoviert und verfügt über 155 zweckmäßig ausgestattete, geräumige Zimmer. Das Hotel-Restaurant bietet westliche und chinesische Küche. Die Fußgängerzone und Kulturstraße Hefang Jie ist 4 km entfernt. 10 Minuten Fahrtzeit benötigt man zum Bahnhof (8 km) und 40 Minuten zum Internationalen Flughafen Hangzhou (35 km).

- Chinesischer Name: *Bǎihéhuā Fàndiàn* 百合花饭店
- Lage: 2,5 km zum Westsee
- Ausstattung:
  - 155 Zimmer
  - Restaurant
  - Bar
  - Business-Center
  - Innenswimmingpool
  - Sauna
  - Fitnessraum
  - Tischtennis
- Preisniveau: Moderat
- Adresse: *Shùguāng Lù 156* 曙光路156号
- Kontakt: +86 (0)571 87991188
  Web@Lilyhotel.com
  www.Lilyhotelhangzhou.cn

Banyan Tree Hangzhou *****

Das Luxusresort Banyan Tree Hangzhou liegt mitten im Xixi Feuchtbiotop-Landschaftspark fern ab vom Großstadt-Trubel. Es wurde im Januar 2010 eröffnet. Die 72 Suiten und Villen sind von Kanälen und Seen umgeben und im traditionellen chinesischen Stil eingerichtet. Die kleinste Suite ist 120 m² groß und bietet alle Annehmlichkeiten eines Luxusresorts, inklusive einem offenen Kamin. Ins Stadtzentrum von Hangzhou benötigt man mit dem Taxi ca. 30 Minuten, zum Flughafen etwa 50 Minuten.

- Chinesischer Name: *Yuè Róng Zhuāng* 悦榕庄
- Lage: Im Xixi Feuchtbiotop-Landschaftspark
- Ausstattung:
  - 72 Suiten & Villen
  - Restaurant
  - Café
  - Innenswimmingpool
  - Whirlpool
  - Sauna
  - Spa / Wellness
  - Fitnessraum
- Preisniveau: Luxuriös
- Adresse: *Zī Jīn Gǎng Lù Xī Xī Tiāntáng Guójì Lǚyóu Zōnghétǐ 2* 紫金港路西溪天堂国际旅游综合体2号
- Kontakt: +86 (0)571 85860000
  hangzhou@banyantree.com
  www.banyantree.com

Hongkong

Xiānggǎng 香港

Hongkong Island

STADTINFO

Chinesischer Name:	*Xiānggǎng* 香港
Einwohnerzahl:	7,2 Mio. Einwohner, davon die Hälfte in Satellitenstädten
Provinz:	Sonderverwaltungsregion mit eigener Gesetzgebung
Währung:	Hongkong-Dollar (HK$)
Amtssprachen:	Chinesisch (Kantonesisch) und Englisch
Besonderheit:	Linksverkehr
Wetter:	2.250 mm Niederschlag/Jahr Januar: 16,1° C Juli: 28,7° C
M ü. NN:	0 - 958 m

Ist es nicht Wahnsinn: Fast die ganze Schweizer Bevölkerung vereint auf einem Flecken wenig größer als Berlin, und von dem bisschen Platz ist auch noch fast die Hälfte unbesiedeltes Bergland, weil man die Fläche braucht, um Regenwasser aufzufangen! Also schüttete man Buchten zu und ging in die Vertikale: Hongkong hat über 3.500 Gebäude von mehr als 90 m Höhe und liegt darin weltweit mit großem Abstand an der Spitze. Die Konsumausgaben der Hongkonger sind die höchsten in Asien, doch bei aller Internationalität sind hier chinesische Traditionen viel lebendiger als auf dem Festland. Hongkong ist eine der wenigen Metropolen auf dem Globus, die man gesehen haben muss, obwohl es weder Paläste noch antike Gemäuer noch berühmte Museen gibt. Die Stadt selbst ist die Attraktion.

1841, im Opiumkrieg, okkupierten die Briten die damals fast unbewohnte Insel, die sie nach dem Dialekt der hiesigen Bootsleute irrtümlich „Hongkong" nannten, was „Weihrauchhafen" bedeutet und sich nur auf eine Anlegestelle bezog. Im Jahr darauf trat China die Insel „auf ewig" an Großbritannien ab, ebenso im Jahr 1860 die gegenüber liegende Halbinsel Kowloon („Neun Drachen"). 1898 pachteten die Briten noch das Hinterland und weitere Inseln, die „New Territories", dazu – auf 99 Jahre. Da die „auf ewig" abgetretenen Teile für sich nicht lebensfähig waren, fiel 1997 alles an China zurück.

St John's Building auf Hongkong Island

Übersichtskarte Hongkong

Öffentliche Verkehrsmittel

U-Bahn (MTR), S-Bahn (KCR): Fahrkarten aus Automaten, bis zum Verlassen des Systems aufbewahren!
Busse: Einstieg vorn, Fahrgeld beim Fahrer einwerfen. Man zahlt immer bis zur Endstation.
Hongkongs schönste Verkehrsmittel sind nostalgisch: die **Star Ferry** (zwei Linien über den Hafen), die doppelstöckige **Straßenbahn** (nur an der Nordküste der Insel, Einstieg hinten, passend zahlen beim Ausstieg) und natürlich die **Peak Tram**. Mit der aufladbaren **Octopus Card** (erhältlich an den U-Bahn-Stationen, Pfand 50 HK$) sind alle Verkehrsmittel bargeldlos benutzbar.

Küche

Hongkong ist ein Gourmetparadies. Auswärts essen gehört für die Hongkonger zum Alltag, und man kennt sich aus. Nichts ist typischer als im Teehaus zu speisen, und keins ist so typisch und gut wie das traditionsreiche **Yung Kee** 鏞記, 32-40 Wellingon Street. Beliebte Alternative und etwas preisgünstiger: Maxim's Palace 美心皇宮, City Hall, Edinburgh Place

Einkaufen

Stöbern Sie in Causeway Bay (Mode, Elektronik), Mongkok (Kameras und Elektronik in der Sai Yeung Choi Street, Kleidermarkt in der Tong Choi Street),

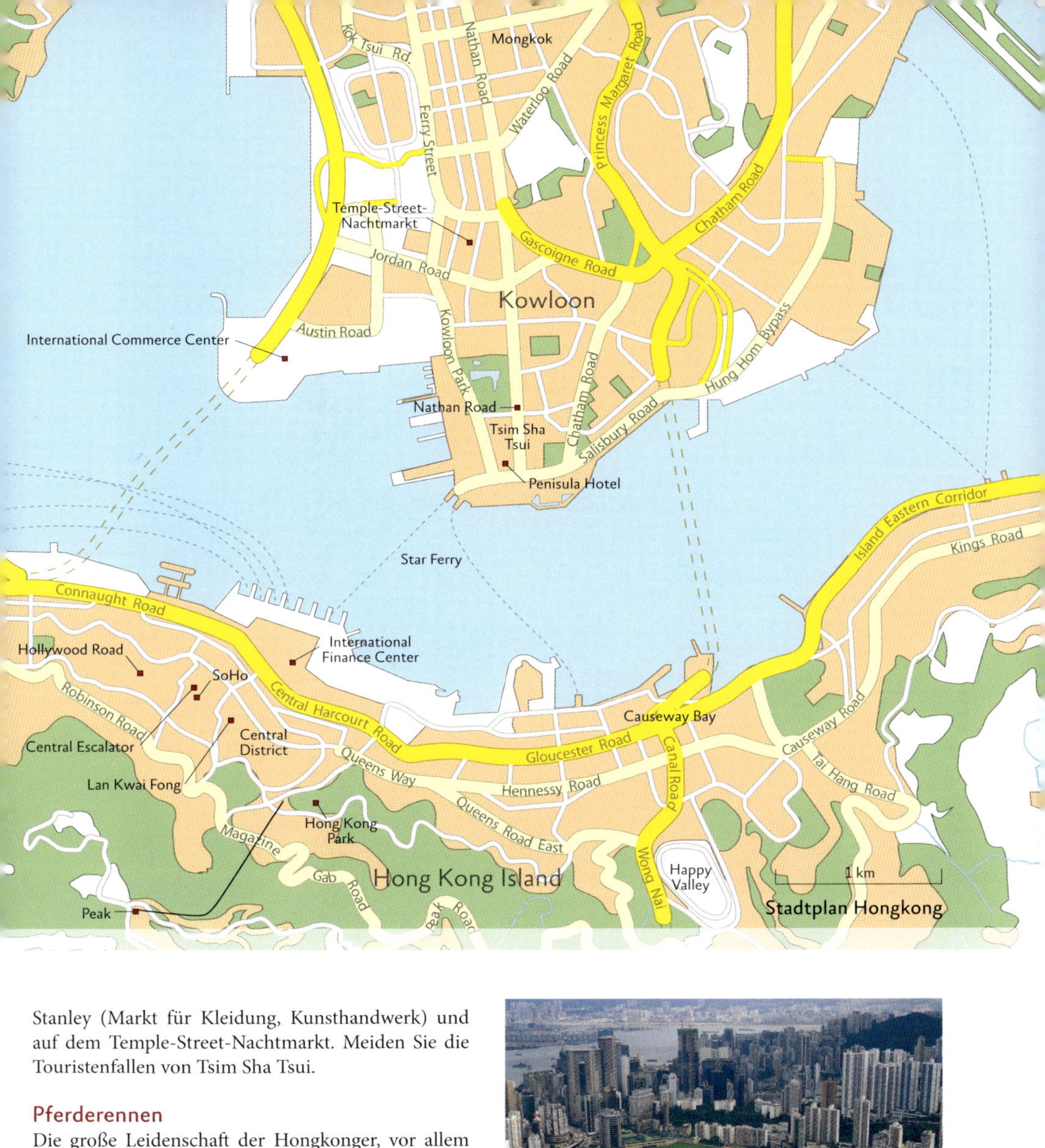

Stanley (Markt für Kleidung, Kunsthandwerk) und auf dem Temple-Street-Nachtmarkt. Meiden Sie die Touristenfallen von Tsim Sha Tsui.

Pferderennen

Die große Leidenschaft der Hongkonger, vor allem weil es das einzige legale Glückspiel in der Stadt ist. Auf der alten Rennbahn von **Happy Valley** finden die Rennen am Mittwochabend statt, auf der neuen in Sha Tin am Wochenende tagsüber. Auf den unteren Rängen ist der Eintritt frei. Saison ist von September bis Anfang Juni.

Pferderennbahn von Happy Valley

Hongkong Island

Central District

Hier pocht das Herz der Hongkonger Geschäftswelt. Los geht's am **Statue Square**, dem zentralen Platz nahe dem Star-Ferry-Anleger (U-Bahn Central). Die örtliche Zentrale der Hong Kong & Shanghai Banking Corporation auf der Südseite war einmal das teuerste Hochhaus der Welt (Entwurf: Norman Foster). Daneben steht der Altbau der Bank of China; die jetzt aber im Bank of China Tower residiert, dem spitzen Turm mit den auffälligen Diagonalen zwei Blocks weiter östlich (Entwurf: Ieoh Ming Pei). Das 1899-1910 entstandene Gerichtsgebäude an der Südostecke des Platzes ist Sitz des Obersten Gerichtshofs der Stadt.

International Finance Center

Den Central District überragt der 420 m hohe Tower Two des „IFC" (Entwurf: Cesar Pelli). Im Exchange Square südlich gegenüber residiert die Hongkonger Börse. Die Fähranleger, ein Busbahnhof, die Endstation der Flughafenbahn und die MTR formieren an und unter diesen Gebäuden den zentralen Verkehrsknoten.

Central Escalator

Weiter westlich, beim alten Central Market, beginnt diese Rolltreppenstraße, die eine rasche Fußwegverbindung zu den Wohnvierteln der Midlevels schafft. Beiderseits ist die lebendige Restaurant- und Kneipenszene von SoHo (South of Hollywood Road) entstanden.

- Restaurant-Tipp: **Manchu China**
  Preiswerte Pekingküche in SoHo, Elgin Street 33

Hollywood Road

Die Straße der Antiquitätenhändler. Der Schwerpunkt liegt weiter westlich. Dort steht auch der viel besuchte **Man-Mo-Tempel**. Unterhalb davon und weiter Richtung Westen (Straßen Bonham Strand, Des Voeux Road West) ist das Revier der Tee-, Vogelnester- und Dörrfischhändler.

Hongkong Park

Vom eleganten Einkaufszentrum **Pacific Place** gleiten Rolltreppen hinauf zum schönsten Stadtpark der In-

Standseilbahn auf den Peak

sel: mit Restauration, Gewächshäusern und einer Riesenvoliere, die man auf einem Zickzacksteg in Baumwipfelhöhe durchschreitet. Oft posieren Brautpaare im Park, denn an seinem Rand steht ein Standesamt. Ein Ziel auch für Regentage ist das **Teemuseum**[1] im Flagstaff House, Hongkongs ältestem Kolonialbau. Vom Südende des Parks sind es nur noch wenige Schritte zur Talstation der Peak Tram.

- Restaurant-Tipp: **Lok Cha Tea House** 樂茶軒
  Feinste vegetarische Dimsum in der K.S. Lo Gallery im Hongkong Park beim Teemuseum.

- [1] Teemuseum: Museum of Tea Ware
  Eintritt: frei

Peak

Mit der Standseilbahn hochzufahren bis auf 400 m Höhe ist ein Muss. Von dem dortigen Peak Tower bietet sich ein beeindruckender Panoramablick über die Stadt. Wer von hier die schmale Lugard Road ca. 800 m bis zum Steilhang vorläuft, erlebt ein noch großartigeres Prachtpanorama.

- Restaurant-Tipp: **Peak Lookout**
  Hongkongs schönstes Lokal serviert Südostasiatisches in einer alten Sänftenträgerstation und einem schattigen Garten mit Fernblick aufs Meer. Dass man das Ambiente mitbezahlt, tut der Beliebtheit des Lokals keinen Abbruch.

Tipp

Das Beste überhaupt ist, den Einbruch der Dämmerung vom Peak-Rundweg aus zu erleben – absolut spektakulär!

Causeway Bay

Jede Menge Lokale, Einkaufspaläste und Kinos machen den Stadtteil zu Hongkongs größtem Feierabendmagneten. Man trifft sich am Shopping-Hochhaus **Times Square** mit seiner Atriumhöhle und drei Restaurantetagen.

Aberdeen

Die Dschunkenstadt, die in vielen Hollywood-Filmen für Fernostexotik sorgte, ist längst nicht mehr, was sie einst war, aber noch kann man per Sampan durch ihre Reste gondeln. Per Gratisfähre erreichbar: der im Wasser stehende Restaurantpalast „Jumbo".

- Anreise: Bus 70 ab Exchange Square bis Endstation, dann westlich über die Fußgängerbrücke.

Man-Mo-Tempel

Aberdeen

HONGKONG 69

Hongkong-Panorama vom Peak

Tsim Sha Tsui

Kowloon

Tsim Sha Tsui
Der Ortsteil ganz im Süden (kurz: TST) lebt vor allem vom Tourismus, in den Kamera- und Hifi-Läden besteht entsprechend hohe Neigung, die Kundschaft zu übervorteilen. Das Beste von Kowloon ist die Promenade an der Südspitze mit dem Hafen- und Inselpanorama. Als „Avenue of Stars" ehrt sie Hongkonger Filmschauspieler. Der lachsfarben verkachelte Bau, dessen Dach sich hinter dem alten Bahnhofsuhrturm himmelwärts schwingt, ist das **Kulturzentrum** mit Theater-, Konzert und Studiosaal. Östlich davon stehen das **Kunstmuseum**[1] und das **Weltraummuseum**[2]. Von dem Fähranleger am westlichen Ende der Promenade fährt die Star Ferry auf die andere Hafenseite.

- [1] Kunstmuseum: Museum of Art
- [2] Weltraummuseum: Space Museum

Nathan Road
Die „Golden Mile", Kowloons Nord-Süd-Achse und Shopping-Dorado, schreckt mit Lärm und Mief eher vom Bummel ab, ist aber trotzdem immer voller Menschen. Erholung bietet der schöne Kowloon Park. Sehenswert im östlich anschließenden TST East: das fantastisch gemachte **Geschichtsmuseum**[1] – echt ein Erlebnis.

- Restaurant-Tipp: **Kung Tak Lam** 功德林 Preiswert kantonesisch-vegetarisch speisen – mit Hafenpanorama! Peking Road, 7. Stock

- [1] Geschichtsmuseum: Museum of History

International Commerce Center
In die Südwestecke von Kowloon lockt Hongkongs neues Superhochhaus (484 m Höhe) mit der Aussichtsplattform „Sky 100" in 393 m Höhe – Konkurrenz zum Peak.

Mongkok
Drei U-Bahn-Stationen weiter nördlich ist man mitten drin im Gewühle. Hier ist die Wohndichte extrem, und Straßenmärkte finden reichlich Kundschaft: Lebensmittel in der Nelson Street, Kleidung auf dem „Ladies Market" in der Tong Choi Street, Billigwaren in der Fa Yuen Street, Pflanzen in der Flower Market Road. Nettester Markt von allen ist der Yuen Po Street Bird Garden für Stubenvögel und hübsches Käfigzubehör. Zwei weitere Gründe, nach Mongkok zu kommen: spektakuläre Architektur beim Konsumtempel Langham Place sowie preiswerte Kameras und Elektronik in der Sai Yeung Choi Street.

Bronzebuddha auf Lantau

Ausflüge auf Hongkong Island

Repulse Bay Beach
Hongkongs populärster Strand ist gut erreichbar und wie alle öffentlichen Strände mit Umkleidekabinen, Duschen und Restauration bestens ausgestattet.

- Anreise: Busse nach Stanley, ab Central die Linien 6, 6X, 260, halten auch an der Repulse Bay

Stanley
Ganz im Süden der Insel liegt dieses Ziel aller Ausländer – beliebt wegen des attraktiven Markts (Kleidung, Kunsthandwerk, Schmuck, Spielzeug), wegen der kleinen Promenade mit allerlei Lokalen und wegen des hierher versetzten historischen Murray House mit weiteren Restaurants.

Ocean Park
Östlich von Aberdeen bietet dieser toll gemachte Freizeitpark eine Fülle von Attraktionen: ein dreigeschossiges Riesenaquarium, vier echte Pandabären, ein Robbenfreigehege mit künstlicher Brandung, ein Quallenaquarium, eine Vogelhalle, diverse Fahrgeschäfte (darunter eine Loopingbahn), Seelöwendressur und viele Angebote für Kinder.

- Anreise: Bus 629 ab MTR Admiralty

Andere Inseln

Cheung Chau
Auf dem „Langen Land" können Sie durch Hongkongs größte alte Ortschaft streifen. Dort wird Tradition noch groß geschrieben, vor allem beim jährlichen Bun-(„Semmel"-)Fest, dessen genaues Datum (meist im Mai) durch Orakel bestimmt wird. Es gibt einen langen Sandstrand mit Windsurfangebot und am Hafen gute Fischlokale.

- Anreise: Fähren ca. halbstündlich ab Central, Pier 5. Meiden Sie die Schnellfähren – teuer, touristisch unattraktiv!

Po-Lin-Kloster
In den Bergen von **Lantau**, Hongkongs größter Insel, meditiert ein 22 m hoher Bronzebuddha. Das große Kloster, zu dem er gehört, ist dank einer Seilbahn (mit Flughafenpanorama) bequem erreichbar. Oben geht es trubelig zu, aber auf den Bergpfaden, die von hier aus weiter führen, glaubt man sich bald ganz fern der Stadt.

- Anreise: MTR Tung Chung, dann Seilbahn, oder Fähre ab Central, Pier 6, nach Mui Wo, dann Bus 2 nach Ngong Ping (Endstation)

Largo do Senado

Macau

1557 als portugiesische Missions- und Handelsstation gegründet, 1999 an China zurückgegeben, heute vor Las Vegas das umsatzstärkste Glücksspiel-Dorado der Welt, in dem sich wiederum eine portugiesische Kleinstadt versteckt: Macau ist ein einmaliges Kuriosum.

- Chinesischer Name: Àomén 澳门
- Einwohnerzahl: 0,6 Mio. Einwohner
- Provinz: Sonderverwaltungsregion mit eigener Gesetzgebung
- Währung: Pataca (Ptc), aber man kann mit Hongkong-Dollar zahlen (Kurs ca. 1:1)
- Amtssprachen: Hochchinesisch, Kantonesisch und Portugiesisch
- Besonderheit: Linksverkehr
  Das historische Zentrum ist seit 2005 Unesco-Welterbe
- Anreise: Aus Hongkong per Tragflächenboot, viertelstündlich ab Shun Tak Centre (U-Bahn Sheung Wan), die Wochenenden meiden!
- Öffentliche Verkehrsmittel: Nur Busse (Geldeinwurf beim Einstieg)

Tipp
Bleiben Sie über Nacht! Es gibt viel mehr zu entdecken, als hier angedeutet werden kann.

Historisches Zentrum
Rund um den Largo do Senado, den zentralen Rathausplatz, wurde historische Bausubstanz bestens restauriert. Nordwärts geht's an der schönen Kirche São Domingos vorbei zur Ruine von São Paulo, Macaus Wahrzeichen. Die steinerne Fassade entstand 1620-27; 1835 brannte die Kirche ab. Rolltreppen führen von dort hoch zur Fortaleza do Monte („Bergfestung") mit dem liebevoll gestalteten Macau-Museum, das viel erzählt über Geschichte und Brauchtum.

Cotai
Auf dem Neuland zwischen den Inseln Taipa und Coloane stehen Macaus größte Kasino- und Hotelpaläste, darunter „The Venetian", ein 2,4 Mrd. US-Dollar schweres Kasino-Kongress-Einkaufs-Hotel-Komplex (3.000 Zimmer), Las-Vegas-Kitsch von imposantem Format mit neobarocken Deckengemälden und klimatisierten Gondelfahrten unter Kunsthimmel - eine erstrangige Sehenswürdigkeit.

Coloane
Auf der südlicheren, stadtferneren der zwei Inseln überlebt noch etwas ländliches Idyll. Man bummelt durch Coloane-Dorf, rastet am Vorplatz des Kirchleins, bestaunt die Dschunkenwerften am nordwestlichen Ortsrand und badet am Cheoc-Van- oder am größeren Hac-Sa-Strand.

- Restaurant-Tipp: **Espaço Lisboa**
  Familiäres portugiesisches Lokal mit guter Weinkarte. Rua das Gaviotas 8 (Ortsmitte von Coloane)

HONGKONG

Hongkong am Abend

Erstes Ziel ist **Lan Kwai Fong**. In die Bars und feinen Speiselokale, viele mit offenen Fronten, lockt es vor allem die hiesigen Ausländer und ihre chinesischen Kollegen. Auch **SoHo** an der Rolltreppenstraße ist beliebt. Auf der Kowloon-Seite gibt's Gratisvergnügen: von der Promenade aufs Hafengeglitzer zu schauen. Das Inselpanorama wird abends um acht zur Bühne einer gigantischen **Lichtshow**. Wer sich dabei lieber an einem Drink festhält, besucht das irre Bar-Restaurant Felix ganz oben im Turmflügel des **Peninsula Hotels**, und wer die Souvenirs noch nicht beisammen hat, kann sich auf dem **Temple-Street-Nachtmarkt** als Schnäppchenjäger betätigen.

Macau am Abend

The House of Dancing Water

Die Show ist schlicht atemberaubend. Man sitzt wie im Zirkus, aber die Manege verwandelt sich nach Bedarf in ein Wasserbecken, aus dem schon mal ein ganzes Segelschiff aufsteigt.

- Lage: Cotai, in der City of Dreams
- Website: www.thehouseofdancingwater.com

Stadtplan Macau

Lichtshow in Hongkong

HONGKONG

Hoteltipps

Harbour Plaza Metropolis ****

Das Harbour Plaza Metropolis liegt in unmittelbarer Ufernähe in mitten Kowloons. Die uferseitigen geschmackvoll eingerichteten Zimmer bieten einen Blick auf den Victoria Hafen und Hongkong Island. Sie sind mit Wasserkocher, Klimaanlage und Minibar ausgestattet. Darüberhinaus bietet das Hotel einen Spa, Fitnessraum und beheizten Außenpool. Für das leibliche Wohl sorgen mehrere Restaurants im Hotel. Die Metrostation Hung Hom liegt fast direkt vor der Tür und auch der Einkaufsdistrikt Tsim Sha Tsui ist zu Fuß schnell erreicht. Noch dichter ist es zur Uferpromenade, welcher man bis zur etwa 2 km entfernten Star Ferry Pier folgen kann – schneller ist die Fahrt mit dem Taxi (etwa 5 Minuten). Die Fahrtzeit zum Flughafen mit dem Taxi beträgt ca. 40 Minuten.

- Lage: Kowloon, nahe der Uferpromenade
- Ausstattung:
  - 821 Zimmer
  - Restaurant
  - Café
  - Bar / Lounge
  - Business-Center
  - Außenswimmingpool
  - Sauna
  - Spa / Wellness
  - Fitnessraum
- Preisniveau: Hochwertig
- Adresse: 7 Metropolis Drive, Hunghom, Kowloon
- Kontakt: +852 31606888
  enquiry.hpme@harbour-plaza.com
  www.Harbour-Plaza.com

Harbour Plaza North Point ****

Das Hotel liegt auf Hongkong Island im Viertel North Point. Die elegant eingerichteten 669 Zimmer haben wahlweise Stadt-, Berg- oder seitlichen Hafenblick. Das Hotel bietet neben dem Fitnessraum einen 25 Meter langen Außenpool. Mit der MTR Quarry Bay und einer Tram-Haltestelle direkt vor der Tür kommt man schnell zu allen Sehenswürdigkeiten. Darüber hinaus verkehren kostenlose Shuttlebusse nach Causeway Bay (Geschäftsviertel) und zur Airport Express Hong Kong Station in Central, von wo es nur noch ein kurzer Fußweg zur Star Ferry ist. Das Hotel bietet ein hervorragendes Preis-Leistungs-Verhältnis.

- Lage: Hongkong Island, North Point
- Ausstattung:
  - 669 Zimmer
  - Restaurant
  - Café
  - Bar / Lounge
  - Business-Center
  - Außenswimmingpool
  - Fitnessraum
- Preisniveau: Hochwertig
- Adresse: No. 665 King's Road, North Point, Hongkong Island
- Kontakt: +852 21878888
  Enquiry.hpnp@Harbour-Plaza.com
  www.Harbour-Plaza.com

The Peninsula Hotel *****

Das legendäre Peninsula Hotel wurde 1928 in Hongkong eröffnet und gilt als die „Grande Dame" des Fernen Ostens unter den Luxushotels. Es liegt zentral in Tsim Sha Tsui am Victoria Hafen. Die Deluxe Zimmer im Originalgebäude sind im klassisch-modernen Stil zurückhaltend eingerichtet und bieten alle Annehmlichkeiten eines Luxushotels. Restaurants, Bars und ein Café stehen im Haus zur Verfügung, wie auch ein Spa, Fitnessraum und Swimmingpool. Direkt vor dem Hotel befinden sich das Hongkong Space Museum und Kunstmuseum, sowie die Uferpromenade mit der Avenue of Stars im Osten und der Star Ferry Pier im Westen – zentraler kann man nicht wohnen. Zum Flughafen sind es ca. 50 Minuten Fahrtzeit.

- Lage: Kowloon, Zentral am Victoria Hafen
- Ausstattung:
  - 300 Zimmer
  - Restaurant
  - Café
  - Bar / Lounge
  - Business-Center
  - Whirlpool
  - Spa / Wellness
  - Fitnessraum
- Preisniveau: Luxuriös
- Adresse: Salisbury Road, Tsim Sha Tsui, Kowloon
- Kontakt: +852 29202888
  phk@peninsula.com
  www.peninsula.com

Regency Hotel **** (Macau)

Das Regency Hotel liegt auf der Insel Taipa im Grünen, 10 Minuten Fahrtzeit vom Stadtzentrum Macaus entfernt. Seine 326 Zimmer sind im mediterranen Stil gestaltet, mit Klimaanlage, Zimmersafe und freiem W-LAN. Bar, Café und Restaurant befinden sich im Haus, ebenso wie ein Außenswimmingpool, Tennisplatz und Fitnessraum. Kostenfreie Shuttlebusse verbinden das Hotel mit der Innenstadt und dem Fährterminal.

- Lage: 3 km bis zur Innenstadt
- Ausstattung:
  - 326 Zimmer
  - Restaurant
  - Café
  - Bar
  - Business-Center
  - Außenswimmingpool
  - Tennisplatz
  - Fitnessraum
- Preisniveau: Mittelklasse
- Adresse: No. 2 Estrada Almirante Marques Esparterio, Taipa
- Kontakt: +853 28831234
  Reservation@RegencyHotel.com.mo
  www.RegencyHotel.com.mo

Was kommt heraus, wenn Granitfelsen, Kiefern und Wolkennebel magisches Theater spielen? Hier kann man es erleben, und die Faszination ist enorm. Schon Xu Xiake, ein Geograf, der den Berg 1616 und 1618 bestieg, brachte es auf den Punkt: Wer den Huangshan kennt, hat für andere Berge nichts mehr übrig. In Fernost ist der Huangshan berühmter als Guilin. Dass auf einer Fläche so groß wie Bonn 77 Gipfel von über 1.000 m Höhe aufragen, lässt erahnen, was einen erwartet. Hinzu kommt die Skurrilität der Felsen, die als namentlich bekannte Komparsen im wundersamen Bergtheater mitspielen – vom „Stiefel des Unsterblichen" über die „Selige beim Zitherspiel" bis zum „Himmelshund beim Mond-Betrachten" sind rund 100 solcher Szenerien zu identifizieren.

Dann die Kiefern, als pinus huangshanensis eine eigene Unterart: 70 von ihnen tragen Namen; die größte und stattlichste unter ihnen, die „Willkommenskiefer", kennt in China jedes Schulkind. Aber den Pfiff verleihen dem Bergtheater erst die Nebel, die aus den feuchten Schluchten aufsteigen, mal hier etwas verhüllen, mal dort einen überraschenden Durchblick bieten – wer Glück hat, kann sich an eine Stelle hocken und sieht eine halbe Stunde lang ständig Neues – mal links, mal rechts, mal oben, mal unten, mal fern, mal nah, mal überall gleichzeitig. Oder die „Meere" füllen sich, die Wolkenmeere nämlich, so dass die Gipfel auf ihrer bewegten Oberfläche zu treiben scheinen wie schwimmende Inseln. Die Reihe der höchsten Gipfel teilt das Massiv in den südlichen „vorderen" und den nördlichen „hinteren Berg". Drei Seilbahnen fahren hinauf. Mindestens einmal übernachtet man oben.

Hinterer Berg

Er wird mehr besucht, da er im zentralen Teil weniger zerklüftet ist, an seinen Rändern aber hervorragende Aussichtspunkte bietet. Die meisten Hotels befinden sich dort nicht weit von der Bergstation der **Yungu-Seilbahn**[1] entfernt. Zu den besten Zielen sind es nur 1 bis 3 km zu laufen, so zum **„Löwengipfel"**[2] Shizi Feng, von dessen vorspringender Terrasse Qingliang Tai aus allmorgendlich Hunderte von Frühaufstehern den Sonnenaufgang erleben wollen, zum **„Überzeugungsgipfel"**[3] Shixin Feng mit zahlreichen kuriosen Szenen (am Nachmittag kommen!) und zum **„Pavillon der ziehenden Wolken"**[4] Paiyun Ting. Dessen Felsplattform bietet den besten Aussichtspunkt bei Sonnenuntergang. Von dort erschließt ein abenteuerlicher Weg teils an überhängenden Felswänden entlang einst völlig unzugängliche Teile des Bergs.

- Chinesischer Name: *Hòu Shān* 后山
- [1] Yungu-Seilbahn: *Yúngǔ Suǒdào* 云谷索道
- [2] Löwengipfel: *Shīzi Fēng* 狮子峰
- [3] Überzeugungsgipfel: *Shǐxìn Fēng* 始信峰
- [4] Pavillon der ziehenden Wolken: *Páiyún Tíng* 排云亭

76 HUANGSHAN

Huangshan

Huáng Shān 黄山

BERGINFO

Chinesischer Name:	*Huáng Shān* 黄山
Höhe:	bis 1.864 m hoch (Lotosblütengipfel *Liánhuā Fēng* 莲花峰)
Provinz:	Anhui
Besonderheit:	Unesco-Welterbe seit 1990
Wetter:	2.300 mm Niederschlag/Jahr Januar: -3,1° C Juli: 17,7° C
Anreise.:	Die Anfahrt erfolgt üblicherweise von Huangshan-Stadt (*Huángshān Shì* 黄山市) zum südlichen Bergfuß, wo einmal übernachtet wird.

Vorderer Berg

Der „klassische" Aufstieg erfolgt von hier, und nur wer zu Fuß kommt, weiß die vorgereckten Arme der **„Willkommenskiefer"**[1] Yingke Song richtig zu schätzen. Die meisten nehmen freilich die **Yuping-Seilbahn**[2]. Ein an Szenerien reicher Weg führt treppauf, treppab über die „Hundert-Schritte-Wolkentreppe" und den „Riesenfisch mit Goldschildkröte" zum 1.840 m hohen **„Lichtgipfel"**[3] Guangming Ding und weiter zum hinteren Berg.

Die Wege sind mustergültig gepflegt, die Entfernungen nicht sehr groß. Wanderschuhe genügen. Das große Gepäck lässt man in jedem Fall unten und packt nur so viel in den Rucksack, wie man für ein, zwei Nächte braucht. Ohne Regenzeug kommt man selten aus; Plastikcapes sind am Berg billig zu erwerben. Wer nicht gut zu Fuß ist, kann die Bergszenerien auch vom Tragstuhl aus erleben (Festpreise nach Strecke).

- Chinesischer Name: *Qián Shān* 前山
- [1] Willkommenskiefer: *Yíngkè Sōng* 迎客松
- [2] Yuping-Seilbahn: *Yǔpíng Suǒdào* 与屏索道
- [3] Lichtgipfel: *Guāngmíng Dǐng* 光明顶

Sonnenuntergang

Hoteltipps

International Hotel **** (in der Stadt)

Das International Hotel in der Stadt Huangshan ist ein 4-Sterne-Hotel. Das Gebäude ist im traditionellen Hui-Stil errichtet. Die 356 Zimmer sind zweckmäßig eingerichtet und ausgestattet mit Klimaanlage, Minibar und Internetanschluss. Die Hotelrestaurants bieten chinesische Küche, außerdem gibt es ein Café. Für die sportliche Betätigung stehen ein Fitnessbereich und ein Tennisplatz zur Verfügung. Das Hotel liegt am Fuße eines Berges, 4 km vom Flughafen entfernt und 2 km vom Bahnhof.

- Chinesischer Name: *Guójì Dā Jiǔdiàn* 国际大酒店
- Lage: 1 km vom Stadtzentrum
- Ausstattung:
  - 356 Zimmer
  - 2 Restaurants
  - Café
  - Business-Center
  - Fitnessraum
  - Tennisplatz
- Preisniveau: Mittelklasse
- Adresse: *Huàshān Lù 31* 黄山市屯溪区华山路31号
- Kontakt: +86 (0)559 2565678
  Service@IHuangshanhotel.com
  www.IHuangshanhotel.com

Beihai Hotel *** (auf dem Berg)

Das Beihai Hotel befindet sich auf dem Huangshan Gipfel, in der Nähe der Seilbahnstation und der Beobachtungplattform. Es liegt ideal, um sich den Sonnenauf- oder -untergang und das Wolkenmeer anzusehen. Viele Sehenswürdigkeiten auf dem Huangshan wie der Löwengipfel und der Überzeugungsgipfel sind vom Hotel aus zu Fuß erreichbar. Die Ansprüche an das Hotel selbst sollten aber nicht zu hoch ausfallen, die Zimmer sind klein und einfach.

- Chinesischer Name: *Huángshān Běihǎi Bīnguǎn* 黄山北海兵馆
- Lage: Auf dem Huangshan
- Ausstattung:
  - 380 Zimmer
  - Restaurant
  - Bar
  - Business-Center
  - Fitnessraum
- Preisniveau: Hoch / Qualität mittelmäßig
- Adresse: *Běihǎi Qu* 北海区
- Kontakt: +86 (0)559 5582555

Südchinas traditionsreiche Hafenmetropole steht touristisch zwar im Schatten von Hongkong und Shanghai, aber einige ihrer Sehenswürdigkeiten sind landesweit ohne Vergleich. Wie bei Shanghai stützt sich die Identität ihrer Bewohner auf einen Dialekt (hier das Kantonesische), der sich vom Hochchinesischen stark unterscheidet, und mehr als anderswo ist Kultur hier eins: Kochkunst – Ausnahme: Hongkong, aber dort gibt ja auch die Kantonküche den Ton an.

Chinas Modernisierungswahn, der auf bewahrenswerte Altbausubstanz kaum Rücksicht nimmt, hat leider auch die Kantoner Innenstadt nicht verschont. Trotzdem findet man noch Straßen mit den typischen, ans Klima angepassten Laubengängen, die vor der Tropensonne ebenso schützen wie vor dem vielen Regen. In den östlichen, von Wolkenkratzern dominierten Stadtvierteln nahe dem riesigen Ostbahnhof ist Kanton dagegen ebenso modern wie schick.

Im 2. Jh. v. Chr. war hier die Hauptstadt des Königreichs Nanyue. Ab der Tang-Zeit entwickelte sich Kanton zum Überseehafen und zur Handelsmetropole. Von 1757 bis 1842 durfte aller chinesischer Überseehandel Richtung Südasien und Europa nur über Kanton erfolgen. Das von den Briten eingeschmuggelte Opium, das der unbestechliche kaiserliche Beamte Lin Zexu hier 1839 verbrennen ließ, löste den Opiumkrieg aus, in dessen Folge Kanton seine Monopolstellung wieder verlor. Im 20. Jh. wurde es zum Zentrum der antimandschurisch-republikanischen Bewegung Sun Yat-sens, der unweit von hier geboren wurde. Die Kantoner Messe war zur Mao-Zeit die einzige Außenhandelsmesse Chinas.

Tipp
Vier Sachen muss man unbedingt machen: Durch Shamian laufen, das Museum des Nanyue-Königsmausoleums besichtigen, den Ahntempel Zu Miao in Foshan bestaunen und einmal richtig kantonesisch schlemmen, z.B. im Tao Heung Restaurant.

Öffentliche Verkehrsmittel
U-Bahn (*dìtiě* 地铁): Linien 1 und 2 sind touristisch nützlich. Sie kreuzen sich in der Innenstadt. Wer sie mehrfach nutzen will, erwirbt am besten die Guthabenkarte *Yángchéngtōng* 羊城通 (Pfand: 30 Yuan), die auch für Busse und Taxis gilt; der Fahrpreis wird dann jeweils abgebucht.

Küche
Kantons Kantonküche kann es mittlerweile mit derjenigen Hongkongs aufnehmen, ist aber weniger teuer. Auch hier gilt: Nichts ist typischer als im Teehaus Dimsum zu schnabulieren.

KANTON

Kanton

Guǎngzhōu 广州

STADTINFO	
Chinesischer Name:	*Guǎngzhōu* 广州
Einwohnerzahl:	7,9 Mio. Einwohner, mit Umland 13 Mio.
Provinz:	Hauptstadt der Provinz Guangdong
Wetter:	1.980 mm Niederschlag/Jahr Januar: 14,2° C Juli: 28,5° C
M ü. NN:	7 m

Am Perlfluss

Shamian

Die „Sandfläche", eine einstige Sandbank, war seit 1856 britisch-französisches Konzessionsgebiet. Mit über 150 Gebäuden aus dem späten 19. und frühen 20. Jh. ist die Insel das bedeutendste kolonialzeitliche Relikt der Stadt und ein Ort mit Atmosphäre. Es macht Freude, durch die schattigen Straßen zu bummeln. Gipfel des Luxus in konkurrenzlos schöner Uferlage ist das 1983 eröffnete **White Swan Hotel**[1].

- Chinesischer Name: *Shāmiàn* 沙面
- Größe: 24 ha
- Anreise: U-Bahn *Huángshā* 黄沙

- [1] White Swan Hotel 白天鹅宾馆:
  Seit je auch eine Adresse für kulinarische Genüsse – mit Perlflussblick! Führend in kantonesischer Küche ist das Restaurant Jade River 玉堂春暖, populär und gesellig das vielseitige River Café 流浮阁 mit seinem internationalen Bufett.
- Perlfluss   *Zhū Jiāng* 珠江

Shamian Insel

KANTON

Stand mit Dörrwaren und Heilkräutern auf dem Qingping-Markt

Qingping-Markt

Der einst berühmteste Lebensmittelmarkt von ganz China war ein Horror für Tierschützer. Vor einigen Jahren wurde mit den Missständen aufgeräumt. Jetzt gibt es hier vor allem Dörrwaren und Medizinisches: Pilze, Wurzeln, Kräuter.

- Chinesischer Name: Qīngpíng Shìchǎng 清平市场
- Lage: Qīngpíng Lù 清平路, nördlich von Shamian über eine Fußgängerbrücke erreichbar.

Uferpromenade

Am Perlfluss östlich von Shamian ist gut bummeln, vor allem an warmen Abenden trifft sich hier Jan und Jedermann. Vom **Tianzi-Anleger**[1] verkehren Rundfahrtboote.

- [1] Tianzi-Anleger: Tiānzì Mǎtóu 天字码头
  Lage: 2 Straßen östlich der zentralen Haizhu-Brücke 海珠桥 (Nordufer)

Peking-Straße

Am Tianzi-Anleger braucht man sich bloß noch umzudrehen, und vor einem liegt diese bunte Shopping-Meile, die teilweise Fußgängerzone ist und noch Altkantoner Flair besitzt.

- Chinesischer Name: Běijīng Lù 北京路

- Restaurant-Tipp:
  rbt 仙踪林
  Ein modernes Café, das auch kalte Drinks und preisgünstige chinesisch-westliche Küche serviert. Beijing Lu 194, Shop 203

KANTON

Nördliche Innenstadt

Ahnentempel des Chen-Clans

Ahnentempel, Clubhaus, Schule und Schaustück: Das waren die vier Funktionen dieser prächtigen Anlage, die sich die Chen-Sippe von 1890 bis 1894 erbauen ließ. Der Stil mit geraden Dächern und überreichem Firstdekor ist typisch für die Provinz. Jeder sollte von außen erkennen, was man sich leisten konnte. Die ganze Fülle der Stuckaturen, keramischen Plastiken, Holz- und Steinschnitzereien sieht jedoch nur, wer die sechshöfige Anlage betritt. Dargestellt sind Allegorien des Glücks und Wohlstands sowie Szenen aus dem Sagen- und Geschichtenschatz – populäres Bildungsgut. Der Gipfel der Kunstfertigkeit sind die Durchbruchschnitzereien der Türen, die auf beiden Seiten Unterschiedliches darstellen – eine echte Tüftelarbeit. Der Komplex birgt heute ein Volkskunstmuseum.

- Chinesischer Name: *Chénjiā Cí* 陈家祠
- Lage: *Enlóng Lǐ* 恩龙里 34
- Anreise: U-Bahn *Chénjiā Cí*

Kloster Guangxiao Si

Kantons ältestes und schönstes Buddha-Kloster geht bis aufs 4. Jh. zurück. Hier wirkte Huineng (638-713), der 6. Patriarch des Zen-Buddhismus und dessen eigentlicher Gründer. Sein Haupthaar, das ihm bei der Ordination geschoren wurde, ruht unter einer Grabpagode auf der Rückseite der Haupthalle. Diese birgt fünf vergoldete Figuren: Buddha Shakyamuni, den Jetztzeitbuddha in der Mitte, umgeben von den Bodhisattvas des Gesetzes (links) und der Weisheit (rechts) sowie begleitet von den zwei engsten Buddhajüngern (stehend). Links neben der Haupthalle ist ein birmanischer Jadebuddha zu sehen. Nahe der Nordwestecke des Gebäudeensembles (links hinten) steht der Stumpf einer über 1000 Jahre alten Gusseisenpagode; ihre drei erhaltenen Etagen sind mit über 500 Buddhareliefs bedeckt. Der zugehörige Zwilling, eine vollständig erhaltene, siebengeschossige Gusseisenpagode, verbirgt sich in einer Halle, die man auf dem Weg zum Ostausgang passiert.

- Chinesischer Name: *Guāngxiào Sì* 光孝寺
- Lage: *Jìnghuì Lù* 净慧路 109
- Anreise: U-Bahn *Xīménkǒu* 西门口

Kloster der sechs Banyanbäume

Die besteigbare, schlanke Pagode aus dem Jahr 1097, 57 m hoch, machte es zum meistbesuchten Buddha-Heiligtum der Stadt. Die Kantoner selbst kommen wegen einer großen Ahnenhalle, in der für teures Geld – das Kloster lebt davon – ein Stellplatz für ein Namenstäfelchen gepachtet werden kann, so dass die Verstorbenen in den Genuss der Liturgie und der Fürbitten kommen, die die Mönche als religiöse Dienstleistung anbieten. Das bedeutendste Kunstwerk des Klosters ist eine im Jahr 989 gegossene Figur des Zen-Patriarchen Huineng, dem eine eigene Halle gewidmet ist. Die Guanyin-Halle (links) birgt ein Bildnis von 1663. Die Haupthalle hinter der Pagode wurde nach Zerstörung in der Kulturrevolution 1983 rekonstruiert, ihre Figuren sind von seltener Plumpheit.

- Chinesischer Name: *Liùróng Sì* 六榕寺
- Lage: *Liùróng Lù* 六榕路 87-89
- Anreise: U-Bahn *Gōngyuánqián* 公园前

Firstdekor am Tempel der Chen-Sippe

KANTON

Museum des Nanyue-Königsmausoleums

Als der König des kurzlebigen Nanyue-Reichs im Jahr 122 v. Chr. verstarb, gab man ihm Schätze in solcher Fülle mit ins Grab, dass sie nun ein ganzes Museum füllen – rund 1.000 Exponate. Zu den Zimelien zählen goldene Stempel, ein Glockenspiel, ein Klingsteinspiel, Bronzegefäße und das aus 2.291 Jadeplättchen bestehende Totenkleid des Herrschers. Ergänzt werden die Funde aus den Grabkammern durch eine umfangreiche Sammlung von Artefakten aus dem Nanyue-Reich, darunter tönerne „Kopfkissen", Kochgeschirre und Figuren. Gleich hinter dem Museum kann man in die Sieben-Kammer-Gruft des Königs hinabsteigen.

- Chinesischer Name: *Nán Yuè Wángmù Bówùguǎn* 南越王墓博物馆
- Lage: *Jiěfàng Běilù* 解放北路 867
- Anreise: U-Bahn *Yuèxiù Gōngyuán* 越秀公园

Yuexiu-Park

Kantons großer Stadtpark liegt gleich gegenüber. Dort erinnert das **Fünf-Ziegen-Monument**[1] an die Gründungssage der Stadt: Einst stiegen hier fünf Unsterbliche, die auf Ziegenböcken ritten, aus den Wolken herab und brachten den Menschen fünferlei Getreide – die Grundlage für ihren späteren Wohlstand – und für Kantons Beinamen „Ziegenstadt". Auf einem Hügel weiter westlich steht der turmartige Bau **Zhenhai Lou**[2]. 1928 nach altem Vorbild rekonstruiert, birgt er das Stadtgeschichtsmuseum.

- Chinesischer Name: *Yuèxiù Gōngyuán* 越秀公园
- [1] Fünf-Ziegen-Monument: *Wǔyáng Shíxiàng* 五羊石像
- [2] Zhenhai Lou: *Zhènhǎi Lóu* 镇海楼

Kantoner Kunstmuseum

Kunst aus 1000 Jahren ist zu sehen, aber eben nicht nur alte: Auch das aktuelle Schaffen wird hier gewürdigt; zudem finden regelmäßig Sonderausstellungen statt. Der modern-repräsentative, sehr geräumige Museumsbau wurde im Jahr 2000 eröffnet.

- Chinesischer Name: *Guǎngzhōu Yìshù Bówùguǎn* 广州艺术博物馆
- Lage: *Lùhú Lù* 麓湖路 3
- Restaurant-Tipp:
  Lai Wan Market 荔湾亭
  Kein Markt, sondern ein Hotelrestaurant, das in liebevoll gestaltetem Ambiente mit klassisch-chinesischen Möbeln und fließendem Wasser Dimsum und Reisgerichte serviert.
  Garden Hotel 花园酒店 , *Huánshì Dōnglù* 368

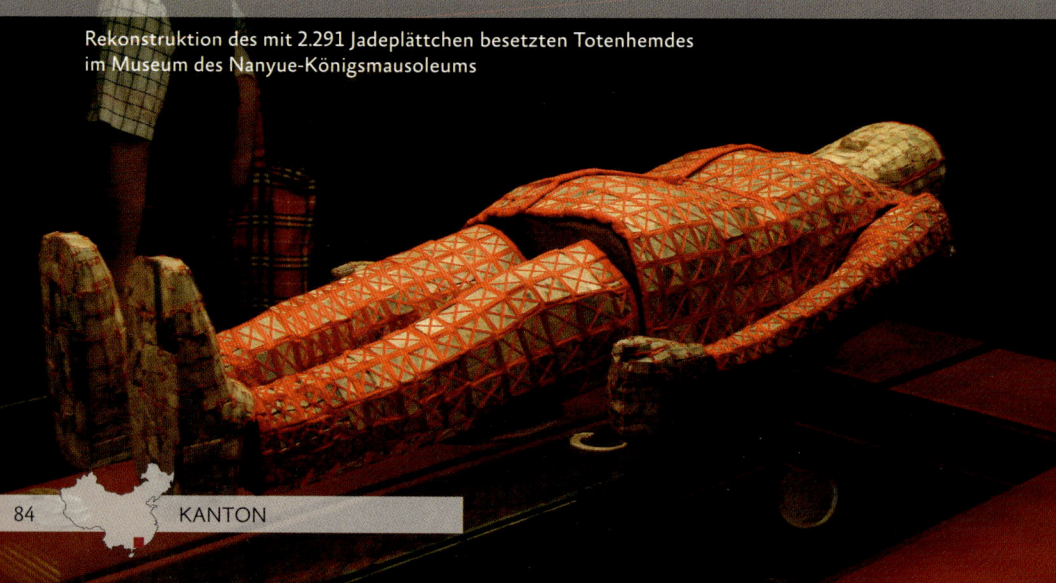

Rekonstruktion des mit 2.291 Jadeplättchen besetzten Totenhemdes im Museum des Nanyue-Königsmausoleums

Westliche Innenstadt

Jademarkt und Tempelkloster Hualin Si

Was die Peking-Straße für den östlichen Altstadtbereich, ist der Straßenzug Shangjiu Lu / Xiajiu Lu für den westlichen: eine Fußgängerzone mit vielen Läden und Lokalen. Hier aber kommt noch etwas Besonderes hinzu: der große Hualin-Jademarkt. Heute findet der Verkauf meistenteils nicht mehr unter freiem Himmel, sondern in vielen kleinen Läden und manchen fast kaufhausgroßen Geschäften statt, wobei außer Jade auch anderer Schmuck verkauft wird. Geistlicher Mittelpunkt ist der etwas versteckt gelegene Tempel Hualin Si, der nach der Zerstörung aller seiner Bildwerke und Utensilien in der Kulturrevolution mit Privatspenden neu erstand. Seine Hauptattraktion ist die große Halle der 500 Luohan. Hier herrscht reges religiöses Leben.

- Hualin-Jademarkt: *Huálín Yùqì Jiē* 华林玉器街
- Tempelkloster Hualin Si: *Huálín Sì* 华林寺
- Lage: *Shàngjiǔ Lù* 上九路 / *Xiàjiǔ Lù* 下九路
- Restaurant-Tipp: Panxi Restaurant 泮溪酒家 Eins der berühmtesten Teehaus-Restaurants der Stadt. Es profitiert vor allem von seiner Lage am und im Liwanhu-Park, wo sich die Gaststätte auf mehrere Gebäude verteilt, von denen aus man ins Grüne und auf Teiche blickt. Es ist ideal für kantonesische Dimsum und öffnet morgens schon um 7 Uhr zum typisch kantonesischen Frühstück. *Lóngjīn Xīlù* 龙津西路 151

Zhujiang New Town

Hier zeigt sich die Stadt von ihrer modernsten Seite, und zwar so modern, dass man es gesehen haben muss. Die „neue Perlfluss-Stadt" liegt am Ostrand der alten Kernstadt und erstreckt sich vom großen Ostbahnhof südwärts bis an den Perlfluss und über diesen noch ein wenig hinaus. Der Kern ist eine 1,6 km lange und bis 200 m breite, autofreie Grünanlage, die überragt wird von mehreren Wolkenkratzern, darunter dem 530 m hohen CTF Finance Centre. Südlich davon stehen vier öffentliche Gebäude einander gegenüber: ein „Kinderpalast", die Stadtbibliothek, das Provinzmuseum und, als spektakulärstes, das Opernhaus.

- Chinesischer Name: *Zhūjiāng Xīnchéng* 珠江新城

Provinzmuseum

In dem vom Hongkonger Büro Rocco Design entworfenen Bau lohnen besonders zwei Abteilungen den Besuch: ganz oben die aufwändig präsentierte Schau zur Provinzgeschichte und auf dem Zwischengeschoss der 3. Etage die herrlichen Holzschnitz- und Lackarbeiten aus Chaozhou in Ost-Guangdong.

- Chinesischer Name: *Guǎngdōngshěng Bówùguǎn* 广东省博物馆
- Anreise: U-Bahn *Zhūjiāng Xīnchéng* 珠江新城

Glassfassde in der Zhujiang New Town

KANTON

Canton Tower

Opernhaus

Auch „Großes Theater" bzw. auf Englisch „Centre for the Performing Arts" genannt. Mit seinen konsequent schrägen Wänden und den Rundungen, die die zwei Gebäudeteile – einer weiß, einer grau – wie riesige Flusskiesel aussehen lassen, spricht der skulpturale Bau unverkennbar die Sprache seiner Schöpferin, der irakisch-britischen Architektin Zaha Hadid. Dass sie hier zum Zuge kam, verdankt sich übrigens einem demokratischen Votum: Ihrem Entwurf gaben Kantons Bürger den Vorzug.

Die zentrale Achse führt weiter auf den Fluss hinaus: auf eine Insel mit einer gigantischen Tribüne, die dem Opernhaus vor allem nachts, wenn sie in wechselnden Farben erstrahlt, die Schau stiehlt. Hier wurde 2010 die Eröffnung der Asienspiele zelebriert.

- Chinesischer Name: *Guǎngzhōu Dà Jùyuàn* 广州大剧院
- Anreise: U-Bahn *Zhūjiāng Xīnchéng* 珠江新城

Canton Tower

Der 600 m hohe, 2010 fertig gestellte Turm schließt die Nord-Süd-Achse auf der anderen Perlflussseite ab. Die ungewöhnliche Konstruktion wird abends bonbonbunt erleuchtet; eine Fahrt hoch auf eine der Aussichtsplattformen lohnt vor allem in der Abenddämmerung. Statt senkrecht nach oben, kann man sich auch waagerecht in der Tiefe bewegen: Ein „automated people mover", eine fahrerlose U-Bahn mit kurzen Haltestellenabständen, sorgt in der Perlfluss-Stadt für Personentransport.

- Chinesischer Name: *Guǎngzhōu Tǎ* 广州塔
- Anreise: U-Bahn Chigang Pagoda *Chìgàng Tǎ* 赤岗塔

KANTON

Ausflug: Foshan

Foshan („Buddha-Berg") ist durch die Keramikmanufaktur von Shiwan (kantonesisch: Shek Wan) bekannt und schon früh durch Handel wohlhabend geworden. Beides schlägt sich in Foshans großer Sehenswürdigkeit nieder: dem Tempel Zu Miao.

- Chinesischer Name: *Fóshān* 佛山
- Lage: 20 km südwestlich

Zu Miao

Was sich als „Ahnentempel" ausgibt, ist keiner. Der Name ist als „Ahntempel" (Ahn aller Tempel des Ortes) zu verstehen. In der Tat: Er ist über 900 Jahre alt. In ihm wird als mächtiger Schutzpatron der „Nordkaiser" verehrt, der Gott des nördlichen Firmaments. Der Tempel diente zugleich als Versammlungsort von Kaufmannsgilden, die sich bei der Ausstattung des Heiligtums denn auch nicht lumpen ließen und es zum prächtigsten der Provinz machten. Seine Stilmerkmale sind dieselben wie beim Tempel der Chen-Sippe, doch wurde hier das Holzschnitzwerk noch mit Goldlack überzogen. Außerdem blieb das Interieur erhalten.

Der Zugang erfolgt durch einen Park, in dem von anderswo hierher versetzte Schmucktore stehen. Nun betritt man von der Seite her den zentralen Tempelhof und sieht in einem Wasserbecken sogleich das Tiersymbol des Nordkaisers: eine Schildkröte, auf deren Panzer sich eine Schlange ringelt. Die dreifache Torhalle links trägt den offiziellen Namen des Heiligtums: „Tempel zur wundersamen Erhörung". Der Figurenfries unter dem Dachtrauf ist 31 m lang, ebenso wie der 1,8 m hohe First aus Shiwan-Keramik; er zeigt 152 Figuren auf der Vorderseite und 149 auf der Rückseite. Während die Torhalle selbst von 1450 datiert, entstand der Dachschmuck erst 1899. Ein Zwischendach leitet über zur Vorhalle, in der ein 3,3 m langer, vergoldeter Prunktisch steht. Sein Schnitzwerk zeigt vorn die Demütigung von Ausländern – damals, 1899, ein Traum, der im Boxeraufstand bald darauf blutige Wirklichkeit wurde, freilich mit der Demütigung Chinas endete. In den anschließenden Galerien stehen Beamte des Nordkaisers und Paraphernalien für Umzüge. Die Haupthalle von 1372 treibt die Prunkinszenierung zum Höhepunkt. Der Nordkaiser selbst ist eine glatzköpfige, mit schwarzem Bart beklebte Bronzefigur von 1452. Gehen Sie zurück und ans andere Ende der 150 m langen Tempelachse, so erreichen Sie durch ein Schmucktor von 1499, das der Kaiser stiftete, die 1658 erbaute Tempelbühne, die manchmal noch bespielt wird. Mit ihrem schwarzgoldenen Zierrat ist sie ein selten exquisites Bauwerk.

- Chinesischer Name: *Zǔ Miào* 祖庙
- Lage: *Zǔ Miào Lù* 祖庙路 21
- Anreise: Busse ab Kanton-Hauptbahnhof (Westseite) bis Zumiao-Busbahnhof nahe dem Tempel (Endstation)

Tempelbühne

Dachschmuck

Zentraler Tempelhof des Zu Miao

Hoteltipps

Landmark Hotel ****

Das Landmark Hotel liegt zentral an der Uferpromenade des Perlflusses in der Nähe des Tianzi-Anlegers. Auf 39 Stockwerken befinden sich 537 Zimmer, elegant und komfortabel ausgestattet. Alle Zimmer haben Internetzugang, Klimaanlage, Zimmersafe und Minibar. Zwei Restaurants bieten chinesische und westliche Küche. Eine Bar, Karaokeräume, Fitnessraum und ein Innenswimmingpool stehen zur Verfügung. In der Umgebung des Hotels finden sich viele Geschäfte und Restaurants. Am angrenzenden Haizhu Square befindet sich die gleichnamige U-Bahnstation. Zum Flughafen Guangzhou New Baiyun International Airport benötigt man 40 Minuten (35 km) und 10 Minuten zum Hauptbahnhof (6 km).

- Chinesischer Name: *Huáshà Dà Jiǔdiàn* 华厦大酒店
- Lage: Am Perlfluss / Tianzi-Anleger
- Ausstattung:
  - 537 Zimmer
  - 2 Restaurants
  - Bar
  - Business-Center
  - Innenswimmingpool
  - Fitnessraum
  - Karaoke
- Preisniveau: Mittelklasse
- Adresse: *Qiáoguāng Lù 8* 侨光路8号
- Kontakt: +86 (0)20 83355988
  www.LandmarkHotelGuangzhou.cn

The Garden Hotel *****

Das 5-Sterne-Hotel ist ein imposantes 30-stöckiges Gebäude, zentral in der Innenstadt Kantons gelegen. Es bietet 828 Zimmer, die alle mit Klimaanlage, Kabelfernsehen, Zimmersafe, Internetzugang und Minibar ausgestattet sind. Das Hotel hat ein durchgehend geöffnetes Fitnesscenter, einen Außenswimmingpool, Tennisplätze und einen Spa. Restaurants im Haus servieren wahlweise Chinesische oder mediterrane Küche. Die U-Bahn-Station Taojin befindet sich vor dem Hotel. Die Sehenswürdigkeiten der Stadt und Einkaufs- und Restaurantviertel sind einfach erreichbar. Das Hotel liegt 35 km vom Guangzhou Baiyun International Airport entfernt, zum Bahnhof sind es etwa 10 Minuten Fahrtzeit.

- Chinesischer Name: *Huāyuán Jiǔdiàn* 花园酒店
- Lage: 3 km nordöstlich der Peking-Straße
- Ausstattung:
  - 828 Zimmer
  - 4 Restaurants
  - Bar / Lounge
  - Business-Center
  - Außenswimmingpool
  - Spa / Wellness
  - Fitnessraum
  - Squashplatz
- Preisniveau: Luxuriös
- Adresse: *Huánshì Dōng Lù 368* 环市东路368号
- Kontakt: +86 (0)20 83338989
  Sales@Garden-Hotel-Guangzhou.cn
  www.Garden-Hotel-Guangzhou.cn

Kunming

Kūnmíng 昆明

Jinbi-Platz

STADTINFO

Chinesischer Name:	*Kūnmíng* 昆明
Einwohnerzahl:	3,9 Mio. Einwohner
Provinz:	Hauptstadt der Provinz Yunnan
Wetter:	1.031 mm Niederschlag/Jahr Januar: 7,7° C Juli: 19,7° C
M ü. NN:	1.890 m

Wie in China jedes Schulkind weiß, erfreuen den Menschen in Kunming „vier Jahreszeiten Frühling". Wer allerdings ab November bis April kommt, wird bei 12 Grad und Nieselregen doch einen Wollpullover zu schätzen wissen.

Kunming ist in erster Linie Ausgangspunkt für Reisen in Yunnan, Chinas südwestlichster und ethnisch-kulturell vielfältigster Provinz. Ins chinesische Reich kam die Region erst im 13. Jh. durch die Mongolen. Nach dem nahezu kompletten Abriss der Altstadt prägt heute die chinaweit übliche Geschäftshausarchitektur Kunmings Zentrum, das dank schöner Plätze und gepflegtem Grün gleichwohl gefällt. Die wenigen innerstädtischen Sehenswürdigkeiten kann man sich erlauben.

Tipp

Die örtliche Spezialität schlechthin sind „Über-die-Brücke-Nudeln": Als eine Frau ihren Mann zu verpflegen hatte, der auf einer Insel arbeitete, kam sie auf die Idee, die Brühe auf ihrem Weg über die Brücke durch eine Fettschicht heiß zu halten und die Zutaten erst bei Tisch dazuzugeben. Das machte Schule, stärkt und schmeckt prima.

Küche

Südostasien ist nah, und das lässt die Yunnan-Küche auch auf der Zunge spüren, vor allem durch Soßen und Gewürze, die manches schärfer machen als sonst in China üblich. Lecker ist das Kräuterhuhn *qìguōjī* 器锅鸡, berühmt der Reis aus dem Bambusrohr *zhútǒngfàn* 竹筒饭.

Innenstadt

Jinbi-Platz
Hier ist Kunmings Mitte. Drei hohe Schmucktore, 1999 errichtet, heben den Platz heraus und markieren die zentrale Ost-West-Achse, die nordwärts durch die mondäne Einkaufsstraße Zhengyi Lu (Fußgängerzone) auf die Provinzverwaltung zuläuft.

- Chinesischer Name: *Jīnbì Guǎngchǎng* 金碧广场

Ostpagode und Westpagode
500 m südlich des Platzes stehen zwei 35,5 m hohe Ziegelsteinpagoden. Die östliche ist das älteste Bauwerk der Stadt; sie enthält noch Originalziegel aus dem Jahr 849. Bei einem Erdbeben 1499 abgestürzte Teile wurden bis 1504 ergänzt. Ihr Pendant im Westen fiel bei einem Erdbeben 1833 komplett in sich zusammen. Der heutige Bau entstand ab 1882. Zwischen den beiden Pagoden erstreckt sich eine alte Marktstraße.

- Ostpagode: *Dōngsì Tǎ* 东寺塔
- Westpagode: *Xīsì Tǎ* 西寺塔
- Restaurant-Tipp: 1910 La Gare du Sud 火车南站 Chinesische Gaumenfreuden im ehemaligen Bahnhof der französischen Yunnan-Bahn, *Hòu Xīn Jiē* 后新街 8 (unweit der Westpagode)

Provinzmuseum
Die Sammlungen ziehen im Laufe des Jahres 2014 aus dem alten innerstädtischen Quartier in einen spektakulären Neubau um. Dort kommen dann die Schätze erst richtig zur Geltung, darunter Bronzeplastiken und Bronzetrommeln der Dian-Kultur (1. Jahrtausend v. Chr.) und buddhistische Kunst des Nanzhao-Reichs (629-1253).

- Chinesischer Name: *Yúnnánshěng Bówùguǎn* 云南省博物馆
- Lage (Neubau): *Guǎngfú Lù* 广福路, am Ufer des *Bǎoxiàng Hé* 宝象河, 12 km südlich des Zentrums

Cuihu-Park
Der „Grünsee-Park" besteht großenteils aus Wasser und viel, viel Ufer – nicht nur außen herum, sondern dank etlicher Dämme und Inseln auch mitten drin. Hier treffen sich Rentner zum Schach, Laienmusiker spielen, Müßiggänger lesen Zeitung. Man kann Boot fahren und sich an Garküchen stärken.

- Chinesischer Name: *Cuìhú Gōngyuán* 翠湖公园
- Lage: im Norden des Stadtzentrums

Kloster Yuantong Si
Das größte Buddhaheiligtum der Stadt wird von vielen Gläubigen aufgesucht. Eine Halle birgt einen goldenen Shakyamuni, ein Geschenk von Thailands König Bhumipol. Gegenüber vom Klostereingang kann man sich im beliebtesten **vegetarischen Restaurant**[1] der Stadt stärken.

- Chinesischer Name: *Yuántōng Sì* 圆通寺
- Lage: 500 m östlich des Cuihu-Parks
- [1] Vegetarisches Restaurant: *Yùquánzhāi* 玉泉斋 Verblüffende Fleischimitate zu moderaten Preisen

Marktstraße und Ostpagode

KUNMING

Am Stadtrand

Kloster Qiongzhu Si

Ein irres Tonfigurenkabinett ist hier zu sehen: die 500 Luohan in teils hyperrealistischer, teils skurriler, teils fantastischer Haltung und Gestik, manchmal wie erstarrt bei irgendwelchen Aktionen. Das spektakuläre Ensemble schuf ein Künstler in den Jahren 1883 bis 1890.

- Chinesischer Name: *Qióngzhú Sì* 筇竹寺
- Lage: 12 km nordwestlich

See Dian Chi und Westberge Xi Shan

Der 300 km² große See, an dessen seichtem Nordende Kunming liegt, tritt im Stadtbild nicht in Erscheinung. Am Stadtrand wird es dafür umso besser: Hier ragen die Westberge bis zu 460 m hoch über den Seespiegel auf. Auf der Bergstraße kommt man durch dichten Wald zunächst zum **Huating-Kloster**[1], das für seine 500 Luohan-Figuren bekannt ist, und 2 km weiter zum kleineren **Taihua-Kloster**[2] mit Reliefs aus Dali-Marmor.

Die Fahrstraße endet an einem Parkplatz mit Restaurants und Läden. Nun geht es am immer steiler werdenden Hang – stets mit bestem Seeblick – zu Fuß entlang. Ab einer schmalen Steinpforte, dem „**Drachentor**"[3] Longmen, wird es abenteuerlich: Es beginnt eine in die senkrechte Felswand geschlagene, sehr enge Galerie, die zu mehreren Grotten mit bunt bemalten Figuren führt. Alles entstand 1781 bis 1853 als Lebenswerk eines Daoistenmönchs.

- See Dian Chi: *Diān Chí* 滇池
- Höhe: 1.887 m ü.d.M.
- Westberg Xi Shan: *Xī Shān* 西山
- Lage: 15 km südwestlich
- Höhe: bis 2.350 m ü.d.M.
- [1] Huating-Kloster: *Huátíng Sì* 华亭寺
- [2] Taihua-Kloster: *Tàihuá Sì* 太华寺
- [3] Drachentor: *Lóngmén* 龙门

Westberg Xi Shan

Nationalitätendorf und -museum

Vom Parkplatz auf dem Xi Shan schwebt man per Gondelbahn auf die andere Seeseite und landet dort am Rande des Nationalitätendorfs, eines wasserreichen Parks, der die typischen Bau- und Siedlungsformen von zwölf Ethnien der Provinz vorstellt. Mehr über die Völkerschaften erfährt man im benachbarten Nationalitätenmuseum.

- Nationalitätendorf: *Yúnnán Mínzú Cūn* 云南民族村
- Lage: 9 km südlich
- Nationalitätenmuseum: *Yúnnán Mínzú Bówùguǎn* 云南民族博物馆
- Lage: östlich gegenüber vom Nationalitätendorf

Ausflug: Steinwald

Ein mächtiges Kalksediment, das sich vor 270 Mio. Jahren am Meeresboden bildete, fing nach dessen Hebung an, in skurrilen Formen zu verwittern. So entstand der „Steinwald" von Yunnan, bei dem es sich also nicht etwa um versteinerte Bäume handelt. Tatsächlich gibt es auf einer Fläche von 400 km² mehrere Steinwälder, doch nur wenige Stellen sind so dramatisch, dass man sich zwischen den bis über 30 m hohen Türmen und Wänden verlaufen kann. Per Tagesausflug zu besichtigen sind der große und der kleine Steinwald beim Weiler Shilin Zhen, den 5 km lange Fußpfade erschließen. Der Standardrundgang dauert eine Stunde. In der Gegend leben die Sani, ein Stamm des Yi-Volks. Sani-Frauen bieten sich als Führerinnen an.

- Chinesischer Name: *Shílín* 石林
- Lage: 120 km südöstlich
- Besonderheit: Unesco-Welterbe seit 2007

Steinwald

KUNMING

Reisterrassen von Yuanyang

Wohl nirgends sonst fasziniert eine vom Menschen gestaltete Landschaft so wie hier, südwestlich der Kreisstadt Yuanyang nahe der Grenze zu Vietnam. Mit den Reisterrassen richtete die ethnische Minderheit der Hani in jahrhundertelanger Arbeit Hänge in 1.000 bis etwa 1.800 m Höhe für den Nassreisanbau her; an manchen Stellen gehen die Terrassen hinauf bis über 2.000 m Höhe. Die Gesamtfläche liegt bei 130 Quadratkilometern. Am eindrucksvollsten ist diese Kulturlandschaft vom späten Februar bis April, ehe die Reispflanzen zu groß werden: Dann spiegelt sich in den abertausend Feldern ringsum der Himmel. Sehenswert sind auch die traditionellen, mit Reisstroh gedeckten Holzhäuser der Hani.

- Chinesischer Name: *Yuányáng tītián* 元阳梯田
- Lage: *Xīnjiēzhèn* 新街镇
  210 km Luftlinie südlich von Kunming

Kunming am Abend

Dynamic Yunnan

Yunnan ist die Provinz mit der größten ethnischen Vielfalt, und das Beste an ihrer Musik, ihren Tänzen und Trachten diente als Inspirationsquelle für diese herrliche, schwungvolle und poetische Show.

- Chinesischer Name: *Dynamic Yunnan* 云南映象
- Lage: Yunnan Art Theatre
  云南艺术剧院
  Dōngfēng Xīlù 东风西路 *132*
- Vorstellungsbeginn: täglich (außer sonntags) 20 Uhr

Reisterrassen von Yuanyang

Hoteltipps

New Era Hotel ****

Das New Era Hotel verfügt über 277 geschmackvoll eingerichtete Zimmer, die mit allen notwendigen Annehmlichkeiten wie Klimaanlage, Satellitenfernsehen, Minibar und Zimmersafe ausgestattet sind. Zwei Restaurants und eine Bar sind ebenso vorhanden wie ein Fitnessbereich und Sauna. Das Hotel liegt zentral in fußläufiger Nähe zur Fußgängerzone, zum Bahnhof und zum Flughafen sind es jeweils 6 km.

- Chinesischer Name: *Xīnjìyuán Dà Jiǔdiàn* 新纪元大酒店
- Lage: Zentral nahe der Fußgängerzone
- Ausstattung:
  - 277 Zimmer
  - 2 Restaurants
  - Café
  - Bar
  - Business-Center
  - Sauna
  - Fitnessraum
  - Karaoke
- Preisniveau: Mittelklasse
- Adresse: *Dōngfēng Xī Lù 99* 金沙遗址路7
- Kontakt: +86 (0)871 3624999
  www.NewEraHotelKunming.cn

Green Lake Hotel *****

Das Green Lake Hotel ist das 5-Sterne-Hotel in Kunming und liegt gleich neben dem Cuihu-Park. Die 306 komfortablen Zimmer verteilen sich auf 16 Etagen, und sind ausgestattet mit Klimaanlage, Satellitenfernsehen, Minibar und Wasserkocher. Weiterhin sind ein Außenpool und ein Fitnessbereich vorhanden, zwei Restaurants und eine Bar sorgen für das leibliche Wohl. Bis ins Zentrum Kunmings beträgt die Distanz 1,5 km. Bahnhof und Flughafen liegen je 8 km entfernt.

- Chinesischer Name: *Cuìhú Bīnguǎn* 翠湖宾馆
- Lage: Neben dem Cuihu-Park
- Ausstattung:
  - 306 Zimmer
  - 2 Restaurants
  - Café
  - Bar
  - Außenswimmingpool
  - Sauna
  - Fitnessraum
  - Karaoke
- Preisniveau: Hochwertig
- Adresse: *Cuìhú Nan Lù 8* 翠湖南路8号
- Kontakt: +86 (0)871 5158888
  www.GreenLakeHotelKunming.com

Sonnenaufgang über den goldenen Dächern des Labrang-Klosters

Die über 2000 Jahre alte Stadt am Oberlauf des Gelben Flusses ist an sich kein Reiseziel. Als Garnisonsstadt gegründet, später ein Handelszentrum auf der Seidenstraße, wurde sie nach 1950 zu einem qualmenden Industriestandort. Auf dem Weg zu kulturhistorisch bedeutenden Zielen wird jedoch der eine oder die andere hier Station machen.

Küche
Da die Gegend stark moslemisch geprägt ist, zählen alle Arten von Lamm- bzw. Hammelfleisch (*yángròu* 羊肉) zu den örtlichen Spezialitäten. Außerdem ist Lanzhou für seine herzhaften Rindfleischnudelsuppen (*niúròumiàn* 牛肉面) bekannt.

Provinzmuseum
Nach einer Generalrenovierung ansprechend präsentiert werden bedeutende archäologische Funde aus Kultur, Geschichte und Vorgeschichte der Provinz sowie Fossilien. Landesweit berühmt ist das „fliegende Pferd", das mit einem Huf auf einer fliegenden Schwalbe steht – eine 1800 Jahre alte, 34,5 cm große Bronzefigur.

- Chinesischer Name: *Gānsùshěng Bówùguǎn* 甘肃省博物馆

Ausflug Bingling Si

Keine zweite Grottentempelanlage an der Seidenstraße liegt so spektakulär wie diese: an einer Felswand über einem Fluss derart, dass man nur mit dem Boot hingelangen kann. Der schlechten Zugänglichkeit verdankt sich der gute Erhaltungszustand der Skulpturen. Auch wer für buddhistische Kunst wenig übrig hat, wird die Anreise über den Liujiaxia-Stausee und die dramatische Szenerie in einer Schlucht des Gelben Flusses schätzen.
Verteilt auf drei Gruppen blieben 196 Nischen und Grotten mit 694 aus dem Fels geschlagenen Skulpturen sowie 82 Lehmplastiken und 900 m² Wandmalereien erhalten; die ältesten stammen aus dem 5. Jh. Die größte Figur ist ein 27 m hoher Maitreya-Buddha aus der Tang-Zeit.

- Chinesischer Name: *Bǐnglíng Sì* 炳灵寺
- Lage: 70 km südwestlich (Luftlinie)
- Hinweis: Die Besichtigung erfordert einen Ganztagsausflug. Bei niedrigem Wasserstand (meist November bis März, eventuell länger) ist keine Besichtigung möglich.

 LANZHOU

Lanzhou

Lánzhōu 兰州

Ausflug Xiahe

Südlich von Lanzhou erstreckt sich ein großes Siedlungsgebiet der chinesischen Moslems – die vielen Pagoden, die man sieht, sind in Wahrheit Minarette. Die Frauen tragen schwarze Kopftücher in hübschen Durchbruchstickereien.
Jenseits des Moslemgebiets beginnen das tibetische Hochland und der tibetische Kulturraum, und an der Stelle wo beide Räume ineinander greifen, versteckt sich das kleine Xiahe in einem Hochgebirgstal, eine tibetische Klostersiedlung mit angeschlossenem Moslemstädtchen, das traditionell von den tibetischen Pilgern – und heute zunehmend von Touristen – lebt. Der Besuch erfordert mindestens eine Übernachtung in Xiahe.

- Chinesischer Name: *Xiàhé* 夏河
- Lage: 230 Straßen-km südwestlich
- Höhe: 2.960 m

Labrang-Kloster

Die große Anlage zählt zu den sechs Hauptklöstern der Gelbmützenschule, des größten Lama-Ordens. Es wurde 1709 gegründet und ist im typisch tibetischen Klosterstil erbaut. Die große Gebetshalle, die Buddhahallen, die sechs Akademien (für Lehre, Liturgie und Wissenschaften) und weitere Gebäude bilden ein unregelmäßiges, dorfartiges Ensemble, umgeben vom obligaten, 3 km langen Umwandlungsweg mit über 1.000 Gebetstrommeln, die die Pilger drehen, wenn sie den Weg im Uhrzeigersinn abschreiten.
Offiziell leben hier rund 1.200 Mönche; die tatsächliche Zahl liegt höher. Eine zusätzliche Attraktion ist der Pilgermarkt, auf dem zur Hauptwallfahrtzeit im Winter am meisten los ist. Da das Kloster an einem Osthang liegt, macht man die besten Fotos, wenn die goldenen Dächer in der Morgensonne aufflammen.

- Chinesischer Name: *Lābǔlèng Sì* 拉卜楞寺

STADTINFO

Chinesischer Name:	*Lánzhōu* 兰州
Einwohnerzahl:	2,6 Mio. Einwohner
Provinz:	Hauptstadt der Provinz Gansu
Wetter:	328 mm Niederschlag/Jahr Januar: 6,9° C Juli: 22,2° C
M ü. NN:	1.500 m

Ausflug Xining

Das Tor zu Qinghai und Tibet! In der Provinzhauptstadt sind zwar die meisten Bewohner Han-Chinesen, aber wenig abseits siedeln ethnische Minderheiten, und außerhalb von Xining liegt einer der bedeutendsten Orte des tibetischen Buddhismus.

- Chinesischer Name: *Xīníng* 西宁
- Lage: 200 km westnordwestlich
- Einwohnerzahl: 1,2 Mio. Einwohner
- Provinz: Hauptstadt der Provinz Qinghai
- Wetter: 370 mm Niederschlag/Jahr Januar: -8,4° C Juli: 17,3° C
- M ü. NN: 2.260 m
- Hinweis: Ein Besuch von Xining ist ab Lanzhou als Tagesausflug möglich.

Beishan-Kloster

Die einzige größere Sehenswürdigkeit im Ort selbst ist einigermaßen ungewöhnlich: Grotten und Hallen, die sich an einem durch waagerechte natürliche Simse markant gegliederten Steilhang verteilen, durch Treppen und Galerien erschlossen sind und ein wenig an das Hängende Kloster bei Datong erinnern. Erhalten blieben einige Wandmalereien aus dem 9. bis 13. Jh. Das einst buddhistische Heiligtum ist heute daoistisch.

- Chinesischer Name: *Běishān Sì* 北山寺
- Lage: Im Norden der Innenstadt

Kumbum-Kloster Ta'er Si

Der Hauptgrund, nach Xining zu fahren. Hier wurde im Jahr 1357 der große Reformator Tsongkhapa, der „Mann aus dem Zwiebeltal", geboren. Der Sage nach keimte an der Stelle, wo seine Mutter die Nachgeburt vergraben hatte, ein Bodhi-Baum – unter einem solchen hatte einst Buddha Gautama Erleuchtung gefunden – und als er groß war, zeigte sich auf jedem seiner 100.000 Blätter ein Buddhabildnis – daher der tibetische Name, der „Kloster der 100.000" bedeutet. Die Anlage entstand jedoch erst in den Jahren 1560-1577 in wenig repräsentativer Lage in einem engen Tal.

Man betritt es am Nordende. Acht kleine Dagobas erinnern dort an acht große Ereignisse im Leben des Buddha Gautama. Links steht die Halle der Dharmaschützer, grimmiger Schutzpatrone der buddhistischen Lehre. Wegen ihres Daches wird sie „Kleine Goldziegelhalle" genannt. In ihrem Obergeschoss sind ausgestopfte Tiere zu sehen, die Merkmale bestimmter Gottheiten verkörpern. Jenseits des herrlich ausgemalten „Blumentempels" und weiterer Hallen und Höfe gelangt man zur Sutrenhalle. Dieser Versammlungssaal der Mönche ist der größte Einzelbau des Klosters. Bergseitig dahinter bildet die prächtige Große Goldziegelhalle den Höhepunkt der Anlage. Der dreigeschossige Bau steht an der Stelle, die die Gründungslegende bezeichnet. Er birgt eine überreich geschmückte Figur des Reformators.

- Chinesischer Name: *Tǎěr Sì* 塔尔寺
- Lage: 27 km südöstlich von Xining

Tibetische Mönche in Xiahe

Hoteltipps

Legend Hotel ****

Das Legend Hotel hat 362 elegant ausgestattete Gästezimmer und Suiten. Die Zimmer sind ausgerüstet mit Klimaanlage, Minibar und Internetzugang. In allen Zimmern finden sich chinesische Gemälde, die inspiriert wurden von den Wandmalereien der Mogao-Grotten in Dunhuang. Zwei Restaurants, eine Bar, Sauna und Fitnessraum, Karaoke und Disko stehen den Gästen zur Verfügung. Das Hotel liegt zentral im Herzen der Stadt Lanzhou.

- Chinesischer Name: *Fēitiān Dā Jiǔdiàn* 飞天大酒店
- Lage: Zentral in der Stadt
- Ausstattung:
    - 362 Zimmer
    - 2 Restaurants
    - Café
    - Bar
    - Business-Center
    - Whirlpool
    - Sauna
    - Fitnessraum
- Preisniveau: Mittelklasse
- Adresse: *Tiānshuī Nan Lù 529* 天水南路529号
- Kontakt: +86 (0)931 8532888 Legend@LanzhouLegendHotel.com

Crowne Plaza Lanzhou *****

Das 5-Sterne-Hotel befindet sich am Gansu Kongresszentrum. Alle Zimmer sind mit Flachbildschirmen, Arbeitsplätzen mit ergonomischen Sitzen und Internet ausgestattet. Ein Innenswimmingpool und ein modernes Fitnesscenter bieten ebenso willkommene Abwechslung, wie das schöne Spa. Die Distanz zum Lanzhou Zhongchuan Airport beträgt 68 km.

- Chinesischer Name: *Huángguān Jiàrì Jiǔdiàn* 皇冠假日酒店
- Lage: Nahe des Gansu Kongresszentrums
- Ausstattung:
    - 440 Zimmer
    - Restaurant
    - Café
    - Bar
    - Business-Center
    - Innenswimmingpool
    - Spa / Wellness
    - Fitnessraum
- Preisniveau: Hochwertig
- Adresse: *Běibīnhé Dōnglù 1* 北滨河东路1号
- Kontakt: +86 (0)931 8711111 CPlanzhou@IHG.com

LANZHOU

Lijiang

Lìjiāng 丽江

Teich des schwarzen Drachens

STADTINFO

Chinesischer Name:	*Lìjiāng* 丽江
Einwohnerzahl:	220.000 Einwohner, historische Altstadt 25.000
Provinz:	Yunnan
Besonderheit:	Unesco-Welterbe seit 1997
Wetter:	970 mm Niederschlag/Jahr Januar: 5,9° C Juli: 18,1° C
M ü. NN:	2.400 m

Nicht viele chinesische Städte nehmen den Besucher mit ihrer Atmosphäre gefangen oder bringen ihn gar ins Schwärmen. Die Altstadt von Lijiang aber tut es, und dies in ungeahntem Maße. Allerdings hat sie inzwischen Probleme, den touristischen Massenansturm zu verdauen. Schlepper und Nepper aller Art, woanders zuweilen ein Ärgernis, sind gleichwohl seltene Ausnahme. Dieser Erfolg hat etwas mit der Kultur der Naxi zu tun, deren Hauptstadt Lijiang ist. Der Ort liegt an einer alten Handelsstraße nach Tibet, über die Ziegeltee und Pferde ausgetauscht wurden, und ist für seine Messing- und Silberverarbeitung bekannt. Das Gebiet ist stark erdbebengefährdet. Allein im 20. Jh. war die Stadt von fünf schweren Beben betroffen.

Küche

Lijiang erfreut mit einer Fülle familiärer Lokale, kleiner Kneipen und Cafés. Die meisten finden sich am Kanal zwischen Sifang Jie und dem Nordende der Altstadt; dort kann man auch draußen sitzen. Eine Naxispezialität sind die gefüllten Baba-Fladen.

Naxi-Musik

Die Naxi wahren bis 900 Jahre alte Musiktraditionen, nicht nur eigene, sondern auch solche aus dem chinesischen Kernland. Dank des Engagements eines ortsansässigen Han-Chinesen konnten sie nach der Mao-Ära wiederbelebt werden. Der beste Ort, sie zu erleben, sind die abendlichen Konzerte in der **Dayan Naxi Concert Hall**[1]; sie werden auch auf Englisch kommentiert.

■ 1 Dayan Naxi Concert Hall:	*Dàyán Nàxī Gǔyuè Huì* 大研纳西古乐会
Lage:	*Dōng Dàjiē* 东大街 (im Norden der Altstadt)
Vorstellungen:	täglich 20 Uhr
Hinweis:	Tickets spätestens am Morgen kaufen!

Altstadt

Durch ihr autofreies Gassenlabyrinth sprudeln klare Gebirgsbäche. „Das Wasser ist die Seele der Stadt", sagen die Lijianger. Schnitzwerk ziert die einheitlich mit grauen Ziegeln gedeckten, sorgsam gepflegten Häuser, Blumen schmücken ihre Innenhöfe. Die älteren Frauen tragen noch die Naxi-Tracht. Besonders im Bereich des zentralen Platzes **Sifang Jie**[1] und am Kanal nördlich davon reihen sich Restaurants und Cafés. Läden verkaufen ortstypische Waren, seien es Messinggefäße, Stickereien oder T-Shirts mit einer Bemalung in der Bilderschrift der Naxi, die nur für liturgische Zwecke verwendet wurde und zugleich als älteste Tanznotation der Welt gilt. Die Bewohner tanzen auch heute noch gern. Allabendlich treffen sie sich bei den Wasserrädern im Norden zum großen Reigen, und jeder darf mitmachen.

- Chinesischer Name: *Dàyán Gǔchéng* 大研古城
- [1] Sifang Jie : *Sìfāng Jiē* 四方街

Löwenhügel Shizi Shan

Vom zentralen Platz aus kann man nach Westen aufsteigen bis zum **„Turm der Äonen"**[1] (Wangu Lou) auf dem Gipfel mit großartigem Altstadtpanorama.

- Chinesischer Name: *Shīzi Shān* 狮子山
- [1] Turm der Äonen: *Wàngǔ Lóu* 万古楼

Häuptlingspalast Mu Fu

Im Auftrag der chinesischen Kaiser herrschte von der Yuan-Zeit an die Naxi-Sippe der Mu 22 Generationen lang über ihre Landsleute. Ihr Palast, den Erdbeben und die Kulturrevolution zerstörten, wurde ab 1966 rekonstruiert. Die 370 m lange, imposante Anlage birgt in den Seitenhallen eine volkskundliche Sammlung und erstreckt sich mit ihrem großen rückwärtigen Garten noch ein Stück den Löwenhügel hinauf. In der vorletzten Halle (am Fuß des Hügels) ist ein Stadtmodell von Lijiang zu sehen, die Halle dahinter zeigt Reproduktionen großer Wandbilder aus der Gegend.

- Chinesischer Name: *Mù Fǔ* 木府
- Lage: Im Südwesten der Altstadt

Teich des schwarzen Drachens

Das meistfotografierte Motiv der Stadt: der „Teich des schwarzen Drachen", eine weiße Brücke, der dreigeschossige Fünf-Phönix-Pavillon und dahinter von fern herüberleuchtend das ewige Weiß des Jadedrachenschneebergs. Das **Dongba-Museum**[1] nördlich des Teichs gibt Einblick in die Kultur der Naxi, die als Dongba-Kultur bekannt ist.

- Chinesischer Name: *Hēilóng Tán* 黑龙潭
- Lage: 1 km nördlich der Altstadt
- [1] Dongba-Museum: *Dōngbā Bówùguǎn* 东巴博物馆

Blick vom Löwenhügel über Lijiangs Altstadt

Tigersprungschlucht

Ausflüge

Baisha
Die alten Naxi haben der Nachwelt bedeutende Wandmalereien hinterlassen. Die besten davon sind nur einen Fahrradausflug entfernt im Dorf Baisha zu sehen, unter anderem im **Tempel Liuli Dian**[1] und im 1582 erbauten **Dabaoji Gong**[2].

- Chinesischer Name: Báishā 白沙
- Lage: 9 km nördlich (abseits der Landstraße)
- [1] Tempel Liuli Dian: Liúlí Diàn 琉璃殿
- [2] Dabaoji Gong: Dàbǎojī Gōng 大宝积宫

Jadedrachenschneeberg
Erst 1963 wurde der 5.590 m hohe Gipfel dieses weithin sichtbaren Bergs erstmals bestiegen. Heute sind Almwiesen und ein Gletscher auf 3.000 bzw. 4.500 m höhe beliebte Ausflugsziele und per Seilbahn erreichbar. Oben werden auch einstündige Ausritte angeboten. Unweit des Bergfußes wird auf einer Freilichtbühne vor beeindruckender Naturkulisse die folkloristische Show „Impression Lijiang" aufgeführt.

- Chinesischer Name: Yùlóng Xuěshān 玉龙雪山
- Lage: 25 km nördlich
- Anreise: diverse Busse, z.B. ab *Fúhuì Lù* 福慧路, Ecke *Xīn Dàjiē* 新大街

Tigersprungschlucht
Ein Ziel für Wanderer! Die je nach Sichtweise 16 bis 35 km lange Schlucht des Yangtze-Oberlaufs Jinsha Jiang zählt zu den tiefsten der Erde. Der Fluss wird hier so stark eingezwängt, dass ein fliehender Tiger das Wildwasser einst in einem einzigen Satz übersprungen haben soll. Die Wanderung selbst geht über 20 km. Inklusive An- und Abreise ist ein Drei-Tages-Ausflug zu planen mit zwei Übernachtungen in einfachen Gasthöfen. Ein umstrittenes Staudammprojekt, das der Schlucht den Garaus zu machen drohte, wird einstweilen nicht weiter verfolgt. Wie lange das Moratorium vorhält, wird sich zeigen.

- Chinesischer Name: Hǔtiào Xiá 虎跳峡
- Lage: 90 km nördlich
- Besonderheit: Unesco-Welterbe seit 2003 als Teil der Stätte „Drei Parallelflüsse Yunnans".

LIJIANG

Hoteltipps

Blossom Hill Inn ★★★

Das zentral in der Altstadt von Lijiang gelegene Boutique-Hotel ist im traditionellen Stil der Naxi erbaut. Das Hotel besteht aus mehreren Häusern, die sich um einen Haupthof und mehrere kleinere Innenhöfe gruppieren. Die Gästezimmer sind im traditionellen Stil eingerichtet, und verfügen über alle Annehmlichkeiten eines Boutique-Hotels. Wenn man aus der Hoftür tritt, befindet man sich in den Gassen der Altstadt von Lijiang.

- Chinesischer Name: *Huājiān Táng* 花间堂
- Lage: Zentral in der Altstadt
- Ausstattung:
  - 18 Zimmer
  - Restaurant
  - Bar
  - Business-Center
  - Spa / Wellness
  - Garten & Teehaus
  - Bibliothek
- Preisniveau: Mittelklasse
- Adresse: *Lìjiāng Gǔchéngqū Wǔyī Jiē Wénzhì Xiàng 97* 丽江古城区五一街文治巷97号
- Kontakt: +86 (0)21 33602370
  Blossomhillinn@Blossomhillinn.com
  www.Blossomhillinn.com

Lux Tea Horse Road Lijiang ★★★★★

Das kleine neueröffnete Lux-Resort in Lijiang bietet 10 Zimmer, die sich in einem typischen Naxi-Hofhaus um einen Innenhof gruppieren. Die großzügigen Gästezimmer sind hell und freundlich eingerichtet und bieten allen Komfort eines 5-Sterne-Hauses. Das Hotel liegt mitten in der Altstadt von Lijiang, ca. 10 Minuten Fußweg vom Hauptplatz entfernt. Zum Flughafen sind es 28 km.

- Chinesischer Name: *Lìshì Chá Mǎ Gǔ Dào Jiǔdiàn* 丽世茶马古道酒店
- Lage: Zentral in der Altstadt
- Ausstattung:
  - 10 Zimmer
  - Restaurant
  - Bar / Lounge
  - Bibliothek
- Preisniveau: Hochwertig
- Adresse: *Qīyī Jiē Xīng Wén Xiàng 182* 七一街兴文巷182号
- Kontakt: +86 (0)888 5596666
  resa.cn@luxresorts.com
  www.luxlijiang.com

Locana-Buddha im Tempel der Ahnenverehrung der Longmen-Grotten

Eine schlechte Karriere für einen Ort: vom Kaisersitz eines Großreichs zur Provinzstadt! Im 8. Jahrhundert war Luoyang neben Chang'an, dem heutigen Xi'an, die zweite Metropole des Tang-Reichs und eine der größten Städte der Welt. Schon zuvor hatten hier die Könige der Östlichen Zhou und die Kaiser der Östlichen Han-Dynastie residiert. Allein auf der Hügelkette des Mang Shan nördlich der Stadt wurden 24 Herrschergräber aus sechs Dynastien identifiziert. Vom 12. Jh. an bis um 1950 war Luoyang nur noch eine Kleinstadt.

Tipp

Wer die Longmen-Grotten gesehen hat, sollte auch zum Song Shan fahren. Buchen Sie eine Kungfu-Vorführung am Shaolin-Kloster gern separat; die gegen erhöhtes Eintrittsgeld inbegriffenen sind nicht unbedingt die besten.

Stadtgebiet

Altstadt

Im Osten des Stadtgebiets gelegen, misst sie nur etwa 1,5 km im Quadrat. Mit vielen Läden und einiger Altbausubstanz ist dies das einzige Viertel, in dem man gern bummelt. Ein lohnendes Ziel ist das **Luze-Gildenhaus**[1], eine tempelartige Anlage mit einer Theaterbühne über dem Eingang; sie beherbergt heute eine volkskundliche Sammlung. Die Ausstattung der Haupthalle stammt aus einem abgerissenen Tempel.

- Chinesischer Name: *Lǎochéngqū* 老城区
- [1] Luze-Gildenhaus: *Lùzé Huìguǎn Mínsú Bówùguǎn* 潞泽会馆民俗博物馆
- Lage: *Jiǔdū Dōnglù* 九都东路 (im Südosten der Altstadt)

Wangcheng-Park

Schön ist es hier im April, wenn zum Päonienfest (15.-25. April) die Pfingstrosen blühen und Luoyang seinem Ruf als „Päonienstadt" gerecht wird. Diesen Beinamen trägt es immerhin seit über tausend Jahren.

- Chinesischer Name: *Wángchéng Gōngyuán* 王城公园
- Lage: In der Stadtmitte

Wangcheng-Platz

Mitten unter der Stadt wurde ein Königsgrab aus dem 8. Jh. v. Chr. entdeckt. Hauptattraktion: der Sechsspänner seiner Majestät, von dem Knochen und plastische Abdrücke zeugen.

- Chinesischer Name: *Wángchéng Guǎngchǎng* 王城广场

LUOYANG

Luoyang

Luòyáng 洛阳

STADTINFO	
Chinesischer Name:	*Luòyáng* 洛阳
Einwohnerzahl:	1,5 Mio. Einwohner
Provinz:	Henan
Wetter:	640 mm Niederschlag/Jahr Januar: 0,4° C Juli: 27,4° C
M ü. NN:	150 m

Luoyang-Museum
Luoyang liegt mitten im ältesten chinesischen Kernland, und entsprechend viele und bedeutende Funde werden bei Ausgrabungen gemacht: Steinzeitkeramik, Ritualbronzegefäße von vor 3000 Jahren, Jadearbeiten ähnlichen Alters sowie Funde aus Luoyangs Blütezeit vor 1400 bis 900 Jahren. Würdig präsentiert sind sie in diesem 2010 eröffneten architektonischen Blickfang.

- Chinesischer Name: *Luòyáng Bówùguǎn* 洛阳博物馆
- Lage: Am Botanischen Garten 隋唐城遗址植物园旁边

Ziele am Stadtrand

Gräbermuseum
Von den zahlreichen Gräbern auf dem Mang Shan wurden 22 Grabkammern hier zusammengelegt und durch einen unterirdischen Gang verbunden. Sie stammen aus dem 1. Jh. v. Chr. bis 12. Jh. n. Chr.; ein Teil enthält Wandmalereien und anderen Schmuck.

- Chinesischer Name: *Gǔmù Bówùguǎn* 古墓博物馆
- Lage: 6 km nördlich des Bahnhofs
- Anreise: Bus 83 ab Bahnhof

Altstadt

Tempel des weißen Pferdes

Im Jahr 68 gegründet, ist es Chinas ältestes Buddhakloster. Der Name und zwei Steinponys vor dem Tor verweisen auf die Gründungslegende: Nachdem Buddha dem Kaiser im Traum erschienen war, brachten zwei Männer, die auf Schimmeln ritten, den ersten Sutrentext ins Land. Die heutige Anlage stammt aus der Ming-Zeit und ist größer als üblich. Jenseits der Halle der Himmelskönige zeigt die Halle Dafo Dian Shakyamuni (Gautama) in der Mitte, flankiert von seinen zwei engsten Jüngern und begleitet von den Bodhisattvas Manjushri und Samantabhadra. Die Barmherzigkeitsgöttin auf der Rückseite trägt eine Karaffe mit süßem Tau, der das Böse vertreibt. In der folgenden Haupthalle thronen die „Drei kostbaren Buddhas".

Der größte kunsthistorische Schatz, im 13. oder 14. Jh. entstanden, sind jedoch die 18 Luohan an den Seitenwänden. Noch eine Halle folgt: Die Jieyin Dian birgt den Erlöserbuddha Amitabha mit seinen zwei Helferbodhisattvas. Unter zwei Grabhügeln westlich der Achse sollen die sterblichen Reste jener zwei Schimmelreiter liegen, denen der Kaiser einst das Kloster stiftete. Außerhalb des Geländes steht die schöne **Qiyun-Pagode**[1] aus dem Jahr 1175.

- Chinesischer Name: *Báimǎ Sì* 白马寺
- Lage: 15 km östlich des Hauptbahnhofs
- [1] Qiyun-Pagode: *Qíyún Tǎ* 齐云塔
  Lage: 250 m östlich des Klosters

Longmen-Grotten

Luoyangs Hauptattraktion: die Buddhagrotten und -nischen im „Drachentor", einer Talkerbe des Yi-Flusses. Sie gehen zurück auf die Dynastie Nördliche Wei, die 494 ihren Sitz von Datong nach Luoyang verlegte und ihre religiöse Bautätigkeit, die sie dort mit den Yungang-Grotten begonnen hatte, hier fortsetzte. Weitere Grotten kamen in der ersten Hälfte der Tang-Zeit hinzu. Auf einer Strecke von einem Kilometer blieben am Westufer rund zwei Dutzend größere Grotten und Figurenensembles erhalten, dazu Tausende von kleinen Nischen, die jedoch meist leer sind: Kein Grottentempelkomplex litt seit dem späten 19. Jh. so stark unter Kunsträubern wie dieser. Gestiftet wurden die Grotten und Skulpturen von Herrschern, Mönchen, Nonnen, Laienvereinigungen und Beamten. Inschriften erläutern ihre Motive: den Wunsch nach Erleuchtung, die Bitte um Genesung oder Wohlstand. Dabei ging es stets auch um ein besseres Karma für die spätere Wiedergeburt.

Die meisten Grotten wiederholen ein ikonografisches Schema: Von der Stirnwand blickt unter halb geschlossenen Lidern ein Buddha. Zu seinen Seiten stehen schmuckbehangene Bodhisattvas, die den Menschen helfen, dem irdischen Elend zu entkommen. Mit Buddha Gautamas zwei Lieblingsjüngern ergibt sich meist eine Fünfergruppe. Am Zugang mahnen grimmige Wächter zur Selbstprüfung. Ein wiederkehrendes Motiv ist die Lotosblüte als Symbol der Reinheit.

Tempel des weißen Pferde

Die erste große Grotte am Westufer, **Qianxi Si**[1], entstand im 7. Jh. Zu sehen ist der Erlöserbuddha Amitabha mit seinen Helfern. Bald darauf folgen die drei **Binyang-Grotten**[2], deren mittlere (frühes 6. Jh.) wohl die schönste aller Longmen-Grotten ist. Elf Figuren lächeln hier auf den Betrachter herab. 350 m weiter ist die im Jahr 680 vollendete **Zehntausend-Buddha-Grotte**[3] zu sehen. Benannt ist sie nach ihrem Hauptmotiv, den Buddhas aller Äonen, die in Gestalt von 15.000 Minireliefs die Wände bedecken. Die nächste Treppe führt zur **Lotosblüten-Grotte**[4], deren Deckenverzierung ihr den Namen gab. Ein Reigen von Apsaras-Feen umtanzt die Blüte.

Nach einer Reihe kleinerer Grotten erreicht man schließlich die Treppe, die zur größten von allen führt: Der **Tempel der Ahnenverehrung**[5], 675 vollendet, war ein Projekt des dritten Tang-Kaisers und seiner berühmt-berüchtigten Frau Wu Zetian, die sich später zur Alleinherrscherin aufschwang. Die Monumentalität der Stätte – die Grundfläche beträgt das 15- bis 20-fache der anderen Grotten, der zentrale Locana-Buddha ist 17 m hoch – bezeugt die Bedeutung des Buddhismus zu seiner Glanzzeit. Die acht Figuren an den Seiten sind die Gautama-Jünger, Bodhisattvas, Himmelskönige und Wächter. Das ursprüngliche Holzdach ist seit langem verschwunden. Der unbuddhistische, konfuzianisch inspirierte Name der Stätte reflektiert die Vorstellung, dass die Stifter das gute Karma, das ihnen der Bau eintrug, auf ihre Vorfahren übertragen wissen wollten. Weitere Grotten folgen. Schön ist der Blick auf das Ensemble vom Ostufer aus, in das ebenfalls einige Grotten geschlagen wurden.

- Chinesischer Name: *Lóngmén Shíkū* 龙门石窟
- Lage: 12 km südlich
- Anreise: Bus 81 ab Bahnhof
- Besonderheit: Unesco-Welterbe seit 2000
- [1] Qianxi Si: *Qiánxī Sì* 潜溪寺
- [2] Binyang-Grotten: *Bīnyáng Dòng* 宾阳洞
- [3] Zehntausend-Buddha-Grotte: *Wànfó Dòng* 万佛洞
- [4] Lotosblüten-Grotte: *Liánhuā Dòng* 莲花洞
- [5] Tempel der Ahnenverehrung: *Fèngxiān Sì* 奉先寺

Ausflug: Song Shan

Der heilige Mittelberg! Ihm wurden wie auch den anderen vier heiligen Bergen staatliche Opfer zugedacht. Hier kommt es nicht auf den Blick vom 1.492 m hohen Gipfel an, sondern auf die Sehenswürdigkeiten an seinem Südfuß.

- Chinesischer Name: *Sōng Shān* 嵩山
- Lage: 70 km südöstlich, nördlich der Kreisstadt *Dēngfēng* 登封

Kampfkunstshow nahe des Shaolin-Klosters

Shaolin-Kloster

Kein chinesisches Kloster ist berühmter als dieses, und entsprechend unklösterlich ist der Rummel. Das Shaolin-Kungfu hat sich hier zu einer lukrativen Industrie entwickelt, die Schüler der zahlreichen Schulen kommen aus aller Welt. Die Anfänge verlieren sich im Historisch-Legendären: Der indische Mönch Bodhidharma soll hier im 6. Jh. neun Jahre lang in einer Grotte sitzend meditiert und die Grundlagen für den Zen-Buddhismus geschaffen haben, der Erleuchtung in der persönlichen Erfahrung statt im Schriftstudium sucht. Das Kloster ist eine kaiserliche Gründung aus dem Jahr 495. Sein heutiges Aussehen erhielt es erst seit den 1980er Jahren. Nur zwei Hallen sind kunsthistorisch wertvoll: die hinterste wegen ihres mingzeitlichen Wandbildes, das die „500 Luohan bei der Verehrung des Vairocana-Buddha" zeigt, sowie davor die rechte Seitenhalle, in der ein weiteres Wandbild den Kampfeinsatz der Mönche für den Tang-Dynastie-Gründer Li Shimin illustriert. Bedeutender ist der 500 m taleinwärts gelegene Pagodenwald: der Mönchsfriedhof mit 220 bis über 1000 Jahre alten Grabpagoden. Das Interessanteste jedoch sind die Kampfkunst-Shows, mit denen die Schulen hier Geld verdienen.

- Chinesischer Name: *Shàolín Sì* 少林寺

Tempel Zhongyue Miao
Gelb glasierte Ziegeldächer weisen diesen größten Tempel der Provinz Henan als kaiserlich aus: In der 620 m langen Anlage wurde im Rahmen des konfuzianisch-daoistischen Staatskults der Mittelberg verehrt. Der Berggott, als Kaiser personifiziert, befiehlt von der Haupthalle aus über ein umfangreiches Personal, das sich in den seitlichen Galerien reiht. In der „Schlafhalle" hinter der Haupthalle sieht man den Kaiser neben seinem Weib sitzen, an den Seiten stehen ihre alkovenartigen Betten. Östlich der Tempelachse stehen vier gusseiserne Wächter; sie stammen aus der Song-Zeit. Der Tempel wird von daoistischen Mönchen bewohnt.

- Chinesischer Name: *Zhōngyuè Miào* 中岳庙
- Lage: 3 km östlich der Kreisstadt *Dēngfēng* 登封

Songyang-Akademie
Eine ruhige Anlage, die man wegen zweier Lebensbaumzypressen besichtigt, die schon vor über 2000 Jahren so imposant waren, dass sie Ehrentitel erhielten. Vom „Großen General" steht nur noch ein altersschwacher Rest, aber der „Kleine General" ist ein wahrlich beeindruckender Baumveteran.

- Chinesischer Name: *Sōngyáng Shūyuàn* 嵩阳书院
- Lage: 2,5 km nördlich der Kreisstadt *Dēngfēng* 登封

Pagode Songyuesi Ta
Die älteste Pagode Chinas! Der 40 m hohe Backsteinturm steht seit dem Jahr 520.

- Chinesischer Name: *Sōngyuèsì Tǎ* 嵩岳寺塔
- Lage: 5 km nördlich der Kreisstadt *Dēngfēng* 登封

Observatorium Guanxing Tai
1276 konstruierter Ziegelbau, mit dem damals die Länge des Sonnenjahres auf 26 Sekunden genau bestimmt wurde.

- Chinesischer Name: *Guānxīng Tái* 观星台
- Lage: 12 km südöstlich der Kreisstadt *Dēngfēng* 登封

Pagodenwald im Shaolin-Kloster

Hoteltipps

New Friendship Hotel ★★★

Das zentral gelegene preiswerte New Friendship Hotel befindet sich 7 km vom Bahnhof und 15 km vom Flughafen entfernt. Die 136 komfortabel und praktisch eingerichteten Zimmer sind groß. Besonders zu erwähnen sind die verglasten Bäder, welche die Zimmer stark aufwerten. Nahe beim Hotel gibt es einen kleinen Park. Auch gibt es viele Einkaufsmöglichkeiten und Restaurants in der Nähe.

- Chinesischer Name: *Xīnyǒuyì Dā Jiǔdiàn* 新友谊大酒店
- Lage: Im Zentrum
- Ausstattung:
  - 136 Zimmer
  - Restaurant
- Preisniveau: Preiswert
- Adresse: *Xīyuàn Lù 6* 西苑路附6号
- Kontakt: +86 (0)379 64686666

Yaxiang Jinling Hotel ★★★★

Das 4-Sterne-Haus ist ein modernes Hotel mit 417 Zimmern auf 23 Etagen. Ein westliches und ein chinesisches Restaurant, eine Bar und andere Angebote für die Freizeit wie ein Fitness- und Wellnessbereich, Tennisplatz und Tischtennisraum stehen zur Verfügung. Das Yaxiang Hotel liegt zentral in der Nähe der Longmen-Grotten, nicht weit entfernt vom Schnellzugbahnhof.

- Chinesischer Name: *Yǎxiāng Jīnlíng Dā Jiǔdiàn* 雅香金陵大饭店
- Lage: Im Zentrum
- Ausstattung:
  - 417 Zimmer
  - 2 Restaurants
  - Café
  - Bar
  - Business-Center
  - Innenswimmingpool
  - Sauna
  - Spa / Wellness
  - Fitnessraum
  - Tennisplatz
- Preisniveau: Moderat
- Adresse: *Tàikāng Lù* 太康路
- Kontakt: +86 (0)379 65922888
  Ly.Yaxiang@Jinlinghotel.com
  www.yxjlhotel.com

LUOYANG

Nanjing

(Nanking) Nánjīng 南京

Fuzimiao

STADTINFO

Chinesischer Name:	*Nánjīng* 南京
Einwohnerzahl:	5,3 Mio. Einwohner, mit Umland 8,2 Mio.
Provinz:	Hauptstadt der Provinz Jiangsu
Wetter:	1.100 mm Niederschlag/Jahr Januar: 2,7° C Juli: 27,7° C
M ü. NN:	15 m

Zweimal setzte die mittelchinesische Metropole an zu werden, was schließlich Peking zufiel: Hauptstadt ganz Chinas zu sein – das erste Mal mit der Gründung der Ming-Dynastie 1364, das zweite Mal 1928. Beide Male verlor sie diese Funktion bald wieder im Krieg: 1402 eroberte sie der spätere dritte Ming-Kaiser in einem Staatsstreich, 1937 floh die Jiang-Kaishek-Regierung zunächst vor den japanischen Invasoren, dann 1949 endgültig vor den Kommunisten. Als Reminiszenz einstigen Ruhmes blieb der Name „Südhauptstadt" (*Nán Jīng*). Dass trotz glanzvoller Traditionen wenig an historischen Baudenkmälern erhalten blieb, liegt vor allem an der Taiping-Rebellion, die die Stadt 1853 zur Zentrale ihres „Himmlischen Reichs" erkor. Die Schlachten, die 1864 zur Rückeroberung führten, verwüsteten damals nicht nur die Stadt, sondern die gesamte untere Yangtzeregion.

Das Nanjing von heute zählt gleichwohl zu den interessantesten und lebendigsten Städten Chinas. Obschon großzügig angelegt und sehr modern, tritt sie weniger großspurig auf als Peking oder Shanghai. Zwei Tage genügen, das Wichtigste zu sehen und Atmosphäre zu schnuppern.

Küche

Nanjing ist bekannt für seine gepresste Salzente *yánshuǐ yā* 盐水鸭, für Entenblutsuppe *yāxiě fěnsī tāng* 鸭血粉丝汤 und allerlei Imbisse, die man auch von Ständen an der Straße bekommt.

NANJING

Innenstadt

Fuzimiao

„Konfuziustempel": So heißt nicht nur das Heiligtum, sondern das ganze quirlige Viertel drumherum. Hierher strömen die Nanjinger, um billig einzukaufen und zu speisen. Abends werden Marktstände aufgebaut. Der Tempel ist keine Preziose, doch eine kleine Oase der Ruhe. Hier baten die Kandidaten der konfuzianischen Beamtenprüfungen den „großen Meister" um Beistand, ehe sie sich etwas weiter östlich in die engen **Prüfungszellen**[1] einschließen ließen. Vierzig von einst mehreren tausend wurden rekonstruiert und geben einen kleinen Eindruck von der altchinesischen Prüfungshölle – und von allerlei raffinierten Schummeleien, die dem Glück nachhelfen sollten.

- Chinesischer Name: *Fūzǐmiào* 夫子庙
- [1] Prüfungszellen: *Jiāngnán Gòngyuàn* 江南贡院
- Lage: *Jīnlíng Lù* 金陵路 1
- Restaurant-Tipp:
  Wǎnqíng Lóu 晚晴楼
  Das Traditionslokal am Konfuziustempel serviert Nanjing-Spezialitäten, die man menüweise bestellt, viele Gänge in kleinen Portionen.
  Dàshíbà Jiē 大石坝街 126

Stadttor Zhonghua Men

Nanjing Stadtmauer war einst die längste im Reich; 21 km blieben erhalten. Der imposanteste Teil ist diese dreihöfige Toranlage, die bis zu 3.000 Soldaten beherbergte.

- Chinesischer Name: *Zhōnghuá Mén* 中华门

Nanjing-Museum

Nahe dem östlichen Stadttor Zhongshan Men zeigt dieses in klassischem Stil erbaute Museum unter anderem wertvolle Bronzen, Gemälde, Jade, Keramik, Volkskunst und Jade, darunter ein Grabkleid der Han-Zeit aus Jadeplättchen.

- Chinesischer Name: *Nánjīng Bówùyuàn* 南京博物院
- Lage: *Zhōngshān Dōnglù* 中山东路 321

Nanjing 1912

Was Xintiandi für Shanghai ist dies für Nanjing: ein zum Trendviertel mutiertes altes Gebäudeensemble, in das Boutiquen, Cafés, Bars, Restaurants und Diskotheken einzogen. Bei Gründung der Republik 1912 residierte nebenan Sun Yat-sen; ab 1927 entstanden die heutigen Bauten für die Nanjinger Nationalregierung. Der alte Präsidentenpalast (heute Geschichtsmuseum) grenzt im Osten ans Gelände, der moderne Großbau südlich gegenüber ist die Stadtbibliothek.

- Chinesischer Name: *Nánjīng Yī-jiǔ-yī-èr* 南京1912
- Lage: *Tàipíng Běilù* 太平北路, Ecke *Chángjiāng Lù* 长江路
- Restaurant-Tipp:
  Huākāirúyún Róngyánshíyú 花开如云 熔岩石鱼
  Speisen unter Blütenwolken!
  Spezialitäten sind Feuertopf und Fisch.
  Nanjing 1912, Gebäude 5

Gedenkstätte des Nanjing-Massakers

Als die japanische Armee im Dezember 1937 Nanjing eroberte, richtete sie ein Blutbad an; zudem kam es zu Massenvergewaltigungen. Neuesten Schätzungen zufolge kamen etwa 60.000 Menschen ums Leben. Nachdem das Ereignis zur Mao-Zeit totgeschwiegen wurde, verfiel man später darauf, die Opferzahl mit 300.000 größer anzugeben als die damalige Bevölkerung der Stadt – ein Grund für japanische Nationalisten, das Massaker überhaupt zu leugnen. Die Gedenkstätte, 1985 eröffnet, ist eine eindrucksvolle Anlage. Im Dokumentationszentrum begegnet man auch dem Hamburger John Rabe, der mit anderen Nanjinger Ausländern eine Schutzzone für die Bevölkerung einrichtete und zahllosen Menschen das Leben rettete.

- Chinesischer Name: *Nánjīng Túshā Yùnàn Tóngbāo Jiniànguǎn* 南京屠杀遇难同胞纪念馆
- Lage: *Shuǐxīmén Dàjiē* 水西门大街
- Eintritt: frei

Seelenweg des Ming-Grabes Xiaoling

Ziele am Stadtrand

Die Hauptsehenswürdigkeiten liegen am Berg **Zijin Shan**[1] östlich der Stadt. Vom Südwestfuß aus führt eine **Seilbahn**[2] auf den 448 m hohen Gipfel.

- [1] Zijin Shan: *Zǐjīn Shān* 紫金山
- [1] Seilbahn: *Suǒ Dào* 索道

Ming-Grab Xiaoling
Dies ist das Mausoleum des Gründers der Ming-Dynastie Zhu Yuanzhang (1328-1398). Die Anlage imponiert durch ihre Dimensionen. Der künstliche Grabhügel hat 350 m Durchmesser. Besichtigt wird vor allem der schön gestaltete Seelenweg mit 24 monumentalen Tier- und acht Beamtenfiguren, der im Bogen auf das Haupttor des Mausoleums zuführt.

- Chinesischer Name: *Míng Xiàolíng* 明孝陵

Sun Yat-sen Mausoleum
Vom Tod des Republikgründers 1925 an wurde vier Jahre an dieser Anlage gebaut, die eines Kaisers würdig wäre. Das Imposanteste ist die Freitreppe aus 392 Stufen, die vom Ehrentor mit der Inschrift Bo Ai („Umfassende Liebe") durch das Hauptportal mit den Zeichen Tianxia Wei Gong („Gemeinschaft im ganzen Reich") zur Grab- und Gedenkhalle führt, aus der eine Marmorstatue Suns gleich einem Himmelssohn nach Süden über das Land blickt.

- Chinesischer Name: *Zhōngshān Líng* 中山陵
- Lage: 30 Minuten Fußweg östlich des Ming-Grabes Xiaoling

Tempelkloster des Seelentals
Seine Attraktion ist die große „Balkenlose Halle" (Wuliang Dian) mit ihren gemauerten Tonnengewölben aus dem Jahr 1381. Wachsfiguren zeigen hier frühe chinesische Revolutionäre. Die 60 Meter hohe Pagode Linggu Ta, 1929 errichtet, erinnert an die Gefallenen des Nordfeldzugs (1924-1927).

- Chinesischer Name: *Línggǔ Sì* 灵谷寺
- Lage: 30 Minuten Fußweg östlich des Sun Yat-sen Mausoleums

NANJING

Hoteltipps

Ramada Plaza Hotel ****

Das 4-Sterne-Hotel wurde im Jahr 1997 eröffnet und im Jahr 2001 renoviert. Es liegt im Zentrum der Stadt und in der Nähe des Geschäftsviertels. Das Hotel verfügt über insgesamt 272 gut ausgestattete Gästezimmer. Alle Zimmer und Suiten sind komfortabel eingerichtet und mit modernen Annehmlichkeiten für die Gäste versehen. Zwei Restaurants und zwei Bars bieten chinesische und internationale Speisen sowie Getränke und Kaffee. Gäste können im Fitnesscenter trainieren und sich in der Sauna entspannen. Das Hotel liegt 15 Minuten vom Bahnhof und 35 Minuten vom Flughafen entfernt.

- Chinesischer Name: *Huáměi Dáyí Huá Jiǔdiàn* 华美达怡华酒店
- Lage: Im Zentrum
- Ausstattung:
  - 272 Zimmer
  - 2 Restaurants
  - 2 Bars
  - Business-Center
  - Sauna
  - Fitnessraum
  - Karaoke
- Preisniveau: Mittelklasse
- Adresse: *Zhōngshān Běi Lù 45* 中山北路45号
- Kontakt: +86 (0)25 83308888

Mandarin Garden Hotel *****

Das 5-Sterne-Hotel Mandarin Garden liegt nahe beim Fuzimiao. Die 340 Gästezimmer sind elegant möbliert und mit Annehmlichkeiten wie Internetzugang, Minibar und Wasserkocher ausgestattet. Diverse Restaurants und eine Bar sowie ein Fitnessraum und ein Swimmingpool stehen den Gästen zur Verfügung. In der Umgebung des Hotels finden sich viele kleine Geschäfte und Restaurants. Die U-Bahnstation, der Bahnhof und der Flughafen sind schnell erreicht.

- Chinesischer Name: *Guóxìn Zhuàngyuán Lóu Dà Jiǔdiàn* 国信状元楼大酒店
- Lage: Im Zentrum
- Ausstattung:
  - 340 Zimmer
  - 12 Restaurants
  - Café
  - Bar
  - Business-Center
  - Innenswimmingpool
  - Sauna
  - Fitnessraum
  - Tennisplatz
  - Karaoke
- Preisniveau: Hochwertig
- Adresse: *Zhuàngyuán Lù* 夫子庙
- Kontakt: +86 (0)25 52202555
  www.MandarinGardenHotel.com

NANJING

Kaiserpalast (Verbotene Stadt)

Kein chinesischer Ortsname weckt gespanntere Erwartung und verspricht mehr an Zielen, die man einmal im Leben gesehen haben möchte: den Kaiserpalast, den Himmelstempel und vor der Stadt die Große Mauer. Die Mao-Ära steuert den schicksalsschweren Tian´anmen-Platz zum Pflichtprogramm bei. 2008 hielt der Olympiapark Einzug in die Architekturbücher. Tatsächlich vereint Chinas Hauptstadt eine solche Fülle an Attraktionen und Ausflugszielen, dass es auch locker für zwei Wochen reicht.

Die auf der Höhe von Madrid gelegene Stadt ist über 2500 Jahre alt. Nahe der Nordgrenze des chinesischen Kulturlands gelegen, trat sie jedoch als Garnison und Endstation von Kamelkarawanen die meiste Zeit nur wenig in Erscheinung. Zur Reichshauptstadt machten sie nicht Chinesen, sondern Steppenvölker: Von 947 bis 1125 diente sie den Kitan als „Südhauptstadt", von 1151 bis 1215 residierte hier die Jin-Dynastie der Dschurdschen, und die Mongolen ließen sie bis 1274 größer und prächtiger denn je völlig neu errichten.

Als der erste Ming-Kaiser 1368 Nanjing zu seiner Residenz machte, schien es mit der Herrlichkeit vorbei zu sein, dann aber brachte der Staatsstreich eines seiner Söhne, dessen Machtbasis Peking war, die Stadt wieder zu Ehren: Er, der Yongle-Kaiser, ließ sie bis 1420 erneut zum Kaisersitz ausbauen. So nannte man sie nun Beijing, „Nordhauptstadt". Bis Mitte des 16. Jahrhunderts gewann sie die Gestalt, die sie bis nach 1950 kaum verändert wahrte. Seit etwa 1990 erlebt sie nun einen Wandel ohnegleichen. Die wenigen unter Milieuschutz stehenden Altstadtviertel mutieren zu Wohngebieten der Reichen. Anstelle der mächtigen Stadtmauern verläuft heute die autobahnähnliche 2. Ringstraße. Dafür ist die Stadt grüner und internationaler denn je, und wenn sie auch nicht immer schön zu nennen ist, so beeindruckt sie doch mit ihren enor-

Peking

Běijīng 北京

STADTINFO	
Chinesischer Name:	*Běijīng* 北京
Einwohnerzahl:	12,3 Mio. Einwohner, mit Umland 20,7 Mio.
Provinz:	regierungsunmittelbare Stadt
Wetter:	572 mm Niederschlag/Jahr Januar: -3,7° C Juli: 26,2° C
Geografie:	Pekings Gesamtfläche von 16.800 km² (Schleswig-Holstein: 15.800 km²) ist zur Hälfte Bergland von bis zu 2.303 m Höhe.
M ü. NN:	30 m (Stadtgebiet)

men Dimensionen, ihrer modernen Lebendigkeit und der Vielfalt ihrer alten und neuen Schätze.

Tipp
Himmelsaltar und Kaiserpalast bei Toröffnung betreten! Ein Fahrrad mieten und durch die Gassenviertel fahren! Die Östlichen Qing-Gräber besuchen und eine Mauerwanderung unternehmen!
Für alles: länger bleiben als geplant – es gibt so viel zu entdecken!

Öffentliche Verkehrsmittel
U-Bahn: 16 Linien (Stand 2016), Einzelfahrschein ab 2 Yuan; **Busse:** viele Linien, doch ohne Chinesischkenntnisse problematisch, sofern man nicht bis zur Endstation fährt. **Fahrradverleih** in vielen Hotels, billiger z.B. bei Bicycle Kingdom, *Dōng Huángchénggēn Nánjiē* 东皇城根南街 34-1 号

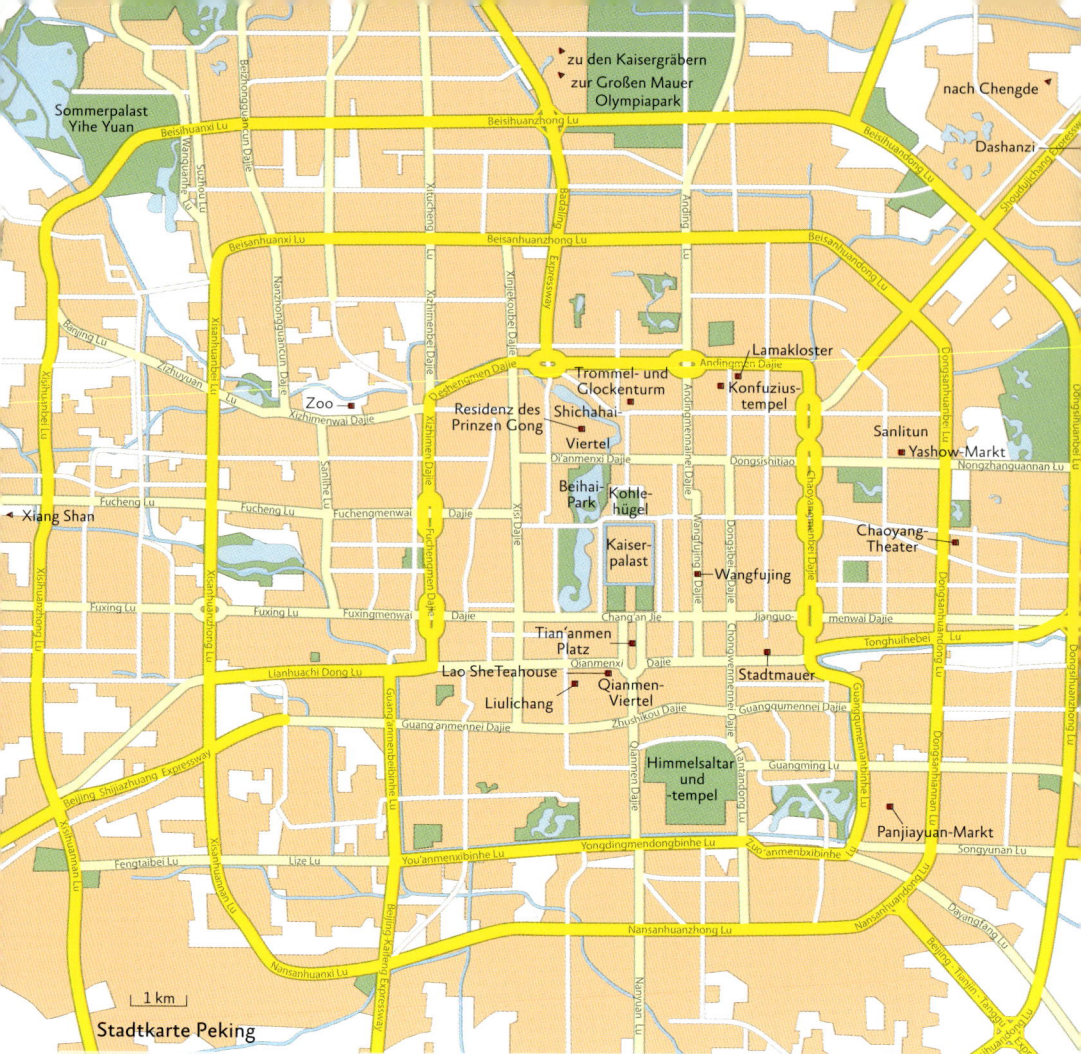

Stadtkarte Peking

Küche

Alle Regionalküchen und internationale Restaurants sind gut vertreten. Ein vorzügliches Pekingentenlokal ist Beijing Da Dong Roast Duck Restaurant 北京大董烤鸭店, Dongsi 10 Tiao A-22 东四十条甲22号, Nanxincang Business World 南新仓国际大厦 (Hochhaus).

Einkaufen

Haupteinkaufsstraße ist die Wangfujing 王府井. Kleidung, Taschen, Kunsthandwerk kauft man günstig im Yashow-Markt 雅秀服装市场, Gōngtǐ Běilù 工体北路58号. Hier ist ebenso kräftiges Feilschen angesagt wie auf dem riesigen Pānjiāyuán-Flohmarkt 潘家园旧货市场. Keine fünf Minuten weiter südlich steht das Antiquitäten-Kaufhaus Beijing Antique City 北京古玩城 mit vielen privaten Lädchen auf den oberen Etagen und neuem Kunsthandwerk im Erdgeschoss. Berühmt für Avantgarde-Kunst sind die Galerien des Dàshānzī Art District 大山子艺术区, 酒仙桥路.

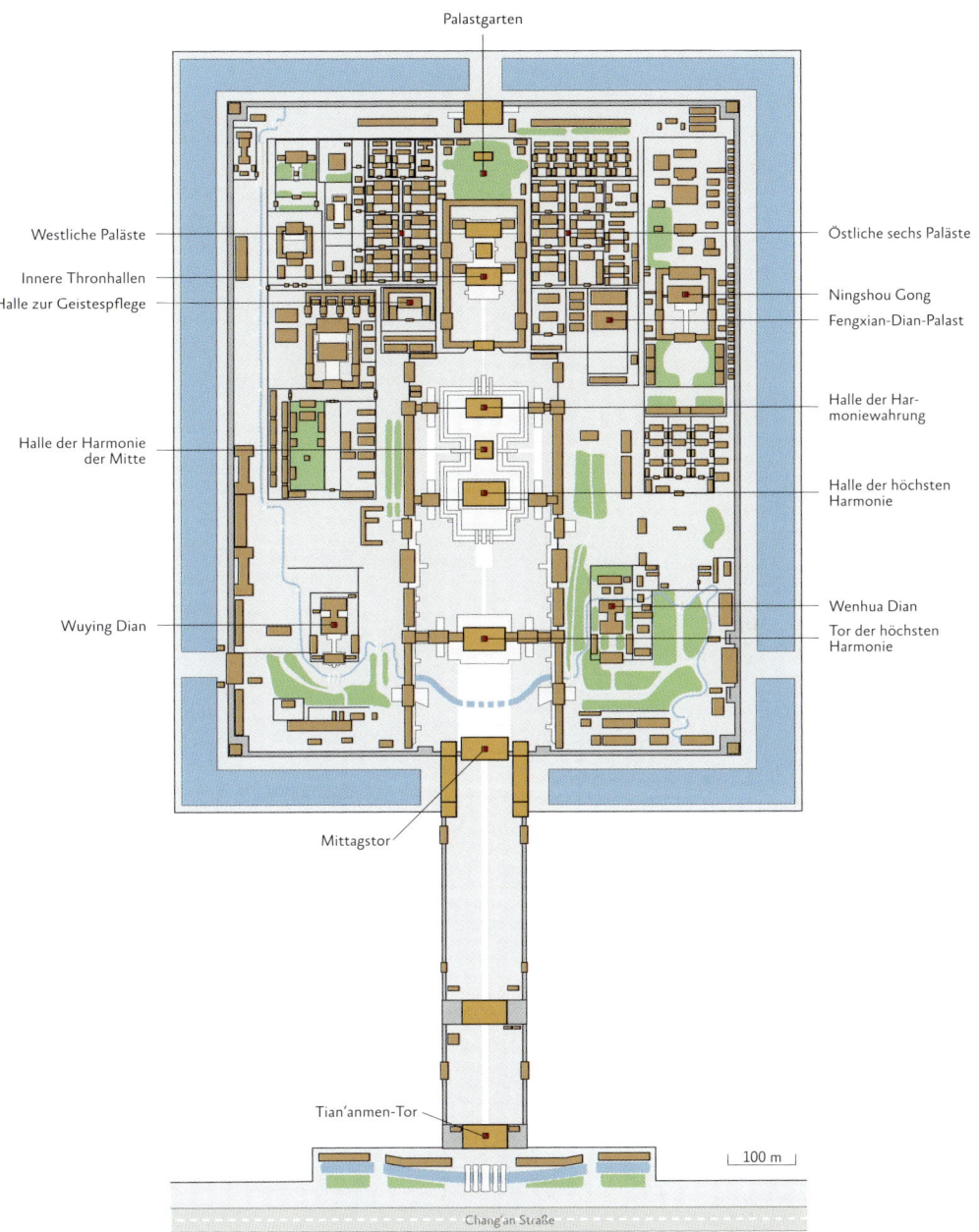

Kaiserpalast

PEKING

Kaiserpalast (Verbotene Stadt)

Gleich einer Festung von einer 10 m hohen Mauer und einem breiten Graben umschlossen, liegt der 960 m lange, rechteckige Komplex in der Mitte der Stadt. 1406 bis 1420 erbaut, bildet er das größte Ensemble klassisch-chinesischer Gebäude. Von der „Verbotenen Stadt" spricht man, da keiner außer dem Kaiser aus eigener Machtvollkommenheit Zutritt besaß. Mit Haupt- und Nebenfrauen, Konkubinen, Kindern und Eunuchen lebten hier bis zu 3.000 Personen.

Gliederung und Symbolik

Den größeren Teil der Fläche nehmen die Zeremonial- und Funktionsgebäude im Süden ein; sie waren für die Frauen tabu. Dort arbeiteten außer Eunuchen auch hohe Beamte oder erschienen Gesandte zur Audienz. Im Norden drängen sich die Wohnhöfe des Kaisers und seines Harems. In beiden Teilen reihen sich die Hauptgebäude entlang Pekings großer Nord-Süd-Achse. Fast alle sind mit gelb glasierten Ziegeln gedeckt, der Symbolfarbe des Kaisers, repräsentiert er doch das auf dem gelben Lössboden Nordchinas gegründete Reich gegenüber dem Himmel. Im Gebäudeschmuck ist der Wolkendrache als segenbringendes Symboltier des Kaisers allgegenwärtig; an den hinteren Hallen gesellt sich zu ihm der Phönix, Symboltier der Kaiserin.

Vom Südtor zu den großen Thronhallen

Man betritt das Areal von Süden durch das **Mittagstor**[1], das mächtigste Torgebäude Pekings. Von seinen fünf Durchgängen war der mittlere normalerweise dem Kaiser vorbehalten; die drei besten Absolventen der Palastprüfung, der obersten Beamtenprüfung des alten China, durften den Palast hierdurch verlassen. Die Gebäude auf dem Dach nutzte die Palastwache. Im anschließenden ersten Hof führen fünf weiße Brücken

 PEKING

Innere Thronhallen

über den „Goldwasserbach" zum **Tor der höchsten Harmonie**[2]. Hinter diesem öffnet sich der Haupthof mit der **Halle der höchsten Harmonie**[3] an seiner Nordseite. Gemeinsam mit den zwei folgenden Hallen steht sie auf einer dreifachen weißen Steinterrasse, deren Stufen 1.142 Wasserspeier in Drachenkopfform zieren; über die Drachenreliefplatten des mittleren Aufgangs schwebte der Kaiser in der Sänfte hinweg. 18 Weihrauchgefäße an den Seiten verkörpern die Provinzen. Die Halle ist der größte Holzskelettbau des alten China. Ihr Name beschwört die Harmonie zwischen Mensch und Kosmos, zwischen Herrscher und Untertan. Mit ihrem 35 m hohen doppelten Walmdach und den nach außen leicht ansteigenden Trauflinien wirkt sie ebenso würdig wie elegant. Die Tierfigürchen auf den Dachgraten – vorn reitet ein Unsterblicher auf einem Phönix – lockern ebenfalls die Strenge. Die Halle war den höchsten Zeremonien vorbehalten (z.B. Thronbesteigung, Hochzeit). Dann nahm im Hof eine zweihundertköpfige Ehrengarde mit Prunkfächern, Lanzen und Fahnen Aufstellung, ein Palastorchester musizierte, und die höchsten Würdenträger warfen sich vor dem Himmelssohn zum dreifachen Kotau nieder. In der folgenden **Halle der Harmonie der Mitte**[4] bereitete sich der Kaiser auf die großen Zeremonien vor. In der **Halle der Harmoniewahrung**[5] im Norden der Terrasse fanden Staatsbankette und die Palastprüfung statt. An der rückwärtigen Treppe ist der größte Reliefstein des Palastes zu bestaunen.

Innere Thronhallen[6]

Eine Quermauer trennt den nun folgenden Wohnbereich ab. Die drei kleinen Thronhallen wiederholen das Schema der großen. Die erste diente den eigentlichen Regierungsgeschäften und verfügt über beheizbare Seitengemächer, wurde ab dem 18. Jh. aber

Dächer des Kaiserpalastes vom Kohlehügel aus gesehen

kaum mehr genutzt. Die zweite ist die Thronhalle der Kaiserin; im Innern sieht man rechts eine Wasseruhr und links eine nach europäischem Vorbild gefertigte Prunkuhr. Die dritte Halle barg ursprünglich die Wohn- und Schlafgemächer der Kaiserin; die Mandschus bauten sie jedoch um zu einer Opferküche: Gemäß eigenem Brauchtum kochten sie hier täglich zwei Schweine. In den Seitengebäuden wohnten der Oberhofeunuch und der kaiserliche Leibarzt.

Palastgarten[7]
Geradeaus geht es weiter in den Palastgarten. Sein Grundriss ist von untypischer Strenge, doch erfreuen den Besucher skurrile Bäume, Pavillons, Gartensteine, Mosaikpflasterungen und ein künstliches Gebirge. In der Mitte steht ein daoistischer Tempel. Überquert man den Wachbezirk jenseits des nördlichen Gartentors, so gelangt man zum Nordausgang des Palastes.

Westliche Paläste[8]
Dies sind die Wohnhöfe der Frauen; durch die Fenster kann man die Innenausstattung betrachten. Die Räume wurden im Winter von außen beheizt. Die **Halle zur Geistespflege**[9] im Süden dieses Trakts war seit dem 18. Jh. das eigentliche Wohnhaus der Kaiser; hier hielten sie auch ihre Besprechungen mit dem Kronrat ab. Als Kaiserinwitwe Cixi ab 1861 die tatsächliche Herrschaft ausübte, verbarg sie sich bei den Besprechungen sittsam hinter einem Vorhang, und der Kaiser diente nur als Staffage.

Kunstsammlungen
Die kaiserlichen Sammlungen waren noch bis ins 20. Jh. hinein die größten der Welt. Das meiste gelangte später nach Taiwan, aber in Peking blieb mehr, als gezeigt werden kann. Seidenmalerei und Stickarbeiten sind im zentralen Aufbau des Südtors zu sehen. Gemälde, Kalligrafie und Druckkunst finden sich im Komplex **Wuying Dian**[10] westlich des ersten Hofs; das östliche Pendant **Wenhua Dian**[11] birgt die Porzellansammlung. In den westlichen Seitenhallen des ersten Hofs und der großen Thronhallen sind unter anderem Zeremonialgerät, Kostüme, Waffen und Instrumente zu sehen. Die **Östlichen sechs Paläste**[12] bergen frühchinesische Bronzegefäße, Emaillekunst und eine einzigartige Jadesammlung.

Westliche Paläste

Besonders beliebt und hervorragend präsentiert sind Uhren und Automaten meist europäischer Herkunft in **Fengxian-Dian-Palast**[13] sowie die Schatzkammern (Goldgefäße, goldene Reliquienschreine, Schmuck) im Palast **Ningshou Gong**[14] im Nordosten. Nördlich davon gelangt man zur Möbelsammlung sowie zum einstigen Palasttheater mit einer Theatersammlung.

■ Chinesischer Name:	Gùgōng 故宫
■ Anreise:	U-Bahn Tiananmendong oder Tiananmenxi
■ Besonderheit:	Unesco-Welterbe seit 1987
■ Hinweis:	Es gibt ein tägliches Besucherkontingent von 80.000 Menschen, daher wird ein Vorverkauf für Eintrittskarten empfohlen, September-Juni montags geschlossen
■ 1 Mittagstor:	Wǔ Mén 午门
■ 2 Tor der höchsten Harmonie:	Tàihé Mén 太和门
■ 3 Halle der höchsten Harmonie:	Tàihé Diàn 太和殿
■ 4 Halle der Harmonie der Mitte:	Zhōnghé Diàn 中和殿
■ 5 Halle der Harmoniewahrung:	Bǎohé Diàn 保和殿
■ 6 Innere Thronhallen:	Hòu Sān Gōng 后三宫
■ 7 Palastgarten:	Yù Huāyuán 御花园
Tipp:	In den südlichen Seitengebäuden des Gartens gibt es ein Café.
■ 8 Westliche Paläste:	Xī Liù Gōng 西六宫
■ 9 Halle zur Geistespflege:	Yǎngxīn Diàn 养心殿
■ 10 Wuying Dian:	Wǔyīng Diàn 武英殿
■ 11 Wenhua Dian:	Wénhuà Diàn 文华殿
■ 12 Östliche sechs Paläste:	Dōng Liù Gōng 东六宫
■ 13 Fengxian-Dian-Palast:	Fèngxiān Diàn 奉先殿
■ 14 Ningshou Gong:	Níngshòu Gōng 宁寿宫

PEKING

Tian'anmen-Platz und Volkskongresshalle

Rund um den Tian'anmen-Platz

Tian'anmen-Tor (Himmelsfriedenstor)
Das Südtor der Kaiserstadt (des den Palast umgebenden, einst ummauerten Areals) stammt aus dem Jahr 1417. Es wurde zum Symbol der Volksrepublik, nachdem Mao von oben aus am 1.10.1949 deren Gründung ausgerufen hatte. Rote Fahnen und ein Mao-Porträt unterstreichen seine Bedeutung. Das Vorfeld des Tores zieren zwei Reliefsäulen und ein von fünf weißen Brücken überspannter Wassergraben.

- Chinesischer Name: Tiānānmén 天安门
- Anreise: U-Bahn Tiananmendong oder Tiananmenxi

Der Platz
Obwohl der Himmelsfriedenstorplatz – so die korrekte Übersetzung des chinesischen Namens – in heutiger Form erst 1959 als zentraler Paradeplatz der sozialistischen Hauptstadt angelegt wurde, ist der Ort schon seit 1919 Symbol demokratischer Bestrebungen. Damals, am 4. Mai, löste hier eine patriotische Studentendemonstration eine landesweite Protestbewegung aus. Hieran knüpften die Studenten des Jahres 1989 an, ehe sie am 4. Juni im Machtkampf mit der Kommunistischen Partei ihre blutige Niederlage erlitten. Zentrales Monument ist die Gedenkstelle der Volkshelden. Reliefs am Sockel zeigen Szenen aus hundert Jahren Kampf gegen Imperialismus und Unterdrückung – darunter die Studentendemonstration von 1919. Jeden Morgen zum Sonnenaufgang wird vor zahllosen Zuschauern die Nationalflagge gehisst – pünktlich auf die Sekunde.

- Chinesischer Name: Tiānānmén Guǎngchǎng 天安门广场

Nationalmuseum
Der Monumentalbau an der Ostseite des Platzes wurde jüngst nach Plänen der Hamburger Architekten gmp völlig um- und ausgebaut. Seit Fertigstellung 2011 soll es nun das größte Museum der Welt sein und die Kulturleistungen aus den Jahrtausenden chinesischer Geschichte glanzvoller denn je und mit neuester Technik präsentieren.

- Chinesischer Name: Guójiā Bówùguǎn 国家博物馆

PEKING

Mao-Mausoleum

Binnen eines Jahres nach dem Tod des großen Vorsitzenden am 9.9.1976 entstand dieses mächtige Reliquienbehältnis. Alle Provinzen beteiligten sich mit Materialien und Arbeitskräften. Vorbild des Baus war das Lincoln Memorial in Washington. In einem Kristallsarg zwischen Plastikblumenrabatten liegt der einbalsamierte Revolutionär genau auf Pekings Zentralachse – sauber einsortiert ins kaiserliche Vermächtnis.

Nationaltheater

- Chinesischer Name: *Máo Zhǔxí Jìniàntáng* 毛主席纪念堂
- Eintritt: frei
- Hinweis: Taschen und Kameras sind abzugeben; Aufbewahrung neben dem Nationalmuseum.

Vorderes Tor

Das graue Torgebäude südlich des Mausoleums lässt die Dimensionen der Stadtmauer erahnen, die einst die Innere Stadt von der Südstadt trennte. Die Verbindungsmauern zur nach Süden vorspringenden Bastion mit ihrem erhaltenen Geschützturm wurden schon 1915/16 abgerissen. Der Torturm birgt eine Ausstellung historischer Pekingfotos.

- Chinesischer Name: *Qián Mén* 前门
- Anreise: U-Bahn Qian Men

Stadtplanungsmuseum

Ein kurzer Abstecher nach Osten führt zu diesem hochmodernen Bau, in dem Modelle, Fotos und Zeichnungen Pekings Entwicklung in Vergangenheit und Zukunft illustrieren. Besondere Attraktionen sind Filme zu Vergangenheit und Zukunft.

- Chinesischer Name: *Běijīng Shì Guīhuà Zhǎnlǎnguǎn* 北京市规划展览馆

Volkskongresshalle

Chinas Parlamentsgebäude fasst seit 1959 den Platz im Westen ein. Sein Äußeres ist altägyptisch inspiriert. Innen beeindrucken die prunkvollen Provinzsäle und der 10.000 Plätze bietende Hauptsaal.

- Chinesischer Name: *Rénmín Dàhuì Táng* 人民大会堂

Nationaltheater

Wie ein im Wasser gelandetes Riesenufo wirkt dieses spektakuläre Veranstaltungszentrum mit 4.900 Sitzplätzen in zwei Theatersälen und einem Konzertsaal. Vom Franzosen Paul Andreu entworfen, war es in der Parteiführung heftig umstritten. Zweifellos verkörpert der 2007 eröffnete Bau auf der Westseite der Volkskongresshalle Chinas Ambitionen, auch kulturell zur Weltspitze aufzuschließen.

- Chinesischer Name: *Guójiā Dà Jùyuàn* 国家大剧院
- Anreise: U-Bahn Tiananmenxi

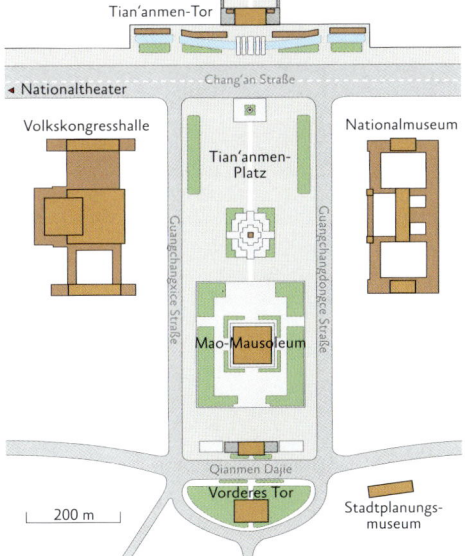

Südstadt

Himmelsaltar und -tempel

Eigentlich sollte man an dieser Hauptstätte des altchinesischen Naturkults in klirrend kalter Winternacht bei Stromausfall weilen, also nur von Mond und Sternen beleuchtet, um ihre ganze Magie zu erfahren. Zur Wintersonnenwende nämlich brachte der Kaiser auf der kreisrunden **Altarterrasse**[1], unterstützt von über 100 Mitwirkenden, dem „Himmelskaiser" ein elaboriertes nächtliches Seiden- und Tieropfer dar. Wer die Gestaltungselemente der Terrasse abzählt, stößt immer auf die Drei oder deren Potenz, die Neun, und deren Vielfache – bei den Treppenstufen, Geländersegmenten oder der Zahl der Steinplatten. Denn die Drei besitzt Yang-Qualität wie der Himmel, dessen kreisrunde Form die Bauten ebenfalls widerspiegeln. Drittes Himmelssymbol ist das Blau der glasierten Ziegel. Die Terrasse liegt ganz im Süden des baumbestandenen Geländes, das deutlich größer ist als der Palast.

Nach Norden schließt der von der „Echomauer" umfriedete runde Hof des **Kaiserlichen Himmelsgewölbes**[2] an. Die hier verwahrten Seelentafeln des Himmels und der kaiserlichen Ahnen wurden zum Opfer in blauen Zelten auf der Altarterrasse aufgestellt, ebenso aus den Seitenhallen die Tafeln von Sonne, Mond, Gestirnen und Wettererscheinungen. Die Holzkuppel der Rundhalle ist ein Wunderwerk der Zimmermannskunst.

Ein weißer Dammweg führt nach Norden zur **Halle des Erntegebets**[3]. Dieser Rundbau mit seinem dreifachen blauen Dach symbolisiert das Kreisen der vom Himmel bemessenen Zeit: Die vier Hauptsäulen entsprechen den Jahreszeiten, der innere Kranz von zwölf Säulen den Monaten, der äußere Säulenkranz den zwölf Doppelstunden des Tages. Ausstellungen in den Seitenhallen geben einen Einblick in den grandiosen Opferritus.

- Chinesischer Name: *Tiāntán* 天坛
- Besonderheit: Unesco-Welterbe seit 1998
- [1] Altarterrasse: *Huánqiū Tán* 圜丘坛
- [2] Kaiserliches Himmelsgewölbe: *Huángqióngyǔ* 皇穹宇
- [3] Halle des Erntegebets: *Qínián Diàn* 祈年殿

PEKING 125
Halle des Erntegebets

Liulichang

Die Antiquitätengasse des alten Peking ist mit ihren Kunsthandlungen, Antiquariaten und Trödlern ein beliebtes Ziel für Einheimische und Fremde. Die Gebäude wurden um 1980 im alten Stil neu errichtet. In der Liulichang-West lohnt **Rongbao Zhai**[1] einen Besuch. Die Kunsthandlung stellt eigene Farbholzschnitte her. Weiter westlich verbreiten Straßenstände etwas Flohmarktatmosphäre. In der Liulichang-Ost führt **Jigu Ge**[2] (Eckgebäude zur Hauptstraße) hochwertige Repliken alter Kunst.

- Chinesischer Name: *Liúlíchǎng* 琉璃厂
- Anreise: U-Bahn Hepingmen
- [1] Rongbao Zhai: *Róngbǎo Zhāi* 荣宝斋
  Lage: Liulichang-West 西琉璃厂 19-49
- [2] Jigu Ge: *Jígǔgé* 汲古阁
  Tipp: Teestube im Obergeschoss

Qianmen Dajie und Vorderes Tor

Qianmen-Viertel

Das Hauptgeschäftsviertel des alten Peking wurde 2007 fast komplett abgerissen – und durch pseudoantike Neubauten ersetzt. Entlang der **Qianmen Dajie**[1], der einstigen Hauptstraße, verkehrt seit 2008 eine nostalgische Straßenbahn. Etwas Originalatmosphäre bietet noch die nach Osten abzweigende **Dashalan**[2] mit etlichen Traditionsgeschäften.

- [1] Qianmen Dajie: *Qiánmén Dàjiē* 前门大街
  Anreise: U-Bahn Qianmen
- [2] Dashalan: *Dàshàlán* 大栅栏

Stadtmauer

Pekings einstige imposante Ummauerung verschwand in den Sechzigerjahren. Ein Rest blieb als teilrestaurierte Ruine erhalten. Das Beeindruckendste ist der alte **Eckturm**[1] mit seinen 144 Geschützöffnungen; er birgt eine Galerie.

- Chinesischer Name: *Chóngwénméndōng Míng Chéngqiáng* 崇文门东明城墙
- Anreise: U-Bahn Chongwenmen
- [1] Eckturm: *Jiǎolóu* 角楼

Nordöstliche Altstadt

Lamakloster Yonghe Gong

Dieses Schatzhaus buddhistischer Kunst ging 1744 aus einer Prinzenresidenz hervor. Als kaiserliche „Hofkirche" reich ausgestattet und von entsprechenden Dimensionen, sollte es die politisch-religiöse Zugehörigkeit Tibets zum Mandschureich manifestieren. Schon der Auftakt ist prächtig: Drei reich verzierte Schmucktore umstehen den Vorplatz, dahinter folgt ein 170 m langer Vorhof, in dem beim Besuch des Kaisers eine Ehrengarde Aufstellung nahm. Jenseits eines weiteren Tors folgt der innere Vorhof mit Glocken- und Trommelturm sowie zwei Stelenpavillons. Die **Halle der Himmelskönige**[1] birgt den Dickbauchbuddha und grandiose Wächterfiguren. Im Haupthof stehen ein 4,2 m hohes Weihrauchgefäß, das nur der Kaiser benutzen durfte, eine viersprachige kaiserliche Inschrift über die lamaistische Religion sowie eine Bronzeskulptur des Weltenbergs Meru. Die **Haupthalle**[2] trägt den offiziellen Klosternamen Yonghe Gong, „Palast der Harmonie". Sie birgt die Buddhas der drei Zeitalter und entlang den Seitenwänden die 18 Luohan, ferner kostbares Altargerät. In Erweiterung des üblichen Schemas folgt eine zweite, kleinere Haupthalle mit weiteren drei Buddhabildnissen. Der vierte Hallenbau entlang der Achse ist die **Lehrhalle**[3]. Sie trägt tibetisch inspirierten Dachschmuck. Den Vorsitz darin, gewissermaßen, hat ein 6 m hohes Bildnis des tibetischen Reformators Tsongkhapa (1357-1419); auf den Seiten stehen Thronsitze für Dalai Lama und Panchen Lama bereit. In Bücherkisten an den bemalten Wänden ruhen kostbare Ausgaben tibetischer Schriftkompendien. Eine Holzschnitzerei

im Rücken Tsongkhapas zeigt die 500 Luohan inmitten einer Berglandschaft. Nun naht der Höhepunkt der architektonisch-ikonografischen Inszenierung: In der **letzten Halle**[4] blickt man als kleiner Erdenwurm zu einem 18 m großen, reich geschmückten Maitreya-Bodhisattva auf. Der mächtige Baumstamm, aus dem er an Ort und Stelle geschnitzt wurde, kam 1752 als Dankgeschenk des 7. Dalai Lama nach Peking. In den Seitenhallen ist eine Fülle weiterer Kunstwerke zu sehen. Besonders schön ist der predigende Buddha in der rechten Seitenhalle des letzten Hofs.

Konfuziustempel

- Chinesischer Name: *Yōnghé Gōng* 雍和宫
- Anreise: U-Bahn Yonghegong
- [1] Halle der Himmelskönige: *Tiānwángdiàn* 天王殿
- [2] Haupthalle: *Yǒngyòudiàn* 永佑殿
- [3] Lehrhalle: *Fǎlúndiàn* 法轮殿
- [4] Letzte Halle: *Wànfúgé* 万福阁

Konfuziustempel

Noch eine kaiserliche Opferstätte: In dieser ruhigen, von Baumveteranen beschatteten Anlage wurde der große Meister zu seinem Geburtstag in einem nächtlichen Ritus mit Tanz, Musik und Opfergaben verehrt, gemeinsam mit anderen Philosophen. In großen Schreinen in der Haupthalle stehen deren Namenstafeln; auch die Instrumente und Gerätschaften sind ausgestellt. Im Vorhof verzeichnen 198 Stelen über 50.000 Namen: die aller Absolventen der höchsten Staatsprüfung seit dem 14. Jh. Westlich neben dem Tempel, zur benachbarten kaiserlichen Akademie Guozijian hin, sieht man auf 189 weiteren Stelen die kanonischen Schriften des Konfuzianismus. Die 6,3 Mio. Zeichen wurden 1726-1737 von einem einzigen Gelehrten geschrieben und danach von Steinmetzen eingraviert.

- Chinesischer Name: *Kǒng Miào* 孔庙
- Restaurant-Tipp:
  Eatea Tea House *Liúxián Guǎn* 留贤馆
  Gegenüber vom Konfuziustempel lädt dieses in klassisch-chinesischem Stil eingerichtete Teehaus zur Rast

Lamakloster Yonghe Gong

Fünf-Drachen-Pavillons im Beihai-Park

Nördliche Altstadt

Beihai-Park

Pekings beliebtester Park entstand als kaiserlicher Lustgarten. Seine Wahrzeichen sind der große Nordsee (Beihai, mit Bootsverleih) und die weiße Dagoba, eine 1651 zu Ehren des Dalai Lama erbaute Flaschenpagode, von der aus man einen guten Blick auf den Kaiserpalast hat. Unterhalb der Dagoba liegen ein kleines Kloster und diverse Lustschlösschen. Zu weiteren Attraktionen nördlich des Sees zählen eine doppelseitige Neundrachenmauer und im Nordwesten die Zeltdachhalle mit einer vollplastischen buddhistischen Paradiesdarstellung. Der schönste Rastplatz sind die Fünf-Drachen-Pavillons am Nordufer. Hier treffen sich gern Amateurmusiker; andere finden sich zu Gesellschaftstänzen ein.

- Chinesischer Name: *Běihǎi Gōngyuán* 北海公园
- Anreise (Nordtor):   U-Bahn Beihai North
- Restaurant-Tipp:
 Fangshan Restaurant 仿膳饭庄
 Kaiserliche Küche in einem kaiserlichen Lustschloss am Nordufer der Insel Qiongdao.

Kohlehügel

Der Aussichtshügel mit seinen fünf Pavillons besteht aus dem Aushub des Palastgrabens. Im Sinne der Fengshui-Lehren schützt er den Kaiserpalast nach Norden zu. An seinem Fuß wurde einst Kohle gelagert. Der Park ist die beste Stelle der Stadt, um den Pekingern beim Frühsport zuzusehen, bei Schwertübungen, Rhythmusgymnastik, Qigong oder Walzertanz – oder auch aktiv mitzumachen.

- Chinesischer Name: *Jīng Shān* 景山

Shichahai-Viertel

Pekings beste Gegend für einen ausgedehnten Spaziergang. Shichahai nennen die Pekinger die Seen nördlich des Beihai-Parks. Zur Kaiserzeit war dies eine gehobene Wohngegend, und nach zwischenzeitlicher Verslumung entwickelt sie sich wieder dazu. Dramatisch ist der Wandel an den Seeufern, besonders im Süden: Dort reihen sich heute Kneipen, Bars, Cafés und Restaurants.

- Chinesischer Name: *Shíchàhǎi* 什刹海
- Anreise: U-Bahn Beihai North

Das Nationalstadion „Vogelnest"

Olympiapark

Das ehemalige Zentrum des Weltsportereignisses 2008 erstreckt sich im Norden der Stadt jenseits der 4. Ringstraße. Zwei spektakuläre Neubauten zählen seither zu Pekings neusten Attraktionen: das **Nationale Schwimmzentrum**[1] in einem bläulichen, durchscheinenden Quader, der aus riesigen Schaumblasen zu bestehen scheint und das **Nationalstadion**[2] mit seinen 80.000 Sitzplätzen. Der Entwurf der Schweizer Architekten Herzog & de Meuron, von außen ein Gewirr aus Stahlbändern, erhielt von den Pekingern den Spitznamen „Vogelnest". Mittlerweile haben sich die beiden Bauten zu einem Touristenmagneten entwickelt.

- Chinesischer Name: *Àoyùn Gōngyuán* 奥运公园
- Anreise: U-Bahn Olympic Sports Centre
- [1] Nationales Schwimmzentrum: *Guójiā Yóuyǒng Zhōngxīn* 国家游泳中心
- [2] Nationalstadion: *Guójiā Tǐyùchǎng* 国家体育场

Trommel- und Glockenturm

Die beiden mächtigen Bauten stehen in Sichtweite der Shichahai-Seen am Nordende von Pekings Nord-Süd-Achse. Beide sind besteigbar. Von oben überblickt man das unter Milieuschutz stehende Gassenviertel. Auch die Trommeln und die Glocke, die der Hauptstadt einst die Uhrzeit verkündeten, sind zu bestaunen.

- Trommelturm: *Gǔlóu* 鼓楼
- Glockenturm: *Zhōnglóu* 钟楼
- Anreise: U-Bahn Gulou

Residenz des Prinzen Gong

Prinz Gong (1833-1898), ein bedeutender Politiker seiner Zeit, erwarb einst dieses herrliche Anwesen und gestaltete es neu. Ein Teil der Bauten wurde bis 2009 rekonstruiert. Am schönsten ist der klassisch-chinesische Garten mit Privattheater.

- Chinesischer Name: *Gōng Wáng Fǔ* 恭王府
- Lage: *Qiánhǎi Xījiē* 前海西街 17

Sommerpalast Yihe Yuan

Der „Garten zur Pflege des Altersfriedens" nordwestlich der Stadt ist mehr Park als Palast. Er entstand Mitte des 18. Jh.s als Geburtstagsgeschenk des Qianlong-Kaiser an seine Mutter. Ende des 19. Jh.s richtete Kaiserinwitwe Cixi sich das weitläufige Anwesen als Alterssitz her. So kommt es, dass in Namen und Symbolik allenthalben auf Langlebigkeit angespielt wird. Da der Komplex nicht für den Kaiser gedacht war, unterscheidet er sich erheblich vom innerstädtischen Palast.

Wohn- und Audienzbezirk

Das Haupttor führt von Osten in den mit Steinen und Bronzefiguren geschmückten Hof vor der **Halle des Altwerdens durch Güte**[1], der Audienzhalle der Kaiserinwitwe. Das einfache, grau gedeckte Dach drückt Bescheidenheit und Ländlichkeit aus. Im Hof verkündet das geschuppte Fabeltier Qilin eine Ära segensreicher Herrschaft. Rechts (nördlich) der Halle liegt das größere der zwei **Palasttheater**[2]. In den Gemächern, von wo aus Cixi das Geschehen auf der dreigeschossigen Bühne verfolgte, sind heute Geschenke an sie ausgestellt, darunter ein alter Benz. Im südwestlich davon gelegenen Wohnhof, der „Halle der Jadewogen", saß der Guangxu-Kaiser von 1898 an unter Hausarrest, wenn seine Tante hier weilte. Sie selbst bewohnte die **Halle der Freude und der Langlebigkeit**[3] in nordwestlicher Nachbarschaft. Innen sind Cixis Thronsitz sowie ihre Speisetafel zu sehen. Goldene Kalebassen und Unsterblichkeitspfirsiche dienten als Weihrauchspender. Die elektrischen Lampen wurden 1903 von deutschen Technikern installiert.

Kunming-See[4]

Er nimmt Dreiviertel des Gartenpalastes ein. Mit seinen Dämmen imitiert er den Westsee von Hangzhou. Bootsverleih und Fähranleger befinden sich am Nord- und am Ostufer. Wenn Cixi von ihrem Wohnpalast aus nächtliche Bootsfahrten unternahm, hing an dem torartigen Gestell, das ihren Anleger überragt, ein Lampion und fungierte als Leuchtturm.

Wanshou Shan

Der „**Hügel der Langlebigkeit**"[5] im Norden bildet den landschaftsarchitektonischen Kontrapunkt zum See. An seinem Südfuß zieht sich parallel zum Ufer

Kunming-See und Wanshou Shan

der 728 m lange **Wandelgang**[6] hin, das berühmteste Bauwerk des Palasts. Die gemalten Landschafts-, Roman- und Geschichtsszenen in seinem Gebälk machen ihn nebenher zu einer Bildergalerie. Wo er in seiner Mitte einen Uferplatz mit Schmucktor einfasst, entfaltet sich bergan der grandiose Höhepunkt der Anlage. In der **Halle der ziehenden Wolken**[7] – auf solchen reisten die daoistischen Unsterblichen – nahm Cixi einst die Glückwünsche zu ihrem Geburtstag entgegen. Lange Treppen führen hinauf zum dreigeschossigen **Pavillon des Buddhaweihrauchs**[8] mit bestem Panoramablick. Der Wandelgang endet am berühmten **Marmorboot**[9], einem ins Wasser hinaus gebauten Pavillon in Form eines Raddampfers. Von hier gelangt man zum Nordwestausgang des Palastgeländes.

Blick vom Pavillon des Buddhaweihrauchs

Weitere Gartenbereiche

Im Frühling, Sommer oder Herbst kann man sich im Yihe Yuan leicht einen ganzen Tag vergnügen. Zwei lohnende Ziele finden sich auf der Nordseite des Hügels: ein teilrestaurierter tibetischer Tempel und unterhalb davon die idyllische „**Suzhou-Straße**"[10], zwei Zeilen von Kunstgewerbelädchen und Teestuben entlang den Ufern eines Kanals. Ganz im Nordosten entfaltet der **Xiequ Yuan**[11], ein Garten im Garten, mit seinem Lotosteich und schattigen Pavillons seinen größten Reiz im Hochsommer. Ziel einer Bootstour auf dem Kunming-See ist die **Insel Nanhu Dao**[12], die man auch über die elegante Siebzehn-Bogen-Brücke erreichen kann.

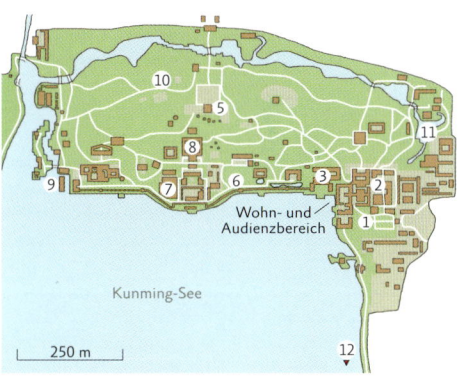

- Chinesischer Name: *Yíhé Yuán* 颐和园
- Anreise: U-Bahn Beigongmen / Bus 332 ab Zoo bis Endstation
- Besonderheit: Unesco-Welterbe seit 1998
- [1] Halle des Altwerdens durch Güte: *Rénshòu Diàn* 仁寿殿
- [2] Palasttheater: *Déhé Yuán* 德和园
- [3] Halle der Freude und der Langlebigkeit: *Lèshòu Táng* 乐寿堂
- [4] Kunming See: *Kūnmíng Hú* 昆明湖
- [5] Hügel der Langlebigkeit: *Wànshòu Shān* 万寿山
- [6] Wandelgang: *Cháng Láng* 长廊

- Restaurant-Tipp: *Tīnglí Guǎn* 听鹂馆 Palastrestaurant mit kaiserlicher Küche. Nahe dem Westende des Wandelgangs
- [7] Halle der ziehenden Wolken: *Páiyún Diàn* 排云殿
- [8] Pavillon des Buddhaweihrauchs: *Fóxiāng Gé* 佛香阁
- [9] Marmorboot: *Shí Fǎng* 石舫
- [10] Suzhou-Straße: *Sūzhōu Jiē* 苏州街
- [11] Garten Xiequ Yuan: *Xiéqù Yuán* 谐趣园
- [12] Insel Nanhu Dao: *Nánhú Dǎo* 南湖岛

„Duftberg" Xiang Shan

Ausflug „Duftberg" Xiang Shan

Wo die Westberge der Stadt am nächsten kommen, erhebt sich der 570 m hohe Xiang Shan. Ein weitläufiger Park an seinem Osthang geht auf ein kaiserliches Jagdschloss zurück. Dies ist das beliebteste Ausflugsziel der Pekinger, vor allem zur Laubfärbung ab Mitte Oktober. Auf den Gipfel schwebt man per Sessellift.
Das **Kloster der azurblauen Wolken**[1] am Nordrand des Parks wartet mit zwei Attraktionen auf: In der Halle der 500 Luohan („Arhat Hall") sitzen lebensgroße, vergoldete Figuren dieser heiligen Mönche in Reih und Glied und halten mit dem Besucher stille Zwiesprache. An ihrem Westende überragt eine mit Reliefs und Buddhafiguren geschmückte Diamantthronpagode indischen Stils die Anlage. Ihr hoher Sockel ist besteigbar. Der **Botanische Garten**[2] weiter nördlich bietet weitere Ziele, darunter Chinas größtes Gewächshaus und das samt Bildwerken gut erhaltene **Tempelkloster Wofo Si**[3], „des schlafenden Buddha".

- Chinesischer Name: *Xiāng Shān* 香山
- Lage: 5 km westlich des Sommerpalast Yihe Yuan
- [1] Kloster der azurblauen Wolken: *Bìyún Sì* 碧云寺
- [2] Botanischer Garten: *Zhíwù Yuán* 植物园
- [3] Tempelkloster Wofo Si: *Wòfó Sì* 卧佛寺

Große Mauer

Seiner ungewöhnlichen Lage nahe der einstigen Nordgrenze des Reichs verdankt Peking, dass das berühmteste Bauwerk des Landes durch städtisches Territorium verläuft. Im 16. Jh. wurde die Mauer deutlich aufwändiger als frühere chinesische Grenzwälle aus Stein und entlang den Berggraten erbaut. Wenn man nach **Badaling**[1], der stadtnächsten Stelle, fährt, passiert man die Festung Juyongguan und kann in Badaling ein **Mauermuseum**[2] besichtigen. Allerdings ist dieser schon in den 1950er Jahren restaurierte Abschnitt sehr überlaufen. Landschaftlich besonders schön ist der ebenfalls restaurierte Abschnitt bei **Mutianyu**[3]. Urtümlicher und abenteuerlicher geht es im **Jinshanling-Abschnitt**[4] zu. Dort ist das Terrain besonders steil, und die teilrestaurierte Mauer besteht ausschließlich aus Originalziegeln. An allen drei Stellen machen Seilbahnen den Aufstieg bequem.

- Chinesischer Name: *Chángchéng* 长城
- Besonderheit: Unesco-Welterbe seit 1987
- [1] Badaling: *Bādálǐng* 八达岭
  Lage: 60 km nordwestlich der Stadt
- [2] Mauermuseum: *Chángchéng Bówùguǎn* 长城博物馆
- [3] Jinshanling: *Jīnshānlǐng* 金山岭
  Lage: 70 km nordöstlich der Stadt
- [4] Simatai: *Sīmǎtái* 司马台
  Lage: 120 km nordöstlich der Stadt

PEKING

PEKING

Große Mauer am Jinshanling-Abschnitt

Kaisergräber

In drei bei Peking gelegenen Nekropolen – den dreizehn Ming-Gräbern, den Östlichen und den Westlichen Qing-Gräbern – wurden die Kaiser, Kaiserinnen und Konkubinen der letzten zwei Dynastien bestattet. Fengshui-Experten wählten die Lage der Totenstädte aus, so dass sie dem Reich den Segen der verstorbenen Herrscher bringen sollten. Ein Besuch der Östlichen Qing-Gräber lohnt besonders, da sie gut erhalten blieben. Die selten besuchten Westlichen Qing-Gräber werden hier nicht beschrieben.

Aufbau

Der Hauptweg führt zunächst jeweils durch ein fünffaches, reliefverziertes Ehrentor, ehe das dreifache rote Haupttor erreicht wird. Auf dem so genannten Seelenweg folgt ein von Schmucksäulen umstandener Stelenpavillon, dessen Inschrift die Tugenden und Verdienste des Erstbestatteten preist. Nun kommen die Spalier stehenden Steinfiguren: Löwen und Xiezhi-Tiere als Wächter, Kamele, Elefanten, Qilin und Pferde, je erst ein hockendes oder liegendes, dann ein stehendes Paar, als erhöben sich die Tiere, wenn ein verstorbener Himmelssohn zu Grabe getragen wird. Figuren militärischer und ziviler Beamter schließen die Reihe ab. Zu den einzelnen Grabtempeln gehört stets eine große Opferhalle, dann folgt als Symbol andauernder Verehrung auch zwischen den Opfern ein Hof mit einem steinernen Altar. Schließlich leitet ein Stelenturm mit der Grabinschrift zum eigentlichen Grabhügel über.

Ming-Gräber

Sie entstanden von 1409 bis 1659 und sind heute zumeist Ruinen. Besucht werden vor allem zwei Grabtempel. Das **Chang Ling**[1] das Yongle-Kaisers (reg. 1403-24) ist der älteste und größte Komplex. Nur hier blieb die Opferhalle erhalten, ein eindrucksvoller Bau mit mächtigen Säulen aus tropischem Nanmu-Holz. Das **Ding Ling**[2] des Wanli-Kaisers (reg. 1572-1620) ist das einzige, dessen Gruft geöffnet wurde. Gedränge und Lärm verleiden jedoch den Besuch der sechs bis zu 32 m langen Kammern. Von den Grabbeigaben ist ein Teil hier (in Nebengebäuden), ein Teil auch im Chang Ling ausgestellt.

- Chinesischer Name: Míng Shísān Líng 明十三陵
- Lage: 40 km nördlich der Stadt
- Besonderheit: Unesco-Welterbe seit 2000
- [1] Chang Ling: Cháng Líng 长陵
- [2] Ding Ling: Dìng Líng 定陵

Östliche Qing-Gräber

Die sehr gut erhaltene und weniger durch Neubauten verschandelte Anlage entschädigt allemal für die längere Anreise. Besonderes Interesse verdienen das Kaiserinnengrab **Ding Dongling**[1] mit dem prunkvollen Grabtempel der Kaiserinwitwe Cixi (1835-1908) sowie das **Yu Ling**[2] des Qianlong-Kaisers (reg. 1736-96). Dessen Gruft, die geöffnet wurde, ist mit feinen buddhistischen Reliefs verziert. Im großen Hof des Hauptgrabs, dem Xiaoling, finden von April bis Oktober viermal täglich Vorführungen der Opferzeremonie statt.

- Chinesischer Name: Qīng Dōng Líng 清东陵
- Lage: 120 km östlich der Stadt
- Besonderheit: Unesco-Welterbe seit 2000
- [1] Ding Dongling: Dìng Dōnglíng 定东陵
- [2] Yu Ling: Yù Líng 裕陵

Mausoleum Yong Ling

Peking am Abend

Zentrum des trendigen Bar- und Restaurantviertels **Sanlitun**[1] ist der schicke Neubaukomplex Sanlitun Village. An warmen Tagen sitzt man in der westlichen Seitengasse draußen. Am lebendigsten und schönsten ist das **Shichahai-Viertel**[3] mit der **Lotus Lane**[4] am Vorderen See. Hier sowie am Hinteren See Houhai und nahen Gassen reihen sich zahllose Restaurants und Kneipen. Wer am Westufer des **Hinteren Sees**[5] nordwärts geht, findet auch ruhigere Plätze, wo man sommers auf Polstermöbeln draußen direkt am Wasser sitzen kann. Ein Ziel im Norden ist die sympathische **Private Kitchen 44**[2], ein gemütliches Chinalokal mit Guizhouküche; man ist auch auf Ausländer eingestellt."

- [1] Sanlitun: *Sānlǐtún* 三里屯
- [2] Restaurant-Tipp:
  Private Kitchen 44
  (*Hútòng Sìshísì Hào Chúfáng* 胡同四十四号厨房)
  Guizhouküche, täglich 10:30-14:30, 16:30-22:30 Uhr, *Déshèngménnèi Dàjiē* 德胜门内大街70号, U-Bahn Jishuitan
- [3] Shichahai-Viertel: *Shíchà Hǎi* 什刹海
- [4] Lotus Lane: *Héhuā Shìfáng* 荷花市坊
- [5] Hinterer See: *Hòu Hǎi* 后海

Pekingoper

Die Kunstform, für die meisten jüngeren Chinesen mega-out, lebt heute ebenso von ausländischen Touristen wie von einheimischen Enthusiasten mit der Folge, dass vorwiegend akrobatische und weniger klassische Gesangsszenen aufgeführt werden. Nichtchinesen am besten nahe gebracht wird die Opernform im **Liyuan-Theater**[1], wo man einen englischen Programmzettel erhält und englische Untertitel projiziert werden.

- Chinesischer Name: *Jīngjù* 京剧
- [1] Liyuan-Theater: *Líyuán Jùcháng* 梨园剧场
  Lage: *Yǒng'ān Lù* 永安路175号, im Qianmen-Hotel
  Kartenvorbestellung: Tel. +86 (0)10 52853677
  Vorstellungsbeginn: 19:30 Uhr

Lao She Teehaus

Hier gibt es Teehaus-Varieté zu erleben, einst die beliebteste Form der Unterhaltung, vor allem, wenn sie so abwechslungsreich präsentiert wird wie hier. Zu sehen ist eine Melange aus Kabarett, Zauberei, Opernarien, Geräuschimitationen und etwas Akrobatik.

- Chinesischer Name: *Lǎo Shě Cháguǎn* 老舍茶馆
- Lage: *Qiánménxī Dàjiē, Zhèngyáng Shìchǎng* 3 前门西大街正阳市场 3 号楼
- Kartenvorbestellung: Tel. +86 (0)10 63036830
- Vorstellungsbeginn: 19:50 Uhr

Akrobatik

Chinesische Akrobaten sind die besten der Welt. Pekings führende Bühne ist das **Chaoyang-Theater**[1]. Aber verirren Sie sich nicht in die parallel aufgeführten Pekingoperszenen!

- [1] Chaoyang-Theater: *Cháoyáng Jùchǎng* 朝阳剧场
- Lage: *Dōngsānhuán Běilù* 东三环北路 36 号
- Kartenvorbestellung: Tel. +86 (0)10 65522629
- Vorstellungsbeginn: 19:15 Uhr

Darsteller aus der Pekingoper

Hoteltipps

Courtyard 7 **(*)

Das Courtyard 7 Hotel befindet sich in der Nähe des Kaiserpalastes, in den Hutongs. Das Anwesen verfügt über drei Reihen von Höfen mit verzierten Toren. Die Zimmer sind stilvoll und bequem eingerichtet, die Bäder auf neustem Stand. Das Personal ist sehr freundlich und spricht gut Englisch. Mehrere PCs mit Internetzugang stehen kostenlos zur Verfügung. Die Lage ist ruhig, obwohl man in wenigen Gehminuten mitten im belebten Bar- und Restaurantviertel Shichahai ist, wo man einen schönen Abend verbringen kann.

- Chinesischer Name: *Qī Hào Yuàn* 七号院
- Lage: In den Hutongs / Shichahai-Viertel
- Ausstattung:
  - 19 Zimmer
  - Restaurant
  - Bar
  - Business-Center
- Preisniveau: Moderat
- Adresse: *Qiángǔlóu, Yuàn Hútòng* 前鼓楼苑胡同
- Kontakt: +86 (0)10 64060777
  Info@Courtyard7.com
  www.Courtyard7.com

Beijing Shichahai Shadow Art Performance Hotel ***(*)

Das gemütliche Boutiquehotel liegt im beliebten Hutong-Viertel Shichahai, nördlich der Verbotenen Stadt. Die 25 Zimmer sind minimalistisch, aber mit modernen chinesischen Designelementen ausgestattet. An einigen Tagen wird im Innenhof des Hotels eine Schattenkunst Aufführung gezeigt. In nur 5 Minuten ist man zu Fuß am malerischen Houhai See, wo es eine große Auswahl an Bars, Restaurants und Cafés gibt. Abends herrscht eine besondere Atmosphäre mit unzähligen Lichtern und Lampions. Die U-Bahn-Stationen Beihai North (Linie 6) und Ping'anli (Linie 4) sind ebenfalls in fußläufiger Nähe zum Hotel.

- Chinesischer Name: *Shíshāhǎi Píyǐng Zhǔtí Wénhuà Jiǔdiàn* 什刹海皮影主题文化酒店
- Lage: Shichahai-Viertel
- Ausstattung:
  - 25 Zimmer
  - Restaurant
  - Bar / Lounge
  - Business-Center
- Preisniveau: Mittelklasse
- Adresse: *Sōngshù Jiē 24* 松树街24号
- Kontakt: +86 (0)10 83287847
  shadowarthotel@shichahaitour.com
  www.shadowartboutique.com

Red Wall Garden ★★★★

Das 2010 erbaute Boutiquehotel Red Wall Garden liegt 1 km östlich der Wangfujing und gehört zur US-Kette Epoque-Hotels. Das Hotel bietet 40 im traditionell chinesischen Stil eingerichtete Zimmer mit einer Größe von mindestens 27 m², mit allen Annehmlichkeiten wie Flachbildfernseher, Minibar, Klimaanlage, Zimmersafe und freiem W-Lan. Ein Restaurant und eine Bar sind im Hotel vorhanden. Das Hotel liegt in einem Hutong-Viertel in einer traditionellen Nachbarschaft. Der Kaiserpalast und Tian´anmen-Platz liegen rund 4 km entfernt. Zum Flughafen braucht man ca. 40 Minuten Fahrtzeit.

- Chinesischer Name: *Hóngqiáng Huāyuán Jiǔdiàn* 红墙花园酒店
- Lage: 4 km östlich des Kaiserpalastes
- Ausstattung:
  - 40 Zimmer
  - Restaurant
  - Bar / Lounge
  - Sonnenterrasse
- Preisniveau: Hochwertig
- Adresse: *Shǐ Jiā Hútòng 41* 史家胡同41号
- Kontakt: +86 (0)10 51692222
  reservation@rwghotel.com
  www.redwallgardenhotel.com

Waldorf Astoria Beijing ★★★★★

Pekings Waldorf Astoria liegt im Herzen Pekings direkt an der Wangfujing-Straße. In der Nähe befinden sich beliebte Einkaufsmöglichkeiten, Restaurants und ein aufregendes Nachtleben. Bekannte Attraktionen wie der Tian´anmen-Platz und die Verbotene Stadt befinden sich ebensfalls in der Nähe. Es ist zeitgenössisch luxuriös ausgestattet. Zu den Besonderheiten des Hotels zählen ein Innenhof angelehnt an die Ming-Dynastie, Spa-Behandlungen, zwei preisgekrönte Restaurants und eine hauseigene Bar. Die Apartmentstudios und Villa im seperaten Flügel mit eigenem Eingang sorgen für mehr Privatsphäre.

- Chinesischer Name: *Huáěrdàofū Jiǔdiàn* 华尔道夫酒店
- Lage: 1 km östlich des Kaiserpalastes
- Ausstattung:
  - 176 Zimmer
  - 2 Restaurants
  - Bar / Lounge
  - Spa / Wellness
  - Fitnessraum
- Preisniveau: Luxuriös
- Adresse: *Jīnyú Hútòng 5-15* 金鱼胡同5–15号
- Kontakt: +86 (0)10 85208989
  www.waldorfastoria3.hilton.com

Seitenblick aus dem *China Tours Reisemagazin*

Ab durch die Mitte – Im Sattel durch Peking
Von Claudia Rammin

Die spannendste Art, die Millionen-Metropole Peking mit ihren Gerüchen, Geräuschen und Gegensätzen zu erkunden, ist per Fahrrad – aktiv Radfahren-Autorin Claudia Rammin machte den Selbstversuch.

Fahrrad fahren in Peking? Abenteuerlich! Gefährlich! Das fühlt sich an, als würde mir vorgeschlagen, durch die Kanäle von Amsterdam zu schwimmen oder auf einem mittelamerikanischen Highway spazieren zu gehen. Mir als Asphalt-Cowboy tollkühn einen Weg zu bahnen zwischen Millionen drängelnden Autos, tausenden Bussen und Taxis, die wie Krebse abrupt die Spuren wechseln und Horden ungebändigter Fahrradfahrer und Fußgänger. Ich Langnase wage es dennoch, miete während meines mehrtägigen Aufenthalts in Chinas Metropole ein schwarzes schnörkelloses Eingang-Rad, Marke Giant, und schwinge mich in den Sattel. Mein Ziel: die Gigantomie der nach-olympischen Stadt zu erfahren und einzutauchen in ihre Seele. Und das, ohne im Stau zu stehen.

■ Neun Millionen Fahrräder
Peking hat 17 oder 19 Millionen Einwohner – wer weiß das schon so genau, wohl nicht einmal die Partei. Aber Peking hat garantiert neun Millionen Fahrräder, wie die britische Sängerin Katie Melua weiß und wunderbar singt: „There are nine million bicycles in Beijing, that's a fact, like the fact that I will love you till I die." Wie meine Millionen Mitfahrer radle ich ohne Helm und ohne Licht los, dafür mit mulmigem Magen. Eine Lampe ist nicht vorgeschrieben, wie mir Herr Li von der Verleihstation nahe der Verbotenen Stadt versichert – und Helme tragen hier nur Militärpolizisten (weiße) und Bauarbeiter (gelbe und rote). Ich wäre mir mit Kopfschutz so vorgekommen, als säße ich mit Schwimmweste im Kinderbecken einer Badeanstalt.

Die ersten Kilometer fühle ich mich – seit frühesten Pfadfindertagen geübte Kartenleserin – wie ein funktionaler Analphabet, der Stadtplan und Straßenschild Buchstabe um Buchstabe miteinander vergleichen muss. Dank der Olympischen Spiele sind mittlerweile selbst kleine Nebenstraßen in Englisch angeschrieben. Aber wer kann schon auf Anhieb Namen wie Chaoyangmen Beixiaojie nicht verwechseln mit Chaoyangmen Nanxiaojie oder Chaoyangmenwai Dajie. Doch bald habe ich heraus, dass Peking wie Manhattan funktioniert und wie geschaffen ist fürs Velo-Flanieren: Die Straßen sind schnurgerade und rasterförmig angelegt wie ein Schachbrett. Das erleichtert die Orientierung selbst für ungeübte Zweiradtreter. Peking ist topfeben und hat im Gegensatz zu New York viel Platz, teilweise autospurbreite Radstreifen. Aber Pekings Luft ist mitunter so atemberaubend stickig wie die aus einem Fahrradschlauch. Keiner weiß so genau, ob die Kessellage daran schuld ist, der Autoverkehr oder der Feinstaub aus den Stadtrandfabriken.

Wie wohl die Olympioniken in diesem Smogtreibhaus Höchstleistungen vollbrachten? Damals war immerhin die Hälfte des Privatverkehrs und der Beamtenfahrzeuge nahezu stillgelegt, Schwertransporte in der Stadt verboten. Heute werden täglich 1.500 Autos neu zugelassen, bereits 3,3 Millionen Fahrzeuge bevölkern Pekings Straßen – Tendenz steigend. Und irgendwann werden Radfahrer die letzten Helden des Landes sein, wie ein bisweilen kursierender Witz besagt.

■ Beijing – die nördliche Hauptstadt

Heute hängt eine fahle Sonne am blassblauen Himmel über Beijing, übersetzt der „nördlichen Hauptstadt", die so groß ist wie das Bundesland Thüringen. Ich stehe mit meinem Rad an einer großen Kreuzung am Tian'anmen-Platz, dem symbolischen Herz Chinas und vor zwanzig Jahren Schauplatz tragischer Ereignisse. Er gleicht einem See, auf dem man treiben darf, ohne aber einen Ort für sich zu beanspruchen – nicht nur dürfen keine Cafés den Platz mit Stühlen und Tischen besetzen, es fehlen auch einfache Sitzbänke. Der Tross setzt sich in Bewegung. Es quietscht, rattert und scheppert – eine Kakophonie ungeölter rostiger Ketten und Klingeln. Auf schweren Stahl-Fahrrädern mit Gestängebremsen, modernen Leichträdern und Hightech-Mountainbikes schieben sich die Pedalritter neben Lasten-Rikschas über den Boulevard des Ewigen Friedens, der wichtigen 40 Kilometer langen Ost-West-Achse Pekings. Nirgends haben Radfahrer mehr Platz als im Machtzentrum des Riesenreiches, hier auf der Dongchang'an Jie, der Paradestraße von Land und Partei. Zweimal fünf Spuren gehören dem Autoverkehr, daneben eine abgesperrte mehrere Meter breite Spur nur für Radfahrer.

■ Bloß nicht ausscheren!

Generell gilt beim Radeln in Peking die oberste Regel: Es gibt keine Regel. Rechts kommt nicht unbedingt vor links, eine rote Ampel wird grundsätzlich grün gesehen, ein Stoppschild und andere Tafeln sind nichts mehr als eine Empfehlung. Die Polizei kümmert es nicht. Am besten, jegliche europäische Disziplin vergessen und mitmachen, was die Chinesen machen: Bloß nicht ausscheren! Autos haben nur dann Respekt vor Radlern, wenn diese geballt in Horden zu ebenbürtigen Straßenrittern mutieren. Ich versuche, mich organisch in den Pulsschlag der Stadt einzufügen, gondele unauffällig in der Masse, deren Mitte größte Sicherheit gibt. Das vermeintliche Chaos ist niemals hektisch, selten aggressiv, das Tempo ohnehin verhalten. Etwaige Raser sind garantiert Westler. Im angenehm frischen Fahrtwind überhole ich verschwitzte Touristen, die ihre Absätze schief und ihre Füße pflastermüde laufen, sich in Hunderte Meter langen Schlangen zäh durchs Tor des Himmlischen Friedens wälzen, dem Zugang zur Verbotenen Stadt. Darüber prangt unverdrossen noch immer das riesige Porträt des ewig frisch gebliebenen Gesichts des Großen Vorsitzenden Mao. Er blickt von dort auf das eigene, täglich von Millionen Menschen kostenfrei besuchte Mausoleum hinüber, in dem er als balsamiertes Original wächsern-weiß vor sich hinleuchtet. Ausscheren aus der radelnden Menge klappt erst, als ich mich in das verwinkelte Gewirr der engen Wohngassen verirre, in die fast autofreien Hutongs – mongolischer Ausdruck für Brunnen. In jene letzten verbliebenen Altstadtviertel aus der Kaiserzeit, die noch nicht zugunsten des radikal modernen Chinas geschleift worden sind.
(Quelle: Aktiv Radfahren 1-2/10)

> 👍 **TIPP: China Tours Reisemagazin**
>
> Entdecken Sie weitere spannende Geschichten rund um das Thema China auf: www.ChinaTours.de/Magazin

PEKING

Qingdao Bucht mit der Insel Klein Qingdao (links) und der Landungsbrücke (rechts)

Die Hafenmetropole am Gelben Meer bietet Chinesen fernwestliche Exotik und Deutschen eine Begegnung mit einem Stück eigener Kolonialgeschichte. Die wilhelminische Marine besetzte das Terrain am Ausgang der Jiaozhou-Bucht im Jahr 1897, nachdem die Ermordung zweier deutscher Missionare in der hiesigen Provinz Shandong den lange ersehnten Vorwand geliefert hatte. In den Jahren darauf entstand mit Tsingtau, wie man die Stadt damals schrieb, so etwas wie eine Mustersiedlung, deren deutscher Stil das Stadtbild auch weiterhin prägte, nachdem Japan das Pachtgebiet 1914 erobert hatte. Selbst an Gebäuden der Nach-Mao-Ära finden sich noch oft deutsche Stilelemente wie Mansarddächer und (imitiertes) Fachwerk. Nur der Wolkenkratzerwald in der Entwicklungszone im Osten der Stadt lässt solche Anklänge vermissen.

Noch eine andere deutsche Tradition ist hier lebendig geblieben: die des Biers. Als „Tsingtao Beer" wird es weltweit exportiert und steht im Zentrum des alljährlichen **Bierfestes**[1].

▪ [1] Bierfest: Qingdao International Beer Festival 青岛国际啤酒节

Datum: 2.-4. Augustwochenende
Veranstaltungsort: Beer City 啤酒城 (im Osten der Stadt)

Küche

Fisch und Meeresfrüchte sind erste Wahl. Eine gute Adresse sind die kleinen Lokale an der *Láiyáng Lù* 莱阳路.

Altstadt

Ausgangspunkt ist die 440 m weit ins Meer ragende **Landungsbrücke**[1], die ihr heutiges Aussehen 1931 erhielt. Von hier führt der Weg ostwärts entlang der Promenade, dem einstigen Kaiser-Wilhelm-Ufer, mit dem ehemaligen Prinz-Heinrich-Hotel und der einstigen Deutsch-Asiatischen Bank an der Ecke zur repräsentativen **Qingdao Lu**[2], die geradewegs bergan zum ehemaligen Gouvernementsgebäude (später Rathaus) führt. Von dort weiter ostwärts gelangt man zur evangelischen **Christuskirche**[3] von 1910. Nordwestlich davon führen Treppen auf den **Gouvernementshügel**[4], von dessen kleinem Aussichtsturm man die ganze Altstadt mit ihren typisch deutschen, roten Ziegeldächern überblicken kann. Wer nach Westen

Qingdao
(Tsingtau, Tsingtao) *Qīngdǎo* 青岛

STADTINFO	
Chinesischer Name:	*Qīngdǎo* 青岛
Einwohnerzahl:	2,6 Mio. Einwohner, mit Umland 7 Mio.
Provinz:	Shandong
Wetter:	662 mm Niederschlag/Jahr Januar: -0,5° C Juli: 24,9° C
m. ü. NN:	46 m

absteigt, gelangt zur zweitürmigen **katholischen Kirche**[5] von 1934 und weiter zur **Hauptgeschäftsstraße**[6] des kolonialen Qingdao, der ehemaligen Friedrichstraße, an der sich kleine alte und riesige neue Gebäude gegenüberstehen.

- [1] Landungsbrücke: *Zhànqiáo* 栈桥
- [2] Qingdao Lu: *Qīngdǎo Lù* 青岛路
- [3] Christuskirche: *Fúyīn Táng* 福音堂
- [4] Gouvernementshügel: *Guānhǎi Shān* 观海山
- [5] Katholische Kirche: *Tiānzhǔ Jiàotáng* 天主教堂
- [6] Hauptgeschäftsstraße: *Zhōngshān Lù* 中山路

Gouverneursresidenz

Der interessanteste Einzelbau der Stadt entstand 1905-1907 in einem rustikalen Heimatstil und blieb samt seinem Interieur vollständig erhalten. Nach 1949 wurde es als staatliches Gästehaus genutzt. Auch Mao übernachtete hier.

- Chinesischer Name: *Yíngbīn Guǎn* 迎宾馆
 (总督官邸)

Katholische Kirche

Klein Qingdao

Östlich der Landungsbrücke ragt die Insel Klein Qingdao mitten in die Qingdao Bucht hinein. Ein um die Jahrhundertwende gebauter Leuchtturm thront auf dem kleinen Felseiland, von dessen Fuße man einen schönen Panoramablick auf Stadt und Meer genießt. Geschützt durch einen Damm, der die Insel mit dem Festland verbindet, fanden vier alte Kriegsschiffe und ein U-Boot in dem anliegenden **Marinemuseum**[1] ihren letzten Liegeplatz. Mehrere kleinere Boote, Flugzeuge, Panzer und anderes Militärgerät vervollständigen die Sammlung.

- Chinesischer Name: *Xiăo Qīngdăo* 小青岛
- [1] Marinemuseum: *Hăijūn Bówùguăn* 海军博物馆

Klein Qingdao

Strände

Landzungen trennen die Badestrände 1 bis 3 östlich der Altstadt. **Badestrand 2**[1] hat am meisten Flair. Hier erstreckt sich landeinwärts das grüne Villenviertel Badaguan. Vom Badestrand 3 aus blickt man auf den Hochhauswald der Entwicklungszone.

- [1] Badestrand 2: *Dì-èr Hăishuĭ Yùchăng* 第二海水浴场

Lao Shan

Die Bergregion, die direkt aus dem Meer aufragt, ist das Ausflugsziel der Qingdaoer. Man kann wandern, Seilbahn fahren und etliche Klöster besuchen. Von hier kommt ein bekanntes Mineralwasser – und das Wasser für Qingdaos Brauerei.

- Chinesischer Name: *Láoshān* 崂山
- Lage: 40 km östlich der Stadt

Promenade an der Fushan Bucht östlich von Badestrand 3

Hoteltipps

Copthorne Hotel ★★★★

Das zentral gelegene 4-Sterne-Hotel liegt im Herzen des neuen Geschäftsviertels von Qingdao. In fußläufiger Nähe befinden sich Shoppingcenter, Geschäfte und Restaurants. Das Rathaus der Stadt befindet sich in unmittelbarer Nähe zum Hotel. Die 455 Zimmer und Suiten sind elegant möbliert und bieten Internetzugang, Klimaanlage, Minibar und Wasserkocher. Ein Swimmingpool und Sportmöglichkeiten stehen den Gästen zur Verfügung. Mehrere Restaurants, eine Bar und ein Café sind im Hotel vorhanden. Zum Flughafen fährt man 40 Minuten, 20 Minuten zum Bahnhof und 15 Minuten zum Busbahnhof.

- Chinesischer Name: *Guódūn Dà Jiǔdiàn* 国敦大酒店
- Lage: Im Geschäftsviertel
- Ausstattung:
  - 455 Zimmer
  - 3 Restaurants
  - Café
  - Bar
  - Innenswimmingpool
  - Teehaus
- Preisniveau: Mittelklasse
- Adresse: *Xiānggǎng Zhōng Lù 28* 香港中路28号
- Kontakt: +86 (0)532 86681688
  Info@CopthorneHotelQingdao.com
  www.CopthorneHotelQingdao.com

InterContinental Qingdao ★★★★★

Mitten im neuen Geschäftsviertels Qingdaos liegt das 5-Sterne-Hotel InterContinental. Die 450 luxuriösen Zimmer bieten allen Komfort eines 5-Sterne-Hotels. Mehrere Restaurants, Cafés und eine Bar sind im Hotel vorhanden. Die Fahrtzeit zum Flughafen beträgt 40 Minuten, 20 Minuten zum Bahnhof und 15 Minuten dauert die Fahrt zum Busbahnhof.

- Chinesischer Name: *Zhōujì Jiǔdiàn* 洲际酒店
- Lage: Im Geschäftsviertel
- Ausstattung:
  - 450 Zimmer
  - 3 Restaurants
  - 2 Cafés
  - Bar
  - Business-Center
  - Innenswimmingpool
  - Spa / Wellness
  - Fitnessraum
  - Tennisplatz
- Preisniveau: Luxuriös
- Adresse: *Àomén Lù 98* 澳门路98号
- Kontakt: +86 (0)532 66566666
  Qingdao@IHG.com

Sanya

Sānyà 三亚

STADTINFO

Chinesischer Name:	*Sānyà* 三亚
Einwohnerzahl:	0,6 Mio. Einwohner
Provinz:	Hainan
Besonderheit:	Chinas südlichste Stadt
Wetter:	1.350 mm Niederschlag/Jahr Januar: 21,4° C Juli: 28,5° C

Chinas Tropenparadies: ein Ziel für Sommerurlauber, Winterflüchtlinge, Wasserratten, Flitterwöchner, Golfer und alle, die ausspannen oder Sport treiben wollen. Hier wird es nie kalt und nie zu heiß. Die komplette Infrastruktur ist ein Grund mehr, weswegen hier schon viele Male die Schönheiten des Globus zur Wahl der Miss World einflogen. Mit seinen palmengesäumten weißen Stränden sieht Sanya geradezu bilderbuchmäßig aus. Allerdings muss man sich auch auf Nepp gefasst machen – und darauf, überall russisch zu hören und zu lesen, denn dies hier ist mittlerweile Russlands Karibik.

Küche

Sanya ist ein Paradies für Liebhaber tropischer Früchte. Zudem kann man hier gut thailändisch speisen.

Die Stadt

Das Zentrum der eigentlichen Ortschaft liegt sehr schön auf einer sichelförmigen Halbinsel zwischen der Mündung des Sanya-Flusses und dem Meer, bietet aber für sich wenig Attraktionen. Bei einem Stadtbummel erfreuen besonders die Obstmärkte. Haupteinkaufsstraße ist die **Jiefang Lu**[1].

- Chinesischer Name: *Sānyà Shì* 三亚市
- [1] Jiefang Lu: *Jiěfàng Lù* 解放路

Dadonghai-Bucht

Die stadtnächste Badebucht ist stets gut bevölkert. Es gibt reichlich Gastronomie, Wassersportangebote und viele (auch einfachere) Herbergen. Die südwestlich anschließende Luhuitou-Halbinsel erfreut mit dem **Luhuitou-Park**[1] und schönen Ausblicken auf Meer, Stadt und Strand. Ihr Name „Hirschkopfwende" bezieht sich auf die Sage von einem Jäger, der einen Hirsch verfolgte und hier in die Enge trieb. Als der Hirsch am Ende der Landzunge keine Fluchtmöglichkeit mehr sah und der Jäger schon zum tödlichen Schuss angelegt hatte, wandte er sich um – und war auf einmal ein hübsches Mädchen. Happy End: die Heirat.

- Chinesischer Name: *Dàdōnghǎi* 大东海
- Lage: 3 km südöstlich
- [1] Luhuitou-Park: *Lùhuítóu Gōngyuán* 鹿回头公园

Yalong-Bucht

Mit ihrem 7 km langen Traumstrand ist sie das Hauptziel der Sanya-Reisenden. Hier reihen sich die Luxushotels, und es gibt einen **Golfplatz**[1] (einen von über einem Dutzend auf der Insel), dazu fast jeden denkbaren Wassersport. Ziele an Land sind eine schöne **Muschelausstellung**[2] sowie das **Schmetterlingstal**[3], ein 1,5 ha großes Urwaldgelände mit vielen Schmetterlingen und einer Ausstellung von Präparaten.

- Chinesischer Name: *Yàlóng Wān* 亚龙湾
- Lage: 20 km östlich
- [1] Golfplatz: *Guójì Gāoěrfū* 亚龙湾国际高尔夫
- [2] Muschelausstellung: Seashell Exhibition Centre *Bèiké Guǎn* 贝壳馆
- [3] Schmetterlingstal: *Húdié Gǔ* 蝴蝶谷
  Lage: im Nordosten beim Cactus Resort

„Ende der Welt"

So nennt sich ein Küstenabschnitt westlich der Stadt, an dem große, rundliche Felsblöcke aus dem Sand ragen, einige mit Inschriften, die „Ende der Welt", „Rand des Weltmeers" und „Pfeiler des Südhimmels" bedeuten. Der Ort ist ein Magnet für chinesische Touristen. Wer es ruhiger mag, sollte sich nach links wenden und den ebenfalls sehr schönen östlichen Abschnitt besuchen.

- Chinesischer Name: *Tiānyá Hǎijiǎo* 天涯海角

Affeninsel Nanwan

Etwa 60 km östlich von Sanya befindet sich das kleine Hafenstädtchen **Xincun**[1] („Neudorf") mit der gegenüberliegenden Halbinsel Nanwan. Hier leben zahlreiche Hakka dicht an dicht auf Hausbooten, jedes mit einer eigenen Perlenfarm, abgesteckt durch Pfähle und Netze. Auf den engen Wasserstraßen zwischen den Farmen verkehren zahlreiche Fischer- und Motorboote. Mit der Seilbahn geht es über die Bucht auf die Insel, wo eine Kolonie von rund 2.000 Makakenaffen – kleine, braunhaarige Affen mit rotem Gesicht und Gesäß – lebt. Aus der einstigen Forschungsstation des Naturschutzgebietes hat sich längst ein Besucherpark entwickelt, mit einem Netz angelegter Wege und Attraktionen. Die etwas vorsichtigen neugierigen Affen bewegen sich frei auf dem Gelände und können gefüttert werden.

- Chinesischer Name: *Nánwān* 南湾
- Lage: 60 km östlich
- [1] Xincun: *Xīncūn* 新村

Xincun

SANYA 147
„Ende der Welt"

Hoteltipps

Resort Golden Palm ★★★★

Das Golden Palm ist ein Resort der gehobenen Mittelklasse und liegt am Strand der Yalong-Bucht etwas außerhalb von Sanya. Die Zimmer sind groß, verfügen über einen Balkon mit Aussicht auf den Garten, die Poollandschaft oder das Meer. Eine Straße liegt zwischen dem Resort und dem Meer. Am privaten Hotelstrand mit Bademeister stehen kostenlose hoteleigene Liegen mit Sonnenschirmen zur Verfügung. In die Stadt Sanya sind es etwa 20 Minuten Fahrtzeit. Die Fahrt zum Flughafen dauert etwa 30 Minuten.

- Chinesischer Name: *Sānyà Jīnzōnglǚ Dùjià Jiǔdiàn* 三亚金棕榈度假酒店
- Lage: Yalong-Bucht
- Ausstattung:
  - 248 Zimmer
  - 2 Restaurants
  - Bar
  - Business-Center
  - Außen- und Innenswimmingpool
  - Sauna
  - Fitnessraum
  - Garten
  - Tennisplatz
  - Karaoke
  - Wassersport
- Preisniveau: Mittelklasse
- Adresse: *Yàlóngwān Guójiā Lǚyóu Dùjià Qū* 亚龙湾国家旅游度假区
- Kontakt: +86 (0)898 88569988
  Welcome@ResortGP.com
  www.ResortGP.com

Pullman Oceanview Resort & Spa ★★★★

Das 4-Sterne-Resort an der Sanya-Bucht bietet seinen Gästen 300 Meter Privatstrand, tropische Gärten und vier Außenpools. Es verfügt über 469 schön eingerichtete Zimmer mit allen Annehmlichkeiten wie Klimaanlage, Minibar und Zimmersafe. Die Zimmer haben fast alle Meerblick. Unterhaltung bieten diverse Wassersport-Aktivitäten, Bars und ein hauseigenes Thai-Spa. Darüber hinaus gibt es zwei Restaurants und ein Café. Das Hotel liegt nur 10 Minuten vom Internationalen Flughafen Sanya und dem Stadtzentrum entfernt.

- Chinesischer Name: *Hǎijūbóěrmàn Dùjià Jiǔdiàn* 海居铂尔曼度假酒店
- Lage: Sanya-Bucht
- Ausstattung:
  - 469 Zimmer
  - 2 Restaurants
  - Café
  - 4 Bars
  - Business-Center
  - Außen- und Innenswimmingpool
  - Spa / Wellness
  - Garten
  - Fitnessraum
  - Tennis- und Golfplatz
  - Wassersport
- Preisniveau: Hochwertig
- Adresse: *Sānyàwān Lù 158* 三亚湾路158号
- Kontakt: +86 (0)898 88288888

Mandarin Oriental Sanya *****

Das Mandarin Oriental liegt in der Dadonghai-Bucht an einem Privatstrand. Die 296 großzügigen Zimmer haben fast alle Seeblick und sind mit allen Annehmlichkeiten eines 5-Sterne-Resorts ausgestattet. Neben dem Korallenstrand gelegen, finden sich verschiedene Pools, ein Fitnesscenter, Tennisplätze und ein Spa. Verschiedene Restaurants und Bars sorgen für das leibliche Wohl und hoteleigene Buggies für den bequemen Transport auf der Anlage. Zum Flughafen Sanya benötigt man 18 Minuten Fahrtzeit und in 10 Minuten erreicht man die Stadt Sanya.

- Chinesischer Name: *Wén Huá Dōngfāng Jiǔdiàn* 文华东方酒店
- Lage: Dadonghai-Bucht
- Ausstattung:
  - 296 Zimmer
  - Restaurants
  - Café
  - Bar / Lounge
  - Außen- & Innenswimmingpool
  - Whirlpool
  - Spa / Wellness
  - Sonnenterrasse
  - Fitnessraum
  - Tennisplatz
  - Wassersport
- Preisniveau: Luxuriös
- Adresse: *Yúhǎi Lù 12* 榆海路 12号
- Kontakt: +86 (0)898 88209999
  mosan-reservations@mohg.com
  www.mandarinoriental.com/sanya

Anantara Resort & Spa *****

Das Resort wurde im November 2012 eröffnet. Die 122 Gästezimmer bieten eine Grunfläche von mindestens 62 m², sowie eine luxuriöse und elegante Ausstattung, gehalten in Erdfarben. Alle Zimmer haben eine privaten Balkon mit Tisch und Sesseln, Internet, Klimaanlage, iPod-Dockingstation, Minibar und Zimmersafe. Die Poollandschaft und der Sandstrand vor der Hoteltür laden zum Baden ein. Im Resort gibt es zwei Restaurants, ein chinesisches und ein Thai-Restaurant. Das Hotel liegt an den Sandstränden der Dadonghai-Bucht. Nach Sanya braucht man ca. 15 Minuten mit dem Taxi. Die Fahrtzeit zum Flughafen beträgt ca. 25 Minuten .

- Chinesischer Name: *Ānnàtǎlā Dùjià Jiǔdiàn* 安纳塔拉度假酒店
- Lage: Dadonghai-Bucht
- Ausstattung:
  - 122 Zimmer
  - 2 Restaurants
  - Bar / Lounge
  - Business-Center
  - Außenswimmingpool
  - Whirlpool / Spa / Wellness
  - Sonnenterrasse
  - Fitnessraum
  - Wassersport
- Preisniveau: Luxuriös
- Adresse: *Xiǎo Dōng Hǎi Lù 6* 小东海路6号
- Kontakt: +86 (0)898 88885088
  sanya@anantara.com
  www.sanya.anantara.com

SANYA

Shanghai Panorama vom World Financial Center

Eine Stadt, die vorwärts blickt, eine Metropole, die, ähnlich wie Hongkong, ihre eigene Attraktion ist und eine echte Weltstadt, stolz, cool, geschäftstüchtig, ambitioniert, eitel – und doch mit vielen liebenswerten Ecken. Das Entwicklungstempo ist enorm. Das Stadtautobahnnetz entstand Mitte der Neunziger innerhalb kürzester Zeit, und das gleichzeitig begonnene Netz von U- und S-Bahnen reicht heute schon in alle Stadtteile.

Wenige andere Orte gründen ihr weltweites Renommee auf eine so kurze Geschichte. Unsere Vorstellung der Stadt als Sündenbabel, Mekka von Glücksrittern und Revolutionären, Zuflucht von Verfolgten und Gescheiterten gründet sich auf ihre Blütezeit in den Zwanziger-, Dreißigerjahren. Shanghai war damals Chinas erste echte Industriestadt und zugleich – wie heute – vor Hongkong und Kanton die größte Handelsmetropole. Filme, Romane und Reportagen verbreiteten ihren Ruhm und den Schrecken vor ihrem Chaos in alle Welt.

2000 Jahre früher schwappte hier noch das Meer, ehe der Yangtze Shanghais Boden anschwemmte. 800 Jahre später ankerten hier erstmals Schiffe und 1554/55 musste sich die nun schon kräftig prosperierende Hafen- und Handelsstadt gegen Piratenübergriffe mit dem Bau einer Stadtmauer wehren. 1842 begann der große Aufstieg, als Shanghai dem Überseehandel geöffnet wurde. Nun erst konnte es seine einzigartige Lage an der Yangtze-Mündung ausspielen und zum Tor zu ganz Mittelchina avancieren. 1870 gingen bereits 70% des ganzen chinesischen Außenhandels über diese Stadt. Mit der Besetzung durch Japan 1937 und verstärkt ab 1949 durch die selbstauferlegte Isolierung Chinas vom Welthandel setzte ein Niedergang ein, von dem sich die Stadt erst ab den späten Achtzigern erholte – dann jedoch beinah explosionsartig.

Tipp
Einmal an den Bund genügt nicht. Zweimal ist das Minimum: zum Frühsport, wenn die Stadt erwacht, und in der Abenddämmerung, wenn hüben und drüben die Lichter erstrahlen. Ein Muss sind auch das Stadtpanorama vom Jinmao-Hochhaus oder vom World Financial Center aus, der Besuch des Shanghai-Museums, eine Akrobatikshow und ein Barbesuch.

Shanghai

Shànghǎi 上海

STADTINFO

Chinesischer Name:	*Shànghǎi* 上海
Einwohnerzahl:	23 Mio. Einwohner
Provinz:	regierungsunmittelbare Stadt
Wetter:	1.127 mm Niederschlag/Jahr Januar: 4,1° C Juli: 27,6° C
M ü. NN:	4 m

Metro

14 Linien sorgen für schnellen Transport. Man zieht Karten mit Magnetstreifen aus Automaten oder kauft sie am Schalter (bis zum Verlassen des Systems behalten). Busbenutzung ist ohne Chinesischkenntnisse nicht zu empfehlen. Besser man nimmt ein Taxi. Zum Flughafen schwebt der Transrapid mit über 400 km/h.

Küche

Shanghais Internationalität zeigt sich auch beim Speisen. Zudem sind alle chinesischen Regionalküchen gut vertreten. Das beste Preis-Leistungs-Verhältnis gewährt aber die Shanghai-Küche. Für sie sind Gekochtes und Geschmortes sowie eine leicht süßliche Note typisch. Bei den Zutaten spürt man die Meeresnähe. Das beste Lokal, eine modern-innovative Shanghai-Küche in passendem Ambiente zu genießen, ist *Yé Shànghǎi* Shanghai 夜上海, *Huángpí Nánlù* 黄陂南路 338.

Einkaufen

Die Nanjing Lu 南京路 ist der Standort für gute, alteingesessene Kaufhäuser. Schnäppchen- und Souvenirjäger zieht es zum Trödlerviertel beim Yu-Garten.

Transrapid

Zentrum

Die **Nanjing Lu**[1] ist die große Einkaufsmeile der Stadt. Ihr Mittelabschnitt ist seit dem U-Bahn-Bau Fußgängerzone. An deren Westende liegt der **Volkspark**[2], wie auch der **Volksplatz**[3] südlich davon wurde er auf dem Gelände der einstigen britischen Pferderennbahn angelegt. Mehrere Gebäude markieren hier das politische und kulturelle Herz der Stadt:

In der Mitte zwischen Park und Platz steht das **Rathaus**[4], ein banaler Block. Ihn flankieren das **Große Theater**[5] im Westen und das **Stadtplanungsmuseum**[6] im Osten, beide mit auffälligen Dächern. Das Museum gibt Einblick in die Baugeschichte der Stadt und die Zukunftsplanung und beeindruckt besonders mit einem riesigen Stadtmodell. Im Volkspark, direkt im Rücken des Rathauses, bietet das **Museum of Contemporary Art**[7] (MOCA Shanghai) Einblick in das aktuelle Kunstschaffen. Das **Shanghai Museum**[8], am Südrand des Volksplatzes gelegen, darf sich mit seinem großartigen – und effektvoll präsentierten – Schätzen klassisch-chinesischer Kunst und Kultur zu den bedeutendsten Besuchszielen im Lande zählen. Der Bau ähnelt einem altchinesischen Bronzetopf, und tatsächlich bilden Bronzegefäße der Shang- und Zhou-Zeit einen besonders beeindruckenden Teil der Exponate (1. Stock). Nicht minder lohnend sind die Jade- und die Porzellansammlung (2. bzw. 4. Stock), die zudem einen Überblick über 3000 Jahre Stilentwicklung geben. Zu sehen sind ferner Malerei, Siegel, Möbel, buddhistische Kunst und anderes.

- [1] Nanjing Lu: *Nánjīng Lù* 南京路
- [2] Volkspark: *Rénmín Gōngyuán* 人民公园
- [3] Volksplatz: *Rénmín Guǎngchǎng* 人民广场
- [4] Rathaus: *Shì Zhèngfǔ* 市政府
- [5] Großes Theater: *Dà Jùyuàn* 大剧院
- [6] Stadtplanungsmuseum: *Chéngshì Guīhuà Zhǎnshìguǎn* 城市规划展示馆
- [7] MOCA Shanghai: *Shànghǎi Dāngdài Yìshùguǎn* 上海当代艺术馆
- [8] Shanghai Museum: *Shànghǎi Bówùguǎn* 上海博物馆
- Tipp: Teehaus auf der 1. Etage, hervorragender Museumsshop für Literatur und hochwertige Repliken

Tianzifang

Shanghais neuster In-Bezirk ist ein Altstadtviertel, in das Ateliers, Cafés und Bars eingezogen sind. Eine moderne Kunstzone mit dem Flair des alten Shanghais, wunderbar zum Bummeln, Entdecken, Genießen und Leute-Begucken.

- Chinesischer Name: *Tiánzǐfāng* 田子坊
- Lage: *Tàikāng Lù* 泰康路
- Restaurant-Tipp:
  Teddy Bear Thai Restaurant (泰迪之家泰国餐厅) ein dem Teddybär gewidmetes Restaurant, bei den Einheimischen besonders beliebt
  Tàikāng Lù 泰康路, Gasse 248 Nr. 23

Xintiandi

Mit diesem Viertel setzte Shanghai einen Trend: Altbauten zu schicken Lokalen und Boutiquen umbauen und fußgängerfreundlich erschließen. Das Ergebnis: bestes Metropolen-Ambiente. In den Straßenlokalen lässt sich herrlich die Zeit verbummeln.

- Chinesischer Name: *Xīn Tiāndì* 新天地
- Lage: *Tàicāng Lù* 太仓路 / *Huángpí Nánlù* 黄陂南路
- Restaurant-Tipp:
  Simply thai (天泰餐厅)
  Thailändisch in schlicht-modernem Ambiente, passend zum internationalem Flair des Viertels.
  Mǎdāng Lù 马当路 159

Altstadt

Auf dem Stadtplan deutet ein Straßenoval den Grundriss des alten Shanghai an – dort verlief einst die Stadtmauer. Immer mehr Altbausubstanz muss Hochhäusern weichen. Die Hauptziele liegen nahe beieinander im Nordosten des Viertels. Dort drängen sich in auf alt dekorierten, zu groß dimensionierten Neubauten zahllose Läden, ein bunter Branchenmix mit Kleidung, Schmuck, Trödel, unecht Antikem und vielem mehr. Etwas mehr Originalatmosphäre bietet noch die **Fangbang Zhonglu**, ein schönes Ziel für Souvenirjäger.

- Restaurant-Tipp:
  Nanxiang Steamed Buns Restaurant 南翔馒头店 ein überaus populäres, alteingesessenes Altstadtlokal mit Shanghai-Dimsum – am besten zeitig reservieren (Tel. +86 (0)21 63554206)
  Yùyuán Lù 豫园路 85

Stadtgotttempel

Nach völliger Verwüstung in der Kulturrevolution entstand der Figurenschmuck des kleinen, doch einst sehr populären Tempels neu. Zu sehen sind diverse Schutzpatrone, nicht nur für die Stadt, sondern auch beispielsweise für das Augenlicht der Kinder und für die Seefahrer.

- Chinesischer Name: *Chénghuáng Miào* 城隍庙

Teehaus Huxin Ting

Eine Zickzackbrücke führt zum wohl bekanntesten Teehaus Chinas, das inmitten eines Teiches steht. Aus den Erkern des Obergeschosses blickt man in die Wipfel des Yu-Gartens.

- Chinesischer Name: *Húxīn Tíng* 湖心亭

Yu-Garten

Er zählt zu den berühmtesten Beispielen klassisch-chinesischer Gartenkunst und zeigt deren ganzes Raffinement. Als Literatengarten erstmals im 16. Jh. angelegt, wurde er ab dem 19. Jh. von Kaufmannsgilden für ihre Zwecke umgestaltet. Sie bauten z.B. den Versammlungssaal der „Drei-Ähren-Halle" gleich hinter dem Haupttor und fügten auf Schau bedachte, populäre Geschmackselemente ein wie den Drachen auf der Mauerkrone. Einziges Originalelement aus dem 16. Jh. ist das Felsengebirge aus gelben Steinen jenseits des großen Goldkarpfenteichs. Berühmt sind der doppelte Wandelgang, der von dort ostwärts führt, sowie im Osttrakt ein Ensemble aus drei besonders prächtigen, vielfach durchlöcherten Gartensteinen. Ganz im Südosten schließt sich der kleinteilige Innere Garten an; mit seiner Theaterbühne gehört er ursprünglich zum angrenzenden Stadtgotttempel.

- Chinesischer Name: *Yù Yuán* 豫园

Teehaus Huxin Ting und der Yu-Garten

Bund

Das angloindische Wort für ein befestigtes Ufer steht für die wohl großartigste **Flusspromenade** der Welt. Zwei Gesichter der Stadt stehen einander gegenüber: hier die Banken-, Kontor- und Hotelpaläste der „goldenen" Zwanziger- und Dreißigerjahre, dort, in Pudong jenseits des Flusses Huangpu, der ständig wachsende Hochhauswald des neuen Jahrtausends. Nirgends wird Shanghais Geist greifbarer als hier. Der repräsentativ angelegte Weg ist frühmorgens der wohl spektakulärste Ort im Lande, um Chinesen beim traditionellen Frühsport zuzusehen.

- Chinesischer Name: *Wàitān* 外滩
- Lage: *Zhōngshān Dōng-yī Lù* 中山东一路
- Tipp: Hafenrundfahrten ab dem Anleger auf der Höhe der *Yán´ān Dōnglù* 延安东路 (auch am Abend)

Gebäude

Alle markanten Altbauten, abends angestrahlt, erstrecken sich entlang der Sun Yat-sen Oststraße, wie der Bund offiziell heißt. Von der Yan'an-Lu-Einmündung an nordwärts sind folgende Häuser bemerkenswert:

Nr. 2

Ehemals Shanghai Club, ein Neorenaissance-Bau von 1910: Der mit 33,7 m einst längsten Theke der Welt hatten Frauen und Chinesen fernzubleiben.

Nr. 12

Ehemals Hongkong and Shanghai Banking Corporation: Der markante Bau mit Kuppel, erbaut 1921, diente von 1949 bis 1995 als Rathaus und ist heute wieder eine Bank. Sehenswert ist die restaurierte Schalterhalle.

Nr. 13

Das „Custom's House" von 1927 mit dem markanten Uhrturm war die Zentrale der Zollverwaltung und besitzt diese Funktion noch heute.

SHANGHAI

Nr. 19
Ehemals Palace Hotel: Die Südecke der Nanjing Lu-Einmündung von 1906 ist heute Teil des Peace Hotels gegenüber.

Nr. 20
Ehemals Sassoon House: Das heutige Peace Hotel in dem 1928 fertig gestellten, markanten Bau mit der Dachpyramide war einst als Cathay Hotel bekannt. Bauherr Ellice Victor Sassoon, ein Immobilienmagnat, war Urenkel eines jüdischen Kaufmanns aus Bagdad und bewohnte das Penthouse.

Nr. 23
Bank of China: Der Bau von 1936 erinnert stilistisch an das Empire State Building – bis auf das chinesisch inspirierte Dach. Hier hatte H. H. Kung das Sagen, der bedeutendste Finanzmagnat der Republikzeit.

Pudong

Der schönste Weg aufs andere Ufer ist der per **Fähre**[1] 150 m südlich der Yan'an-Lu-Einmündung. Eine Alternative bietet der mit wechselnden Farben erleuchtete **Bund Sightseeing Tunnel**[2], der von der Nanjing Lu zum Fernsehturm führt.

Pudong, „östlich des Huangpu", ist Shanghais neue Welt. Noch Mitte der 80er Jahre gab es hier kaum mehr als marode Hafenanlagen. Fünf Magneten ziehen die Besucher an:

- Chinesischer Name: *Pǔdōng* 浦东
- [1] Fähre: Anleger *Jīnlíng Dōnglù* 金陵东路码头
  Linie *Dōngjīn Xiàn* 东金线
- [2] Bund Sightseeing Tunnel: *Wàitān Guāngguāng Suìdào* 外滩观光隧道

Oriental Pearl Tower

Das 468 m hohe Wahrzeichen des neuen Shanghai ist schon nicht mehr das höchste, aber mit seinen Kugeln das konstruktiv ungewöhnlichste Bauwerk. Kaum ein anderes bietet ein so gutes Stadtpanorama. Aussichtsplattformen gibt es auf 263 und 350 m Höhe. Instruktiv und toll gemacht: das Stadtgeschichtsmuseum im Sockel.

- Chinesischer Name: *Dōngfāng Míngzhū* 东方明珠

Super Brand Mall

Eine Sehenswürdigkeit für sich ist Shanghais größtes Einkaufszentrum.

- Chinesischer Name: *Zhèngdà Guǎngchǎng* 正大广场
- Lage: südlich gegenüber vom Oriental Pearl Tower
- Tipp: Oben gibt es etliche Restaurants mit Bund-Panorama!

World Financial Center, Jinmao-Tower und Shanghai Tower

Jinmao-Tower

Eine Pagode scheint Pate gestanden zu haben bei diesem spektakulären, 421 m hohen Turm. Die obersten 35 Stockwerke belegt das Grand Hyatt Hotel. Hoch oben im 88. Stockwerk befindet sich eine Aussichtsplattform mit imposantem Blick über die Stadt. Ein Stockwerk darunter bietet die Hotelbar Cloud 9 ein gleichwertiges Panorama, welches sich bei einem Drink bequem genießen lässt. Vorteil: Die Hotelbar kostet keinen Eintritt.

- Chinesischer Name: *Jīnmào Dàshà* 金茂大厦

World Financial Center

Gleich nebenan steht Shanghais zweiter Superwolkenkratzer. Ende August 2008 fertig gestellt und als höchstes Gebäude der Welt geplant, erreicht er eine Höhe von 492 m. Den gewünschten Ruf verlor das WFC bereits während des Baus und rangiert derzeit unter den Top Zehn der höchsten Bauten. Auch den Titel der welthöchsten Aussichtsplattform hat das Gebäude inzwischen eingebüßt. Auf 474 m Höhe spannt sich diese mit einer spektakulären Skybrücke über einen quadratischen Gebäudedurchbruch, der dem Wolkenkratzer den Spitznamen „Flaschenöffner" bescherte.

- Chinesischer Name: *Huánqiú Jīnróng Zhōngxīn* 環球金融中心

Shanghai Tower

Shanghais größter und modernster Wolkenkratzer war bei Fertigstellung 2015 mit 632 m Höhe das höchste Gebäude Chinas, weltweit übertroffen nur vom Burj Khalifa in Dubai. Der Turm mit seiner verwundenen Fassade entstand nach Plänen des amerikanischen Architekurbüros Gensler. Mehr als bei anderen Hochhäusern wurde auf Nachhaltigkeit geachtet, so reduziert der äußere Glasmantel beispielsweise den Klimatisierungsaufwand, es gibt Gartenetagen, und das Gebäude erzeugt einen Teil der benötigten Energie selbst. Eine Aussichtsetage in 561 m Höhe verspricht einen spektakulären Ausblick auf die Stadt.

- Chinesischer Name: *Shànghǎi Zhōngxīn Dàshà* 上海中心大厦

Jadebuddha-Tempel

Shanghais populärster Tempel entstand in heutiger Form erst 1918-28 als neue „Heimat" für zwei überaus liebliche, jadene Buddhafiguren, die ein chinesischer Mönch 1880 aus Birma mitgebracht hatte. Dank wohlhabender Spender entstand darum herum ein mit Bildwerken üppig bestücktes Heiligtum, das zum Glück die Kulturrevolution unbeschädigt überstand. Platzmangel nötigte zum Verzicht auf den üblichen Vorhof; die Halle der Himmelskönige steht direkt an der Straße und ist heute nur noch von hinten zu betreten. Die Haupthalle birgt vergoldete Figuren der „Drei kostbaren Buddhas" sowie der 20 Devas, Schutzgötter des Buddhismus; auf der Rückseite fährt eine Guanyin auf dem Riesenfisch übers Meer, um Menschen zu retten. Der größere der zwei Jadebuddhas, ein sitzender Shakyamuni, lächelt die Besucher im Obergeschoss der rückwärtigen Halle an, der kleinere, ein schlafender Buddha, sowie ein neuerer zweiter gleicher Art (eine Spende aus Singapur) sind in einer Seitenhalle zu sehen. Beachten Sie auch die kostbare hölzerne Guanyin-Figur, eine 400 Jahre alte chinesische Arbeit von ausdrucksvoller Eleganz. In den anderen Seitenhallen werden oft Totenfeiern ausgerichtet; sie sind die hauptsächliche Geldquelle des Tempels.

- Chinesischer Name: Yùfó Sì 玉佛寺
- Lage: Ānyuán Lù 安沅路 140

Shanghai am Abend

Wer am Bund ist, kehrt in die moderne **Bar Rouge**[1] (mit Huangpu-Blick) oder in die elegante **Long Bar**[2] im Waldorf Astoria ein – ein Klassiker. Um im Sommer draußen zu sitzen, ist **Tianzifang**[3] ein gutes Ziel. Nicht weit entfernt ist die Kneipenstraße **Maoming Nanlu**[4]. Kein Shanghaibesuch ohne einen Abend Akrobatik im **Shanghai Centre Theatre**[5]! Das Können ist atemberaubend, die Präsentation effektvoll und manchmal auch recht witzig.

- [1] Bar Rouge (Lage): Zhōngshān Dōng-yī Lù 中山东一路 18, 7. Stock
- [2] Long Bar (Lage): Zhōngshān Dōng-yī Lù 中山东一路 2
- [3] Tianzifang: Tiánzǐfāng 田子坊

  Restaurant-Tipp:
  尚Value日本料理
  Guter Japaner im Trendviertel, Spezialität: hochwertiges Rindfleisch.
  Tàikāng Lù 泰康路, Gasse 248 Nr. 20

- [4] Maoming Nanlu: Màomíng Nánlù 茂名南路
- [5] Shanghai Centre Theatre: Shànghǎi Shāngchéng Jùyuàn 上海商城剧院
  Lage: Nánjīng Xīlù 南京西路 1376
  Kartenvorbestellung: Tel. +86 (0)21 62798663
  Vorstellungsbeginn: täglich 19:30 Uhr

Jadebuddhatempel

Hoteltipps

Sunrise on the Bund ★★★★

Das 2010 erbaute luxuriöse 4-Sterne-Hotel im europäisch-chinesischen Stil liegt am nördlichen Bund, mit Blick auf Pudong und die Uferpromenade. Die 151 Zimmer und Suiten sind geräumig und elegant eingerichtet und bieten alle Annehmlichkeiten eines 4-Sterne-Hotels. Mehrere hochklassige Restaurants und Bars (davon eine Dachbar im 22. Stock) sorgen für das leiblich, ein großer Spa-Bereich für das körperliche Wohl. Eine Metro-Station befindet sich in fußläufiger Nähe. Die Uferpromenade liegt nur 300 m, der klassische Abschnitt des Bunds jedoch 1,8 km entfernt.

- Chinesischer Name: *Wàitān Pǔhuá Dàjiǔdiàn* 外滩浦华大酒店
- Lage: Am nördlichen Bund, 300 m zum Ufer
- Ausstattung:
  - 151 Zimmer
  - Restaurant
  - Café
  - Bar / Lounge
  - Business-Center
  - Innenswimmingpool
  - Whirlpool
  - Sauna
  - Spa / Wellness
  - Fitnessraum
- Preisniveau: Mittelklasse
- Adresse: *Gāo Yáng Lù 168* 高阳路168号
- Kontakt: +86 (0)21 55589999
  service@sunrisesha.com
  www.sunrisesha.com

Narada Boutique Hotel Yu Garden ★★★★

Das Narada Boutique Hotel Yu-Garden befindet sich im Herzen von Shanghai zwischen dem Yu-Garden und Volksplatz – beide liegen rund 1 km entfernt. Die 131 klimatisierten und modern eingerichteten Zimmer verfügen über kostenlosen Internetzugang, Teezubehör, kostenloses Mineralwasser und einem Safe. Ein chinesisches und westliches Restaurant sowie ein Café und andere Freizeitangebote wie ein Fitnessbereich und eine Sauna stehen zur Verfügung. Vom internationalen Flughafen Shanghai-Pudong zum Hotel sind es 41 km.

- Chinesischer Name: *Shànghǎi Zhōngxīng Jūntíng Jiǔdiàn* 上海中星君亭酒店
- Lage: 800 m westlich vom Yu-Garten
- Ausstattung:
  - 131 Zimmer
  - 2 Restaurants
  - Café
  - Bar
  - Sauna
  - Sonnenterrasse
  - Fitnessraum
- Preisniveau: Mittelklasse
- Adresse: *Rénmín Lù 839* 人民路839号
- Kontakt: +86 (0)21 63265666

Hyatt on the Bund *****

Dieses 5-Sterne-Luxushotel liegt am nördlichen Bund nahe der Einmündung des Suzhou Creeks. Die Flussseitigen Zimmer und Suiten bieten daher einen tollen Ausblicke auf den Bund und die Skyline von Pudong. Komfortabel ausgestatte Zimmer, moderne Restaurants und ein Spa stehen den Gästen zur Verfügung. Die Fußgängerzone Nanjing Lu befindet sich in fußläufiger Nähe und ist über einen Spaziergang am Bund schnell erreicht. Die Entfernung zum Flughafen Hongqiao beträgt 18 km, etwa eine Stunde dauert die Fahrt zum Internationalen Flughafen Pudong und 15 Minuten zum Hauptbahnhof.

- Chinesischer Name: *Wàitān Yuèmào Dàjiǔdiàn* 外滩茂悦大酒店
- Lage: Am nördlichen Bund
- Ausstattung:
  - 631 Zimmer
  - Restaurant
  - Café
  - Bar
  - Innenswimmingpool
  - Sauna
  - Spa / Wellness
  - Fitnessraum
- Preisniveau: Luxuriös
- Adresse: *Huángpǔ Lù 199* 黄浦路199号
- Kontakt: +86 (0)21 63931234
  www.shanghai.bund.hyatt.com

The PuLi Hotel and Spa *****

Das 5-Sterne-Hotel The PuLi Hotel and Spa ist das erste urbane Resort Shanghais. Die Gästezimmer bieten Luxusstandard von der Gratis-Minibar, Nespresso Kaffeemaschine, Bose Musikanlage bis zur Badewanne am Fenster mit Aussicht. Abwechslung bieten die 32-Meter lange Bar in der Lobby, die hoteleigene Bibliothek mit ihren tiefen Sesseln oder der Außenswimmingpool mit Gartenterrasse. Die Taxifahrt zum Volksplatz dauert etwa 10 Minuten. Mit der nahe gelegenen U-Bahn sind es nur zwei Stationen und eine weitere Station bis zum Bund. Der Internationale Flughafen Pudong liegt 50 km entfernt.

- Chinesischer Name: *Pǔlì Jiǔdiàn* 璞麗酒店
- Lage: Neben dem Jing'An Tempel
- Ausstattung:
  - 229 Zimmer
  - Restaurant
  - Bar / Lounge
  - Business-Center
  - Außenswimmingpool
  - Spa / Wellness
  - Fitnessraum
  - Bibliothek
  - Sonnenterrasse
- Preisniveau: Luxuriös
- Adresse: *Chángdé Lù 1* 常德路1号
- Kontakt: +86 (0)21 32039999
  Reservations@ThePuli.com
  www.ThePuli.com

SHANGHAI

Seitenblick aus dem *China Tours Reisemagazin*

Shanghai – die alternde Stadt
Von Isabelle Harbrecht

Er tänzelt vor und zurück, wiegt sich zu den Klängen der alten kommunistischen Lieder, die blechern aus dem Lautsprecher dringen. Schließlich lässt er sich im Schatten der Platanen auf einer Parkbank nieder. Lao Zhao ist 70 Jahre alt und gehört damit zu den über 60-jährigen, die schon jetzt ein Viertel der Bevölkerung Shanghais ausmachen. In den nächsten vier Jahren wird der Anteil der Alten sogar auf ein Drittel ansteigen.

■ Chinas Bevölkerungspyramide steht Kopf

4,3 Millionen werden es sein und was die Regierung besonders beunruhigt, es wird sich um die Eltern von Chinas Einzelkindern handeln. Zwar bekommen die Senioren in Shanghai eine Rente, doch reicht diese bei den rasant steigenden Lebenshaltungskosten nicht aus. Chinas Bevölkerungspyramide steht auf dem Kopf: ein Kind wird für seine Eltern und zwei Paar Großeltern sorgen müssen. Shanghai ist dem Rest von China in vielerlei Hinsicht voraus. Das gilt auch für die alternde Bevölkerung. Seit 32 Jahren altert Shanghai und dieser Trend wird sich die nächsten zehn bis zwanzig Jahre weiter fortsetzen.

Lao Zhao spricht Englisch, er drückt sich gewählt aus. Vermutlich hat er noch vor der Kulturrevolution die Universität besucht. Wie es ihm als „Intellektuellen" dann ergangen ist, darüber will er nicht sprechen. Das ist die Vergangenheit, vielmehr interessiert ihn, ob es sich in Ost-Deutschland oder West-Deutschland besser lebt. Und hat man in Amerika oder in Europa mehr Freiheit?

■ Shanghais aktive Senioren

Shanghais Senioren sind aktiv, sie genießen ihr Leben und die Stabilität, die zurzeit in China herrscht. Eine Sicherheit, die sie bei der stürmischen Geschichte des Landes in den letzten hundert Jahren selten gehabt hatten. In den Parks wird gesungen, Tai Qi geübt. Man tanzt zu den alten Liedern. Katzen werden gefüttert, Vögel spazieren getragen. Schlendert ein Ausländer vorbei, so werden ein paar Brocken Englisch ausgegraben.

Lao Zhao kommt jeden Morgen in den Park, absolviert seine Tai-Qi-Übungen. Mittags geht er zum Essen nach Hause. Nachmittags trifft er wieder seine Bekannten im Park, tanzt, geht spazieren. Bis abends endlich die Tochter von der Arbeit nach Hause kommt. Viel Bewegung, für Shanghaier Verhältnisse einigermaßen frische Luft und geistige Herausforderungen bei den verschiedenen Aktivitäten in den Parks. Da ist es nicht weiter verwunderlich, dass Shanghais Senioren sich nicht nur zahlenmäßig vermehren, sondern auch immer älter werden. 997 Menschen in Shanghai sind über 100 Jahre alt. 201 Männer und 796 Frauen. Allein im letzten Jahr haben 94 Shanghaier ihren hundertsten Geburtstag gefeiert.

Ein neues Lied erklingt scheppernd aus dem Lautsprecher. Lao Zhao springt von der Bank auf. Der Sänger besingt mit blecherner Stimme die Errungenschaften der kommunistischen Revolution. Lao Zhao dreht sich, schwingt die Arme und reckt das Gesicht der Sonne entgegen. Ein weiterer Frühling in Shanghai hat begonnen.

Frühsport – Fächertanz

👍 **TIPP: China Tours Reisemagazin**

Entdecken Sie weitere spannende Geschichten rund um das Thema China auf: www.ChinaTours.de/Magazin

SHANGHAI

Suzhou

Sūzhōu 苏州

STADTINFO

Chinesischer Name:	*Sūzhōu* 苏州
Einwohnerzahl:	2,4 Mio. Einwohner, mit Umland 6,5 Mio.
Provinz:	Jiangsu
Besonderheiten:	Mehrere Gärten sind seit 1997 Unesco-Welterbe
Wetter:	1.100 mm Niederschlag/Jahr, Januar: 2,5° C Juli: 28,0° C
M ü. NN:	20 m

Garten der Politik meiner Wenigkeit

Stadt der Gärten, der Kanäle, der Seide, mit Hangzhou in einem Atemzug als „Paradies auf Erden" tituliert: Suzhou ist in der Tat etwas Besonderes. Dank der Seidenindustrie war sie einst die reichste Stadt des Landes und bis zum Aufstieg Shanghais die zweitgrößte nach Peking. Aber noch vor Peking definierte sie seit Jahrhunderten die feine Lebensart. Hier war das Bildungsniveau hoch, hier setzten sich die kaiserlichen Beamten zur Ruhe und pflegten die Freuden des Lebensabends in ihren zu Paradiesen stilisierten Gärten.

Das Suzhou von heute hat zwar keine vollständig intakte Altstadt mehr, wie sie das Touristenherz erfreuen würde, aber immerhin verbannte die Stadtregierung die allzu groß dimensionierten modernen Wohn- und Wirtschaftsbauten in die Vorstadt, wo Suzhou sich zu einem Hi-Tech-Zentrum entwickelt. Mit ihrem gleichmäßigen Straßennetz macht die 3,3 mal 4,5 km große Altstadt die Orientierung leicht. Allerdings liegen die meisten Ziele so weit auseinander, dass man besser aufs Taxi wechselt. Suzhou wird zwar gern „Venedig des Ostens" genannt, aber keineswegs liegt es auf Inseln im Meer, und ebenso wenig verkehren hier Wasserbusse oder Gondeln. Allerdings gibt es im Südwesten einen **Bootsanleger**[1], von dem aus Rundtouren auf dem breiten, gut 15 km langen Stadtgraben erfolgen.

■ [1] Bootsanleger: *Gǔyùnhé Lǚyóu Mǎtóu*
                          古运河旅游码头
Lage: *Pánxū Lù* 盘胥路 798
Abfahrt: Tgl. mehrere Touren ab 13.30 Uhr

SUZHOU

Nördliche Altstadt

Pagode Beisi Ta und Seidenmuseum

Die 76 m hohe Nordklosterpagode von 1150 ist der klassische Aussichtspunkt der topfebenen Stadt. Westlich gegenüber illustriert das **Seidenmuseum**[1] Suzhous große Gewerbetradition in Technik und Geschichte. In einer nachgebauten historischen Seidenhandlung kann man hier mit imitierten alten Kupfermünzen einkaufen.

- Chinesischer Name: *Běisì Tǎ* 北寺塔
- Lage: *Rénmín Lù* 人民路 1918
- [1] Seidenmuseum: *Sīchóu Bówùguǎn* 丝绸博物馆
  Lage: *Rénmín Lù* 人民路 2001

Suzhou-Museum

Stararchitekt Ieoh Ming Pei entwarf dieses 2006 eröffnete Haus für die Stadt seiner Vorfahren. Es ist nicht groß, aber die schönen Exponate, von prähistorischen Artefakten bis zu zeitgenössischer Kunst, kommen gut zur Geltung. Zum Altbautrakt, einem einstigen Wohnanwesen, gehört ein historischer Theatersaal.

- Chinesischer Name: *Sūzhōu Bówùguǎn* 苏州博物馆
- Lage: *Dōng Běijē* 东北街 204

Garten der Politik meiner Wenigkeit

Der Garten der Politik meiner Wenigkeit spielt mit seinem meist falsch übersetzten Namen auf eine alte Textstelle an, die die „Politik" des kleinen Mannes benennt: Pflanzen gießen, Gemüse verkaufen, Schafe hüten. Der Beamte, der den Garten gründete und sich hier zur Ruhe setzte, machte somit klar: Die große Politik kann mir fortan gestohlen bleiben.
Der Garten, Suzhous größter, besteht heute aus drei Teilen. Im relativ schlichten Ostteil lässt sich in einem Teehaus rasten. In der Mitte und im Westen bestimmen Lotosteiche, Pavillons und Gartenhäuser das Bild. Vom Ostende des mittleren Gartens fällt der Blick auf die Pagode Beisi Ta, die, obwohl weit außerhalb des Gartens stehend, in die Szenerie eingegliedert wird. Ganz im Westen gelangt man zu einer Bonsaizucht mit wunderbaren Exemplaren.

- Chinesischer Name: *Zhuózhèng Yuán* 拙政园
- Lage: *Dōng Běijē* 东北街 (Eingang östlich des Suzhou-Museums)

Garten Shizilin

Mit seiner Überfülle bizarrer Felsen und den verschlungenen, über Gipfel und durch Tunnel führenden Wegen ist der „Löwenhain" der wohl verrückteste Garten ganz Chinas. Entstanden im 14. Jh. als Garten des Löwenhainklosters, erhielt er seine heutige Gestalt erst unter der Familie Bei, die ihn 1908 kaufte – daher auch die Verwendung von Zement und das für einen klassischen Garten stilwidrige steinerne Boot.

- Chinesischer Name: *Shīzilín* 狮子林
- Lage: 1 Block südlich vom Garten der Politik meiner Wenigkeit

Garten der Politik meiner Wenigkeit

SUZHOU

Garten des Meisters der Netze

Stadtmitte

Tempelkloster Xuanmiao Guan
Dieses bedeutende daoistische Heiligtum beherrscht die Stadtmitte wie in Europa die Hauptkirche – mit Vorplatz und angrenzender Fußgängerzone. In der Torhalle wachen sechs Generäle. Die Haupthalle von 1179 ist die älteste und größte daoistische Halle südlich des Yangtze. Hier blicken die Drei Reinen, die Hochgötter des Daoismus, als riesenhafte Statuen auf die Gläubigen nieder. Kleinere Figuren stellen die 60 Jahresgötter dar. An den Seiten des Vorplatzes stehen noch zwei kleinere Tempel.

- Chinesischer Name: *Xuánmiào Guān* 玄妙观
- Restaurant-Tipp:
  California Dream 加州风情
  Fùrén Fāng 富仁坊 22 (vier Straßen südlich der Guanqian Jie), beliebtes Café mit Käsekuchen, auch Freisitz

Guanqian Jie
Die „Straße vor dem Daoistentempel" ist Chinas älteste Fußgängerzone, gesäumt von Läden, Kaufhäusern und einigen Restaurants; das Geschäftsviertel setzt sich in den Parallelstraßen fort.

- Chinesischer Name: *Guānqián Jiē* 观前街

Südliche Altstadt

Garten Canglangting
Der Name dieses ältesten der Suzhouer Gärten spielt auf einen Fischer am Canglang-Fluss an, der einst einem Beamten riet, sich nicht über die Missstände am Hofe zu grämen, sondern sein Glück im Privaten zu suchen. Eben dies macht der Garten zum Programm. Raffiniert bezieht er einen öffentlichen Kanal in die Gestaltung ein. Durch die Fenster des doppelten Wandelgangs am Ufer konnte man das vorübergondelnde Volk betrachten. Die Wohngebäude blieben erhalten. Der altgriechisch inspirierte Bau nebenan entstand als städtische Kunstschule (heute Kunsthalle).

- Chinesischer Name: *Cānglàngtíng* 沧浪亭
- Lage: *Cānglàngtíng Jiē* 沧浪亭街 3

Garten des Meisters der Netze
Diesen perfektesten der Suzhouer Gärten betritt man durch das Wohnhaus. In seinem Namen „Garten des Meisters der Netze" und in seiner Gestaltung greift er das altbeliebte Thema des politikfernen Fischers auf, stilisiert sich somit als ein Refugium in ein privates, nur dem Alltäglichen gewidmetes Paradies. Man durchwandert den Garten von der Empfangshalle aus nach links und weiter im Uhrzeigersinn. Zunächst versperrt ein kleines Felsgebirge den Blick auf den Gartenteich,

um die Spannung zu erhöhen. Vom „Pavillon des steigenden Monds und der aufkommenden Brise" genießt man dann das volle Panorama.

- Chinesischer Name: *Wǎngshī Yuán* 网师园
- Lage: *Kuòjiātóu Xiàng* 阔家头巷 11 (Seitengässchen der *Dàichéngqiáo Lù* 带城桥路)

Brücke Wumen Qiao
Eine alte Bogenbrücke über den breiten Stadtgraben, voraus ein Stück Stadtmauer mit dem Panmen-Wassertor, dahinter eine Pagode: Hier blieb eine pittoreske Ecke von Alt-Suzhou erhalten.

- Chinesischer Name: *Wúmén Qiáo* 吴门桥

Andere Ziele

Garten Liu Yuan
Suzhous zweitgrößter Garten ist der strukturell komplizierteste – und damit auch der mit den meisten Überraschungen. Während der westliche Gartenteil großzügig gestaltet ist mit einem Gartenteich, Terrassen, Felsen und Pavillons, wird es östlich davon sehr kleinteilig mit über einem Dutzend Hofgärtchen von teils nur Zimmergröße. Außen und innen verschränken sich hier einander mit spielerischem Witz.
Man betritt den Garten von Süden durch die Wohngebäude, dann sollte man links um den Teich herumgehen. Das Inselchen darin heißt „Kleines Penglai" – Penglai ist ein sagenhafter Ort im Weltmeer, auf dem die Unsterblichen wohnen.

- Chinesischer Name: *Liú Yuán* 留园
- Lage: *Liúyuán Lù* 留园路 338 (westliche Vorstadt)
- Restaurant-Tipp: *Sōnghèlóu* 松鹤楼 im Jasmine Holiday Inn Hotel 茉莉花假日酒店, Hotelfiliale eines alteingesessenen Lokals, typische Suzhouküche

Kloster Hanshan Si
Ein Gedicht aus dem 8. Jh. macht dieses an sich nicht bedeutende Kloster in ganz Ostasien berühmt. Vor allem Japaner zieht es hierher. Damit es etwas mehr zu sehen gibt, fügte man dem Komplex 1995 eine 42 m hohe Pagode im Stil der Tang-Zeit hinzu. Schön ist die Lage an einem Kanal mit einer alten Brücke.

- Chinesischer Name: *Hánshān Sì* 寒山寺
- Lage: 2 km westlich des Liu Yuan

Panmen-Wassertor

Wasserstadt Tongli

Ausflug: Tongli

Der hübsche Marktflecken, von Kanälen durchzogen, mit reinlichen Gassen und gepflegten Häusern hat sich in den letzten Jahren immer mehr herausgeputzt. Ein Bummel durch den Ort führt zu über einem Dutzend größerer und kleinerer Ziele, darunter ein Stadtgotttempel, mehrere vornehme alte Wohnhäuser, eine Pagode, ein Teehaus und eine Opernbühne, auf welcher mehrmals täglich Aufführungen der lokalen chinesischen Oper stattfinden. Besonders lohnenswert ist der Literatengarten, mit dem klangvollen Namen **Garten zum Rückzug zur Besinnung**[1]. Man spürt den traditionellen Wohlstand, der die Region kennzeichnete.

- Chinesischer Name: *Tónglǐ Gǔzhèn* 同里古镇
- Lage: 20 km südlich
- [1] Garten zum Rückzug zur Besinnung: *Tuìsī Yuán* 退思园

Suzhou am Abend

Die beste Idee für den Abend sind die Vorführungen im Garten des Meisters der Netze, bekannt unter dem Titel **„Nachtgarten"**[1]. Sie finden an mehreren Stellen statt, und die Besucher, in „handliche" Grüppchen aufgeteilt, wandern im Laufe des Abends von einer zur anderen: von der Opernszene zum Tanz, vom Pingtan-Dialog zum Flötenspieler und so weiter. Nirgends sonst erlebt man klassisch-chinesische Kultur so stimmungsvoll wie hier.

- [1] Nachtgarten: *Yè Huāyuán* 夜花园
- Aufführungen: März-November täglich 19:30 Uhr

SUZHOU

Hoteltipps

Yuan Wai Lou Hotel ****

Zentral gelegen, in Nachbarschaft zum Garten Liu Yuan und dem Kloster Hanshan Si, ist das 1988 erbaute Hotel selbst in eine typische Suzhouer Gartenlandschaft mit Pavillons und kleinen Brücken eingebettet. 182 wohlausgestattete Zimmer erwarten den Gast, alle haben Flachbildfernseher, Zimmersafes und Minibar. Bis zum Stadtzentrum sind es 2 km und zum Garten des Meisters der Netze 5 km. Stadtzentrum und Bahnhof liegen 3 km entfernt.

- Chinesischer Name: *Xuánwài Lóu Fàndiàn* 园外楼饭店
- Lage: Zentral im Gartenviertel
- Ausstattung:
  - 182 Zimmer
  - Restaurant
  - Bar / Lounge
  - Business-Center
  - Fitnessraum
  - Tennisplatz
  - Karaoke
- Preisniveau: Moderat
- Adresse: *Liúyuán Lù 447* 留园路477号
- Kontakt: +86 (0)512 85888588
  GardenHotelSuzhou@126.com
  www.ywl-Hotel.com

Garden Hotel *****

Das neue 4-Sterne-Hotel (Baujahr 2006) liegt in der südlichen Altstadt von Suzhou nahe dem Garten des Meisters der Netze und dem Garten Canglangting. Die Haupteinkaufsstraße liegt direkt vor der Hoteltür. 235 geräumige und elegant eingerichtete Zimmer mit Annehmlichkeiten wie Satellitenfernsehen, Internetzugang und freie Nutzung des Fitnessraums erwarten den Gast. Swimmingpool und Spa stehen ebenfalls zur Verfügung. Für das leibliche Wohl sorgen Restaurants und Bars. Zum Bahnhof sind es 4 km, die Fahrtzeit zum Internationalen Flughafen Pudong in Shanghai beträgt etwa eineinhalb Stunden.

- Chinesischer Name: *Nányuán Bīnguǎn* 南園賓館
- Lage: Zentral in der südlichen Altstadt
- Ausstattung:
  - 235 Zimmer
  - 2 Restaurants
  - Café
  - Bar / Lounge
  - Business-Center
  - Innenswimmingpool
  - Spa / Wellness
  - Fitnessraum
  - Billardzimmer
- Preisniveau: Mittelklasse
- Adresse: *Cānglàngqū Dàichéng Qiáolù 99* 沧浪区带城桥路99号
- Kontakt: +86 (0)512 67786778
  Office@GardenHotelSZ.com
  www.GardenHotelSuzhou.com

Gipfelregion des Tai Shan

Wer den heiligen Ostberg Tai Shan besteigt, tritt in zahlreiche Fußstapfen. Ob in die von Konfuzius, wie behauptet wird, ist zwar nicht sicher, aber als der Erste Kaiser vor gut 2200 Jahren oben auf dem Gipfel dem Himmel seine Erfolge verkündete, war die Tai-Shan-Besteigung schon Tradition. Zur Ming-Zeit nahm der Fremdenverkehr hier solche Ausmaße an, dass die Pilger unter Pauschalangeboten wählen konnten: einmal zahlen für Unterkunft, Verpflegung, Sänfte, Opernabend, Pferdefutter.

Die Popularität des Bergs hat drei Wurzeln: Da er aus der Tiefebene aufsteigt, wirkt er weit imposanter, als seine Höhe von 1.545 m vermuten lässt, und in 1.000 km Umkreis gibt es keinen höheren Gipfel. Personifiziert als Ostbergkaiser, wurde der Tai Shan als Herr über Leben und Tod verehrt; er messe dem Menschen, so hieß es, seine Lebensspanne zu. Und schließlich war da die Prinzessin der azurenen Morgenwolken, eine Erfindung der Daoisten, die damit dem buddhistischen Guanyin-Kult Paroli bieten wollten. Sie sei Enkelin des Bergkaisers und hier beheimatet.

Tatsächlich wurde der Kult um diese Göttin äußerst populär, vor allem bei Frauen. Manche kommen noch heute, um sie um männlichen Nachwuchs oder die Genesung eines Kindes anzuflehen. Babypüppchen dienen als Votivgaben.

Tai'an

Hier, am Südfuß des Bergs liegt der Bahnhof, hier wohnt man, von hier steigt man auf, und hier ist der Hauptort des Tai Shan-Kults.

- Chinesischer Name: *Tàiān* 泰安

Dai Miao

Zu Ehren des Tai Shan-Bergs wurden hier in kaiserlichem Auftrag die aufwändigsten Opferfeiern der chinesischen Geschichte zelebriert, und dem entsprechen die Dimensionen. Mit seinen mächtigen, zinnengekrönten Mauern ähnelt der Tempel einer Festung.

Tai Shan

Tài Shān 泰山

BERGINFO

Chinesischer Name:	*Tài Shān* 泰山
Höhe:	bis 1.545 m hoch
Provinz:	Shandong
Besonderheit:	Unesco-Welterbe seit 1987
Wetter am Bergfuß:	700 mm Niederschlag/Jahr, Januar: -2,6° C Juli: 26,4° C Die Temperaturen auf dem Gipfel liegen im Schnitt um 8,5° C unter denen der Stadt

Ihm südlich vorgelagert ist ein kleinerer Tempel, in dem sich Chinas Kaiser, wenn er gewissermaßen auf Staatsbesuch erschien, beim Ostbergkaiser anmeldete. Im 400 m langen Haupttempel blieben einige bis zu 2200 Jahre alte Steininschriften erhalten. Die Opfer fanden vor und in der „Halle des Himmelsgeschenks" statt, einem kaisergelb gedeckten Bau. Darin zeigt ein 62 m langes Wandbild eine Inspektionsreise des Ostbergkaisers mitsamt seiner Entourage; er selbst fährt in einem vierrädrigen Wagen. Dioramen in den Seitengebäuden helfen, sich das Tai Shan-Opfer vorzustellen.

- Chinesischer Name: *Dài Miào* 岱庙

Vom Tempel zum Bergfuß

Vom Nordtor des Tempels führt der Hauptweg über 1,6 km geradewegs auf den Bergfuß zu. Ein großes weißes Schmucktor aus dem Jahr 1730 ist das erste von zahllosen anderen, die noch folgen werden. Sie ehren den Weg zum Gipfel und heben ihn aus der Alltagswelt heraus.

Am Bergfuß

Tai Shan

Aufstiegsalternativen

Drei Seilbahnen führen aus drei Richtungen auf den Gipfel aber nur eine Version des Bergerlebnisses bringt die Tai-Shan-Dramaturgie zünftig zur Geltung: zu Fuß über die Hauptroute, dann oben in einer der Gipfelherbergen übernachten und früh den Sonnenaufgang erleben. Wer es bequemer möchte, kann bis auf die halbe Höhe mit dem Bus fahren, dann die Seilbahn nehmen und abwärts laufen. Mindestens eine Teilstrecke (ca. 7 km plus 2 km auf der Gipfelregion) sollte man auf jeden Fall zu Fuß gehen, denn es gibt am Wegesrand viel zu sehen. Wer nur fährt, versäumt das meiste. Zu Fuß hinauf und hinab an einem Tag schafft nur, wer über eine gute Kondition verfügt und sich nirgends lange mit Besichtigungen aufhält – auch keine gute Lösung. Wie auf Chinas Bergen üblich, ist der Weg mit Steinstufen versehen. Daher genügt normales Schuhwerk. Fliegende Händler versorgen die Pilger mit allem Notwendigen – zu mit der Höhe steigenden Preisen.

- Gipfelhöhe: 1.545 m
- Aufstiegsalternativen: Minibusse ab *Tiānwài Cūn* 天外村 bis zum Mittleren Himmelstor (*Zhōngtiān Mén* 中天门) oder Seilbahn (*Suǒdào* 索道)

Vom Bergfuß zum Mittleren Himmelstor

Beim Ersten Himmelstor beginnt es mit den Stufen – 6.366 sind es bis zum Gipfel – und mit den Steininschriften, die den Wanderer bis hinauf zum Gipfel begleiten. Man sieht die größte Freiluftkalligrafieschau der Welt, in Stein geschnitten über viele Jahrhunderte. Nach einer Folge von Schmucktoren markiert das **Rote Tor**[1] den eigentlichen Zugangspunkt. Seine Seitenflügel bergen zwei Tempelchen, einer für die Wolkenprinzessin, einer für Buddha Maitreya. Die den Pfad überspannende Halle **Wanxian Lou**[2], 400 m weiter, ist ebenfalls der Prinzessin geweiht.

Der „Palast der Scheffelmutter" für eine Sternengöttin, 900 m weiter, war einst ein Nonnenkloster. Weiter geht es durch das bewaldete Tal aufwärts. Nach 3,8 km ab dem Roten Tor ist die erste Etappe geschafft und das **Mittlere Himmelstor**[3] in 840 m Höhe erreicht. Hier endet die über die Westroute herauf geführte Fahrstraße, ab hier geht es fakultativ weiter per Seilbahn.

- [1] Rotes Tor: *Hóngmén Gōng* 红门宫
- [2] Wanxian Lou: *Wànxiān Lóu* 万仙楼
- [3] Mittleres Himmelstor: *Zhōngtiān Mén* 中天门

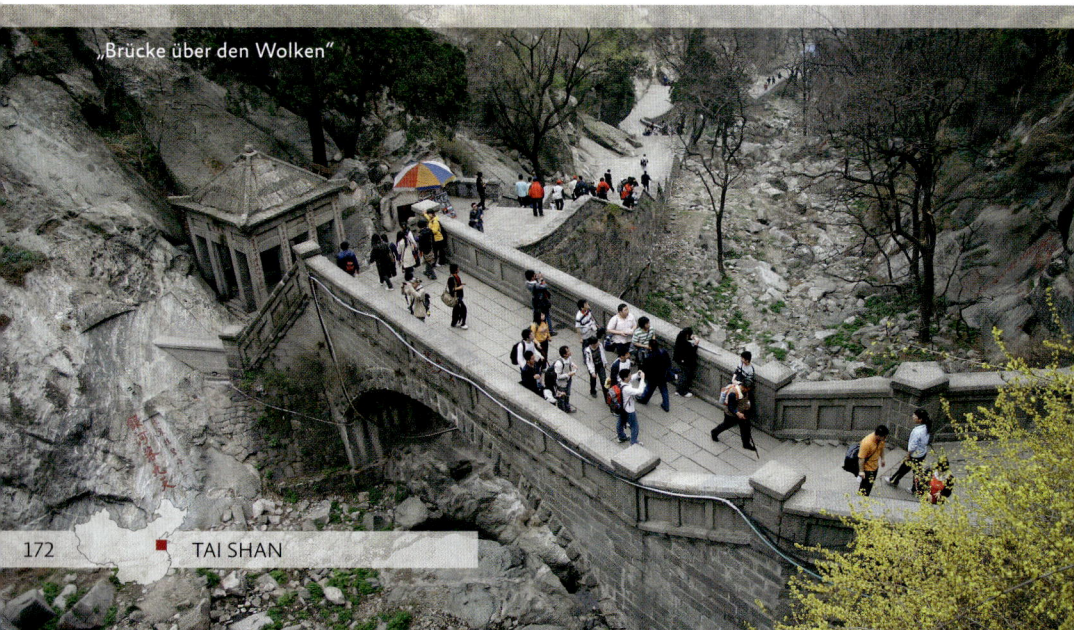

„Brücke über den Wolken"

Vom Mittleren Himmelstor zum Südlichen Himmelstor

Der folgende Abschnitt ist zunächst wieder leichter zu gehen. Steiler wird es bei der „**Brücke über den Wolken**"[1], die sich direkt vor einem Wasserfall auf die andere Talseite schwingt. Wenig oberhalb steht die knorrig-malerische **Wudaifu-Kiefer**[2], die im Jahr 219 v. Chr. schon dem Ersten Kaiser bei einem Regenschauer Schutz geboten haben soll. Auf der anderen Talseite wird nun eine sehr große Felsinschrift sichtbar. Sie verewigt den Besuch des Qianlong-Kaisers im Jahr 1748.

Nun wird's allmählich ernst: Der steilste Abschnitt beginnt. Dessen letzte Etappe, die Treppe der 18 Windungen, endet beim **Südlichen Himmelstor**[3]. Hier beginnt die Gipfelregion.

- [1] Brücke über den Wolken: Yúnbù Qiáo 云步桥
- [2] Wudaifu-Kiefer: Wǔdàifu Sōng 五大夫松
- [3] Südliches Himmelstor: Nántiān Mén 南天门

Gipfelregion

Sie ist recht ausgedehnt und erfordert weiteres Treppensteigen, belohnt aber immer wieder durch den beeindruckenden Blick zurück in das Tal und auf die bereits geschafften Treppenstufen. Gaststätten und Hotels bilden beinah eine kleine Ortschaft, Funk- und Wetterstationen mit Masten und Antennen verderben jede etwaige romantische Anwandlung.

Vom Himmelstor nach rechts gelangt man zum Haupttempel der Wolkenprinzessin (mit Tempelbühne am talseitigen Ende). Weiter geht der Weg zum Ostende des Plateaus, von wo aus man in der Frühe den Sonnenaufgang erwartet, dann im Bogen wieder westwärts zum **Jadekaisertempel**[1], mit dem der eigentliche Gipfelpunkt umbaut wurde. Südlich unterhalb davon schließlich ist die prächtigste **Felsinschrift**[2] ganz Chinas zu bewundern. Sie berichtet vom großen Bergopfer, dass Tang-Kaiser Xuanzong hier im Jahr 725 zelebrierte. Alle ihre 1.009 Schriftzeichen sind vergoldet.

- [1] Jadekaisertempel: Yùhuáng Dǐng 玉皇顶
- [2] Felsinschrift: Táng Móyá Bēi 唐摩崖碑

Ausflug Kloster Lingyan Si

Unterhalb eines Nebengipfel des Tai Shan liegt am Ende eines stillen Tals eine Preziose: das Buddhakloster Lingyan Si. Nicht nur die Umgebung mit alten Koniferen und hoch aufragenden Felswänden ist etwas Besonderes, sondern auch die Kunstschätze sind es, vor allem die vierzig etwa 900 Jahre alten, kolorierten Mönchsfiguren in der Haupthalle, die wie lebende Menschen auf einer umlaufenden Bank sitzen. Hinzu kommen ein Mönchsfriedhof mit bis zu 1300 Jahre alten Grabpagoden und die weiße, bald tausendjährige Pizhi-Pagode.

- Chinesischer Name: Língyán Sì 灵岩寺
- Lage: 35 km nordwestlich (Taxientfernung)

Treppe der 18 Windungen

Konfuziusstadt Qufu

Wer von Tai'an früh aufbricht, kann Qufus drei Hauptattraktionen an einem Tag sehen und am Abend wieder zurück sein. Entspannter geht es mit einer Übernachtung.

Qufu (sprich: Tjüfu) ist die Konfuziusstadt, der Geburts- und Sterbeort des großen Meisters, der von 551 bis 479 v. Chr. lebte, und Zentrum seines seit 2100 Jahren amtlicherseits geförderten, grandiosen Kultes. Damit beauftragt waren seine Stammhalter, die hier, vom Kaiser mit einem Adelstitel und Pfründen versehen, über Tausende von Bauern wie über Leibeigene herrschten, die alles zu liefern hatten, was für die regelmäßigen großen und kleinen Opfer nötig war. Dank dieser einzigartigen, erst im 20. Jh. unterbrochenen Tradition zählt Qufu zu den ehrwürdigsten Orten nicht nur Chinas, sondern des Globus.

- Chinesischer Name: *Qūfù* 曲阜
- Lage: 65 km südlich
- Besonderheit: Unesco-Welterbe seit 1994

Stadt und Ortsbild

Mit 210.000 Einwohnern (ohne Umland) ist Qufu nach chinesischem Maßstab eine Kleinstadt. Die Altstadt, die ein Fünftel der Fläche einnimmt, bemüht sich, auch bei Neubauten ein halbwegs historisches Ortsbild zu wahren. Die Stadtmauer, der Stadtgraben und die alten Tore wurden wieder hergerichtet.

Stadtmauer

Konfuziustempel

Der größte und älteste des Landes und somit auch der Welt nimmt jeden mit seiner Atmosphäre gefangen und beeindruckt mit seinen Dimensionen. Knorrige Baumveteranen beschatten die 650 m lange Anlage. Los geht es im Süden beim Südtor der Stadt, das genau auf der Tempelachse liegt, direkt vor dem Haupttor des Heiligtums. Zunächst ist eine Folge von Ehrentoren zu durchschreiten, deren Aufschriften sich auf Konfuzius beziehen, z.B. „Tor der Sternengleichen", „Tempel des größten Heiligen" oder „Tor der Rechtzeitigkeit des Heiligen". Erst nach acht Toren und 350 Metern wird die erste Halle erreicht: die Bibliothek. Es folgt ein Zwischenhof mit Stelenpavillons, die kaiserliche Inschriften bergen. Danach wird die Anlage dreizügig. Links geht es in einen Nebentempel zu Ehren der Eltern des Konfuzius, rechts in ein Areal, auf dem sein Wohnhaus gestanden haben soll und entsprechende Legenden gepflegt werden – unter anderem ist sein Brunnen zu sehen.

Durch das „Tor der großen Vollkommenheit" betritt man den Haupttrakt, einen geräumigen, rings umbauten Hof, an deren Nordende die imposante Haupthalle steht, ein kaiserlich privilegierter Bau mit gelb glasierten Dachziegeln. Solch prächtige, drachenumschlungene Granitsäulen wie bei dieser Halle gab es aber nicht einmal bei Hofe. Das gesamte Inventar, darunter die Prunkschreine für Konfuzius und andere Philosophen, stammt aus den Achtzigerjahren – in der Kulturrevolution hatten die Roten Garden in Qufu hemmungslos gewütet. Der „Aprikosenpavillon" im Hof erinnert an eine Textstelle, die Konfuzius unter einem Aprikosenbaum sitzen und musizieren sah, und kann als Anspielung auf die Ritualmusik gelten, die hier einst erklang. Die Opferfeiern fanden nachts auf der Terrasse statt, viermal jährlich in großer Form mit 360 Mitwirkenden: Musikanten, Opferdienern, Tänzern.

Jenseits der Halle folgen noch die so genannte „Schlafhalle zu Ehren der Frau des Konfuzius" sowie die „Halle der Spuren des Weisen" mit bildlichen Darstellungen zu seinem Leben.

- Chinesischer Name: *Kǒng Miào* 孔庙

TAI SHAN 175
Haupthalle des Konfuziustempels

Kong-Residenz

Kong-Residenz
Gleich nebenan liegt die Residenz der Stammhalter des Weisen, deren Familienname Kong war – von Kong fu zi, „verehrter Meister Kong", leitet sich Konfuzius' latinisierter Name ab. Das herrschaftliche Anwesen gliedert sich in einen öffentlichen und einen privaten Teil. Ersteren betritt man von Süden durch das Haupttor. Jenseits eines Vorhofes und des anschließenden Haupthofes gelegen, besteht er aus drei Hallen. Hier empfing der Hausherr offizielle Gäste, nahm kaiserliche Sendschreiben in Empfang und hielt Gerichtssitzungen ab, denn ähnlich einem kaiserlichen Beamten hatte er über seine Untertanen auch Recht zu sprechen.

Eine hohe Quermauer trennt den privaten Teil für die Frauen, Zofen und Kinder ab, die dort, bis auf die älteren Söhne, wie in einem luxuriösen Gefängnis lebten. Das Wasser erhielten sie durch eine Öffnung in der Mauer. In den Wohnräumen blieb ein Großteil der Ausstattung erhalten, wie sie in den 20er, 30er Jahren bestand, ehe die Familie nach Taiwan floh. Ganz im Norden gelangt man in den Garten der Residenz.

- Chinesischer Name: *Kǒng Fǔ* 孔府

Friedhof der Kong-Sippe
Dies ist einer der ältesten bis heute genutzten Friedhöfe der Welt. Er ist größer als die gesamte Altstadt. Das (angebliche) Grab des Konfuzius, ein unscheinbarer Tumulus nahe dem Eingang, bildet ein Ensemble mit den Gräbern seines Sohns und seines Enkels. „Großer Vollender, höchster Heiliger, Kultur verbreitender König" steht auf seinem Grabstein. Eine steinerne Ehrengarde bewacht die Zuwegung. Mit einem der Elektrobusse (oder besser noch: zu Fuß) lässt sich der übrige Friedhof erkunden, den ein drei Kilometer langer Rundweg erschließt. Die Atmosphäre dieses verwilderten Totenwalds ist einzigartig. Zuweilen trifft man auf die Gräber der Stammhalter, zu denen steinerne Ehrenpforten, Altartische und Tierfiguren gehören, oder man sieht ein frisches Grab mit Papierblumen, denn wer in Qufu zu Konfuzius' Sippe gehört – und das sind viele tausend Menschen –, wird auch heute noch hier bestattet.

- Chinesischer Name: *Kǒng Lín* 孔林

Weitere Ziele
Qufu und Umgebung bieten weitere Heiligtümer, darunter nordöstlich gegenüber der Kong-Residenz den großen **Tempel Yan Miao**[1] für Konfuzius' Lieblingsschüler Yan Hui und an der Nordostecke der Altstadt der **Tempel des Herzogs von Zhou**[2], einen von Konfuzius gepriesenen idealen Herrscher des Altertums. Hierher verirren sich stets nur wenige Besucher. Entsprechend authentisch ist die Atmosphäre.

- [1] Tempel Yan Miao: *Yán Miào* 颜庙
- [2] Tempel des Herzogs von Zhou: *Zhōugōng Miào* 周公庙

TAI SHAN

Hoteltipps

Taishan International Hotel **** (Tai'an)

Das Taishan International Hotel befindet sich am Fuße des Berges. Von hier ist der Ausgangspunkt für den Bergaufstieg bequem mit dem Taxi zu erreichen. Die Zimmer des 4-Sterne-Hotels sind komfortabel und praktisch eingerichtet mit Klimaanlage, Zimmersafe und Internetzugang. Manche Zimmer bieten einen Blick auf den Berg. Die Mitte des Hotels bildet ein hohes überdachtes Atrium mit bequemen Sitzgelegenheiten neben der Lobby. Von ihm gehen alle Zimmer ab. So kommt viel Licht in das Hotel. Weiterhin bietet das 4-Sterne-Haus zwei Restaurants mit westlicher und chinesischer Küche. Zum Bahnhof sind es 3 km.

- Chinesischer Name: *Tàishān Guójì Fàndiàn* 泰山国际饭店
- Lage: 3 km westlich vom Bahnhof
- Ausstattung:
    - 117 Zimmer
    - 2 Restaurants
    - Bar / Lounge
    - Business-Center
    - Fitnessraum
- Preisniveau: Moderat
- Adresse: *Yíngbīn Dàdào Zhōngduàn* 迎宾大道中段
- Kontakt: +86 (0)538 8436688
  www.TaishanInternational.com

Queli Hotel **** (Qufu)

Das 4-Sterne-Hotel befindet sich zentral in der Stadt Qufu direkt neben der Kong-Residenz. Trotz der prominenten Lage bietet das flach gebaute und weitläufige Hotel eine ruhige Umgebung. Die Zimmer sind groß und sauber, die Betten bequem und die Einrichtung ist einfach. Qufus Sehenswürdigkeiten sind vom Hotel bequem zu Fuß zu erreichen. Der Flughafen ist in 60 Minuten erreicht.

- Chinesischer Name: *Quèlǐ Jiǔdiàn* 阙里宾舍
- Lage: In der Altstadt
- Ausstattung:
    - 174 Zimmer
    - Restaurant
    - Bar
    - Business-Center
    - Fitnessraum
    - Karaoke
- Preisniveau: Moderat
- Adresse: *Quèlǐ Jiē* 阙里街1号
- Kontakt: +86 (0)537 4866523

Xiamen

Xiàmén 厦门

Insel Gulangyu

STADTINFO

Chinesischer Name:	*Xiàmén* 厦门
Einwohnerzahl:	1,9 Mio. Einwohner, mit Umland 3,5 Mio.
Provinz:	Fujian
Wetter:	1.094 mm Niederschlag/Jahr Januar: 12,6° C Juli: 28,3° C
M ü. NN:	10 m

Xiamen steht auf der touristischen Wunschliste nicht gerade obenan. Klassische Altertümer gibt es hier kaum. Dafür darf sich die Hafenstadt zu den angenehmsten Orten in China zählen. Hier kann man auch mal ein paar Tage ausspannen, baden, bummeln und Ausflüge unternehmen. Die Kernstadt liegt auf einer Insel, die ein Damm und Brücken mit dem Festland verbinden. Trotz moderner Hochhäuser pflegt Xiamen noch seine kolonialzeitliche Prägung, denn ab 1842 zählte es zu den ersten Orten, die China nach dem Opiumkrieg für den Überseehandel öffnen musste. Nach der Aussprache ihres Namens im Südfujiandialekt war sie damals als Amoy bekannt und fungierte als Hauptauswanderungshafen für chinesische Kulis. 1980 entstand hier eine der ersten Wirtschaftssonderzonen.

Küche

Meeresfrüchte (Garnelen, Krebse) stehen obenan. Das Lujiang Hotel 鹭江宾馆 an der Promenade, Ecke *Zhōngshān Lù* 中山路, verfügt über ein Dachgartenrestaurant, das schon zum Frühstück öffnet.

Innenstadt

Von einer hübsch gestalteten Hafenpromenade fällt der Blick auf regen Schiffsverkehr und hinüber zur Insel Gulangyu. Die unweit des Fährenlegers abzweigende **Sun Yat-sen Straße**[1] ist die traditionelle Einkaufsstraße der Stadt; ihre Kolonnaden, ein Relikt aus der Kolonialzeit, erfreuen den Stadtbummler bei Sonne wie bei Regen gleichermaßen.

▪ [1] Sun Yat-sen Straße: *Zhōngshān Lù* 中山路

Tempelkloster Nanputuo Si

Das „Südliche Potala-Tempelkloster" ist ein Zentrum des Guanyin-Kults und daher der bedeutendste und lebendigste Tempel der Stadt. Er erstreckt sich in schöner Lage einen bewaldeten Hang hinauf. Obwohl angeblich über 1000 Jahre alt, stammt er in heutiger Form aus dem 18. bis 20. Jh.. Mit den geschwungenen Firsten und verspieltem Dachdekor zeigen die Hallen den typischen Stil von Südfujian.

Vor dem Tempel liegen im Sinne der Fengshui-Regeln zwei Teiche. Im kleineren kann man gefangene Fische wieder aussetzen und so sein Karma verbessern. Auf erhöhter Terrasse steht als innere Torhalle die Halle der vier Himmelskönige. Die Haupthalle birgt Bildnisse der Drei kostbaren Buddhas sowie, in ihrem Rücken, die Drei Heiligen des Westens: den Erlöserbuddha Amitabha mit seinen Helferbodhisattvas. Geistlicher Mittelpunkt des Tempels ist die achteckige Halle des großen Erbarmens, deren Name auf die Barmherzigkeitsgöttin Guanyin in ihrem Innern verweist. An der Klosterbibliothek vorbei führt ein Weg den Hang hinauf zu Pavillons, Grabpagoden und einem einige Meter großen, vergoldeten Schriftzeichen Fo, „Buddha".

Tempelkloster Nanputuo Si

- Chinesischer Name: *Nán Pǔtuó Sì* 南普陀寺
- Lage: *Sīmíng Nanlu* 思明南路 515
- Restaurant-Tipp: Eine kurze Taxifahrt führt zum Restaurant Minnan Flavor *Línjiā Mǐnnán Cài* 临家闽南菜, das auf Fisch und Meeresfrüchte nach Südfujian-Art spezialisiert ist und direkt am Strand liegt – mit Sonnenuntergangsblick! *Huándǎo Lù* 环岛路 308

Insel Gulangyu

Ein wahres Schmuckstück ist diese autofreie Insel gegenüber der Promenade. Ab 1844 errichteten Europäer und Amerikaner hier ihre Villen, bald kamen Japaner und wohlhabende Chinesen hinzu und so entstand eine idyllische kleine Ortschaft, deren Erbe heute wieder gepflegt wird. Nun ist sie beinah schöner denn je – mit herrlichen Parks, sauber gepflasterten Wegen und offenen Elektrobussen, die die 6 km lange Uferstraße entlang gleiten. Dazu kommen die natürlichen Reize: kleine Strände locken zum Bade, und vom „Piano Garden" auf dem **Yingxiong-Hügel**[1] (mit begehbarer Voliere und Kunstgalerie) schwebt man per Gondel auf den **Sonnenscheinfels**[2], um von dort aus 93 Metern Höhe das Inselpanorama zu genießen. Unterhalb des Felsens steht ein kleiner Tempel, und steigt man ostwärts hinab, gelangt man zum **Klaviermuseum**[3] mit 70 Instrumenten. Unweit davon steht das einstige britische Konsulat, das heute ein Münzmuseum birgt. Von der Fähre landeinwärts, in der **Drachenkopfgasse**[4], findet man Läden und Gaststätten, nördlich vom Anleger lässt sich in die **Xiamen Undersea World**[5], ein modernes Aquarium, hinabtauchen.

- Chinesischer Name: *Gǔlàngyǔ* 鼓浪屿
- Anreise: Fähre nahe *Zhōngshān Lù* 中山路
- [1] Yingxiong-Hügel: *Yīngxióng Shān* 英雄山
- [2] Sonnenscheinfels: *Rìguāng Yán* 日光岩
- [3] Klaviermuseum: *Gāngqín Bówùguǎn* 钢琴博物馆
- Lage: im Garten *Shūzhuāng Huāyuán* 菽庄花园
- [4] Drachenkopfgasse: *Lóngtóu Lù* 龙头路
- [5] Xiamen Undersea World: *Xiàmén Hǎidǐ Shìjiè* 厦门海底世界

Ausflüge

Hakka-Wohnburgen

Die Hakka, eine chinesische Dialektgruppe, bewohnen in Fujian seit über 1000 Jahren bis zu fünf Geschosse hohe, kreisrunde oder quadratische Lehmburgen für jeweils mehrere hundert Einwohner. In der Hofmitte steht der Ahnentempel. Da es auf den unteren zwei Etagen außen keine Fenster gibt, brauchten die Bewohner nur das Tor zuzusperren, um sich vor Räuberbanden zu schützen. In der Umgebung von Longyan stehen viele solcher Burgen.

- Chinesischer Name: *Tǔ Lóu* 土楼
- Lage: *Lóngyán Shì* 龙岩市, 150 km nordwestlich (nicht sinnvoll als selbst organisierter Ausflug)

Quanzhou

Chinas Lübeck, gewissermaßen: Eine Hafen- und Handelsstadt, deren heutige Bedeutung nicht an ihre große Tradition heranreicht. Quanzhou war im 10. bis 14. Jh. sogar ein Hafen von Weltgeltung, vor allem für den Handel mit Arabien. Im Jahr 1291 schiffte sich hier Marco Polo nach Persien ein. Dem örtlichen Dialekt verdankt die westliche Welt das Wort „Tee" – ein Produkt aus dem Landesinneren. Die heutige Stadt ist nach wie vor etwas Besonderes: Der in der Gegend gewonnene Granit dient als beliebtes Baumaterial, und religiöses Brauchtum wird so gepflegt wie selten im sozialistisch-nüchternen China.

- Chinesischer Name: *Quánzhōu* 泉州
- Lage: 120 km nordöstlich

Moschee Qingjing Si

Der auf das Jahr 1009 zurückgehende steinerne Bau ist auch als Ruine noch ein beredtes Zeugnis für die Größe und Finanzkraft der damaligen arabischen Kaufmannschaft. Eine Ausstellung illustriert die Geschichte des Islam in der Stadt.

- Chinesischer Name: *Qīngjìng Sì* 清净寺
- Lage: *Túmén Jiē* 涂门街 113

XIAMEN 181
Hakka-Wohnburg

Tempelkloster Kaiyuan Si

Tempel Yuanmiao Guan

Typisch Quanzhou: Mitten in der Stadt entstand bis 2007 ein großer daoistischer Tempel. Die zwei Haupthallen mit ihrem für die Region typischen Dachschmuck sind innen wie außen außerordentlich prunkvoll – vor allem dank der Spenden wohlhabender Quanzhouer aus Taiwan und Hongkong.

- Chinesischer Name: *Yuánmiào Guàn* 元妙观
- Lage: *Zhuàngyuán Jiē* 状元街

Tempelkloster Kaiyuan Si

Quanzhous Wahrzeichen sind die beiden Pagoden dieses 7 ha großen Buddhaheiligtums, des bedeutendsten und ältesten der ganzen Provinz. Die Pagoden stammen aus dem 13. Jh., die Mahavira-Halle mit über 1.000 m² Grundfläche ist von 1642 und birgt die Bildnisse von fünf Buddhas samt ihren Helferbodhisattvas. Alle Figuren sind vergoldet. Das Glück des Erleuchteten illustrieren die fliegenden Apsaras-Feen am inneren Konsolenwerk. Den Höhepunkt aber bildet die Ordinationshalle mit dem Figurenreichtum ihrer Ordinationsterrasse – eine Apotheose des Buddhismus, wie man sie selten sieht.

- Chinesischer Name: *Kāiyuán Sì* 开元寺
- Lage: *Xī Jiē* 西街 im Nordwesten der Innenstadt

Seeverkehrsmuseum

Hier wird Quanzhous Glanzzeit lebendig gehalten. Illustriert werden die Überseebeziehungen der Stadt, unter anderem mit der weltgrößten Sammlung chinesischer Schiffsmodelle und mit Grabinschriften auf Chinesisch, Persisch, Arabisch, Syrisch, Türkisch und Lateinisch, alle aus der Stadt und der näheren Umgebung.

- Chinesischer Name: *Hǎiwài Jiāotōng Shǐ Bówùguǎn* 海外交通史博物馆
- Lage: *Dōnghú Jiē* 东湖街 425 (Ecke *Tiánān Běilù* 田安北路)

Tempelkloster Kaiyuan Si

XIAMEN

Hoteltipps

Ramada Hotel ****

Das 2013 neu renovierte 4-Sterne-Hotel liegt in der Stadtmitte, östlich der Insel Gulangyu und den meisten anderen Sehenswürdigkeiten Xiamens, welche mit dem Taxi schnell zu erreichen sind. Die geräumigen Zimmer enthalten unter anderem eine Klimaanlage, Zimmersafe und Minibar. Es gibt einen Fitnessraum und andere Sportangebote. Die drei Restaurants im Hause bieten chinesisches Essen à la carte und als Buffet sowie koreanische Küche. Ein Shuttleservice verkehrt zum 8 km entfernten Flughafen. Der Bahnhof liegt 3 km entfernt.

- Chinesischer Name: *Huáměidá Zhǎngshēng Dà Jiǔdiàn* 华美达长升大酒店
- Lage: Am Songbai Park
- Ausstattung:
  - 182 Zimmer
  - 3 Restaurants
  - Café
  - Bar / Lounge
  - Business-Center
  - Fitnessraum
- Preisniveau: Mittelklasse
- Adresse: *Zhǎngqīng Lù 431* 长青路431号
- Kontakt: +86 (0)592 5031333
  Hotel@Ramada-XM.com
  www.Ramada.com/Xiamen

Lujiang Harbourview Hotel ****

Das zentral an der Uferpromenade gelegene traditionelle 4-Sterne-Hotel mit 154 Zimmern wurde 2011 komplett renoviert. Viele der Hotelzimmer bieten einen Blick auf die Insel Gulangyu. Alle Zimmer sind elegant gestaltet und mit einem hoteleigenen Laptop ausgestattet. Das vor einem halben Jahrhundert erbaute Hotel befindet sich im Herzen der Stadt. Die traditionelle Einkaufsmeile Sun Yat-sen Straße grenzt direkt an das Hotel. Fähren zur Insel Gulang-yu starten nur wenige Meter entfernt und der Internationale Flughafen Gaoqi liegt 17 km entfernt, der Bahnhof 5 km.

- Chinesischer Name: *Lùjiāng Bīnguǎn* 鹭江宾馆
- Lage: Zentral, an der Uferpromenade
- Ausstattung:
  - 154 Zimmer
  - 2 Restaurants
  - Café
  - Bar / Lounge
  - Business-Center
  - Fitnessraum
  - Teehaus
- Preisniveau: Mittelklasse
- Adresse: *Lùjiāng Dào 54* 鹭江道54号
- Kontakt: +86 (0)592 2022922
  2022922@Lujiang-Hotel.com
  www.Lujiang-Hotel.com

Stadtmauer

Wer hätte noch vor 45 Jahren gedacht, dass einmal ein Haufen Tonscherben diese Stadt zu einem der bekanntesten Reiseziele des Globus machen würde? Gewiss: Xi'an war zweimal eine Weltstadt, zuerst im 1. Jh. v. Chr., dann, grandioser denn je, unter der Tang-Dynastie im 7. und 8. Jh., als Gesandte, Kaufleute und Gelehrte aus Japan, Indien, Ceylon, Persien und Arabien sich hier ein Stelldichein gaben. Aber jene Blütezeiten hinterließen nur wenige sichtbare Spuren, und Xi'an wäre heute kaum bedeutender als andere Provinzstädte, wären da nicht die Trümmer der Grabwächterarmee des Ersten Kaisers, die, mühsam zusammengeflickt, ihre Auferstehung als archäologisches Weltwunder erleben. In der Tat: In den Böden der Gegend liegt die Reichsgeschichte von zwei Jahrtausenden begraben, vom Beginn der Zhou-Dynastie im 11. Jh. v. Chr. bis zum Ende der Tang-Dynastie im 10. Jh..

Küche

Xi'an ist bekannt für seine Teigtaschen (*jiǎozi* 饺子), für Bratfleisch im Fladen (*ròujiámó* 肉夹馍) und für kalte Nudeln in Sesamsauce (*májiàng liángpí* 麻酱凉皮). Teigtaschen in allen Größen, Formen und Farben und mit diversen Füllungen werden auch zu ganzen Menüs kombiniert. Das klassische Lokal dafür ist *Défācháng* 德发长 am zentralen Platz (beim Glockenturm). Dazu trinkt man frisch vergorenen, milchigen Reiswein.

Einkaufen

Die Provinz Shaanxi hat reiche Volkskunsttraditionen. Beliebt sind farbenfrohe Patchwork- und Stickereiarbeiten. Ein lohnendes Ziel zum Stöbern bieten die Marktstraßen im Moslemviertel. Repliken alter Kunst und Literatur zur Kunst und Kultur führt der gut bestückte Laden des Geschichtsmuseums.

Namen

Die meiste Zeit war Xi'an als Chang'an, „Steter Friede", bekannt und berühmt. Der heutige Name hat den Kampf der Ming-Dynastie gegen die Mongolen zum Hintergrund: „Befriedung im Westen".

XI'AN

Xi'an

Xī'ān 西安

Innenstadt

Glocken- und Trommelturm

Der Glockenturm bildet die Mitte der Altstadt, die in ihrem Grundriss auf die frühe Ming-Zeit zurückgeht. Der im Grundriss quadratische Pavillonbau steht auf einem 9 m hohen Steinsockel. Die Glocke ist neu. Oben finden mehrmals täglich kleine Konzerte mit klassisch-chinesischer Musik statt. Der Trommelturm am Westende des neu angelegten zentralen Platzes überspannt eine Gasse. Er wird für Ausstellungen genutzt, und es gibt Trommelvorführungen.

- Glockenturm: *Zhōnglóu* 钟楼
- Trommelturm: *Gǔlóu* 鼓楼
- Zugang: Durch Fußgängertunnel im Norden
- Musikvorführungen im Glockenturm: 9-11:30 Uhr / 14:30-17:30 Uhr

STADTINFO

Chinesischer Name:	*Xī'ān* 西安
Einwohnerzahl:	5,6 Mio. Einwohner, mit Umland 8,6 Mio.
Provinz:	Hauptstadt der Provinz Shaanxi
Wetter:	590 mm Niederschlag/Jahr Januar: -0,9° C Juli: 26,3° C
M ü. NN:	400 m

Trommelturm

Große Wildganspagode

Stadtmauer

Xi'ans größtes Bauwerk ist 12 km lang, 12 m hoch und an der Krone bis 14 m dick. Im späten 14. Jh. wurde die Mauer auf den Fundamenten der tangzeitlichen Palastbezirkmauer errichtet. Sie besteht aus einem mit Backsteinen ummantelten Stampflehmkern. Der Autoverkehr fließt durch zusätzliche Öffnungen neben den rechteckigen Torbastionen. Auch der Stadtgraben blieb erhalten. Nachdem eine zuvor abgerissene Lücke beim Bahnhof überbrückt wurde, ist ein vollständiger Mauerrundgang möglich – oder ab Südtor eine Rundfahrt per Mietrad.

- Chinesischer Name: *Chéngqiáng* 城墙
- Zugang: Besteigung an den Stadttoren und am Stelenwald

Stelenwald

Chinas größte steinerne Bibliothek fand im einstigen Konfuziustempel Aufstellung. Auf 3.200 Platten wurden wichtige Texte vor der Vernichtung durch Feuer, Wasser oder Insektenfraß bewahrt; die ältesten sind über 2000 Jahre alt. Hier steht auch die berühmte nestorianische Stele, die für das Jahr 780 die Existenz einer Christengemeinde in der Stadt bezeugt. In den Seitenhallen sind hanzeitliche Sarkophage und buddhistische Skulpturen ab dem 4. Jh. zu sehen. Vom Südtor der Stadtmauer führt der Weg zum Stelenwald über die **Kulturstraße**[1], in der sich Galerien, Geschäfte für Künstlerbedarf und Kunsthandwerksläden reihen.

- Chinesischer Name: *Bēilín* 碑林
- [1] Kulturstraße: *Gǔ Wénhuà Jiē* 古文化街

Große Moschee

Chinas größte und schönste Moschee im chinesischen Stil erfreut mit der Stille ihrer Gartenhöfe und mit feinen Pflanzenreliefs. Der dreigeschossige, zentral platzierte „Turm der Gewissensprüfung" fungiert als Minarett. Die Gebetshalle am Westende dürfen nur Gläubige betreten. Die Moschee liegt mitten in Xi'ans großem **Moslemviertel**, dem einzigen noch intakten Stück Altstadt. Die Richtung Moschee führenden Gassen dienen als täglicher Antik- und Flohmarkt, zudem gibt es jede Menge Garküchen, in der vom Trommelturm nordwärts führenden Gasse auch einige Galerien.

- Chinesischer Name: *Dà Qīngzhēn Sì* 大清真寺
- Lage: 200 m nordwestlich des Trommelturms (Nebengasse), Eingang von Norden

 XI'AN

Südstadt

Große Wildganspagode

Dies ist die wohl bekannteste Pagode Chinas – und eine der ältesten, denn der wuchtige, 60 m hohe Turm geht auf das 7. Jh. zurück. Erbaut wurde er in kaiserlichem Auftrag zur feuersicheren Verwahrung der heiligen Schriften, die der Indienpilger Xuanzang (602-664) aus der Heimat des Buddhismus mitgebracht hatte. Die Pagode ist Teil des **Klosters Ci'en Si**[1], dessen Hallen im 16. Jh. entstanden. An einer Seitenwand der hinteren Halle sieht man dort eine Darstellung Xuanzangs, wie er die Schriftrollen in einem ergonomisch hochmodernen Rückengestell über die Seidenstraße schleppt.

Ihr Pendant, die mit 45 m Höhe etwas niedrigere **Kleine Wildganspagode**[2], steht etwa 2 km weiter nordwestlich nahe dem Südtor. Sie ist ein Jahrhundert jünger und diente einst ebenfalls der sicheren Aufbewahrung indischer Sutren. Von dem Dach der Pagode hat man einen schönen Blick über die nahe Umgebung.

- Chinesischer Name: *Dàyàn Tǎ* 大雁塔
- [1] Kloster Ci'en Si: *Cí'ēn Sì* 慈恩寺
- [2] Kleine Wildganspagode: *Xiǎoyàn Tǎ* 小雁塔

Geschichtsmuseum

Da keine zweite Provinz ergiebigere „Bodenschätze" archäologischer Art hat als Shaanxi, birgt dieses Museum schlicht unvergleichliche Schätze. Sie werden in chronologischer Reihenfolge präsentiert. Man sieht Jade aus dem 3. Jahrtausend v. Chr., Ritualbronzegefäße aus dem 2. und 1. Jahrtausend v. Chr., Reliefziegel aus dem Palast des Ersten Kaisers (um 220 v. Chr.), ein 2000 Jahre altes Eisenzahnrad, ebenso altes Papier, Porzellan und Keramik vom Kaiserhof der Tang-Zeit – teils durchaus witzige Figuren – und vieles mehr. Die Originale tangzeitlicher Wandmalereien können nur zeitweise und gegen ein erhöhtes Eintrittsgeld besichtigt werden.

- Chinesischer Name: *Shǎnxī Lìshǐ Bówùguǎn* 陕西历史博物馆
- Lage: *Xiǎozhài Dōnglù* 小寨东路 91
- Hinweis: Wandbilder nur Montag, Mittwoch und Freitag nachmittags

Ausflüge

Huaqing Chi

Ein Badeort von Herrschern seit gut 3000 Jahren. Die 43 Grad warme Quelle, die hier sprudelt, wird auch heute noch genutzt. Ausgrabungen brachten die Badebecken der Tang-Kaiser zutage; sie sind mit Gebäuden im Tang-Stil überbaut, die den verschwundenen Originalen ähneln. Schön für einen Spaziergang ist der Kurpark nebenan. Eine Gedenkstätte erinnert an den Xi'an-Zwischenfall von 1936: Damals stellte ein patriotischer General seinen Chef, den zu Besuch weilenden Generalissimus Chiang Kaishek, unter Hausarrest und presste ihm das Zugeständnis ab, sich mit der kommunistischen Roten Armee gegen die japanischen Invasoren zu verbünden. Das Ereignis erregte damals weltweites Aufsehen.

- Chinesischer Name: *Huáqīng Chí* 华清池
- Lage: 30 km nordöstlich

Große Moschee

Mausoleum des Ersten Kaisers

Als der frühere König von Qin im Jahr 221 v. Chr. alle rivalisierenden Staaten unterworfen und China erstmals geeint hatte, war er sich der Größe seiner Tat bewusst und gab sich den Titel „Erster Kaiser". Nun setzte er sich neue Ziele und führte Eroberungsfeldzüge in alle Himmelsrichtungen. Doch je erfolgreicher er war, umso abergläubischer wurde er, fiel sogar auf Quacksalber herein, die ihm Unsterblichkeit versprachen. Seine Hybris erstreckte sich bis aufs Jenseits: Dort sollte man sehen, wer er war. So kam es zu dieser gigantischen Grabanlage, deren Bau noch nicht abgeschlossen war, als nur drei Jahre nach seinem Tod Aufständische für die erlittene Tyrannei Rache nahmen und den Totenpalast gründlich verwüsteten.

Grabhügel

Die heute noch 60 m hohe Erdpyramide von 370 m Kantenlänge birgt die geplünderte Grabkammer, von deren Ausgestaltung eine frühe Beschreibung überliefert ist. Von den Außenanlagen des Grabtempels – Mauern und Gebäude – blieb an der Oberfläche nichts erhalten.

Terrakotta-Armee

1974 stießen Bauern beim Brunnenbohren erstmals auf Scherben. Inzwischen sind vier Gruben bekannt, in denen die Grabwächterarmee aufgestellt wurde. Eine davon war leer. Die Gesamtzahl der Figuren, neben Soldaten verschiedener Dienstgrade auch Pferde, wird auf mindestens 7.000 geschätzt. Die Aufständischen entwendeten im Jahr 210 v. Chr. die Bronzewaffen der Figuren, zertrümmerten diese und steckten dann die aus Holz konstruierten und mit Erdreich bedeckten Gruben in Brand, so dass sie einstürzten. Die Figuren, die nun mühsam wieder zusammengesetzt werden, sind etwas überlebensgroß und waren einst alle bemalt. Sie wurden mit Modeln in einem industriellen Verfahren produziert, erhielten jedoch individuelle Gesichter. Auch bei Typen und Formteilen wurde eine große Vielfalt realisiert: Krieger mit und ohne Panzerung, Faustkämpfer, Pferdeführer, Bogenschützen, Offiziere und andere mehr – das Abbild einer realen Armee.

Am eindrucksvollsten ist die 230 m lange Grube 1, in der hinter einer dreifach gestaffelten Kampflinie neun Marschsäulen aufgestellt sind, dazu Flankenschutz. Grube 2 ist jedoch noch interessanter, da man die originale Grabungssituation sehr gut nachvollziehen kann. In ihr befinden sich rund 90 Vierspänner mit Wagenlenkern – die Wagen selbst sind verbrannt – sowie Bogenschützen und Reiter. Auf einer Ausstellungsfläche kann man Figuren und Waffen aus nächster Nähe betrachten. Grube 3 enthält das Heereskommando. Hauptschatz des **Museums**[1] am Eingang sind zwei bronzene Vierspänner (eine gedeckte Kutsche und ein offener Kriegswagen), die am Grabhügel gefunden wurden. Sie waren in über 1.000 Stücke zerbrochen.

Nicht versäumen sollte man auch den kurzen Film im Rundkino bei Grube 1. Er zeigt in einer nachgestellten Handlung die Entstehung und die Zerstörung des tönernen Heers.

Terrakotta-Armee - Pferde eines Vierspänners

- Chinesischer Name: *Qín Shǐhuáng Líng* 秦始皇陵
- Lage: 31 km nordöstlich der Stadt
- Besonderheit: Unesco-Welterbe seit 1987
- [1] Museum *Bīngmǎyǒng Bówùguǎn* 兵马俑博物馆
  Lage: 1,5 km östlich des Grabhügels

XI'AN

XI'AN

Terrakotta-Armee - Grube 1

Han-Gräber

Nördlich der Stadt, jenseits des Wei-Flusses stehen große Pyramidenstümpfe: die Kaiser- und Kaiserinnengräber der Han-Dynastie. Beim **Mausoleum von Kaiser Jing**[1] (reg. 157-141 v. Chr.) stieß man ebenfalls auf eine Grabwächterarmee, die jedoch von ganz anderem Charakter ist als die des Ersten Kaisers. Die nur 60 cm großen, lächelnden Soldatenfiguren sind nackt; ihre einstige Kleidung sowie ihre hölzernen, beweglichen Arme blieben nicht erhalten, dafür ist die Vielfalt der sonstigen Grabbeigaben (darunter Zivilpersonen) viel größer als beim Ersten Kaiser. Ein an der Ausgrabungsstelle erbautes Museum zeigt einen Teil der Funde, am Grabhügel selbst kann man mit etwas Glück laufende Grabungstätigkeit verfolgen.

- Chinesischer Name: *Hàn Yánglíng* 汉阳陵
- [1] Mausoleum von Kaiser Jing: *Hàn Yánglíng Kǎogǔ Chénlièguǎn* 汉阳陵考古陈列馆
- Lage: 20 km nördlich

Qianling

In einem natürlichen Berg ruhen hier der 3. Tang-Kaiser Gaozong (reg. 656-684) und seine Konkubine und spätere Kaiserin Wu Zetian (reg. 683-705). Im Süden bilden zwei Erhebungen ein natürliches Tor. Entlang einer Zeremonialachse, die auf den über 1.000 m hohen Hauptgipfel führt, blieben Steinfiguren von Tieren und Menschen erhalten, darunter eine Gruppe ausländischer Würdenträger, die zu späterer Zeit alle geköpft wurden. Interessanter sind die **Nebengräber von Kronprinz Yide**[1], **Prinzessin Yongtai**[2] und **Prinz Zhanghuai**[3], deren Kammern zu besichtigen sind. Sie bargen Grabbeigaben und herrliche Wandbilder (Repliken, Originale im Geschichtsmuseum).

- Chinesischer Name: *Qiánlíng* 乾陵
- Lage: 80 km nordwestlich
- [1] Grab von Kronprinz Yide: *Yìdé Tàizǐ Mù* 懿德太子墓
- [2] Grab von Prinzessin Yongtai: *Yǒngtài Gōngzhǔ Mù* 永泰公主墓
- [3] Grab von Prinz Zhanghuai: *Zhānghuái Tàizǐ Mù* 章怀太子墓

Xi'an am Abend

Ein Gratisvergnügen ist die abendliche **Musikfontäne**[1] vor dem Hintergrund der angestrahlten Großen Wildganspagode. 1.024 Düsen lassen Wasser nach Musik tanzen – die aufwändigste derartige Schau in ganz Asien. Im **Shaanxi Opera House**[2] und auf einigen anderen Bühnen lässt eine Show allabendlich die tangzeitlichen Wandbilder auferstehen – in Tanz, Musik und großartigen Kostümen. Auch wenn die Grenze zum Kitsch manchmal überschritten wird: Es lohnt sich! Auf die angebotene Kombination mit einem Abendessen sollte man aber besser verzichten.

- [1] Musikfontäne: *Yīnyuè Pēnquán* 音乐喷泉
  Vorführungen: täglich 21 Uhr
  im Winter 20:30 Uhr
  Mi-Mo auch 12 Uhr
  Sa, So auch 14, 16 und 18 Uhr
- [2] Shaanxi Opera House: *Shǎnxī Gēwǔ Dà Jùyuàn* 陕西歌舞大剧院
  Lage: *Wényì Lù* 文艺路165
  Kartenbestellung: Tel. +86 (0)29 87853295
  Vorstellungsbeginn: 20 Uhr

Shaanxi Opera House

Hoteltipps

Atour Yanta Hotel ***

Das 3 Sterne Atour Yanta Hotel liegt im Südosten von Xi´an außerhalb des Stadtkerns. 1,5 km sind es bis zur Großen Wildganspagode und 4 km bis zur alten Stadtmauer. Beide Sehenswürdigkeiten erreicht man am einfachsten mit dem Taxi. Die 151 klimatisierten Zimmer des Atour Yanta Hotels sind modern und schlicht eingerichtet. W-Lan steht kostenfrei zur Verfügung. Eine gute Möglichkeit um preiswert in Xi´an zu übernachten.

- Chinesischer Name: *Xī´ān Dà Yàn Tǎ Yàduǒ Jiǔdiàn* 西安大雁塔亚朵酒店
- Lage: 1,5 km südlich der Großen Wildganspagode
- Ausstattung:
  - 151 Zimmer
  - 2 Restaurants
  - Bar / Lounge
- Preisniveau: Moderat
- Adresse: *Yàn Tǎ Lù Zhōngduàn 1* 雁塔路中段1号
- Kontakt: +86 (0)29 8555155 yanta.atourhotelxian.com

Sofitel Legend People's Grand Hotel ****

Das 4-Sterne-Hotel liegt innerhalb der alten Stadtmauer, in der Nähe des Rathauses, 2 km vom zentralen Glocken- und Trommelturm entfernt. Die Große Moschee im muslimischen Viertel wie auch ein großes Einkaufszentrum befinden sich in fußläufiger Nähe. Das 15-stöckige Hotel hat 476 komfortable Zimmer, welche alle mit Internetzugang, Klimaanlage, Satellitenfernsehen und Minibar ausgestattet sind. Ein 18 Meter langer Swimmingpool und ein Fitnessraum stehen den Hotelgästen zur Verfügung. Ein Restaurant (Kanton-Küche) und zwei Bars sorgen für das leibliche Wohl. Die Fahrt zum Bahnhof dauert etwa 15 Minuten, zum Flughafen etwa 60 Minuten. Zur außerhalb gelegenen Terrakotta-Armee benötigt man 90 Minuten Fahrzeit (35 km).

- Chinesischer Name: *Xī´ān Suǒfēitè Chuánqí Jiǔdiàn* 西安索菲特传奇酒店
- Lage: Zentral innerhalb der Stadtmauer, 400 m östlich des Rathauses
- Ausstattung:
  - 476 Zimmer
  - Restaurant
  - 2 Bars
  - Business-Center
  - Innenswimmingpool
  - Spa / Wellness
  - Fitnessraum
- Preisniveau: Luxuriös
- Adresse: *Dōng Xīn Jiē 319* 东新街319号
- Kontakt: +86 (0)29 87928888 sofitel@renminsquare.com www.sofitel.com

Reiserouten

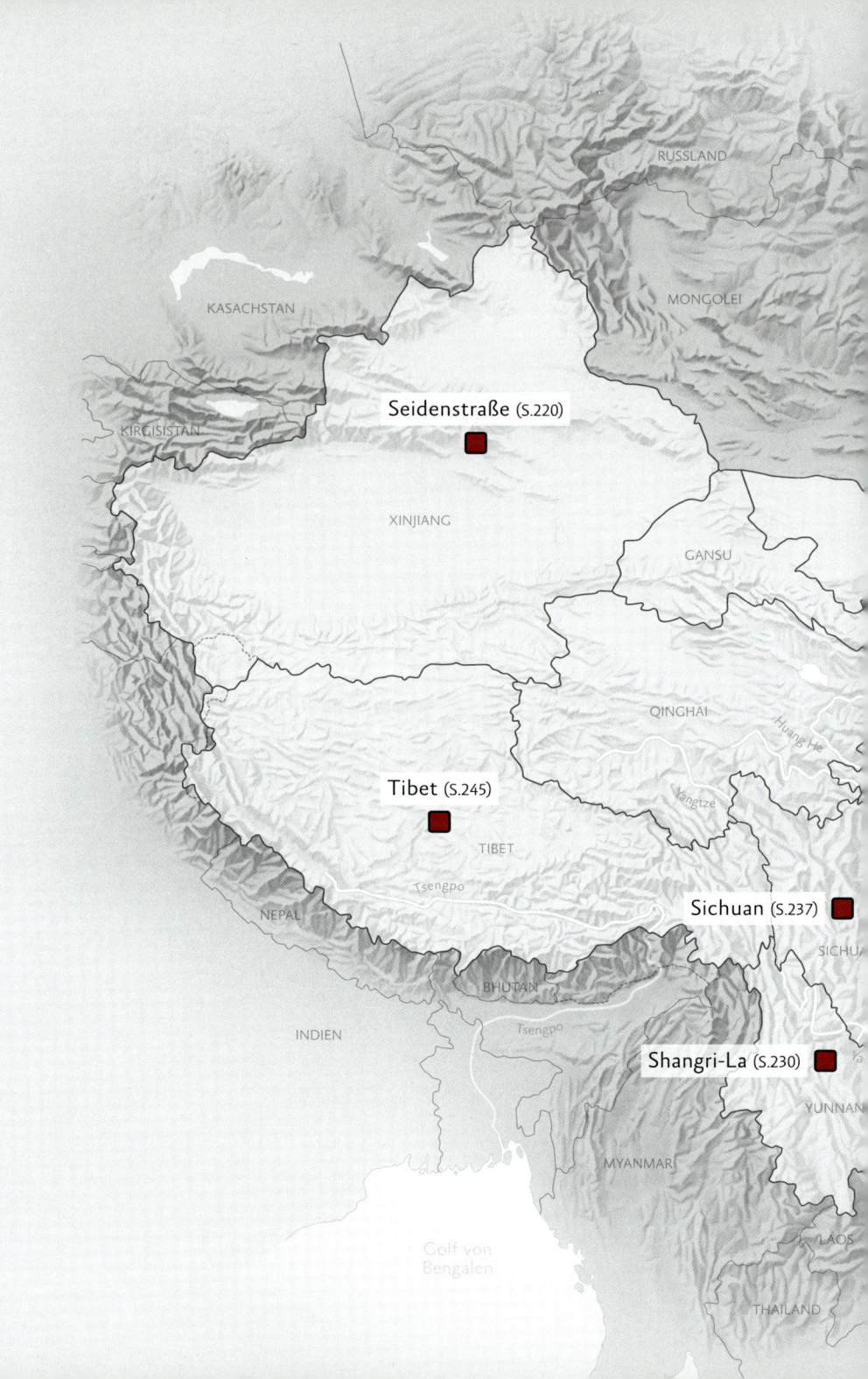

Reiserouten

Guizhou und Guangxi

Guìzhōu 贵州 / *Guǎngxī* 广西

Trommelturm in Chengyang

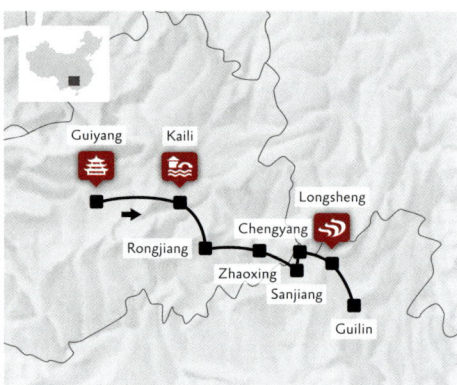

Empfehlung: 10 bis 14 Tage

Große Teile von Mittel- und Südchina sind vom Tourismus – jedenfalls dem ausländischen – noch wenig erfasst, und am wenigsten ist dies die Provinz Guizhou. Dabei ist gerade Chinas Südwesten besonders bunt: Allein in Guizhou sind neben den Han-Chinesen neun Volksgruppen zu Hause, die zusammen 37 Prozent der Bevölkerung stellen, in den Berggebieten jedoch meist die Mehrheit bilden. Viele, vor allem ältere Frauen tragen noch ihre traditionellen Trachten, in denen Indigoblau vorherrscht. Das ganzjährig milde Klima fördert eine entspannte Atmosphäre, Luft- und Wasserverschmutzung sind geringer als anderswo. Das noch stark landwirtschaftlich geprägte Guizhou zählt jedoch zu Chinas ärmsten Provinzen; abseits der großen Städte wurde sie vom Modernisierungsschwung erst wenig erfasst. Ähnliches gilt für große Teile der Nachbarprovinz, des Autonomen Gebiets Guangxi der Zhuang, freilich mit Ausnahme von Guilin, dem hochtouristischen Zielort der Route.

Guiyang

Die moderne und etwas gesichtslose Provinzhauptstadt erfreut mit einem gemächlichen Tempo, vor allem an den Plätzen, Parks und Promenaden, die am Südrand des Zentrums den Fluss Nanming He säumen. Vom **Volksplatz**[1] am Südufer gelangt man über die Brücke zu einer Grünanlage mit dem kleinen **Qianming-Tempel**[2]. Die fotogenste Ecke ist die nächste Flussbiegung Richtung Nordost: Dort krönt der dreigeschossige **Jiaxiu-Pavillon**[3] eine Marmorbrücke. Das Ensemble ziert die Stadt seit etwa 1600

GUIZHOU UND GUANGXI

und ist ihr Wahrzeichen. Zur zweiten Hauptsehenswürdigkeit verlässt man das Zentrum Richtung Nordwesten. Dort steht in den Wäldern des Berges **Qianling Shan**[4] das buddhistische **Tempelkloster Hongfu Si**[5]. Den Weg hinauf kürzt eine Gondelbahn ab. Zum Kloster gehören eine Halle der 500 Luohan sowie ein vegetarisches Restaurant.

- Chinesischer Name: *Guìyáng* 贵阳
- Einwohnerzahl: 2,6 Mio. Einwohner
- [1] Volksplatz: *Rénmín Guǎngchǎng* 人民广场
- [2] Qianming-Tempel: *Qiánmíng Gǔsì* 黔明古寺
- [3] Jiaxiu-Pavillon: *Jiǎxiù Lóu* 甲秀楼
- [4] Qianling Shan: *Qiánlíng Shān* 黔灵山
- [5] Tempelkloster Hongfu Si: *Hóngfú Sì* 弘福寺

Kaili

Dieser angenehme, 130 km östlich von Guiyang gelegene Ort ist an sich kein bedeutendes Reiseziel, aber eine wichtige Station beim Besuch der Minderheitengebiete – Kali ist insbesondere ein Zentrum der Miao, Chinas drittgrößter ethnischer Minorität. Mehr über sie und andere Volksgruppen erfährt man im örtlichen Volkskundemuseum. Die Dörfer der Gegend bestehen noch überwiegend aus traditionellen Holzhäusern, die Reisfelder sind terrassiert, und vielfach wird noch traditionelles Handwerk gepflegt. Berühmt ist vor allem der südwestlich von Kaili gelegene, idyllische Flecken **Shiqiao**[1] („Steinbrücke") für sein handgeschöpftes Papier.

- Chinesischer Name: *Kǎilǐ* 凯里
- Einwohnerzahl: 550.000 Einwohner
- [1] Shiqiao: *Shíqiáo* 石桥

Von den Miao zu den Dong

Die weitere Fahrt südostwärts über **Rongjiang**[1] geht zunächst weiter durch das Gebiet der Miao mit ihren traditionellen Dörfern, die auf Reisterrassen blicken. Mancherorts färben die Frauen ihre Tracht noch mit selbst gefertigtem Indigo statt mit Chemiefarben.

Spätestens beim abseits der Hauptstraßen gelegenen **Zhaoxing**[2] steht dann die Begegnung mit der Kultur der Dong an, einer zu den Tai-Völkern zählenden Ethnie mit etwa 3 Millionen Mitgliedern. Sie hat sich vor allem durch zwei Typen kunstvoll konstruierter Holzbauten einen Namen gemacht: sich kegelförmig verjüngende, vieltraufige Trommeltürme sowie gedeckte Auslegerbrücken mit Pavillons auf den Pfeilern; da diese Brücken zugleich Schutz bieten, sind sie als „Wind- und Regenbrücken" bekannt, die Holzteile werden ohne Nägel miteinander verzapft. Die Trommeltürme, auch sie ohne Nägel erbaut, dienen mit ihrem geräumigen Erdgeschoss jeweils einer Sippe als Versammlungsraum; entsprechend kann es in einem Dorf auch mehrere davon geben.

Östlich von Zhaoxing wird bald die Grenze zur Provinz Guangxi überquert, und dann ist es nicht mehr weit zur berühmtesten aller Wind- und Regenbrücken. Sie steht 15 km nördlich der Stadt **Sanjiang**[3] im Ort **Chengyang**[4]. Erbaut im Jahr 1916, überspannt sie mit fünf Pfeilern und fünf Pavillons eine Distanz von 64 Metern.

- [1] Rongjiang: *Róngjiāng* 榕江
- [2] Zhaoxing: *Zhàoxìng Xiāng* 肇兴乡
- [3] Sanjiang: *Sānjiāng* 三江
- [4] Chengyang: *Chéngyáng* 程阳

Longsheng

Die nächste Station liegt noch einmal 70 Straßenkilometer weiter östlich von Sanjiang. Hier sind die hoch aufsteigenden Reisterrassen der Yao-Minderheit die Hauptattraktion. (Mehr zu Longsheng siehe S. 52 - 53)

Guilin

Die Kegelkarstlandschaft rund um Guilin ist mittlerweile weltberühmt und eines der Hauptorte des Chinatourismus. Zum Glück ist sie weitläufig genug, so dass man abseits des Hauptstroms der Reisenden, der sich zwischen Guilin und Yangshuo bewegt, noch reichlich ruhigere Stellen findet, um den Zauber der Gegend zu genießen. (Mehr zu Guilin siehe S. 49 - 57)

Henan

Hénán 河南

Longmen-Grotten bei Luoyang

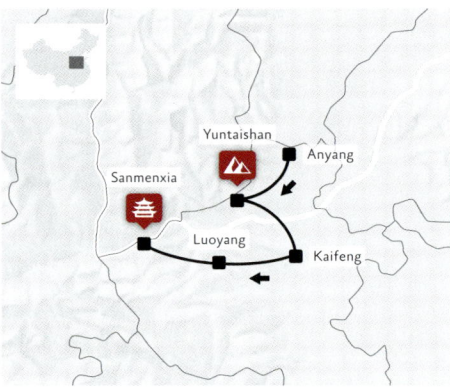

Empfehlung: 7 Tage

China hat viele Wurzeln. In ganz verschiedenen Gegenden entdeckten die Archäologen Zeugen bis zu 7000 Jahre alter jungsteinzeitlicher Lokalkulturen. Aber nur eine verlieh China eine bis heute prägende kulturelle Identität: diejenige, in der die Schrift entstand. Dies geschah in der nordchinesischen Schwemmebene, im Land der „gelben Erde", des Löss, den hier der durch ihn gelb gefärbte Huang He, der Gelbe Fluss, ablagerte. Jene ältesten Schriftfunde bezeugen auch die erste Königsdynastie, bekannt als Shang oder Yin. Wir sprechen hier von der frühen Blüte der chinesischen Bronzezeit im 14. bis späten 11. Jahrhundert v. Chr. Auf dieser Tour steigt man also hinab zu den Uranfängen Chinas, erlebt Geschichte und Geschichten ebenso wie den Löss, symbolisiert auch durch Chinas gelben Schicksalsstrom, der das Land nicht nur fruchtbar machte, sondern mit seinen Fluten auch immer wieder Katastrophen verursachte – und den schließlich ein modernes Staudammprojekt bändigte. Das Erlebnis eines dramatisch zerklüfteten Gebirges am Rand des Lösslandes setzt einen spannenden Kontrapunkt.

Anyang

Hier war vor über 3500 Jahren die Yin genannte Hauptstadt der ersten chinesischen Dynastie, deren Name aus ihrer Zeit selbst bezeugt ist, denn sie hinterließ der Nachwelt eben hier die ersten Schriftzeugnisse: auf Orakelknochen und Bronzegefäßen. Die Ausgrabungen und vor allem das Museum sind die einzige echte Attraktion der heutigen Stadt. Ein kleines innerstädtisches Ziel ist die **Wenfeng-Pagode**[1]. Der 39 m hohe, gemauerte Turm stammt aus dem Jahr 952 und ist mit feinen buddhistischen Reliefs verziert.

- Chinesischer Name: Ānyáng 安阳
- Einwohnerzahl: 1,2 Mio. Einwohner
- [1] Wenfeng-Pagode: Wénfēng Tǎ 文峰塔

Grab der Frau Hao im Yin Museum

Ruinenstätte der Yin und Museum

Orakelknochen, Bronzegefäße, Jadeobjekte, Keramik, Palast- und Tempelfundamente und vieles mehr ist hier zu sehen, alles über 3000 Jahre alt. Die geborgenen Objekte werden in einem hochmodernen Museumsbau präsentiert, der auch die Forschungsgeschichte illustriert. Ebenfalls auf dem Gelände befindet sich das Grab der Frau Hao. Die Herrschergattin, die um 1200 v. Chr. lebte, machte sich auch als Heerführerin einen Namen. Die Entdeckung ihres Grabes war die archäologische Sensation des Jahres 1976, denn die Grabkammer war nie geplündert worden und enthielt eine staunenswerte Fülle vielfältiger Beigaben.

- Chinesischer Name: Yīn Xū, Yīn Xū Bówùguǎn 殷墟, 殷墟博物馆
- Lage: nordwestlicher Stadtrand
- Besonderheit: Unesco-Welterbestätte seit 2006

Youlicheng

Hier geht es weniger um Wissenschaft und Archäologie als vielmehr um patriotische Sagen und Legenden, in deren Zentrum der als böse verschriene letzte Herrscher der Shang-Dynastie und der als vorbildlich gepriesene Gründer der nachfolgenden Zhou-Dynastie, König Wen (Wen Wang), stehen. Ersterer soll seinen späteren Nachfolger hier gefangen gehalten haben, während dieser das Orakel- und Weisheitsbuch Yijing (deutsch auch „I Ging") verfasst haben soll. Was man heute besichtigt, fungiert im Wesentlichen als Tempel des König Wens mit zahlreichen Anspielungen auf die acht Dreistrichsymbole (Trigramme) des Orakelbuchs und die 64 Sechserkombinationen. Die Anlage wurde 1993/94 hergerichtet. Mit Abstand am lustigsten ist ein Labyrinth – auf achteckigem Grundriss, damit's zum Yijing passt.

- Chinesischer Name: Yǒulǐchéng 羑里城
- Lage: 16 km südlich der Stadt

Taihang-Gebirge und Yuntai Shan Landschaftspark

60 Kilometer westlich von Anyang ist Schluss mit der weiten Ebene. Ganz unvermittelt ragt hier das lange und breite Taihang-Gebirge auf, eine ganze Gebirgsregion, die vor allem in dieser Gegend sowie weiter südwärts überaus stark zerklüftet ist. Straßen und Pfade wurden häufig in senkrechte Felswände geschnitten, um die Schluchten passierbar zu machen, vielerorts ragen Felsnadeln auf, und besonders in der sommerlichen Regenzeit sprudeln Kaskaden und Wasserfälle. Durch Bergpfade und Wanderwege er-

Yuntai Shan Landschaftspark

schlossen wurde ein Teil des Taihang-Gebirges nördlich der Stadt **Jiaozuo**[1]. Es trägt den schönen Namen Yuntai Shan („Wolkenterrassengebirge"). Auch hier beeindrucken Schluchten, Felswände und Wasserfälle. Höchster Gipfel ist der 1.308 m hohe **Zhuyu Feng**[2].

- Taihang-Gebirge: Tàiháng Shān 太行山
- Yuntai Shan Landschaftspark: Yúntái Shān Jǐngqū 云台山景区
- Lage: 16 km südlich der Stadt
- [1] Jiaozuo: Jiāozuò 焦作
- [2] Zhuyu Feng: Zhūyú Fēng 茱萸峰

Guoliang Cun

Tief im Gebirge nördlich des Landschaftsparks lockt das Dorf Guoliang Cun Besucher an: mit seinem traditionellen Ortsbild, spektakulären Ausblicken hinauf und hinab auf senkrechte Felswände und mit abenteuerlich durch die Felsen geschlagenen Pfaden. Das einst völlig abgeschiedene Dorf wurde durch Spielfilme bekannt, die hier gedreht wurden.

- Chinesischer Name: Guōliàng Cūn 郭亮村
- Lage: 35 km nordwestlich von Huixian (Luftlinie)

Kaifeng

Ein großer Name in Chinas Geschichte. Hier residierten die Kaiser der Dynastie Nördliche Song (960-1126). Es war zugleich eine Ära, in der sich Handel und Wandel entfalteten und so etwas wie ein kunst- und kultursinniges städtisches Bürgertum entstand. Zum Bedauern der heutigen Bewohner von Kaifeng ist von dem alten Glanz kaum mehr etwas zu spüren, dennoch ist die Stadt etwas Besonderes: Chinas einziger Ort dieser Größe, in deren Zentrum noch die alte Wohnbebauung vorherrscht, wenn auch oft verborgen hinter höheren Neubauten. Diese Gassenviertel sind wunderbar für Entdeckungstouren, man sollte sie sich aber nicht zu romantisch vorstellen. Kaifengs Geschichte ist übrigens überaus eng mit dem Gelben Fluss verbunden: Er überschwemmte die Stadt unzählige Male, und da sich jedes Mal Sediment absetzte, erhöhte sich das Bodenniveau über die Jahrhunderte immer mehr. Im Untergrund stecken daher immer noch die Reste der Song-Hauptstadt. Dem Manko, dass das kaiserliche Kaifeng heute nicht mehr erlebbar ist, hat man in den letzten Jahrzehnten tatkräftig abzuhelfen versucht: mit Neubauten in einem pseudohistorischen Stil. Auf diese Weise entstanden eine ganze **Geschäftsstraße**[1] und ein **Park**[2], der eine historische Bildrolle mit einer Darstellung Kaifengs in moderne Realität umzumünzen versucht, ja, es gibt sogar eine Palasthalle mit **Kaiserthron**[3]. Wenigstens ein bisschen echt alt ist die teilrestaurierte Stadtmauer, die man z.B. am **Südtor**[4] besteigen kann.

- Chinesischer Name: *Kāifēng* 开封
- Einwohnerzahl: 640.000 Einwohner
- Lage: 65 km östlich der Provinzhauptstadt Zhengzhou
- [1] Geschäftsstraße: *Sòngdū Yùjiē* 宋都御街
- [2] Park: *Qīngmíng Shànghé Yuán* 清明上河园
- [3] Kaiserthron: *Lóngtíng Dàdiàn* 龙亭大殿
- [4] Südtor: *Dà Nánmén* 大南门

Ehemaliges jüdisches Viertel

Kaifeng scheint der einzige Ort in China gewesen zu sein, in der eine chinesisch-jüdische Gemeinde seit der Song-Zeit bis fast zur Gegenwart fortbestand. Die letzte **Synagoge**[1] fiel im Jahr 1854 bei einer der Überschwemmungen in sich zusammen, und da keine jüdische Gemeinde mehr existierte, wurde sie auch nicht wieder aufgebaut. Heute zeugt davon nur noch eine Gedenktafel von 2008; sie steht neben der Einfahrt zum **Krankenhaus für chinesische Medizin**[2]. Das Gässchen südlich davon trägt den Namen „Südliche Gasse der Thoralehre". Dort lebt noch eine chinesisch-jüdische Familie.

- [1] Ehemalige Synagoge: *Yīcìlèyèjiào Qīngzhēn Sì* 一赐乐业教清真寺
- [2] Krankenhaus für chinesische Medizin: *Kāifēng Zhōngyī Yuàn* 开封中医院

Eisenpagode

So heißt der 56 m hohe Turm wegen des rostroten Aussehens der glasierten Kacheln, die den steinernen Bau verkleiden. Sowohl deren Reliefs als auch das Innere zeigen buddhistischen Bildschmuck. Schön ist der Park drumherum, vor allem wenn im Sommer der Lotos oder im Herbst die Chrysanthemen blühen.

- Chinesischer Name: *Tiětǎ* 铁塔
- Lage: Im Tieta-Park 铁塔公园 im Nordosten der Altstadt

Tipp

Mitten im Zentrum, am Trommelturm (Gulou), wird's allabendlich bunt und exotisch bei dem bekanntesten Nachtmarkt der Region. Vor allem locken die vielen Imbissstände. Man muss die Grillspieße, Teigtaschen oder Wollhandkrabben aber nicht im Stehen verzehren: Es gibt auch Tische und Bänke.

Luoyang

Wie in Kaifeng ist auch in der ehemaligen Kaiserstadt Luoyang von der früheren Herrlichkeit kaum mehr etwas zu spüren. Die buddhistischen Longmen-Grottentempel aber sowie der nah gelegene, einst heilige „Berg der Mitte" Song Shan mit dem Shaolin-Kloster bieten genug Grund, die Stadt zu besuchen. (Mehr zu Luoyang siehe S. 104 - 109)

Eisenpagode

Sanmenxia

Endlich sieht man mal wirklich die ockerfarbenen Fluten des Gelben Flusses, der sich hier auf dem Weg ostwärts in die nordchinesische Ebene eine Schlucht durch das Taihang-Gebirge gegraben hat. Der Name der Stadt heißt „Drei-Pforten-Schlucht", denn zwei Inseln teilten hier den Strom, bevor 1961 der 20 km flussab gelegene Staudamm in Betrieb ging. Inzwischen entstand weiter flussab noch ein sehr viel größerer Damm.

Sanmenxia liegt im Kernland der altchinesischen Kultur zwischen seinen einstigen zwei alternierenden Zentren: dem westlichen um die Stadt Xi'an und dem östlichen abseits des Gelben Flusses zunächst in Anyang, später in Luoyang und Kaifeng. Beide Regionen verdankten ihre Fruchtbarkeit dem Löss, der mit seiner Eigenschaft, leicht terrassierbar oder auszuhöhlen zu sein, aber standfest zu bleiben, diese Kulturlandschaft bis heute prägt und zur charakteristischen Bauform der Wohnhöhle geführt hat, die im Winter vor Kälte und im Sommer vor Hitze schützt.

- Chinesischer Name: *Sānménxiá* 三门峡
- Einwohnerzahl: 330.000 Einwohner (ohne Umland)
- Lage: 120 km westlich von Luoyang am rechten Ufer des Gelben Flusses

Museum des Guo-Staates

Als vor rund 1100 Jahren die Zhou-Dynastie die Shang-Dynastie beerbte, verteilte deren König Lehen an Verwandte und Mitkämpfer. Daraus wurden später mehr oder minder selbständig agierende Staaten. Einer davon, ein kleiner, hieß Guo. Er hatte sein Zentrum hier bei Sanmenxia – und schenkte der heutigen Stadt nebenbei einen archäologischen Schatz, denn hier wurden mehrere Herrschergräber aus jener Zeit gefunden sowie das Grab einer Herrschergattin. Alle waren reich mit Beigaben ausgestattet. Seit den ersten Ausgraben im Jahr 1956 kamen rund 30.000 Objekte zu Tage. Viele davon sind in dem Museum ausgestellt. Die Jade- und Bronzeobjekte (darunter Glocken) sind besonders kostbar. Auf dem überdachten Grabungsareal haben sich auch die ausgezeichnet erhaltenen Abdrücke von Pferdekutschen erhalten.

- Chinesischer Name: *Guóguó Bówùguǎn* 虢国博物馆
- Lage: *Liùfēng Beilù* 六峰北路 im Nordosten der Innenstadt

Wohnhöhlen

Wo immer es in Nordchina Lössberge gab, wohnten die Bauern in Höhlen, die sie in die terrassierten Hänge gruben. Was aber, wo es keine Berge oder Hügel gab? Die Lösung war, in die Tiefe zu gehen. Man hob einen quadratischen Hof von etwa 6 Metern Tiefe aus und grub von dort aus Wohnhöhlen in die Lehmwände. So entstanden ganze unterirdische Dörfer. Südlich von Sanmenxia, beispielsweise im 20 km entfernten Dorf **Xizhangcun Zhen**[1], blieben noch etliche dieser Wohnhöhlen erhalten, auch wenn die Menschen heute lieber in oberirdischen Häusern wohnen. Manche dieser **vertieften Wohnhöfe**[2] können besichtigt werden.

- [1] Xizhangcun Zhen: *Xīzhāngcūn Zhèn* 西张村镇
- [2] Wohnhöhlen an vertieften Höfen: *Tiānjǐng yáodòng* 天井窑洞

Wohnhöhle

HENAN

Hunan

Húnán 湖南

Zhangjiajie

Empfehlung: 10 Tage

Hunan – nie gehört? Macht nichts. Es gibt noch mehr Provinzen, die im Ausland unbekannt sind und in denen man demzufolge auch kaum einem ausländischen Touristen begegnet, obwohl alle eine Fülle von Sehenswürdigkeiten zu bieten haben, seien es einzigartige Landschaften, seien es historische Orte oder heilige Stätten. Hunan ist übrigens fast so groß wie Rumänien und hat etwas mehr Einwohner als Frankreich. Der Name bedeutet: „südlich der Seen" – gemeint sind die Überflutungsseen des Yangtze. Da die Provinz küstenfern und überwiegend gebirgig ist, hatten die Hunaner wenig Kontakt nach außen, so dass viele Traditionen lebendig blieben. Allerdings liegt in Hunan auch ein Wallfahrtsort des chinesischen Kommunismus, denn von hier stammt der große Führer und heutige Nationalheilige Mao Zedong.

Changsha

Hunans Provinzhauptstadt ist eine ziemlich typische chinesische Großstadt: viele moderne Häuser, meistens sehr hoch, eine schicke, als Fußgängerzone gestaltete **Einkaufsmeile**[1] (Huangxing Nanlu) und ein paar mehr oder minder wichtige historische Sehenswürdigkeiten sowie ein Provinzmuseum mit spannenden archäologischen Entdeckungen. Der Stadtkern liegt am rechten (östlichen) Ufer des Xiang Jiang, eines der größten Yangtze-Nebenflüsse.

- Chinesischer Name: *Chángshā* 长沙
- Einwohnerzahl: 3,6 Mio. Einwohner
- [1] Huangxing Nanlu: *Huángxìng Nánlù* 黄兴南路

HUNAN 203

Insel Juzi Zhou

„Orange Island" wird sie auf Englisch genannt, allerdings bezeichnet das „ju" im Namen keine Apfelsinen, sondern Mandarinen. Das 5 km lange, aber nur bis 150 m breite Eiland entstand aus einer Sandbank des Xiang Jiang und ist heute ein beliebter Park. Erhalten blieben etliche Villen aus der Kolonialzeit, darunter ein früheres britisches Konsulat. Seit 2007 blickt am Südende ein monumentaler Mao mit wallendem Literatenschopf und einem Antlitz voll jugendlicher Entschlusskraft über den Fluss. Das sphinxartige Betongebilde, 32 m hoch, ist die größte Maofigur des Landes. Sie will an ein Gedicht Maos erinnern, das er als 32-jähriger hier verfasste.

- Chinesischer Name: *Júzizhōu* 橘子洲

Yuelu Shan und Yuelu-Akademie

Der bewaldete Höhenzug **Yuelu Shan**[1] westlich des Flusses ist ein beliebtes Naherholungsgebiet. Eine Seilbahn hebt Besucher auf die Höhe. Am Osthang scharen sich die Gebäude der Provinzuniversität um die ehemalige **Yuelu-Akademie**[2], eine der vier renommiertesten Stätten höherer Bildung im alten China. Im 12. Jahrhundert lehrte hier Zhu Xi, der herausragende Denker der neokonfuzianischen Philosophie. Die heutigen Bauten sind jedoch deutlich jüngeren Datums. Am Hang oberhalb der Akademie versteckt sich zwischen hohen Bäumen der hübsche „Pavillon der Abendliebe" **Aiwan Ting**[3].

- [1] Yuelu Shan: *Yuèlù Shān* 岳麓山
- [2] Yuelu-Akademie: *Yuèlù Shūyuàn* 岳麓书院
- [3] Pavillon Aiwan Ting: *Àiwǎn Tíng* 爱晚亭

Provinzmuseum

Für alle Kulturinteressierten ist dies Changshas Hauptattraktion. Fast alles dreht sich hier um einen spektakulären Fund: das Grab von Mawangdui, in dem ein Markgraf, seine Frau und sein Sohn bestattet wurden – zwischen 186 und 160 v. Chr. Ihnen beigegeben wurden u.a. Seidengewebe mit wunderbaren Stickereien, Dienerfiguren, Spielzeug, Bronzespiegel, über 700 Lackobjekte und wichtige Manuskripte sowie der unter Luftabschluss mumifizierte Leichnam der Frau.

- Chinesischer Name: *Húnán Shěng Bówùguǎn* 湖南省博物馆

Shaoshan

Ein Tagesausflug führt zum Geburtsort Mao Zedongs, einem Wallfahrtsort für Millionen Chinesen. Der Rummel um den toten Diktator ist enorm. Bei etlichen Besuchern tendiert der Maokult mittlerweile schon ins Religiöse – bis hin zu Weihrauchopfern. Gleichwohl ist der Besuch seines **Elternhauses**[1] interessant, da es einen Blick zurück in traditionelles bäuerliches Leben gewährt. Mehr über Chinas Nationalheiligen erfährt man im **Mao-Museum**[2].

- Chinesischer Name: *Sháoshān* 韶山
- Lage: 60 km Luftlinie südwestlich von Changsha
- [1] Elternhaus: *Máo Zédōng gùjū* 毛泽东故居
- [2] Mao-Museum: *Máo Zédōng tóngzhì jiniànguǎn* 毛泽东同志纪念馆

Maofigur auf der Insel Juzi Zhou

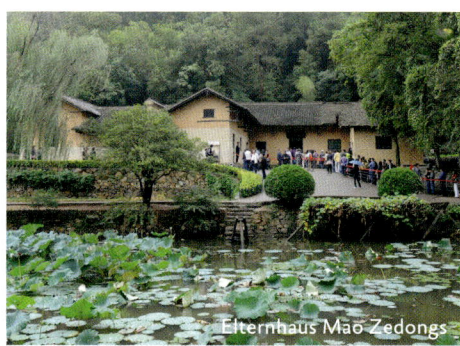

Elternhaus Mao Zedongs

HUNAN

Goldpeitschenbach

Zhangjiajie (Wulingyuan)

Kein Landschaftswunder weltweit blieb so lange unbekannt wie dieses. Bis 1984 hatte die Gegend nicht einmal einen Namen. Dabei ist Wulingyuan einzigartig. Hier drängen sich 3.100 Quarzsandsteintürme auf nur 264 km², verteilt auf zwei größere Areale und ein kleineres Gebiet. Die meisten dieser oft wie mit einem Beil lotrecht zurechtgehauenen Felsen sind über 100, viele über 200 und manche gar fast 400 m hoch. Auf ihnen und zwischen ihnen gedeiht die ursprünglich Vegetation – für Landwirtschaft war kein Platz – und leben selten gewordene Wildtiere. Das Gebiet ist heute durch Seilbahnen, Wanderwege und Straßen erschlossen; die Besuchermassen und technischen Installationen gefährden dabei unweigerlich die Schönheit dieser unvergleichlichen Landschaft und ihres einzigartigen Ökosystems. Überflüssigerweise wirbt die Gegend heute mit dem amerikanischen Sciencefiction-Film „Avatar – Aufbruch nach Pandora": Die dortige Fantasielandschaft sei hier Realität. Wer die Gegend mit weniger Gedränge erleben will, meidet die Hauptrouten und die Seilbahnen und zieht die älteren Wanderwege vor.

Wulingyuan ist der offizielle Name, unter dem die Region auf der Liste des Weltnaturerbes steht. In China dagegen wird zumeist von Zhangjiajie gesprochen. Dies ist der Name der nächsten Stadt, des Flughafens und der Teilregion, die gewöhnlich als erste besucht wird.

- Chinesischer Name: *Wǔlíngyuán fēngjǐng míngshèngqū* 武陵源风景名胜区
- Lage: 260 km Luftlinie nordwestlich von Changsha
- Besonderheit: Unesco-Welterbestätte seit 1992

Zhangjiajie

Eine große Hotelsiedlung ist dem Haupteingang vorgelagert. Jenseits davon wandert man am **Goldpeitschenbach**[1] entlang durch den Felssäulenwald; biegt man bald hinterm Eingang links ab, so kann man sich per Seilbahn auf das Plateau von **Huangshizhai**[2] hochfahren lassen und die Wunderwelt von oben betrachten.

- Chinesischer Name: *Zhāngjiājiè* 张家界
- Lage: 60 km Luftlinie südwestlich von Changsha
- [1] Goldpeitschenbach: *Jīnbiān Xī* 金鞭溪
- [2] Huangshizhai: *Huángshí Zhài* 黄石寨

HUNAN

Glasbodenpfad am Tianmen Shan

Yangjiajie

Nahe der Huangshizhai-Seilbahn steigt man in einen Parkbus und lässt sich über etliche Kilometer zur Yangjiajie-Seilbahn bringen. Diese rund 2 km lange Gondelbahn ist besonders lohnend, da man zwischen den Felsnadeln hindurch schwebt und großartige Ausblicke hat. Man landet oben nahe dem Dorf Yangjiazhai mit weiteren Aussichtspunkten.

- Chinesischer Name: *Yángjiājiè* 杨家界

Yuanjiajie

Wer dem Goldpeitschenbach folgt, gelangt zu diesem Parkgebiet, in dem der **„Hundert-Drachen-Lift"**[1] Besucher 326 m hoch auf das Felsplateau von Yuanjiajie katapultiert – erst innerhalb eines Felsens, dann außerhalb. Oben führt der Weg zu einem Weltrekord: Die **„Erste Brücke unter dem Himmel"**[2] ist die höchste Naturbrücke überhaupt: 357 m über dem Abgrund; der Spalt zwischen den Felswänden ist bis 40 m breit.

- Chinesischer Name: *Yuánjiājiè* 袁家界
- [1] Hundert-Drachen-Lift: *Bǎilóng diàntī* 百龙电梯
- [2] Erste Brücke unter dem Himmel: *Tiānxià dì-yī qiáo* 天下第一桥

Tianzi Shan und Zehn-Meilen-Galerie

„Himmelssohnberg" (auf Englisch meist: Emperor Mountain) heißt eine weiter nordöstlich gelegene Region mit noch mehr Naturschönheiten und einer weiteren Gondelbahn, die zu Aussichtspunkten hinauf schwebt. Entlang dem Berg ist die „Zehn-Meilen-Galerie" treffend benannt: ein Tal, in dem sich links und rechts Landschaftsszenen reihen, schön wie gemalt. Leider glaubte man, es den Besuchern bequem machen zu müssen und verlegte im Tal eine 1,6 km lange Einschienenbahn, die nun das müßige Betrachten der Zauberwelt beeinträchtigt.

- Tianzi Shan: *Tiānzǐ Shān* 天子山
- Zehn-Meilen-Galerie: *Shílǐ huàláng* 十里画廊

Tropfsteinhöhle Huanglong Dong

Etwas abseits (nordöstlich) der vorgenannten Gebiete gleitet man per Boot durch die Höhle des Gelben Drachen. Die meisten Kavernen sind nichts Besonderes, aber zwei riesige, zu Fuß zu besichtigende Höhlungen mit sehr unterschiedlichen Tropfsteinformationen sind spektakulär.

- Chinesischer Name: *Huánglóng Dòng* 黄龙洞

HUNAN

Fenghuang

Tianmen Shan

Wer mit dem Flugzeug kam, wird ihn schon gesehen haben: den „Himmelspfortenberg": einen Berg mit einem großen, senkrechten Loch. Er liegt außerhalb des Wulingyuan-Gebietes. Vom Stadtgebiet führt eine 7 km lange Seilbahn auf die Berghöhe; oben klammert sich ein Glasbodenpfad an einen senkrechten Felshang, durch den Berg geht es per Rolltreppe in die „Himmelspforte". Im Tal unterhalb des Lochs wird abends eine **Freilichtbühne**¹ bespielt. Die fantastisch illuminierte, musicalartige Szenenfolge „Der Fuchsgeist der Himmelspforte" schildert vor der dramatischen Bergszenerie die Liebesaffäre eines Holzsammlers und eines Fuchsgeistes. Diese Wesen sind in der chinesischen Sagenwelt Füchse, die in der Gestalt schöner junger Frauen Männer verführen.

- Chinesischer Name: Tiānmén Shān 天门山
- ¹ Fuchsgeisttheater: Tiānmén Húxiān 天门狐仙

Fenghuang

Nachdem überall Altstädte abgerissen wurden, sind die verbliebenen um so beliebtere Reiseziele, besonders wenn sie, wie Fenghuang, so schön in einem gewundenen Flusstal liegen. Fenghuang hat obendrein einen besonders edlen Namen, er bedeutet „Phönix". Die Stadt selbst ist mit ihren schmalen Gassen und alten Häusern die Hauptsehenswürdigkeit, vor allem entlang dem Fluss Tuo Jiang mit den übers Ufer ragenden, dicht gedrängten Holzständerbauten. Etwas Besonderes ist eine gedeckte Brücke – inspiriert vom Architekturstil der Dong, deren Traditionen gemeinsam mit zwei anderen Ethnien den Ort und die Gegend prägen. Über den Fluss führen auch mehrere schmale, geländerlose Stege und zum Teil auch Trittsteine. Etliche kleinere Tempel, Stadtmauerreste sowie zu Museen umgewidmete Wohnhäuser wohlhabender Bürger runden das Angebot ab. Leider ist der Stadt der moderne Rummel nicht gut bekommen. Die bonbonbunte abendliche Illumination vor allem entlang dem Fluss, dazu verschiedentlicher Diskolärm erschlagen jede romantisch-nostalgische Stimmung.

- Chinesischer Name: Fènghuáng 凤凰市
- Einwohnerzahl: 78.000 Einwohner (nur Altstadtbereich)

Hongjiang / Qianyang Gucheng

Ziel ist hier nicht das moderne Hongjiang, sondern die malerische Altstadt Qianyang Gucheng. Als alte Handelsstadt liegt sie günstig für die Binnenschifffahrt an der Einmündung eines Nebenflusses in den Yangtze-Nebenfluss Yuan Jiang, so ist sie an zwei von drei Seiten von Wasser umgeben. Kleiner und weniger bekannt als Fenghuang, ist der Ort deutlich weniger trubelig und wahrt mehr als Fenghuang eine historische Atmosphäre, auch wenn verschiedentlich moderne Häuserblocks in die historische Bebauung gesetzt wurden. Obwohl die ethnischen Minderheiten heute nur rund 10 Prozent stellen, prägt der Architekturstil der Dong die Altstadt mit ihren zweigeschossigen Wohnhäusern, die kleine Höfe umschließen und durch hohe Mauern voneinander getrennt sind. Zu besichtigen sind unter anderem Ahnentempel, Wohnhäuser ehemaliger Kaufleute, ein Stadttor und eine Opiumhandlung – der Handel mit Opium war einst eine wichtige Einkommensquelle des Städtchens.

- Hongjiang: *Hóngjiāng* 洪江
- Qianyang Gucheng: *Qiányáng Gǔchéng* 黔阳古城
- Einwohnerzahl: 46.000 Einwohner (mit Vororten)
- Lage: 86 km Luftlinie südlich von Fenghuang

Tongdao

Die Kleinstadt im Süden der Provinz liegt in einem fast reinen Minderheitengebiet. 78 Prozent der Einwohner von Stadt und weitem Umland zählen zum Volk der Dong, 10 weitere Prozent verteilen sich auf andere Ethnien, 12 Prozent sind ethnische Chinesen. Tongdao selber ist als Ort reizlos und an sich kein Reiseziel. Was gefällt, sind die kleinteilige, bewaldete Hügellandschaft und die darin versteckten kleinen Dörfer. Hier gehört die wunderbare Zimmermannskunst der Dong mit ihren vieltraufigen Trommeltürmen und den raffiniert gedeckten „Wind-und-Regen-Brücken" mit ihren pavillonartigen Aufbauten gleichsam zum Alltag. Das prominenteste Beispiel hierfür ist die 1815 erbaute **Puxiu-Brücke**[1] in **Huangdu**[2] (12 Straßenkilometer südwestlich von Tongdao). Ein sehr viel schöneres Ortsbild mit lauter traditionellen Bauernhäusern der Dong und mit einem prächtigen Trommelturm bietet das Dorf **Yutou Cun**[3] (8 km nordwestlich von Huangdu).

- Chinesischer Name: *Tōngdào* 通道
- Lage: 115 km südlich von Hongjiang
- [1] Puxiu-Brücke: *Pǔxiū Qiáo* 普修桥
- [2] Huangdu: *Huángdū* 皇都
- [3] Yutou Cun: *Yùtou Cūn* 芋头村

Hongjiang

HUNAN

Rund um Shanghai

Wasserdorf Wuzhen

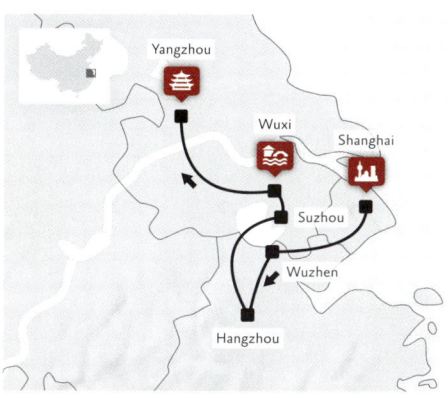

Empfehlung: 8 bis 11 Tage

Die untere Yangtze-Region ist seit Jahrhunderten Chinas Wirtschaftsmotor und sein kulturelles Zentrum. Von hier kam und kommt der größte Teil von Chinas Seide, von hier stammten die meisten Literaten, Künstler und Beamten, hier lebten die reichsten Salzkaufleute und hier schufen sich begüterte Ruheständler ihre privaten Gartenparadiese. Der nach Jahrzehnten sozialistischer Vernachlässigung neu gewonnene Reichtum der Gegend ist unübersehbar, selbst auf dem Lande, wo Unternehmer und Bauern sich ihre Villen aus dem Katalog bestellen.

Shanghai

Die Weltmetropole wächst in die Höhe und Breite und sogar ins Meer hinaus. Hier erlebt man vor allem das China der Gegenwart. Der internationale Flughafen Pudong, auch aus Europa direkt angeflogen, macht die Stadt zum natürlichen Zentrum jeder Reise in die Region. (Mehr zu Shanghai siehe S. 150 - 163)

- Chinesischer Name: Shànghǎi 上海

Wuzhen

Dieses größte unter den „Wasserdörfern" der Region ist mehr Stadt als Dorf. Auch wenn der Ort abseits der historischen Kanalroute liegt, prosperierte er als Drehkreuz im Netz der mit dem Kaiserkanal verbundenen Wasserwege. Trotz einzelner unansehnlicher Neubauten besteht Wuzhens Reiz in einem lebendigen Ambiente mit alten Häusern an Kanälen, buckligen Steinbrücken und vielen Böotchen. Der zentrale Bereich, für den Eintritt zu zahlen ist, stellt sich heute eher als Freilichtmuseum da, wirkt jedoch trotz der Besucherscharen erfreulich authentisch.

Rund 100 alte Steinbrücken führen über die Kanäle und verbinden die mit Granit gepflasterten Gassen, die den Ort von der Landseite her erschließen. Die eng aneinander gebauten flachen Altstadthäuser stammen vorwiegend aus dem 19. Jh., viele haben dekorative Stufengiebel und hölzerne Ladenfronten, zuweilen mit Schnitzereien. Die Attraktionen verteilen sich auf zwei Gebiete, die jeweils einen Hauptkanal säumen: Dongzha („östliche Sperre", 0,7 km lang) und Xizha („westliche Sperre", 1,1 km lang).

Im **Dongzha-Gebiet**[1] erwarten Sie beispielsweise die **Gongsheng-Schnapsbrennerei**[2], eine fotogene **Blaudruckerei**[3], eine **Holzschnitzereiausstellung**[4] und eine **Pfandleihe**[5]; bei einem höchstrangigen kaiserlichen Beamten hereinschnuppern lässt sich in der **Hanlin-Residenz**[6]. Im **Xizha-Gebiet**[7] finden Sie Spezialitäten der örtlichen Küche, viele Kneipen, eine traditionelle **Seidenbrokatweberei**[8], eine besteigbare **Pagode**[9], ein Theater und eine **Seebühne**[10]; zudem bieten etliche familiäre und preisgünstige Herbergen sowie ein paar edle, stilvolle Hotels Übernachtungen an. In beiden Bezirken gibt es zudem Vorführungen, so werden im Dongzha-Bezirk Szenen der lokalen **Tongxiang-Oper**[11] gezeigt, und nebenan bezaubert ein **Schattentheater**[12] die Zuschauer.

Ob Tempel, Lädchen, Brücken – viele weitere größere und kleinere Attraktionen lassen sich entdecken. Und wer mag, kann ab dem Haupttor eine Bootsfahrt durch die Kanäle unternehmen. Bei den **nächtlichen Touren**[13] lassen sich die Kanäle illuminiert erleben.

- Chinesischer Name: *Wūzhèn* 乌镇
- Lage: 130 km südwestlich von Shanghai

- [1] Dongzha-Gebiet: *Dōngzhà* 东栅
- [2] Gongsheng-Schnapsbrennerei: *Gōngshēng Zāofáng* 公生糟坊
- [3] Blaudruckerei: *Lányìnhuābù Zuòfáng* 蓝印花布作坊
- [4] Holzschnitzereiausstellung: *Jiāngnán Mùdiāo Chénlièguǎn* 江南木雕陈列馆
- [5] Huiyuan-Pfandleihe: *Huìyuán Diǎndāng* 汇原典当
- [6] Hanlin-Residenz: *Hànlín Dì* 翰林第
- [7] Xizha-Gebiet: *Xīzhà* 西栅
- [8] Seidenbrokatweberei: *Wūjǐngōngfáng* 乌锦工坊
- [9] Pagode: *Báiliántǎ* 白莲塔
- [10] Seebühne: *Shuǐjùchǎng* 水剧场
- [11] Tongxiang-Oper: *Tóngxiāng Huāgǔ Xìtái* 桐乡花鼓戏台
- [12] Schattentheater: *Píyǐngxì Guǎn* 皮影戏馆
- [13] Nächtliche Bootsfahrt: *Yèyóu* 夜游

Hangzhou

Die ehemalige Hauptstadt der südlichen Song-Dynastie zählt dank ihres Westsees mit seinen wunderbar gepflegten Promenaden und dank des hier angebauten, teuren Longjing-Tees zählt die Stadt zu den angenehmsten und schönsten Orten ganz Chinas. (Mehr zu Hangzhou siehe S. 58 - 62)

- Chinesischer Name: *Hángzhōu* 杭州
- Lage: 170 km südwestl. von Shanghai

Suzhou

Die Stadt der Gärten und der Seide wird gewöhnlich von Shanghai aus als Tagesausflugsziel angesteuert, aber um mal einen Garten menschenleer, nämlich bei Toröffnung, zu erleben, sollte man besser hier übernachten – zumal es auch sonst noch einiges zu sehen gibt. (Mehr zu Suzhou siehe S. 164 - 169)

- Chinesischer Name: *Sūzhōu* 苏州
- Lage: 80 km westl. von Shanghai, 130 km nördl. von Hangzhou

Yangzhou

Abseits der touristischen „Rennstrecke" gelegen, ist diese einstige Handels- und Hafenmetropole ein Ziel für Entdecker. Die Stadt prosperierte dank ihrer Lage an der Einmündung des Kaiserkanals in den Yangtze und wurde erst im 19. Jh. von Shanghai überflügelt.

- Chinesischer Name: *Yángzhōu* 扬州
- Einwohnerzahl: 1,4 Mio. Einwohner
- Lage: 240 km nordwestlich von Shanghai, 170 km nordwestlich von Suzhou

Schmaler Westsee

Aus einem Stück Stadtgraben entwickelte sich über Jahrhunderte eine lange, winklige Wasserfläche mit Inseln, Pavillons und schattigen Promenaden, alles in allem ein 100 ha großer, 3 km langer Park mit über zwei Dutzend Einzelattraktionen. Wer beim **Südeingang**[1] im Nordwesten der Altstadt beginnt, findet alle größeren auf den ersten 1,9 Kilometern, hier die wichtigsten:
Der **Xu-Garten**[2] ist ein früheres Privatanwesen, das nun einen „Garten im Garten" bildet. Die heutigen Gebäude entstanden 1915 als Ahnentempel der Familie Xu. Der **Kleine Goldberg**[3] spielt mit seinem Namen auf eine Insel im nahen Yangtze an. Die Anhöhe mit bestem Seeblick wurde im 18. Jh. aufgeschüttet, die Gebäude entstanden um 1900. Der „Angelpavillon", Teil des Ensembles, ist auf drei Seiten von Wasser umgeben, so dass seine drei Mondtore drei verschiedene Szenerien einrahmen.

- Chinesischer Name: *Shòu Xīhú* 瘦西湖
- [1] Südeingang: *Nán Mén* 南门
- [2] Xu-Garten: *Xú Yuán* 徐园
  Lage: am Westufer bei der ersten Biegung
- [3] Kleiner Goldberg: *Xiǎo Jīnshān* 小金山

Fünf-Pavillon-Brücke

Die Mitte des Schmalen Westsees überspannt dieses 1757 erbaute steinerne Wahrzeichen der Stadt. Auf ihr rastet man unter fünf Pavillondächern, an heißen Sommertagen von sanfter Luft umfächelt. Südlich davon erhebt sich eine weiße tibetische **Dagoba**[1], eine Replik der Dagoba im Pekinger Beihai-Park. Yangzhous Salzkaufleute ließen sie im 18. Jh. bauen, um dem zu Besuch weilenden Qianlong-Kaiser eine Freude zu machen.

- Chinesischer Name: *Wǔtíng Qiáo* 五亭桥
- [1] Dagoba: *Bái Tǎ* 白塔

Schmaler Westsee

He-Garten

Ein Beamter namens He ließ sich 1883 dieses Anwesen gestalten. Da das Grundstück klein ist, ging man in die Höhe. So ist der Westgarten durch den Rhythmus der umgebenden, zweigeschossigen Wohnbauten ebenso geprägt wie durch Felsgebirge, die aus dem Gartenteich steil bis zum Obergeschoss aufragen. Der Teichpavillon diente für Musik und Tanz. Ein raffiniert konzipierter doppelter Wandelgang grenzt den West- vom Ostgarten ab. Auch diesen prägen skurrile Felsgebirge. Im kleinen Gartenhof im Südwesten blieb ein Pavillon aus der Ming-Zeit erhalten, und ein Loch im Fels erscheint als Mond, der sich im Wasser spiegelt.

- Chinesischer Name: *Hé Yuán* 何园
- Lage: *Xúníngmén Jiē* 徐凝门街 77

Ge-Garten

Yangzhou verdankt diesen aufwändig gestalteten Garten einem Salzkaufmann, der ihn in den 1820er Jahren anlegen ließ. Ein Rundgang im Uhrzeigersinn geht durch alle vier Jahreszeiten, beginnend bei den Wohngebäuden mit dem Frühling, den rundliche Felsspitzen in Form von sprießendem Bambus symbolisieren. Dem Sommer gilt der Hauptteil des Anwesens mit Gartenteich, Felsen, einem Magnolienbaum und dem „Studio des gebührenden Regens". Über das gedämpft-ockerfarbene „Herbstgebirge" steigt man zum „Herbstpavillon" hinab, wo man zum Sonnenuntergang verweilt. Weiße Felsen und eine eisschollenartige Pflasterung prägen den Winterteil, von dem aus der Blick durch ein Mondfenster Hoffnung auf neuen Frühling weckt. Zu allen Jahreszeiten grün ist der Bambus, und auf ihn bezieht sich der Gartenname: Das Zeichen *gè* 个 ähnelt hängenden Bambusblättern.

- Chinesischer Name: *Gè Yuán* 个园
- Lage: *Yánfù Dōnglù* 10 盐阜东路

Kloster Daming Si

Das meiste an dieser großzügigen Anlage ist ziemlich neu, das Kloster blickt jedoch auf eine 1200-jährige Geschichte zurück. Hier lehrte der Mönch Jianzhen (688-763), der auf Bitten japanischer Mönche beschloss, sie nach Japan zu begleiten. Allerdings erhielt er keine Ausreisegenehmigung, und die Versuche, China heimlich zu verlassen, führten zu einer unglaublichen, viele Jahre langen Odyssee. Als Jianzhen schließlich sein Ziel erreichte, war er bereits erblindet. Zu sehen ist die Replik eines Lackbildnisses von ihm, dessen Original sich im japanischen Nara befindet. Es ist eins der eindrücklichsten Portraits der Welt.

- Chinesischer Name: *Dàmíng Sì* 大明寺
- Lage: am Nordende des Schmalen Westsees

Kloster Daming Si

Perlfluss in Kanton

Empfehlung: 8 bis 11 Tage

Südchinas Boomregion im Perlfluss-Delta hat zwei Zentren: das alte Kanton und das moderne Hongkong. Einflüsse aus dem fernen Westen machen sich hier schon bemerkbar, seit die Portugiesen in Macau anlandeten. Während man in der Hauptstadt alles Ausländische ebenso argwöhnisch beäugte wie einheimisches Kaufmannstum, stattdessen auf die bindende Kraft der Scholle setzte, war man hier im Süden seewärts orientiert, und viele lebten direkt oder indirekt vom Außenhandel, so dass die Region ein eigenes Selbstbewusstsein entwickelte. Auch in ihrem Dialekt, dem Kantonesischen, leben die Bewohner ihre eigene Identität.

Kanton

Die Perlflussmetropole schlechthin ist in den letzten Jahren aus Hongkongs Schatten etwas herausgerückt. Den Gast erfreuen sie und das nahe Foshan mit einigen klassischen Sehenswürdigkeiten. Mit dem Flieger ist die Stadt aus Europa direkt erreichbar. (Mehr zu Kanton siehe S. 80 - 89)

- Chinesischer Name: *Guǎngzhōu* 广州

Shenzhen

Wo heute 10,5 Millionen Menschen und ein paar Millionen mehr nicht Registrierte einen Hochhauswald bevölkern, herrschte 1980 noch ländliche Idylle. Shenzhen war damals nur ein Grenzdorf. Die heutige Stadt ist stolz auf ihre Themenparks, in denen z.B. Sehenswürdigkeiten Chinas und der Welt im Miniformat gezeigt werden. Für Nichtchinesen interessanter ist das **Dorf der Nationalitäten**[1], in dem Wohnhäuser, Tempel und Szenerien aus mehreren Provinzen nachgebildet sind, belebt von zünftig kostümierten Handwerkern, Volkstänzern und Ähnlichem mehr.
Andere zieht es eher zum **Mission Hills Golf Club**[2], der mit seinen 20 km² Grünfläche, zwölf 18-Loch-Plätzen und jeder Menge anderer Angebote der größte (und vielleicht auch vielseitigste) der Welt ist.

Rund um den Perlfluss

Zhū Jiāng 珠江 *(Perlfluss)*

- Chinesischer Name: *Shēnzhèn* 深圳
- Lage: 130 km südöstlich von Kanton
- **1** Dorf der Nationalitäten: China Folk Culture Villages 中国民俗文化村
  Lage: an der U-Bahn-Station *Huaqiaocheng* 华侨城
- **2** Mission Hills Golf Club: *Guānlánhú Gāoěrfū Qiúhuì* 观澜湖高尔夫球会
  Lage: 30 km nördlich der Stadt

Hongkong

An der britischen Exkolonie kommt man kaum vorbei und sollte es auch nicht, denn die Stadt auf Bergen über dem Meer ist ein einmaliges Highlight in China. Die Stadt ist ihre eigene Attraktion, hat aber auch kulturell einiges zu bieten. Viele kennen sie als Shoppingmekka, aber mehr noch muss sie als Gourmetmetropole gelten. (Mehr zu Hongkong siehe S. 63 - 75)

- Chinesischer Name: *Xiānggǎng* 香港
- Lage: grenzt südlich an Shenzhen, 170 km südöstlich von Kanton

Macau

Europas älteste Niederlassung in Fernost hat zwei Gesichter: das einer alten portugiesische Kleinstadt und das eines chinesischen Las Vegas – ein ebenso verrückter wie stellenweise überraschend liebenswerter Ort. (Mehr zu Macau unter Hongkong siehe S. 72 - 75)

- Chinesischer Name: *Àomén* 澳门
- Lage: 65 km westlich von Hongkong (Überfahrt per Fähre)

Zhuhai

Was Shenzhen für Hongkong, ist Zhuhai für Macau: eine binnen kurzer Zeit zur Großstadt angewachsene Wirtschaftssonderzone. Doch Zhuhai ist mit 1,4 Mio. Einwohnern sehr viel kleiner, dazu sauberer, grüner und angenehmer als Shenzhen. Das Beste sind die grünen Hügel im Stadtgebiet, teils als Park gestaltet und der Badestrand am Kongresszentrum. Auf der Halbinsel nördlich davon liegt der Seeuferpark.

- Chinesischer Name: *Zhūhǎi* 珠海
- Lage: unmittelbar nördlich von Macau

Kaiping

China überrascht immer mal wieder damit, dass längst Vorhandenes als Sehenswürdigkeit entdeckt wird. Die Wach-, Wohn- und Fluchttürme, die in der Region Kaiping seit dem späten 19. Jh., vor allem aber in den ersten drei Jahrzehnten des 20. Jh.s entstanden, sind solch ein Fall. Eine entsprechende Bautradition bestand zwar schon vorher, doch erst mit der Rückkehr von Auswanderern, die in der Neuen Welt zu Wohlstand gekommen waren, entwickelten sich jene als **Diaolou**[1] bezeichneten, charakteristischen Türme mit westlichen Stilelementen, die man in der Umgebung dieser Kleinstadt bewundern kann.

Von einst rund 3.000 sind noch gut 1.800 erhalten und werden nun, da ihr Wert erkannt ist, auch unter Denkmalschutz gestellt und nach und nach restauriert. Die auffälligen, bis neun Etagen großen bestehen aus Beton, jüngere und kleinere aus Backstein. Die aufwändige und für die Bewohner wenig bequeme Bauform spiegelt die unruhigen Zeiten wider, die dazu zwangen, selbst für die eigene Sicherheit zu sorgen. Gemeinschaftlich finanziert wurden Wach- und Fluchttürme; in letzteren gehörten den Mitgliedern der Dorfgemeinschaft je ein Raum. Die besten Diaolou sind allerdings private Wohnhäuser. Mit Erkern, Türmen und umlaufenden Balkonen haben sie etwas Schlossartiges an sich. Manche Diaolou können besichtigt werden. Um sie zu sehen, fährt man von Kaiping aus nach Westen und Südwesten, wo sich sehenswerte Diaolou in weniger als 15 km Entfernung in den Gemeinden **Zili**[2] und **Tangkou**[3] sowie im Städtchen **Chikan**[4] finden.

- Chinesischer Name: *Kāipíng* 开平
- Lage: 90 km westlich von Zhuhai, 140 km südwestlich von Kanton
- [1] Diaolou: *Diāolóu* 碉楼
  Besonderheit: Unesco-Welterbe seit 2007
- [2] Zili: *Zìlì Cūn* 自力村
- [3] Tangkou: *Tángkǒu Zhèn* 塘口镇
- [4] Chikan: *Chìkǎn Zhèn* 赤坎镇

Diaolou von Kaiping

Siebensternefels-Park

Zhaoqing

Diese mittelgroße Stadt besticht mit ihrer Lage zwischen dem Perlfluss im Süden sowie Seen und Bergen im Norden. Sieben Turmkarstformationen gaben dem **Siebensternefels-Park**[1] im Norden des **Sternensees**[2] ihren Namen. Den See gliedern 20 Inseln und bis zu 2 km lange, schmale Dämme, über die man den Park erreicht.

Noch sehenswerter ist das wasserreiche Berggebiet des **Dinghu Shan**[3], das unter nationalem Naturschutz steht. Wanderwege führen durch dichten Wald zu Wasserfällen, Teichen und mehreren Klöstern. Deren größtes ist das 1633 gegründete buddhistische **Qingyun-Kloster**[4]. Seine Hauptattraktion ist der reiche, vergoldete Figurenschmuck.

- Chinesischer Name: *Zhàoqìng* 肇庆
- Lage: 110 km westlich von Kanton
- [1] Siebensternefels-Park: *Qīxīngyán Gōngyuán* 七星岩公园
- [2] Sternensee: *Xīng Hú* 星湖
- [3] Dinghu Shan: *Dǐnghú Shān* 鼎湖山
  - Lage: 18 km nordöstlich
  - Höhe: 491 m hoch
- [4] Qingyun-Kloster: *Qìngyún Sì* 庆云寺

Deqing

In den dicht bewaldeten, wildreichen Bergen bei dieser Kleinstadt finden sich weitere Naturschönheiten. Obenan steht die **Panlong-Schlucht**[1] mit ihren Wasserfällen und Stromschnellen – rund einhundert auf einem Quadratkilometer bei 300 m Höhenunterschied. Abenteuerlich ist die 4,8 km lange Wildwasserfahrt. Im Ort selbst steht ein großer **Konfuziustempel**[2]. Lohnenswert ist auch ein Ausflug nach **Yuecheng**[3] zu dem dortigen **Drachenmuttertempel**[4]. Hier wird Wen Shi verehrt, die der Legende nach als junges Mädchen fünf Drachen an den Ufern des Perlflusses aufzog. Als die Drachen groß waren, revanchierten sie sich für ihre liebevolle Fürsorge und brachten Regen über das dürregeplagte Land. Feine Keramikfiguren erzählen ihre Geschichte.

- Chinesischer Name: *Déqìng* 德庆
- Lage: 80 km westlich von Zhaoqing
- [1] Panlong-Schlucht: *Pánlóng Xiá* 盘龙峡
  - Lage: 20 km nördlich der Stadt
- [2] Konfuziustempel: *Xué Gōng* 学宫
  - Lage: im Westen des Ortes
- [3] Yuecheng: *Yuèchéng* 悦城
- [4] Drachenmuttertempel: *Lóngmǔmiào* 龙母庙
  - Lage: 35 km östlich der Stadt

RUND UM DEN PERLFLUSS

Seitenblick aus dem *China Tours Reisemagazin*

Barock im Reisfeld

Von Francoise Hauser

Wenn Herr Min bis in den fünften Stock auf die Dachterrasse klettert, fällt sein Blick auf ein Meer einsamer Türme, die wie arrangiert aus den grünen Reisfeldern ragen. Bis zum Horizont ziehen sich die „Diaolous", bis zu acht Stockwerke hoch, jedes einzelne individuell verziert. Dennoch haftet den Türmen etwas Düsteres an. Sind es die Faust-dicken Fensterladen aus Metall, die Schießscharten? Die gewaltigen Mauern, die zahlreichen Einschusslöcher an den Monsun-zerfressenen Fundamenten?

Für Min ist dies keine Überlegung wert, meist fällt sein Blick sowieso nicht auf die Landschaft, sondern den kleinen Farbfernseher im Erdgeschoss. Als staatlich angestellter Wächter achtet er acht Stunden am Tag darauf, dass die Besucher keine persönlichen Fotos von den Wänden stehlen – überall blicken die früheren Besitzer ernst von der Wand, viele von ihnen im westlichen Anzug. Wer waren die Bewohner dieser seltsamen Anlagen?

■ Einmal Ausland und zurück

Ab Mitte des 19. Jahrhunderts wurden in den südchinesischen Küstenstädten abertausende „Kulis" angeworben, denn mit der Abschaffung der Sklaverei fehlte es in den Vereinigten Staaten und den britischen Überseegebieten an Arbeitern. Willkommen waren sie oft dennoch nicht. Viele von ihnen kehrten Ende des 19. Jahrhunderts daher wieder nach China zurück. Dort herrschte freilich das politische Chaos: Räuber, Banden, marodierende Soldaten, die Bedrohungen waren vielfältig, die Landbewohner schutzlos ausgeliefert. In Kaiping jedoch fanden die dynamischen Heimkehrer eine Lösung: Schon seit Jahrhunderten gab es in der Region Diaolou-Türme (wörtlich: Wach-Gebäude), in denen ganze Dörfer vor den Überschwemmungen des Monsuns Zuflucht fanden. Warum also nicht gleich Wohnhäuser im Stil der Schutztürme bauen? Natürlich mit Verzierungen, die schon auf den ersten Blick verrieten, aus welch weit entferntem Exil der Erbauer zurückgekehrt war. So erinnern die meisten Diaolou-Türme an westliche Barock-Elemente, die den chinesischen Erbauern im Westen besonders gut gefallen hatten. Andere wiederum ähnelten einer Moschee oder südostasiatischen Tempeln.

■ Unbekanntes Welterbe

Weitaus pragmatischer war die technische Ausstattung: Viele Inhaber ließen in den 1920ern starke Such-Scheinwerfer installieren, so dass sie eventuelle Angreifer auch im Dunkeln gut erkennen konnten.

Um die dreitausend solcher Türme soll es allein in der Umgebung der Stadt Kaiping gegeben haben, rund 1800 haben die politischen Wirren der Moderne überstanden. Seit gut zehn Jahren werden viele der Türme auf staatliches Geheiß restauriert, 2007 schließlich wurden zahlreiche der Diaolous sogar zum UNESCO-Weltkulturerbe erklärt.

Diaolou von Kaiping

👍 **TIPP: China Tours Reisemagazin**

Entdecken Sie weitere spannende Geschichten rund um das Thema China auf: www.ChinaTours.de/Magazin

RUND UM DEN PERLFLUSS

Seidenstraße

Sīchóuzhīlù 丝绸之路

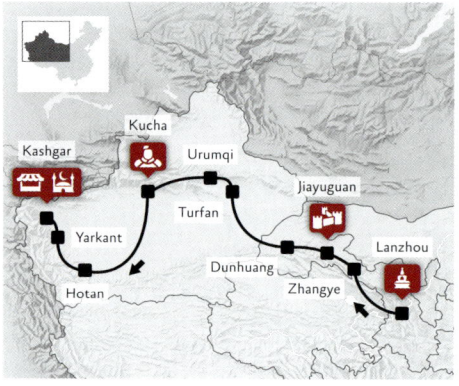

Empfehlung: 14 Tage

Auf dem bedeutendsten und längsten transkontinentalen Handelsweg der Geschichte waren die Kamelkarawanen einst Monate unterwegs, eine unregelmäßige Kette von Oasen, zahllose Völkerschaften und Kulturen hinterließen im Wüstensand ihre Spuren. China eroberte die Region erstmals unter Han-Kaiser Wu um 100 v. Chr. Der äußerste Westen, die Autonome Region Xinjiang, ist durch die moslemischen Uiguren (Osttürken) geprägt. Auch kirgisischen oder kasachischen Nomaden kann man begegnen. Längst haben Eisen- und Autobahnen die Kamelpfade ersetzt. Sandstürme im Frühjahr können aber auch heute noch jeden Verkehr lahmlegen.

Lanzhou

Die Industriestadt am Oberlauf des Gelben Flusses ist Ausgangspunkt für einige Ausflüge, von denen derjenige zu den Buddha-Grotten von Bingling Si eine erste Begegnung mit der buddhistischen Kunst verschafft, die vor rund 1600 Jahren über die Seidenstraße nach China gelangte. (Mehr zu Lanzhou siehe S. 96 - 99)

- Chinesischer Name: *Lánzhōu* 兰州

Zhangye

Die Seidenstraßenstadt im Oasengürtel des so genannten Gansu-Korridors rückte erst in jüngerer Zeit auf die touristische Landkarte, obwohl sie über einige herausragende uralte Sehenswürdigkeiten verfügt. In traditionell-nordchinesischer Manier auf schachbrettartigem Grundriss angelegt, ist die Stadt selbst jedoch reizlos und lässt von ihrer langen Geschichte nichts ahnen.

- Chinesischer Name: *Zhāngyē* 张掖
- Einwohnerzahl: 500.000 Einwohner
- Lage: 430 km nordwestlich von Lanzhou

Tempelkloster Dafo Si

Hier wandelt man auf Marco Polos Spuren, denn den riesigen schlafenden Buddha im „Tempelkloster des großen Buddha" aus dem 12. Jahrhundert hat schon er bestaunt und beschrieben. 34,5 m ist die Figur lang, 7,5 m hoch und damit Chinas größter liegender Buddha, der sich unter Dach befindet. Zehn Jünger betrauern den Sterbenden, der nun ins Nirvana eingeht. Hinzu kommen weitere 29 Figuren und Wandmalereien. Kaum weniger imposant als die Figur ist der mächtige, hölzerne Hallenbau, der sie birgt. Zum Tempelkloster gehören weitere Hallen sowie eine 33 m große Flaschenpagode.

- Chinesischer Name: *Dàfó Sì* 大佛寺
- Lage: Stadtmitte

Danxia-Geopark

Ein Naturwunder: gestreifte Felslandschaft. In China gilt sie als „siebenfarbig", aber dazu kann jeder seine eigene Zählung veranstalten. Tatsache ist, dass durch das mal rundliche, mal schroffe Felswüstengelände gerade bunte Streifen aus Sandsteinablagerungen laufen, meist eher rötlich, mal gelblich, mal etwas bläulich.

- Chinesischer Name: *Dānxiá Guójiā Dìzhì Gōngyuán* 丹霞国家地质公园
- Lage: 40 km westlich von Zhangye

Tempelkloster Dafo Si

Festung Jiayuguan

Jiayuguan

Hier, am Westrand der Industriestadt Jiayuguan, endet die Große Mauer der Ming-Dynastie in einem Querriegel, der von der steilen „**Hängenden Mauer**"[1] im Norden südwärts bis zu einer Schlucht und dem „**Ersten Wachtturm**"[2] reicht und so das Ming-Reich nach Westen sicherte. Den einzigen Durchlass bot die **Festung Jiayuguan**[3], ein ab 1372 aus Lehmziegeln errichteter mächtiger Bau mit 10 m hohen Mauern, der heute noch beeindruckt. Nach wie vor stoßen hier Oase und Wüste unmittelbar aufeinander.

- Chinesischer Name: *Jiāyùguān* 嘉峪关
- Einwohnerzahl: 160.000 Einwohner
- Lage: 740 km nordwestlich von Lanzhou
- [1] Hängende Mauer: *Xuánbì* 悬壁
  Lage: 7 km nordwestlich der Festung
- [2] Erster Wachtturm: *Dì-Yī Dūn* 第一墩
  Lage: 7 km südlich der Festung
- [3] Festung Jiayuguan: *Jiāyùguān Guānchéng* 嘉峪关关城

Dunhuang

Zwischen Xi'an und Samarkand bietet kein Ort an der Seidenstraße mehr als diese Oasenstadt in West-Gansu. Die Buddha-Grotten von Mogao bergen den weltgrößten Schatz an buddhistischer Kunst, und die riesigen Sanddünen sind eine Schau für sich. (Mehr zu Dunhuang siehe S. 45 - 48)

- Chinesischer Name: *Dūnhuáng* 敦煌
- Lage: 350 km westlich von Jiayuguan

Turfan (Turpan)

Am Rande der drittiefsten Senke der Erde liegt diese große Oasenstadt nur knapp über Meereshöhe. Hier wirkt China schon nicht mehr chinesisch. Diwane stehen im Freien, vier Fünftel der Bevölkerung sind Uiguren. In der Gegend wird seit alters Wein angebaut und in luftigen Darrhäusern zu Rosinen getrocknet. Winzer gibt es erst seit wenigen Jahren.

- Chinesischer Name: *Tŭlŭfān* 吐鲁番
- Einwohnerzahl: 250.000 Einwohner
- Lage: 600 km nordwestlich von Dunhuang

SEIDENSTRASSE

Suleiman-Moschee

Ruinenstadt Jiaohe

Suleiman-Moschee und Emin-Minarett

Das 1777/78 erbaute Heiligtum ist bekannt wegen seiner Architektur, vor allem der des Minaretts, das aus zu Ornamenten arrangierten Backsteinen besteht. Das Dach der Moschee ist besteigbar, die ländliche Umgebung gut zum Radeln.

- Chinesischer Name: Sūgōng Tǎ 苏公塔
- Lage: 3 km südöstlich (Ortsrand)

Ruinenstadt Jiaohe (Yarkhoto)

Ein 30 m hohes Felsplateau, 1,7 km lang und bis 300 m breit, wurde als natürliche Festung seit dem 2. Jh. v. Chr. besiedelt. Es entstand eine richtige Stadt. Im Jahr 1209 jedoch zerstörten die Mongolen den Ort, der danach völlig aufgegeben wurde. Was blieb, sind teils recht eindrucksvolle Lehmruinen. Die mächtigsten gehören zu einem ehemaligen Buddha-Tempel. Am Nordwestende gelangt man zu einem kleineren Tempel und zu den Resten eines Pagodenwalds (Friedhof).

- Chinesischer Name: Jiāohé Gùchéng 交河故城
- Lage: 10 km westlich

Karez-Bewässerungssystem

Karez sind Stollen, durch die Wasser aus höherem Gelände ohne Verdunstung und Verschmutzung in die Stadt und auf die Äcker geleitet wird. Sie werden dazu mit einem Gefälle angelegt, das geringer ist als das der Oberfläche; so spart man sich Pumpen. Die Stollen sind 3 bis über 10 km lang; alle zusammen kommen auf 3.000 bis 5.000 km. Im Karez-Park gibt es ein Museum zum Thema, und man kann in einen Stollen hinabsteigen.

- Chinesischer Name: Kǎnérjǐng Lèyuán 坎儿井乐园
- Lage: 6 km nordwestlich

Gaochang (Karakhoja)

Die Ruinenstadt von 1,5 mal 1,5 km Fläche entstand als chinesische Garnison vor 2100 Jahren, im 9. Jh. war sie Sitz eines uigurischen Khanats und wurde im 14. Jh. aufgegeben. Die Dimensionen sind deutlich größer als die von Jiaohe, allerdings blieb weniger erhalten. Imposant ist die mit Lehmziegeln teilrestaurierte Palastruine. Auf der Fahrt nach Gaochang passiert man die rötlichen **Flammende Berge**[1], die bei tief stehender Sonne intensiv leuchten können. Das unweit von Gaochang gelegene **Astana-Gräberfeld**[2] wurde von 273 bis 778 benutzt. Drei ausgemalte Grüfte kann man besichtigen.

- Chinesischer Name: Gāochāng Gǔchéng 高昌古城
- Lage: 40 km östlich
- Tipps: Eselomnibusse fahren vom Rand zum Palast
- [1] Flammende Berge: Huǒyàn Shān 火焰山
- [2] Astana-Gräberfeld: Āsītǎnà Gǔmù Qún 阿斯塔那古墓群
  Lage: 3 km nördlich von Gaochang

Ruinenstadt Gaochang

SEIDENSTRASSE

Flammende Berge

Buddha-Grotten von Bezeklik

Im Steilhang eines Quertals der Flammenberge wurden vom 5. bis 14. Jh. Grottentempel angelegt und mit Wandbildern ausgeschmückt. Im Rahmen einer Führung werden sechs besichtigt. Die meisten bestehen nur aus einer Kammer. Figuren fehlen, die Malereien sind in schlechtem Zustand.

- Chinesischer Name: *Bǎizīkèlǐkè Qiānfó Dòng* 柏孜克里克千佛洞
- Lage: 13 km nördlich von Gaochang

Urumqi

Die moderne Provinzhauptstadt von Xinjiang gilt als küstenfernste Stadt des Globus. Abgesehen vom Provinzflughafen gibt es allenfalls einen Grund, hierher zu kommen: das **Provinzmuseum**[1]. Es zeigt durch die Trockenheit hervorragende konservierte Funde aus der Wüste, darunter über 2000 Jahre alte Textilien und mumifizierte Leichname, deren ältester der einer Frau aus Loulan ist, die vor 3800 Jahren starb.

- Chinesischer Name: *Wūlǔmùqí* 乌鲁木齐
- Einwohnerzahl: 2,7 Mio. Einwohner
- Lage: 180 km nordwestlich von Turfan
- [1] Provinzmuseum: *Xīnjiāng Bówùguǎn* 新疆博物馆
  Lage: *Xīběi Lù* 西北路 132

Kuqa (Kutscha)

Die Oasenstadt an der nördlichen Seidenstraße war im 1. Jahrtausend n. Chr. ein Zentrum des Buddhismus. Beredtes Zeugnis davon legen die **Buddha-Grotten von Kizil**[1] ab, die vom 3. bis 10. Jh. angelegt wurden. Die älteren sind von indischen Einflüssen geprägt. Da sie im Zuge der deutschen Turfan-Expeditionen (1902-14) erstmals wissenschaftlich beschrieben wurden, tragen die größeren deutsche Namen. Leider blieb von den Bildwerken wenig erhalten. Eindrucksvoll ist aber die Lage der insgesamt 300 Grotten in einer steilen Felswand über dem Muzat-Fluss. Das schönste Kizil-Erlebnis ist, unterhalb der Felswand das stille Tal entlang zu wandern. Auf der Anfahrt über die Nationalstraße 217 überrascht das bizarr verwitterte, vegetationslose **Xaldarang-Gebirge**[2].

- Chinesischer Name: *Kùchē* 库车
- Einwohnerzahl: 70.000 Einwohner
- Lage: 880 km ab Urumqi, 740 km ab Turfan
- [1] Buddha-Grotten von Kizil: *Kèzīěr Shíkū* 克孜尔石窟
  Lage: 75 km nordwestlich der Stadt
- [2] Xaldarang-Gebirge (Aussichtspunkt):   Xaldarang Scenic Spot: *Yánshuǐgōu Jǐngqū* 盐水沟景区

SEIDENSTRASSE

Klosterruinen von Subashi

Ein weiterer religiöser Zeuge aus der Blütezeit der Seidenstraße ist diese Ruinenstadt an einem breiten Wadi. Im 4. Jh. gegründet, fungierte Subash als Hauskloster der Könige von Kuqa. Im 12. Jh. wurde die Siedlung aufgegeben.

- Chinesischer Name: *Sūbāshí Fósì Yízhǐ* 苏巴什佛寺遗址
- Lage: 20 km nördlich der Stadt

Taklamakan & südl. Seidenstraße

Südlich von Kuqa erstreckt sich die Taklamakan. 1.000 km lang und bis zu 400 km breit, ist sie die größte Sandwüste der Erde. Allerdings wachsen im Norden nahe dem Tarim-Fluss dank eines hohen Grundwasserspiegels so genannte Euphrat-Pappeln. Die 500 km lange Transtaklamakanstraße, erbaut für das Tazhong-Ölfeld, quert die Wüste von Luntai im Norden nach Minfeng im Süden.

Wie im Norden entlang dem Tianshan zieht sich im Süden am Kunlun Shan eine Reihe von uigurisch geprägten Oasenstädten hin. Aus **Hotan**[1] bezog das alte China seine Jade. Die Stadt hat einen lebendigen Basar. **Yarkant**[2] (Yarkand) ist historisch bedeutender. Im Zentrum seiner schmutzigen, doch lebendigen Altstadt steht neben der großen Moschee (kein Zutritt für Nichtmoslems) das elegante **Mausoleum**[3] der Liedersammlerin, Dichterin und Musikerin Aman Isa Khan (1526-1560). Benachbart sind einige Königsgräber. Gegenüber vom Mausoleum kann man das Tor der einstigen Königsresidenz besteigen. Die Stadt ist bekannt für ihren Sonntagsmarkt.

- [1] Hotan: *Hétián* 和田
  Lage: 909 km ab Kuqa
- [2] Yarkant: *Shāchē* 莎车
  Lage: 278 km ab Hotan
- [3] Mausoleum: *Āmànníshā Hàn Língmù* 阿曼尼莎汗陵墓

Kashgar

In Kashgar, Chinas westlichster Großstadt, treffen nördliche und südliche Seidenstraße aufeinander. Moderne Viertel mit geraden Straßen umschließen eine teils noch recht gut intakte Altstadt mit vielen Handwerksläden.

Östlich der Altstadt gelangt man zum **Basar**[1], einem riesigen, neuen Komplex mit immer noch viel Atmosphäre. Beim berühmten Sonntagsmarkt ist hier am meisten los. Auch Messer- und Scherenschleifer, Freiluftfriseure und Barbiere und natürlich Imbissstände mit typisch uigurischer Küche machen dann beste Geschäfte. Der sonntägliche **Viehmarkt**[2] wurde an den Stadtrand verlagert. Dort gibt es nicht nur allerlei Nutztiere, sondern auch farbenfrohen Tierschmuck.

Uigurischer Handwerker

- Chinesischer Name: *Kāshí* 喀什
- Einwohnerzahl: 500.000 Einwohner
- Lage: 125 km nordwestlich von Yarkant
- [1] Basar: *Zhōngxīyà Shìchǎng* 中西亚市场
  Lage: *Àizītèlù* 艾孜热特路
- [2] Viehmarkt: *Shēngchù Jiāoyì Shìchǎng* 牲畜交易市场

Id-Kah-Moschee

Diese bedeutendste Moschee der Stadt ist mit 1,6 ha Fläche angeblich die größte Chinas. Der Torbau mit seinen zwei Minaretten lässt dies kaum erahnen. Ein arabisch inspirierter zentralasiatischer Stil prägt die 2.600 m² große Gebetshalle mit offener Veranda. 140 Holzsäulen stützen das Dach. Die heutigen Gebäude stammen aus der Mitte des 18. Jh.s.

- Chinesischer Name: *Àitígǎěr Qīngzhēnsì* 艾提尕尔清真寺
- Lage: im Westteil der Altstadt
- Hinweis: Außerhalb der Gebetszeiten Zugang auch für ausreichend bekleidete Frauen

Abakh-Hoja-Mausoleum

Chinas bedeutendstes islamisches Mausoleum ließ Abakh Hoja (lies: Abach Hodscha), Emir des Yarkant-Kanats, um 1640 für seinen Vater erbauen. Insgesamt wurden hier in 58 Gräbern fünf Generationen der Hoja-Sippe bestattet. Zu der großen, würdigen Anlage zählen unter anderem zwei alte Koranschulen und eine Moschee.

Der mit grünen und blauen Kacheln bedeckte Mausoleumsbau ist streng symmetrisch mit je einem runden Minarett an den vier Ecken und einer mittigen Kuppel, unter der der Bauherr bestattet wurde. In der hinteren rechten Ecke erinnert ein grabähnlich gestaltetes kleines Ehrenmal an die „duftende Konkubine", eine Enkelin Abakhs, die im 18. Jh. an den Pekinger Hof kam. Postkarten und Poster mit ihrem Bild zeigen sie, wie Giuseppe Castiglione sie sah, der italienische Hofmaler des Qianlong-Kaisers.

- Chinesischer Name: *Xiāngfēi Mù* 香妃墓
- Lage: 2,7 km nordöstlich vom Basar (Stadtrand)

Ausflug in den Pamir

Von Kashgar führt der Karakorum-Highway Richtung Pakistan durch die dramatische Hochgebirgslandschaft des Pamir. Ziel eines Tagesausflugs kann der 190 km entfernten **Karakul-See**[1] sein. Auf über 3.645 m Höhe liegt er in einem traditionellen Siedlungs- und Weidegebiet von Kirgisen. Im See spiegeln sich der 7.719 m hohe Kongur Tag (höchster Pamir-Gipfel) und der faszinierend schöne, 7.546 m hohe Muztag Ata („Vater aller Schneeberge"). Auf dem Weg passiert man den Bulungkol, ein breites Schwemmgebiet, das riesige Sandberge säumen.

- [1] Karakul-See: *Kǎlākùlǐ Hú* 卡拉库里湖
- Hinweis: An der Kontrollstelle Gezcun (Fotografierverbot) ist der Reisepass vorzuzeigen

Pamir-Gebirge

Shandong

Shāndōng 山东

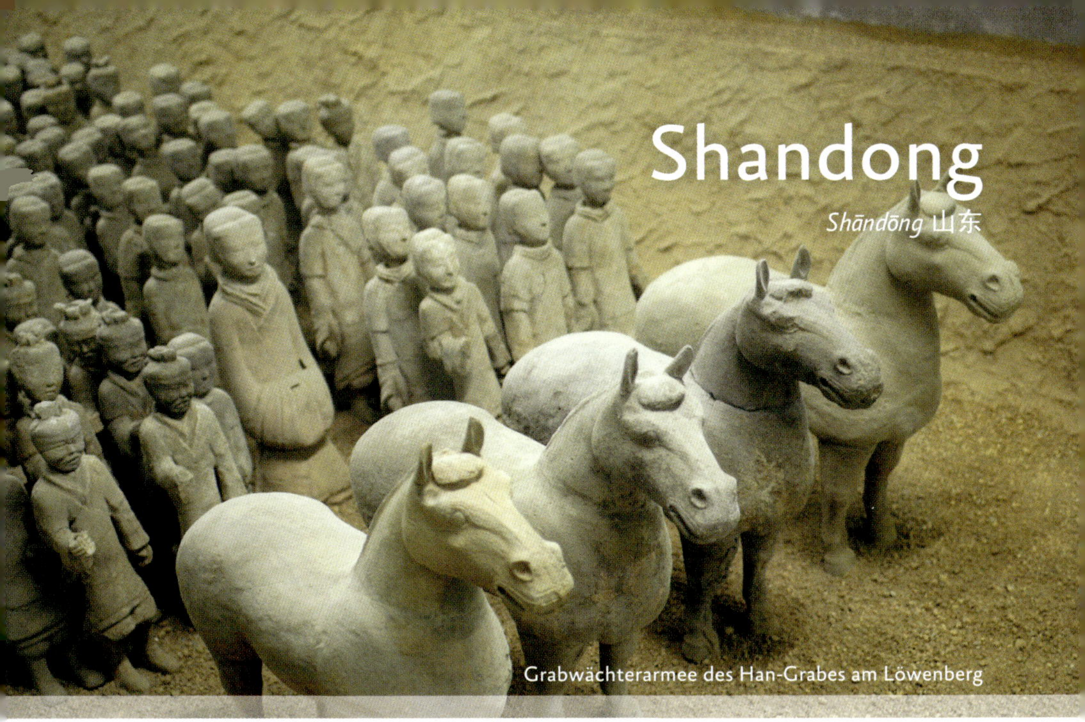

Grabwächterarmee des Han-Grabes am Löwenberg

Empfehlung: 8 Tage

Shandong, Heimat des Konfuzius und Ort des heiligen Berges Tai Shan, steht ebenso für Freizeitvergnügen und Entwicklungsdynamik, wie die Hafenstadt und Sommerfrische Qingdao beweist. Viele lohnende Ziele sind noch wenig bekannt – ein Grund mehr für Entdecker, hierher zu kommen. Die Tour beginnt knapp außerhalb der Provinzgrenzen.

Xuzhou

Die meisten steigen an diesem Bahnknotenpunkt nur um – ein Fehler, denn im Umkreis der Stadt kam eine Fülle über 2000 Jahre alter Schätze ans Tageslicht.

- Chinesischer Name: *Xúzhōu* 徐州
- Einwohnerzahl: 2,6 Mio. Einwohner
- Lage: im Nordwesten der Provinz Jiangsu

Han-Grab am Gui Shan

Ein im Jahr 116 v. Chr. verstorbener Prinz und seine Frau ließen sich in einem Berggrab bestatten, dessen 15 Kammern 760 m² Fläche einnehmen. Im Innern sind kostbare Sarkophage, Kutschwagenmodelle und andere Grabbeigaben zu sehen. Die Wände der 56 m weit in den Berg führenden Gänge sind derart exakt gearbeitet, dass Experten rätseln, wie dies mit damaliger Technik möglich war.

- Chinesischer Name: *Guīshān Hàn Mù* 龟山汉墓
- Lage: 7 km nordwestlich der Stadtmitte

Han-Grab am Löwenberg

Noch größer und etwas älter ist dieses Grab eines anderen Prinzen. Die Öffnung seiner Gruft war die Sensation des Jahres 1995. Entdeckt wurden 2.000 Grabbeigaben, darunter ein Totenkleid aus 4.248 mit Goldfäden zusammengenähten Jadeplättchen. Das Innere der Gruft wird heute effektvoll beleuchtet. Bereits elf Jahre zuvor war 300 m weiter westlich eine zum Grab gehörende Grabwächterarmee mit rund 4.000 Tonsoldaten gefunden worden. Sie sind rund 40 cm groß und wurden in den originalen Gruben aufgestellt. Die Fundstätten sind heute Teil eines archäologischen Parks, zu dem auch ein Museum gehört.

- Chinesischer Name: *Shīzishān Chǔwáng Líng* 狮子山楚王陵
- Lage: 3 km südöstlich des Hauptbahnhofs

Museum der hanzeitlichen Bildkunst

Aus hanzeitlichen Gräbern wurden im Laufe der Jahre rund 1.000 Reliefplatten mit bildlichen Darstellungen geborgen und in diesem Museum zusammengeführt. 177 davon sind ausgestellt und ermöglichen dem Betrachter eine Zeitreise in die Welt vor zwei Jahrtausenden.

- Chinesischer Name: *Hàn Huàxiàng Yìshù Bówùguǎn* 汉画像艺术博物馆
- Lage: am Ostufer des Sees *Yúnlóng Hú* 云龙湖 südlich des Zentrums

Qufu und Tai Shan

Die Konfuziusstadt und der heilige Ostberg zählen zu den ältesten und größten Opferstätten des Landes – und wohl auch des Globus. Der Besucher wandelt auf den Spuren von Philosophen, Kaisern und ungezählter anderer Wallfahrer. (Mehr zu beiden Orten siehe S. 166 - 173)

- Qufu: *Qūfù* 曲阜
- Lage: 160 km nördlich von Xuzhou
- Tai Shan: *Tài Shān* 泰山
- Lage: 65 km nördlich von Qufu

Qingzhou

Viele erleben die kleine Stadt nur auf der Durchreise als Schild am Bahnhof, aber auch hier hinterließ die reiche chinesische Kulturtradition ihre Schätze. Wortwörtlich erfuhren dies Bauarbeiter, die 1996 auf vergrabene Skulpturen stießen: Hunderte von Buddha- und Bodhisattvafiguren aus dem 6. Jh., die Anfang des 12. Jh.s in einem Depot beigesetzt worden waren. Der Fund erregte weltweites Aufsehen. Diese und andere Preziosen sind im **Museum**[1] der Stadt zu sehen. Angefangen von prähistorischer Keramik über Jadeobjekte aus dem Altertum und buddhistische Plastik des Mittelalters bis hin zu Objekten aus den letzten Dynastien präsentiert sich hier die ganze Kunst- und Kulturgeschichte der Region.

An drei Stellen außerhalb der Stadt, darunter am Berg **Yunmen Shan**[2], blieben aus der Blütezeit des Buddhismus Grottentempel erhalten. Es sind die östlichsten Chinas. Sehenswert sind auch Qingzhous große Altstadtviertel, die noch aus streng nach Süden ausgerichteten, eingeschossigen Hofhäusern bestehen.

- Chinesischer Name: *Qīngzhōu* 青州
- Einwohnerzahl: 500.000 Einwohner (ohne Umland)
- Lage: 140 km nordöstlich von Tai'an
- [1] Qingzhou Museum: *Qīngzhōu Bówùguǎn* 青州博物馆
  Lage: im Westen der Stadt
- [2] Yunmen Shan: *Yúnmén Shān* 云门山
  Lage: 4 km südlich der Stadt

Kong-Residenz in Qufu

Weifang

Weifang, Stadt der Drachen – freilich nicht der Wasser und Wolken bewohnenden Fabelwesen, sondern derjenigen, die man in frischer Brise steigen lässt. Hier werden sie seit alters in großer Formenvielfalt hergestellt, und hier findet jeden April der größte Flugdrachenwettbewerb der Welt statt. Die Weifanger selbst lassen ihre Drachen auf dem **Volksplatz**[1] steigen; am Wochenende tritt dort abends eine Musikfontäne in Aktion.

- Chinesischer Name: *Wéifāng* 潍坊
- Einwohnerzahl: 420.000 Einwohner (ohne Umland)
- Lage: 60 km östlich von Qingzhou
- [1] Volksplatz: *Rénmín Guǎngchǎng* 人民广场

Weltdrachenmuseum

Im weltgrößten Museum dieser Art kann man Flugdrachen aus aller Welt bestaunen und erfährt alles über Drachenarten, Herstellung und Geschichte des Sports.

- Chinesischer Name: World Kite Museum *Shìjiè Fēngzhēng Bówùguǎn* 世界风筝博物馆
- Lage: *Xíngzhèng Lù* 行政街 66

Garten Shihu Yuan

2.000 m² sind für einen Literatengarten, in dem ein Teich, ein Gebirge, Pavillons und Gartenhäuser unterzubringen sind, nicht gerade viel. Als dieser 1885 angelegt wurde, bewältigte man die Herausforderung mit Raffinesse. Hier sieht man, wie viel Abwechslung auf kleinem Raum möglich ist.

- Chinesischer Name: *Shíhù Yuán* 十笏园
- Lage: *Hújiā Páifāng Jiē* 胡家牌坊街

Volkskunstpark Yangjiabu

Aus einer Flugdrachenmanufaktur wurde hier ein Ausflugsziel für Volkskunstfreunde. Hier kann man nicht nur Drachenkünstlern über die Schulter schauen, sondern auch die Anfertigung der altbeliebten Neujahrsbilder verfolgen – sie heißen so, da man mit diesen Farbholzschnitten zum neuen Jahr die Wände schmückt und die unansehnlich gewordenen alten ersetzt. Ausstellungs- und Verkaufsräume runden das Ganze ab.

- Chinesischer Name: *Yángjiābù Mínjiān Yìshù Dà Guānyuán* 杨家埠民间艺术大观园
- Lage: 8 km nordöstlich der Stadt

Qingdaoer Zhejiang Lu

Qingdao

Eine kuriose Mixtur, die fielen gefällt, und besonders Chinesen: deutsche Kleinstadt, Badeort, moderne Hafenmetropole, Bierfest – um nur ein paar Stichworte zu nennen. Zudem war Qingdao 2008 als Austragungsstätte der Segelwettbewerbe Olympiastadt. (Mehr zu Qingdao siehe S. 140 - 143)

- Chinesischer Name: *Qīngdǎo* 青岛
- Lage: 160 km südwestlich von Weifang

Shangri-La

Xiānggélǐlā 香格里拉

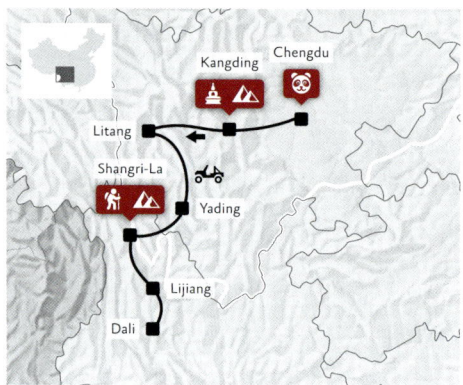

Empfehlung: 14 bis 17 Tage

Grandiose Bergwelten, traumhaftes Licht und die Begegnung mit ethnischen Minderheiten: das sind die Hauptthemen dieser Tour, die durch das östliche Randgebiet Tibets führt – mit tagelangen Gebirgsfahrten bis auf Höhen weit über 4.000 m. Die Szenerie inspirierte einen Literaten zur Utopie des Shangri-La. Doch dies ist keine Erholungsreise. Den Abschnitt von Kangding bis Lijiang sollte man zwischen Oktober und April nicht zu bewältigen versuchen.

Chengdu

In der Provinzmetropole mag man sich, ehe es los geht, ins Teehaus setzen, einen Ohrputzer zum Reinigen der Gehörgänge rufen und sich der Vorfreude hingeben. (Mehr zu Chengdu siehe S. 22 - 31)

- Chinesischer Name: *Chéngdū* 成都

Chengdu – Kangding

Die ersten 140 km geht's südwestwärts über die Autobahn bis Ya'an, wo die Berge beginnen. Man durchfährt dramatische Talschluchten und am 3.437 m hohen Erlang Shan den mit 4,1 km einstmals längsten Straßentunnel Chinas. Jenseits davon, in der Schlucht des Dadu He, gelang es der Roten Armee im Mai 1935 auf ihrem berühmten Langen Marsch trotz Unterzahl, auf der damals halb demontierten Kettenbrücke von **Luding**[1] unter Beschuss den reißenden Fluss zu überqueren und die Stadt zu erobern. Nächste Station ist **Kangding**[2], das tibetische Dardo. Die Kreisstadt ist ein alter Stapelplatz im tibetisch-chinesischen Handel und war Hauptstadt der Provinz Kham (Xikang), die von 1939 bis 1955 bestand. Es gibt mehrere Lamaklöster und eine schwefelhaltige Thermalquelle nördlich der Stadt. Kangding ist Ausgangspunkt für Expeditionen auf den 50 km südlich gelegenen, 7.556 m hohen Gongga Shan.

- 1 Luding: *Lúdìng* 泸定
  Höhe: 2.243 m ü. NN
  Lage: 275 km ab Chengdu
- 2 Kangding: *Kāngdìng* 康定
  Höhe: 2.560 m ü. NN
  Lage: 324 km ab Chengdu

Kangding – Litang

Steil aufwärts geht es nach Westen ins Gebirge Zheduo Shan auf eine Passhöhe von 4.304 m. Jenseits davon werden die Berge flacher, die Täler weiter. Vieh grast auf sattgrünen Weiden, verstreut liegen tibetische Dörfer. Jenseits von **Xinduqiao**[1] steigt der Weg bis auf eine 4.300 m hohe Hochebene, ehe sich die Straße erneut in Schluchten absenkt. Sie endet im langen, nordsüdlich verlaufenden Tal des Yalong Jiang mit der wenig einladenden Kreisstadt **Yajiang**[2].
Weiter geht es westwärts und erneut bergan bis auf eine karge Hochebene von über 4.200 m Höhe. Der höchste Punkt der Strecke, der Pass am Kazila Shan, ist 4.718 m hoch. Schließlich erreicht man das in einem weiten Talkessel gelegene **Litang**[3]. Ein Kranz von Schneegipfeln krönt das Panorama. In der gänzlich tibetisch geprägten Stadt geht das Leben noch seinen alten, gemächlichen Gang. Der Ort ist ein religiöses Zentrum. Zu besichtigen ist das Kloster **Litang Chöde Gompa**[4], der geistliche Mittelpunkt der Stadt. Litang ist berühmt für sein Pferdefest, das Anfang August stattfindet.

- 1 Xinduqiao: *Xīndūqiáo* 新都桥
  Höhe: 3.460 m ü. NN
  Lage: 76 km ab Kangding
- 2 Yajiang: *Yǎjiāng* 雅江
  Höhe: 2.640 m ü. NN
  Lage: 145 km ab Kangding
- 3 Litang: *Lǐtáng* 理塘
  Höhe: 4.000 m ü. NN
  Lage: 290 km ab Kangding
- 4 Litang Chöde Gompa: *Chángqīngchūn Kēěr Sì* 长青春科尔寺

Litang – Yading

Südwärts geht's zunächst bergab, dann folgen erneut Hochgebirgsstrecken bis über 4.500 m Höhe. Das Tal von **Sangdui**[1] ist berühmt für seine Laubverfärbung im Herbst, bei der die Pappeln orangefarben werden und das Gras für einige Tage rot. Bald darauf erreicht man die Kleinstadt **Daocheng**[2] (tibetisch: Dabpa). Weiter südwärts (bergab) werden die Täler wieder tiefer und die Kontraste stärker. Ziel ist das **Yading-Gebiet**[3] südlich des Weilers Riwa. Dort blicken drei dicht beieinander stehende Sechstausender ins Tal. Die Tibeter verehren sie als Bodhisattvas und benannten sie danach: den **Chenresig**[4] (6.032 m) als Avalokiteshvara, den **Jambeyang**[5] (5.958 m) als Manjushri und den **Chanadorje**[6] (5.958 m) als Vajrapani. Auf einem rund 40 km langen Weg umrunden die Pilger den Chenresig und opfern im Kloster **Chonggo Gompa**[7]. Der Wirkung der Bergmajestäten mit ihren Almwiesen, Wäldern und Seen kann sich keiner entziehen. Den meisten gilt Yading als Höhepunkt der Reise.

- 1 Sangdui: *Sāngduī* 桑堆
  Höhe: 3.943 m ü. NN
  Lage: 118 km ab Litang
- 2 Daocheng: *Dàochéng* 稻城
  Höhe: 3.750 m ü. NN
  Lage: 146 km ab Litang
- 3 Yading-Gebiet: *Yàdīng Jǐngqū* 亚丁景区
  Lage: 264 km ab Litang
- 4 Chenresig: *Xiānnǎirì* 仙乃日
- 5 Jambeyang: *Yāngmàiyǒng* 央迈勇
- 6 Chanadorje: *Xiànuòduōjí* 夏诺多吉
- 7 Chonggo Gompa: *Chōnggǔ Sì* 冲古寺
  Höhe: 3.900 m ü. NN

Yading – Shangri-La

Von Yading geht es zunächst retour bis Sangdui, dann südwest- und südwärts wieder durch Hochgebirge mit Pässen bis über 4.700 m Höhe. Die einzige größere Ortschaft ist **Xiangcheng**[1]. Auf den Talwiesen siedeln Tibeter. Schließlich erreicht man **Zhongdian**[2], das tibetisch Gyalthang, heute aber offiziell Shangri-La heißt. Die Benennung nach jenem utopischen Ort aus dem Roman „Der verlorene Horizont" von James

Hilton erfolgte 2001 zur Tourismusförderung, hat aber einen realen Hintergrund: Hilton wurde inspiriert durch Berichte des Österreichers Joseph Rock (1884-1962), der von 1922 bis 1949 in Nordyunnan lebte und im National Geographic Magazine über diese Gegend publizierte. Shangri-La besteht aus einem neuen, gesichtslosen Viertel im Norden und einer kleinen tibetischen Altstadt im Süden. Etwas abseits liegt das bedeutende Kloster **Ganden Sumtseling**[3], die Hauptattraktion am Ort. Beliebt sind Ausflüge in die bilderbuchschöne Umgebung – zu Dörfern, kleinen Klöstern und zum **Pudacuo-Nationalpark**[4] mit seinen zwei Hochgebirgsseen: Am **Bita Hai See**[5] kann man auf Plankenwegen durch Spießtannenwälder wandern und im Frühjahr die Azaleenblüte bewundern; den **Shudu-See**[6] umgeben Wälder und Weideflächen. Stadtnäher ist der **Napa-See**[7], ein Rastplatz der seltenen Schwarznackenkraniche.

- [1] Xiangcheng: *Xiàngchéng* 乡城
  Höhe: 2.870 m ü. NN
  Lage: 227 km ab Yading, 81 km ab Sangdui
- [2] Zhongdian: *Zhōngdiàn* 中甸
  Shangri-La: *Xiānggélǐlā* 香格里拉
  Höhe: 3.300 m ü. NN
  Lage: 413 km ab Yading, 267 km ab Sangdui
- [3] Ganden Sumtseling: *Sōngzànlín Sì* 松赞林寺
  Lage: 4 km nördlich der Stadt
- [4] Pudacuo-Nationalpark: *Pǔdácuò Guójiā Gōngyuán* 普达措国家公园
- [5] Bita Hai See: *Bìtǎ Hǎi* 碧塔海
  Höhe: 3.540 m ü. NN
  Lage: 40 km östlich
- [6] Shudu-See: *Shǔdū Hú* 蜀都湖
  Höhe: 3.610 m ü. NN
  Lage: 40 km nordöstlich
- [7] Napa-See: *Nàpà Hǎi* 纳帕海
  Lage: 8 km nordwestlich

Lijiang

Die Fahrt nach Lijiang ist nicht mehr so spektakulär – bis auf den Blick in die Tigersprungschlucht. Lijiang mit seiner wunderbaren Altstadt allerdings bezaubert auf andere Weise. (Mehr zu Lijiang und der Tigersprungschlucht siehe S. 100 - 103)

- Chinesischer Name: *Lìjiāng* 丽江
- Lage: ab Zhongdian 145 km

Dali

Ein erholsamer Aufenthalt in diesem herrlich gelegenen Ort wäre ein guter Schlusspunkt: mit Bergwanderungen, Radtouren und Kneipenbummel. (Mehr zu Dali siehe S. 37 - 40)

- Chinesischer Name: *Dàlǐ Gǔchéng* 大理古城
- Lage: 160 km ab Lijiang

Wohnhaus von Joseph Rock im Dorf Yuhu nahe Lijiang

Shanxi

Shānxī 山西

Yungang-Grotten in Datong

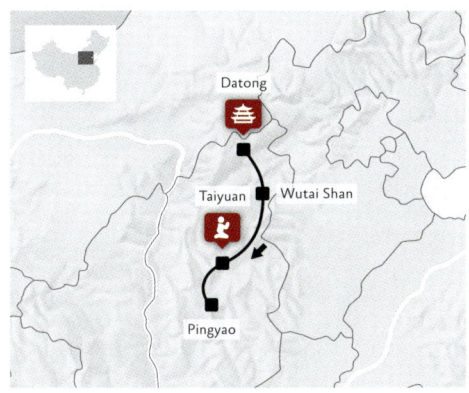

Empfehlung: 5 bis 6 Tage

Eine Zeitreise zurück zu alter Frömmigkeit – aber nicht nur zu alter. Nordshanxi ist ein Schatzhaus buddhistischer Kunst. Weiter südlich schlagen der Frauentempel Jin Ci und die alte Bankenstadt Pingyao andere Themen an.

Datong

Vielleicht nicht der angenehmste Ort, aber einer mit großer Vergangenheit und reichen Schätzen an 900 bis über 1500 Jahre alter buddhistischer Kunst, sei es in den großartigen Yungang-Grotten, sei es in den innerstädtischen Tempelklöstern oder an den Ausflugszielen. (Mehr zu Datong siehe S. 41 - 44)

- Chinesischer Name: *Dàtóng* 大同

Wutai Shan

Der „Fünfterrassenberg", benannt nach seinen fünf Gipfeln, dient seit rund 1900 Jahren als Refugium für buddhistische Mönche. Er ist Manjushri, dem Bodhisattva der Weisheit, geweiht. Die 58 bestehenden Klöster konzentrieren sich auf den Weiler **Taihuai**[1] und dessen nähere Umgebung. Nachfolgend die interessantesten:

- Chinesischer Name: *Wǔtái Shān* 五台山
- Höhe: bis 3.058 m
- Lage: 140 km südlich von Datong
- [1] Taihuai: *Táihuái* 台怀
  Höhe: 1.700 m ü. NN

SHANXI

Pusa Ding

Der „Bodhisattvagipfel": Hier soll einst Manjushri selbst gelehrt haben. 108 Stufen führen hinauf. Von oben überblickt man den ganzen Ort.

- Chinesischer Name: *Púsà Dīng* 菩萨顶
- Lage: im Norden von Taihuai

Xiantong Si

Das älteste und größte Heiligtum des Bergs. Herausragende Bauten sind eine „balkenlose", mit Steingewölben erbaute Halle, zwei reich verzierte Bronzepagoden aus dem Jahr 1606 sowie eine 1609 ganz aus Bronze gefertigte Halle mit einem Manjushri-Bildnis darin.

Auch die anderen Hallen bergen bedeutende Bildwerke. In der mit Ornamenten überladenen Haupthalle von 1899 thronen die drei kostbaren Buddhas, dahinter reiten die drei großen Bodhisattvas auf ihren Tieren. Seitlich stehen vergoldete Bildnisse der 18 heiligen Mönche. Die berühmteste Figur ist aber der tausendarmige, fünfköpfige Manjushri in der Halle hinter der „balkenlosen".

- Chinesischer Name: *Xiǎntōng Sì* 显通寺
- Lage: südlich unterhalb des Pusa Ding

Tayuan Si

Die 75 m hohe tibetische Flaschenpagode des „Pagodenhof-Klosters" ist das Wahrzeichen des Wutai Shan. Im Bibliotheksgebäude steht ein drehbares, zwei Etagen hohes Regal, ein Sutrenkarussel sozusagen.

- Chinesischer Name: *Tǎyuàn Sì* 塔院寺
- Lage: südlich des Xiantong Si

Wanfo Ge

Im „Zehntausend-Buddha-Pavillon" glänzen unzählige vergoldete Buddha-Figürchen. Unbuddhistisch geht es in einer zweiten Halle zu: Dort wird der Drachenkönig verehrt.

- Chinesischer Name: *Wànfó Gé* 万佛阁
- Lage: südöstlich des Tayuan Si

Longquan Si

Im „Drachenquellkloster" stellten Steinmetze Anfang des 20. Jh.s ihr Können zur Schau. Es entstand ein ornamentüberladenes Werk nach der Mode der Zeit. Die Fülle lebendiger, feinster Details ist freilich staunenswert.

- Chinesischer Name: *Lóngquán Sì* 龙泉寺
- Lage: 5 km südwestlich von Taihuai Richtung Wutai

Foguang Si, Nanchan Si

Die Haupthalle des Foguang Si entstand samt dem erhaltenen Figurenschmuck im Jahr 857, die kleine Halle des Nanchan Si blieb, ebenfalls mitsamt den Figuren, seit 782 erhalten. Es sind die ältesten Holzbauten Chinas, typische Tang-Architektur mit weit vorkragenden, wenig geneigten und geschwungenen Dächern.

- Foguang Si: *Fóguāng Sì* 佛光寺
- Lage: 48 km südwestlich von Taihuai
- Nanchan Si: *Nánchán Sì* 南禅寺
- Lage: 94 km südwestlich von Taihuai

Xiantong Si

Taiyuan

Das Beste, was die Kapitale der Provinz Shanxi zu bieten hat, ist ein Ausflug zu einem der interessantesten und ungewöhnlichsten Tempel Chinas.

- Chinesischer Name: *Tàiyuán* 太原
- Einwohnerzahl: 2,5 Mio. Einwohner
- Lage: 240 km ab Taihuai

Jin Ci

Der Name „Jin-Gedenktempel" bezieht sich auf den Herzog von Jin, der im 11. Jh. v. Chr. lebte, aber die parkartige Anlage thematisiert vielmehr Weib und Wasser, Sinnbilder der Fruchtbarkeit und des sich ewig erneuernden Lebens.

Hier entspringt die ergiebige Quelle des Jin-Flüsschens, dessen Sage man oberhalb der Quelle im „Turm der Wassermutter" bildlich nachvollziehen kann. Die Haupthalle daneben, die „Halle der heiligen Mutter", ein Prunkstück der Song-Architektur aus dem Jahr 1102, variiert das Fruchtbarkeitsmotiv. Die Hauptfigur der Mutter, erhöht sitzend, ist von 42 stehenden Figuren, Zofen und Eunuchen, umgeben. Sie bilden den kunsthistorischen Schatz des Tempels, der sich damit freilich nicht erschöpft. Sehr speziell sind auch die vier eisernen Wächterfiguren, sehr fein die Schnitzereien an der Tempelbühne, und die Nebentempel kommen auch noch dazu.

- Chinesischer Name: *Jìn Cí* 晋祠
- Lage: 25 km südwestlich der Stadt

Pingyao

Es ist beinah, als beträte man die Ming-Zeit: eine intakte Altstadt mit zehn Tempeln, einer 6,4 km langen Stadtmauer und 3.800 historischen Wohnhäusern. Statt Neonreklame hängen Fahnen und Gewerbezeichen an den Läden, Neubauten erfolgen im alten Stil. Eine weitere Besonderheit: Pingyao war im 19. Jh. einer der drei Heimatorte der Shanxibanken, die für andere Banken und den Staat durch Wechsel, also mittels Verrechnung, große Geldbeträge quer durch China transferierten. Einige der **Stammhäuser**[1] blieben erhalten oder wurden wieder hergerichtet und können besichtigt werden.

- Chinesischer Name: *Píngyáo* 平遥
- Einwohnerzahl: 40.000 Einwohner
- Lage: 100 km südlich von Taiyuan
- Besonderheit: Unesco-Welterbe seit 1997
- [1] Stammhäuser: z.B. *Bǎichuāntōng* 百川通 *Nán Dàjiē* 南大街 109, *Rìshēngchāng* 日升昌 *Xī Dàjiē* 西大街 40

Wohnhaus des Lei Lütai

Hier residierte der Gründer von Rishengchang, der ältesten Shanxibank. Die zweihöfige Anlage, um 1820 entstanden, ist schlicht und solide. Mit einem Tonnengewölbe die Form der Lösshöhlen zu imitieren, wie man es hier sieht, war und ist in der Gegend beliebt.

- Chinesischer Name: *Léi Lǔtài Gùjū* 雷履泰故居

Nan Dajie

Konfuziustempel

Nan Dajie
Pingyaos Hauptstraße. Sie führt unter dem Stadtturm (Feuerwache) hindurch.

- Chinesischer Name: *Nán Dàjiē* 南大街

Yamen
Der Gebäudekomplex der kaiserlichen Kreisverwaltung ist eine echte Rarität.

- Chinesischer Name: *Xiàn Yá* 县衙

Konfuziustempel
Kein anderer in China hat eine so alte Haupthalle: aus dem Jahr 1163.

- Chinesischer Name: *Wén Miào* 文庙

Stadtgotttempel
Auch selten geworden in China. Zu dem volkstümlich-bunten Heiligtum gehören mehrere Nebentempel.

- Chinesischer Name: *Chénghuáng Miào* 城隍庙

Shuanglin Si
Dieser Tempel außerhalb der Stadt birgt spektakulären alten Figurenschmuck: übermannshohe, hölzerne Hochreliefs, die Berggrotten und Wolken, Straßen und Gebäude darstellen, in oder vor denen 1.600 teils vollplastische Figuren sitzen, stehen oder agieren; die Gewänder flattern, Gesichter grimassieren – mingzeitliches Barock, gewissermaßen. Ähnlich die Ausstattung eines zweiten Tempels, des **Zhenguo Si**[1].

- Chinesischer Name: *Shuānglín Sì* 双林寺
- Lage: 7 km südwestlich der Stadt
- [1] Zhenguo Si: *Zhēnguó Sì* 镇国寺
  Lage: 12 km nordöstlich der Stadt

Gutshöfe
Die Region ist bekannt für ihre imposanten Gutshöfe, die auch gern als Kulisse für historische Filme dienen. Ein gutes Beispiel ist der Gutshof der Familie Qiao, eine vielhöfige Anlage, die nicht mehr bewohnt wird und auch von innen besichtigt werden kann.

- Chinesischer Name: *Qiáojiā Dàyuàn* 乔家大院
- Lage: 32 km nordöstl. von Pingyao

SHANXI

Sichuan

Sichuān 四川

Nationalpark Jiuzhaigou

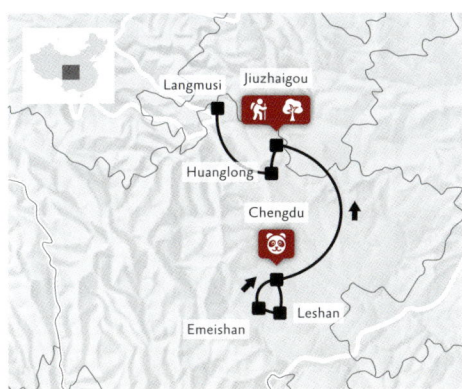

Empfehlung: 14 Tage

Chinas größte und bevölkerungsreichste Provinz hat einen eigenen Charakter und ist zugleich enorm vielfältig. Die Reise bietet daher eine einzigartige Mischung aus Naturwundern, Kulturtraditionen und Moderne.

Chengdu

Jede Sichuantour beginnt in der Provinzhauptstadt, die inklusive Ausflügen allein für fünf Tage gut ist. (Mehr zu Chengdu siehe S. 22 - 31)

- Chinesischer Name: *Chéngdū* 成都

Leshan

Berühmt ist die Stadt durch den **Großen Buddha**[1]. Das von 713 bis 803 aus einem Felshang gehauene, 71 m hohe Bildnis des Zukunfts-Buddha Maitreya war bis 1997 die größte Buddha-Figur der Welt; es bezeugt die Frömmigkeit der Tang-Zeit, als Chinas Buddhismus seine größte Blüte erlebte. Spenden für das Vorhaben flossen reichlich, da man glaubte, der Buddha werde Überflutungen verhindern – ihm gegenüber vereinen sich zwei Nebenflüsse mit dem Min Jiang. Am besten sieht man die Figur und zwei stark verwitterte Wächter vom Schiff aus.

SICHUAN

Großer Buddha von Leshan

An Land geht's los am **Lingyun-Tempelkloster**[2] oben auf dem Hügel; von dort gelangt man zum Kopf des Buddha und kann ihm in die 7 m großen Ohren blicken. An seiner Seite führen steile Stufen an kleinen Buddhanischen vorbei hinab zu seinen Füßen. Wer von unten auf halber Höhe weiter den Hang entlang geht, gelangt zum **Bijin-Pavillon**[3] (Restauration mit Flussblick) und weiter zu den 1800 Jahre alten **Mahao-Felsgräbern**[4] mit einer Ausstellung der Grabbeigaben. Eine dreibogige Brücke führt zum nächsten Hügel. Ziel ist das herrlich gelegene **Wuyou-Tempelkloster**[5] mit einer Halle der 500 Arhats. Vom Südfuß des Hügels fahren Busse wieder stadtwärts.

- Chinesischer Name: Lèshān 乐山
- Lage: 40 km westlich vom Emeishan
- [1] Großer Buddha: Dà Fó 大佛
  Besonderheit: Zählt zur Welterbestätte Emeishan
- [2] Lingyun-Tempelkloster: Língyún Sì 凌云寺
- [3] Bijin-Pavillon: Bìjīn Lóu 壁津楼
- [4] Mahao-Felsgräber: Máhào Yámù 麻浩崖墓
- [5] Wuyou-Tempelkloster: Wūyóu Sì 乌尤寺

Emeishan

Der höchste der vier heiligen Berge des chinesischen Buddhismus, ein Wallfahrtsort seit über 1500 Jahren, ist mit seinem Reichtum an Tier- und Pflanzenarten auch ein Ziel für Naturliebhaber und Bergwanderer. Sich „eigenfüßig" zum Gipfel hinaufzuquälen ist zwar nicht nötig und mit Bussen und Seilbahnen schafft man's ganz hinauf und wieder hinab an einem Tag, doch dabei versäumt man weit mehr als eine stimmungsvolle Nacht im Kloster. Bei wenig Zeit bleibt man besser am unteren Teil des Berges bis zum Klos-

Hauptgipfel Wanfo Ding

SICHUAN

ter Wannian Si, zumal der Gipfel meist in den Wolken hängt. Zwei Übernachtungen am bzw. auf dem Berg sollten immer das Minimum sein.

Der Berg ist Samantabhadra (Puxian), dem Bodhisattva des Gesetzes, geweiht. Schönste Zeit für eine Gipfeltour ist der Mai, wenn oberhalb von 2.000 m die wilden Azaleen blühen. Entlang des 35 km langen Weges gibt es ausreichend Imbissstände und Garküchen. Ausgangspunkt auf 550 m Höhe ist die Hotel- und Restaurantsiedlung am **Kloster Baoguo Si**[1] („der Staatsloyalität"). Ihm gegenüber informiert das **Emeishan-Museum**[2] über Geologie, Flora, Fauna und Kulturgeschichte des Berges. Vom nahen Busbahnhof kann man sich zu den Seilbahnen chauffieren lassen.

- Chinesischer Name: *Éméishān* 峨眉山
- Lage: 150 km südlich von Chengdu
- Höhe: 3.099 m ü. NN
- Besonderheit: 3.000 Pflanzenarten verschiedener Höhenzonen, 256 Vogelarten und Unesco-Welterbe seit 1996
- [1] Kloster Baoguo Si: *Bàoguó Sì* 报国寺
- [2] Emeishan-Museum: *Éméishān Bówùguǎn* 峨眉山博物馆

Die wichtigsten Stationen an der kürzeren Nordroute:

Fuhu Si
Zu dem Kloster auf 630 m Höhe gehört eine 400 Jahre alte Bronzepagode mit 4.700 eingegossenen Buddha-Figuren.

- Chinesischer Name: *Fúhǔ Sì* 伏虎寺

Goldgipfel Jin Ding

Qingyin Ge
Der „Pavillon des reinen Klanges" (710 m) spielt mit seinem Namen auf das Rauschen zweier Bäche an, die sich unterhalb am „Rinderherzpavillon" vereinen. Flussaufwärts führt ein ca. einstündiger Abstecher entlang der Südroute durch eine enge Schlucht zu den Emeishan-Affen. Vorsicht, die Tiere sind diebisch!

- Chinesischer Name: *Qīngyīn Gé* 清音阁

Wannian Si
Das „Ewigkeitskloster" (1.020 m), im Jahr 400 erstmals erwähnt, ist das älteste am Berg. Eine Ziegelhalle birgt eine tausendjährige, 7,4 m große Bronzeplastik, die Samantabhadra auf seinem weißen Elefanten reitend zeigt, einem Tier mit sechs Stoßzähnen. Die Klosterherberge verfügt über Doppelzimmer. Bis in die Nähe führt eine Seilbahn (Talstation auf 890 m Höhe am Wannian-Parkplatz).

- Chinesischer Name: *Wànnián Sì* 万年寺

Xixiangchi
Das „Elefantenbad" (2.070 m), der Name des Klosters spielt auf das Reittier Samantabhadras an. Hier kann man auch übernachten.

- Chinesischer Name: *Xǐxiàngchí* 洗象池

Jieyindian
Hier endet die Fahrstraße. Weiter führt die Gipfelseilbahn (2.540 m).

- Chinesischer Name: *Jiēyǐndiàn* 接引殿

Jin Ding
Vom „Goldgipfel" (3.077 m) blickt man bei klarer Sicht bis zum tibetischen Hochland. Fällt der eigene Schatten hier in tiefer liegende Wolken, ist das Phänomen des Glorienscheins zu sehen. Eine Bahn fährt zum Hauptgipfel **Wanfo Ding**[1] (3.099 m). Um den Sonnenaufgang zu erleben, übernachtet man im Jinding Hotel.

- Chinesischer Name: *Jīn Dǐng* 金顶
- [1] Wanfo Ding: *Wànfó Dǐng* 万佛顶

Jiuzhaigou

Nicht fliegen, über Land anreisen! Dann sieht man dramatische Landschaft, alte Dörfer mit Kettenbrücken und die ummauerte Kreisstadt **Songpan**[1], in der man auf dem Hin- oder Rückweg Station machen, vielleicht auch übernachten sollte.

- Chinesischer Name: *Jiǔzhàigōu* 九寨沟
- Lage: 430 km nördlich von Chengdu
- Höhe: 1.990 - 3.060 m ü. NN
- Besonderheit: Unesco-Welterbe seit 1992
- [1] Songpan: *Sōngpān* 松潘
  Lage: 320 km nördlich von Chengdu

Jiuzhaigou

Von den Naturwundern in dem von Tibetern besiedelten „Neun-Dörfer-Tal" sprach um 1980 noch niemand. Jetzt kommen täglich Tausende, vor allem seit es einen Flughafen gibt.

Zu erleben ist das Wasser als Zaubermeister: in über 100 teils klaren, teils bunten Teichen mit schwimmenden Inseln, in Wasserfällen und Katarakten und Kalktuffflächen. Der Reichtum an Pflanzenarten im 720 km² großen Schutzgebiet übertrifft den ganz Europas. Der Untergrund ist karstig, das Wasser, das ihm entströmt, ist mit Mineralien angereichert, die dann ausfallen und Dämme oder Krusten bilden.

Fahrstraßen von 55 km Länge erschließen von Nord nach Süd drei Y-förmig zueinander verlaufende Täler. Abseits davon wurden Fußpfade und Holzstege angelegt, auf denen man wandern kann und obendrein dem Trubel der Eintagesbesucher fast völlig entgeht. Man benötigt dann allerdings zwei, besser drei Tage.

Shuzheng-Tal

Der Schatzspiegelfels, eine 400 m hohe Felswand, verschließt optisch den Ausgang des 14 km langen Haupttals. Unter ihm soll ein Dämon gefangen sitzen. Dieser Unhold habe einst eine Bergfee tyrannisiert, erzählen die Tibeter. Als es dem Ahngeist der Berge schließlich gelang, ihn zu besiegen, zerbrach der Schminkspiegel der Fee in 108 Stücke – die Seen von Jiuzhaigou. Nun geht es erst richtig los: Der „Bonsai-Strand" ist eine Kalktuffläche, auf der verzwergte Pflanzen stehen. Es folgen der 2 km lange „Röhrichtsee", der „Zwei-Drachen-See" – mit am Grund sich schlängelnden Tuffsteinrücken –, der „Funkensee", das „Meer des schlafenden Drachen" und, als Höhepunkt, die neunzehn Seen, eine 5 km lange Folge von Katarakten aus Tuffsteindämmen und von ihnen gestauten Teichen. Die Dämme sind mit Gehölz bewachsen, Holzstege führen hindurch aufs andere Ufer. Nächste Station ist der gischtende Shuzheng-Wasserfall mit dick bemoosten Felsen. Nach weiteren Seen gelangt man zum 30 m hohen Nuorilang-Wasserfall, wo sich das Tal verzweigt.

- Chinesischer Name: *Shùzhèng Gōu* 樹正溝

Zechawa-Tal

Beim linken (östlichen) der beiden oberen Täler liegen die Sehenswürdigkeiten am oberen Ende. Dort staut eine glaziale Endmoräne den „Langen See", den dichte Nadelwälder säumen. Er überflutet nie den Damm, denn sein Wasser versickert. Etwas unterhalb davon, über einen Fußpfad erreichbar, liegt ein bunter Tümpel ohne Zu- und Abfluss: der blau-türkis schillernde „Fünffarbensee".

- Chinesischer Name: *Zécháwā Gōu* 则查洼沟
- Tipp: Am Taleingang befindet sich ein Besucherzentrum mit Restaurant und Läden.

Nuorilang-Wasserfall im Shuzheng-Tal

SICHUAN

Rize-Tal

Das westliche Tal ist auf 17 km Länge erschlossen und reich an Wundern. Von unten beginnt es mit weiteren Kalktuffkaskaden. Jenseits des „Spiegelsees" bietet der 310 m breite, 28 m hohe „Perlenstrand-Wasserfall" einen Höhepunkt. Oberhalb von ihm schießt das Wasser eine schräge Tuffläche hinab. Weiter geht's zum bunten „Fünfblütensee". Nur in der sommerlichen Regenzeit ist der 78 m hohe „Pandasee-Wasserfall" erlebbar, denn der „Pandasee", der ihn speist, versickert sonst teilweise hinter einer Endmoräne. Weitere Teiche und Katarakte folgen bergauf. Schließlich gelangt man zum „Schwanensee" und zum „Duftgrassee", die dick mit Seegras bewachsen sind, auf denen Grasinseln schwimmen.

- Chinesischer Name: *Rìzé Gōu* 日则沟

Huanglong

„Gelber Drache" bedeutet das Wort, und hier gibt es ihn wirklich: eine schuppige, von einer dünnen Schicht rieselnden Wassers bedeckte, ockerfarbene Travertinfläche zwischen Kalksinterterrassen inmitten eines Hochtals. Die Teiche sind durch Algen und Bakterien wundersam gefärbt. Bergan geht der Blick bis zum 5.588 m hohen **Schneeschatzgipfel**[1]. Der Weg, der großenteils auf Holzstegen verläuft, ist 8,5 km lang. Da es so viel zu sehen gibt, muss man mit 4 Stunden Besichtigungszeit rechnen.

Erst kommt ein Stück Wald, dann geht es los mit den grünen „Teichen, die den Gast begrüßen". Zwei Wasserfälle folgen, der erste grün bemoost, der zweite gelb. In den „Bonsaiteichen" oberhalb und seitlich davon wachsen vom Tuff verzwergte Sträucher und Bäume. In der Talmitte erstreckt sich auf 2,5 km Länge nun die Travertinfläche des gelben Drachen. Oberhalb davon machen die „Teiche, die in ihrer Buntheit miteinander wetteifern" ihrem Namen Ehre. Noch ein Stück weiter stehen alte Tempel, und man kann in eine kleine Tropfsteinhöhle hinabsteigen. Der Höhepunkt schließlich sind die „Fünffarbenteiche", über 600 Becken in einer unglaublichen Fülle von Farbnuancen.

- Chinesischer Name: *Huánglóng* 黄龙
- Lage: 120 km südlich von Jiuzhaigou (Luftlinie 50 km)
- Höhe: 3.100 - 3.500 m ü. NN
- Besonderheit: Unesco-Welterbe seit 1992
- [1] Schneeschatzgipfel: *Xuěbǎo Dǐng* 雪宝顶

Huanglong

Seitenblick aus dem *China Tours Reisemagazin*

Paradies auf Erden: Jiuzhaigou
Von Lukas Weber

Wenn es das Paradies auf Erden gibt, so ist das Neun-Dörfer-Tal (chinesisch: *Jiǔzhàigōu* 九寨沟) einer der heißesten Anwärter auf diesen Titel. Auf einer Fläche von 72.000 Hektar breitet sich im Norden der Provinz Sichuan eine Landschaft von malerischer Schönheit aus, deren Antlitz die Reisenden zu jeder Jahreszeit mit einem eigenen Flair bezaubert. Im Frühling blühen die Wildblumen und Bäume an den Hängen des Tales und im Sommer strömt das Wasser in Fülle über die terrassierten Fälle. Die satten Farben welken Laubes bilden im Herbst einen vollkommenen Kontrast zu den türkisfarbenen Seen und im Winter erstarren die Wasserfälle zu Eis und verwandeln Jiuzhaigou in ein Märchenland.

Die Heimat von wildlebenden Pandas und Goldstumpfnasenaffen war bis in die 70er Jahre des letzten Jahrhunderts kaum zugänglich und völlig unbekannt. In den neun Dörfern, die dem Tal seinen Namen geben, lebten knapp 1.000 Personen tibetischer Herkunft. Seit den 80er Jahren begann die Entwicklung Jiuzhaigous als Touristendestination und seit das Naturschutzgebiet 1992 in die Liste des UNESCO-Weltkulturerbes aufgenommen wurde, wuchs die Zahl der Besucher unaufhaltsam.

Heute gilt Jiuzhaigou als die Hauptattraktion der Provinz Sichuan und als eine der meistbesuchten Touristendestinationen ganz Chinas. Im Jahr 2012 wurde das Gebiet von 3,63 Millionen Menschen besucht. Das sind durchschnittlich knapp 10.000 Besucher pro Tag, wobei an nationalen Feiertagen, wie dem Nationalfeiertag Anfang Oktober, zwischen 30.000 und 50.000 Besucher täglich verzeichnet wurden.

■ Märchenland und Augenweide

Aus Erfahrung bin ich nicht sonderlich erpicht darauf, mich durch die Touristenmassen von einem Fotografierpunkt zum nächsten zu schieben. Aber nachdem seit meiner Ankunft in Sichuan kein Tag vergangen ist, an dem ich nicht gefragt wurde, ob ich Jiuzhaigou schon besichtigt hätte, nehme ich schließlich die 400 km lange Anreise von Chengdu auf mich. Wie nicht anders erwartet, erweist sich das Dorf am Eingang zum Naturschutzgebiet als eine Ansammlung von Hotels, Souvenirläden und überteuerten Restaurants. Auch für das Ticket lasse ich einen ordentlichen Batzen Geld liegen und quetsche mich in einen der Busse, die die Touristen etappenweise durch das 50 km lange, Y-förmige Tal kutschieren. Auf insgesamt 70 km Holzplanken kann die landschaftliche Schönheit des Tales auch zu Fuß besichtigt werden – doch an einem einzigen Tag ist dies nur abschnittsweise möglich.

Am Tigersee, der ersten Haltestelle, steige ich aus dem Bus, doch die Sicht auf den See wird von den Besuchermassen auf der Aussichtsplattform versperrt. Dabei ist weder Hauptsaison noch Wochenende. Während die meisten Touristen wieder in den Bus steigen um zur nächsten Sehenswürdigkeit zu fahren, schlage ich den Holzplankenweg auf der gegenüberliegenden Uferseite ein und befinde mich unerwartet in beschaulich ruhiger Naturatmosphäre. Zu meiner Linken grünt dichter Wald, zu meiner Rechten glänzt der See in schönstem, sattestem Türkis. Das Wasser ist so klar, dass man meterweit auf den Grund sehen

Fünffarbensee

kann. Stellenweise ragen von Gras überwucherte, tote Baumstämme aus der spiegelglatten Oberfläche, die wie kleine Inseln auf dem Wasser zu schweben scheinen. Nicht viele Menschen begegnen mir auf der 6 km langen Strecke vom Tigersee zum Rhinozerossee und sie alle begegnen der sagenhaften Schönheit der Natur mit respektvoller Ruhe.

Schließlich erreiche ich den Nuorilang-Wasserfall, eine der Hauptsensationen des Parkes. Bis an den Rand der 320 m breiten Felskante stehen die Bäume, und zwischen ihnen strömt das Wasser in einzelnen Strahlen über den senkrechten Fels herab. Der Nuorilang-Wasserfall ist eine Augenweide, die nur ungenügend mit Worten beschrieben werden kann und doch ist er nicht das sensationellste Erlebnis des heutigen Tages.

Von den 114 Seen und 17 Wasserfällen, mit denen Jiuzhaigou dem Besucher aufwartet, ist einer schöner als der andere. Zu den beeindruckendsten Schmuckstücken dieses Naturschatzes zählen unter anderem der Pandasee und sein 78 m hoher Panda-Wasserfall, der Bambuspfeilsee an dem Szenen des Filmes „Hero" gedreht wurden, sowie der 310 m breite und 28 m hohe Perlenwasserfall. Eine Besonderheit Jiuzhaigous stellen der Fünfblumensee und der Fünffarbensee dar, deren Wasser in den Farben Türkis, Weiß, Schwarz, Gelb und Grün schimmern. Und nicht zuletzt, sind die neun Dörfer des Tales einen Besuch wert.

■ Problematik des Massentourismus

Die Farbenpracht und Fülle der landschaftlichen Sehenswürdigkeiten in Jiuzhaigou ist zweifellos einmalig. Doch das unverfälschte Naturerlebnis wird durch die Touristenmassen merklich unterminiert. Den Genuss, den ein abgeschiedenes Bergtal einem Naturfreund bieten kann, findet man hier weder in den überfüllten Bussen oder dem Gedränge auf den Aussichtsplattformen, noch im Hotel. Wer aber mit den richtigen Erwartungen hierher kommt, dem wird die Enttäuschung über den regen Trubel erspart bleiben und der wird die einmalige Natur trotzdem genießen können. Um schöne Fotos zu schießen lohnt sich die Reise in jedem Fall – und lassen sich die Besuchermassen getrost ausblenden.

👍 TIPP: China Tours Reisemagazin

Entdecken Sie weitere spannende Geschichten rund um das Thema China auf: www.ChinaTours.de/Magazin

Kerti Gompa

Langmusi (Dacanglangmu)

Wo man ostwärts nach Huanglong abzweigt, lässt sich auch in die Gegenrichtung fahren: Nordwestwärts geht es dann über die gut aus gebaute Fernstraße G 213 zunächst zwischen bewaldeten Hängen langsam weiter bergauf zu einem grasbewachsenen Hochland, auf dem im Sommer tibetische Nomaden zelten und ihr Vieh weiden lassen. Das Erlebnis dieser weiten, nahezu menschenleeren Landschaft setzt sich über zweihundert Kilometer fort bis Langmusi, deren eigentlicher, tibetischer Name Dacanglangmu lautet. Der Weißdrachenfluss, an dessen Ufern sie liegt, ist zugleich die Provinzgrenze zu Gansu. Sie teilt den Ort in zwei annähernd gleich große Hälften. Das von Bergen überragte und von sattgrünen Weiden gesäumte, etwas weltentrückt wirkende Städtchen ist seit vielen Jahren eine beliebte Station bei Rucksackreisenden.

- Chinesischer Name: *Lángmùsì* 郎木寺
- Lage: 185 km nordnordwestlich von Songpan
- Einwohnerzahl: 3.200 Einwohner

Kerti Gompa

Das tibetische Kloster auf der Sichuanseite im Süden der Stadt ist der Siedlungskern und seine Hauptattraktion. Es wurde 1413 gegründet. Hier leben 700 Mönche. Es verfügt über fünf so genannte Akademien der klassisch-tibetischen Gelehrsamkeit. Auf der gegenüber liegenden Talseite steht ein zweites, kleineres Kloster, in dessen Nähe „Himmelsbestattungen" stattfinden. Dabei wird ein menschlicher Leichnam zerteilt und den Geiern dargeboten.

- Chinesischer Name: *Géěrdǐ Sì* 格尔底寺

Mönche des Kerti Gompa

Tibet

Xīzàng 西藏

Tibetisches Hochplateau

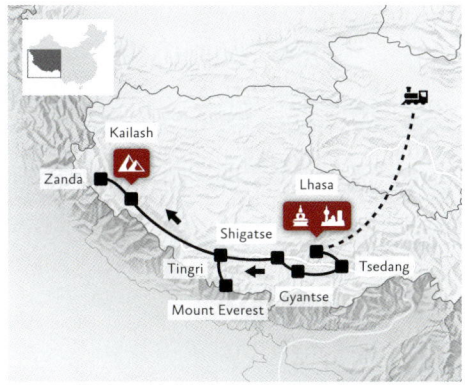

Empfehlung: 10 Tage plus Bahnfahrt

Wer aufs Dach der Welt reist, erwartet die Begegnung mit einer anderen Welt, Spiritualität in grandioser Hochgebirgslandschaft und die Anschauung eines unverfälschten, friedlichen Lebens. Doch Tibet war stets ein raues Land, geprägt von harten Existenzbedingungen, von Krieg, Raub und Mord. Erst die moderne Technik hat Tibet touristisch erlebbar gemacht, damit aber auch idyllisiert.

Religion

Einzigartig ist Tibet in der Tat, dafür sorgen seine Landschaft und seine Religion, der die Gläubigen geben, was sie haben, während sie selbst arm bleiben. Selten begegnen sich Prunk und Entbehrung so direkt wie in den großen Pilgerzielen.

Der tibetische Buddhismus (oder Lamaismus – nach dem hohen Rang, den er seinen Mönchen, den Lamas, beimisst) zeigt ein anderes Gesicht als der vergleichsweise weltliche Buddhismus des chinesischen Kernlands. Ritus und Magie haben hier eine starke Stellung. Wohl in keiner zweiten Religion weltweit spielen Bildwerke eine so große Rolle, ist das ikonografische Programm so komplex. Neben Buddha- und Bodhisattvabildnissen treten zornvolle, furchterregende Gottheiten, zum Glauben bekehrte Dämonen. Um an die Vergänglichkeit alles Irdischen zu mahnen, tragen manche Ketten aus Menschenschädeln um den Hals und halten eine blutgefüllte Schädelkalotte in der Hand. Oft werden sie in rituell-ekstatischer Vereinigung mit einer Partnerin gezeigt – gemäß tantrischer Lehre sollen so die Grenzen des Irdischen transzendiert werden. Häufig sind auch Mönchsbildnisse zu sehen, vor allem solche des Reformators Tsongkhapa (1357-1419), dessen Gelbmützen-Schule oder Gelugpa die meisten Klöster angehören.

Potala-Palast in Lhasa

Politik

Tibet war eine typische Theokratie. Das Zusammenfallen von geistlicher und weltlicher Macht wurde im 16./17. Jh. mit der Institution des Dalai Lama perfektioniert, jedoch wieder eingeschränkt, als Tibet 1722 unter die chinesische Oberhoheit geriet. Zwar erklärte der 13. Dalai Lama Tibet 1913 für unabhängig, bemühte sich aber nicht um internationale Anerkennung. Als China das Land 1950 wieder besetzte, fand Tibets Protest bei den Vereinten Nationen daher kein Gehör.

Während die Kommunistische Partei ihre religionsfeindliche Politik im Kernland relativ glatt durchsetzen konnte, führte dieselbe Politik im frommen Tibet zum Aufstand von 1959, bei dessen Niederschlagung ein Teil der Mönchselite mit dem Dalai Lama nach Indien floh. Seither hat China mit Tibet ein Problem – und umgekehrt. Der herrschende Dalai Lama erkennt zwar Chinas Oberhoheit über Tibet an, verlangt für sein Volk aber die innere und vor allem geistliche Autonomie. In Peking sitzt man jedoch am längeren Hebel, und die modernen Zeiten, denen sich Tibet ohnehin nicht auf Dauer hätte verschließen können, tun mit ihrer assimilierenden Kraft ein Übriges. Auch die Tibeter sind uneins über die Frage, welchen Kurs Tibet nehmen soll: Konflikt? Kooperation? Bewahrung? Reform? Viele kämpfen einen aussichtslosen Kampf, andere profitieren von Chancen und Freiheiten, die die Vergangenheit nie bot.

Reise

Nach Tibet sind nur Gruppenreisen unter Regie eines Reisebüros gestattet, das dann auch das nötige „Tibet Permit" besorgt. Die Bestimmungen können sich kurzfristig ändern, und zuweilen kann Tibet ganz oder teilweise sehr kurzfristig für Ausländer gesperrt werden. Auch freies Reisen innerhalb Tibets ist nicht möglich; nur innerhalb von Lhasa kann man sich frei bewegen. Wichtig ist, sich zur Anpassung an die Höhe Zeit zu nehmen. Höhenkrankheit – erstes Symptom: starke Kopfschmerzen – kann lebensgefährlich sein und ist unabhängig von Alter oder Kondition. Vor einer Tibetreise sollte man den Hausarzt konsultieren.

Lhasa

Tibets Hauptstadt ist heute ein weitgehend gesichtsloses Provinznest, in dem Tibeter faktisch (nicht offiziell) in der Minderheit sind.

- Chinesischer Name: *Lāsà* 拉萨
- Einwohnerzahl: 300.000 Einwohner
- Höhe: 3.650 m ü. NN
- Provinz: Hauptstadt des Autonomen Gebiets Tibet
- Wetter: 500 mm Niederschlag/Jahr Januar: -1,2°C Juli: 16,4 °C

Tibetischer Mönch der Gelbmützen-Schule

Potala-Palast

Kloster, Burg, Regierungssitz, Mausoleum, Schatzhaus: Dieses einzigartige Bauwerk, mit Abstand Tibets größtes, war einst alles zusammen und ist heute Museum sowie Wallfahrtsort. Selbst im Zeitalter der Wolkenkratzer und anderer Mammutbauten wirkt es noch imposant, wie es mit seinen weißen Mauern aus dem Burgberg hervorwächst, überragt vom Roten Palast und gekrönt von goldenen Dächern. Es dokumentiert Tibets Theokratie ebenso sehr wie seine kriegerische Geschichte. In heutiger Form entstand der 320 m lange und 110 m hohe Palast ab 1645. Die besichtigten Räume befinden sich vorwiegend im Roten Palast, der bis 1694 hinzugefügt wurde. Die Besichtigung folgt vom Haupteingang im Südosten aus einer vorgegebenen Route. Sie führt durch die prächtigen Portale zunächst zu den Privatgemächern des 13. und des 14. Dalai Lamas. Die Dachplattform gewährt ein weites Stadtpanorama. Es folgen die Maitreya-Halle mit dem Thron des 8. Dalai Lama, das Privatgemach des 6. und der Grabstupa des 1933 verstorbenen 13. Dalai Lamas.

Mit der Phagpa-Halle wird ein erster Höhepunkt erreicht. Verehrt werden hier drei Sandelholzskulpturen des Avalokiteshvara; sie sollen als natürliche Gebilde aus einem Baumstamm zutage getreten sein. Nach einigen Hallen voll reicher Votivgaben wird die so genannte Meditationshöhle von König Songtsen Gampo erreicht; dieser ist mit etlichen weiteren Personen, darunter seinen Frauen und dem 5. Dalai Lama plastisch dargestellt. Den Schluss- und Höhepunkt der Besichtigung setzt die Große Westhalle, die als Inthronisationssaal diente und komplett ausgemalt ist. Vier Räume umgeben sie: die Halle Padmasambhavas, jenes indischen Heiligen, der im 8. Jh. Tibets Dämonen unterworfen haben soll, die Halle des Reformators Tsongkhapa (1357-1419), die Halle der Dalai Lamas 1 bis 5 und die Halle mit den überaus prunkvollen Grabstupas der Dalai Lamas 5, 10 und 12.

- Chinesischer Name: *Bùdálā Gōng* 布达拉宫,
- Besonderheit: Unesco-Welterbe seit 1994 (mit Jokhang)
- Hinweis: Die Zahl der Besucher ist auf 2.300 pro Tag beschränkt. Eintrittskarten müssen am Vortag gekauft werden.

Altstadt

Das historische Zentrum Lhasas umgibt den Jokhang, Tibets bedeutendsten Tempel. Die alten Wohnhäuser wurden, wie vielfach in China, durch Neubauten mit historisierenden Fassaden ersetzt. Sehr traditionell ist jedoch noch das Leben in den Straßen, vor allem im Barkhor, dem Umwandlungsweg des Jokhang, mit seinem exotischen Pilgermarkt.

Jokhang

Der um 640 gegründete und damit älteste Buddha-Tempel Tibets ist im allgemeinen Bewusstsein besonders mit dem Namen der chinesischen Prinzessin Wencheng verbunden, die im Rahmen der Heiratsdiplomatie nach Lhasa kam und jene Figur des zwölfjährigen Buddha Shakyamuni mitgebracht haben soll, die den größten Schatz des Tempels ausmacht. Sie steht im zentralen Schrein an der Ostwand des Hauptraums. An dessen Seiten reihen sich Kapellen, in denen weitere Figuren verehrt werden, ebenso im 1. Stock. Die meisten Darstellungen sind nachkulturrevolutionäre Nachbildungen. Wandmalereien illustrieren die Gründungslegende des Jokhang. Um den Hauptraum herum führt der innere Umrundungsweg, den man mit den Pilgern beschreiten kann.

- Chinesischer Name: *Dàzhāo Sì* 大昭寺
- Empfehlung: um 8 Uhr da sein!

Norbulingka

Westlich der Stadt liegen die Sommerpaläste von vier Dalai Lamas. Besichtigt wird vor allem der 1956 fertig gestellte Palast des gegenwärtigen Dalai Lama. Trotz prächtiger Ausstattung ist er nicht entfernt mit dem Potala-Palast vergleichbar. Eine Wandmalerei zeigt ein Treffen des Dalai Lama mit Mao Zedong in Peking.

- Chinesischer Name: *Luóbùlínkǎ* 罗布林卡

Drepung

Dieses ehemals größte und einflussreichste Kloster Tibets versuchte oft, die Politik des Potala zu bestimmten – mit der Folge, dass es über die Jahrhunderte mehrfach gebrandschatzt und zerstört wurde. Vier Akademien gruppieren sich unregelmäßig um die zentrale, reich ausgemalte Versammlungshalle, in der eine Maitreyafigur bis ins Obergeschoss aufragt. Ein Gebäude im Westen birgt das einstige Privatgemach des 5. Dalai Lama. Oberhalb davon steht der „freudvolle Palast" mit dessen Inthronisationshalle. Westlich schräg hinter der Versammlungshalle folgt das Gebäude der tantrischen Akademie mit eindrücklichen Wandbildern der Wächtergottheiten.

- Chinesischer Name: *Zhébàng Sì* 哲蚌寺
- Lage: 10 km westlich der Stadt

Sera

Weniger prominent und etwas kleiner als Drepung, wurde das 600 Jahre alte Kloster von der Geschichte weniger in Mitleidenschaft gezogen. Besichtigt werden einige der Akademien. Die so genannte Flüchtlingsakademie jenseits des ersten Disputationshofs wurde von einem Mönch gegründet, der Drepung im Streit verlassen hatte. Ihr zentrales Sanktuarium zeigt den Reformator Tsongkhapa zwischen den Buddhas Shakyamuni (links) und Amitabha, dazu acht Bodhisattvas und Wächtergottheiten.

Drepung

Jenseits eines weiteren Disputationshofs steht die Hauptversammlungshalle mit einem monumentalen, über zwei Etagen reichenden Maitreya. Im großen Disputationshof kann man am Nachmittag das Frage- und-Antwort-Spiel der Mönche beobachten.

- Chinesischer Name: *Sèlā Sì* 色拉寺
- Lage: 5 km nördlich der Stadt

Qinghai-Tibet-Bahn

Die 1.125 km lange Bahnstrecke von Lhasa nach Golmud ist eine neue Attraktion für alle Tibetreisenden, ermöglicht sie doch, das tibetische Hochland zu sehen, ohne sich dessen oft lebensfeindlichen Bedingungen aussetzen zu müssen. Immerhin erreicht die Bahn 5.072 m Höhe und ist damit seit ihrer Inbetriebnahme 2006 die höchste Eisenbahnlinie der Welt. Da sie vorwiegend in flachen Flussebenen verläuft, gibt es nur wenige Tunnel. Die größte technische Herausforderung waren die Höhe und der Permafrostboden, der im Sommer antaut, so dass aufwändige Vorkehrungen gegen ein Einsinken der Trasse zu treffen waren. Der Fahrplan ist so gestaltet, dass man möglichst viel Landschaft bei Tageslicht erlebt.

Tsedang (Zêtang)

Wer nach Lhasa fliegt, landet im Tal des Zangbo (Brahmaputra), das mit seinen Nebentälern als Wiege der tibetischen Kultur gilt. Die Kleinstadt Tsedang ist das Zentrum dieser Region, in der sich Tibets älteste Klöster befinden. Eine Sage siedelt den Ursprung des tibetischen Volkes ebenfalls hier an.

- chinesischer Name: *Zêtang* 泽当
- Lage: 90 km östlich des Flughafens 190 km ab Lhasa
- Einwohnerzahl: 60.000 Einwohner
- Höhe: 3.100 m ü. NN

Königsgräber

Südlich der Stadt wurden, angefangen mit dem berühmten Songtsen Gampo, die ersten 13 tibetischen Könige in langgestreckten, bis 250 m langen Hügelgräbern beigesetzt. Ausgrabungen haben bislang jedoch nicht stattgefunden.

- Chinesischer Name: *Zàngwáng Mù* 藏王墓
- Lage: 32 km südwestlich von Tsedang

Yumbulakhang

Die älteste Burg Tibets geht auf die Zeit vor König Songtsen Gampo (7. Jh.) zurück – der Sage nach auf das 3. Jh. v. Chr. Als ein Nationalheiligtum verehrt, wurde der auf einem Bergkegel mit weitem Talblick errichtete Königsbau später zu einem Tempel umgewandelt. Nach der Verwüstung in der Kulturrevolution erfolgte eine weit gehende Restaurierung.

- Chinesischer Name: *Yōngbùlākāng* 雍布拉康
- Lage: 10 km südlich von Tsedang

Yumbulakhang

Qinghai-Tibet-Bahn

Pelkhor-Chöde-Kloster in Gyantse

Kloster Samye

Dieses älteste Buddha-Kloster Tibets, gegründet 775, ist als architektonisches Mandala konzipiert, wobei die prächtige zentrale Halle mit ihrem Golddach den Weltenberg Meru, die umgebenden Hallen die vier Kontinente mit ihren je zwei Nebenkontinenten symbolisieren. Dieses bauliche Juwel und sein reicher Figurenschmuck überstanden die Kulturrevolution ohne größere Schäden, jedoch wurden neuere Gebäude auf das Gelände gesetzt, so dass die mandalatypische Harmonie und Symmetrie verloren gingen.

- Chinesischer Name: *Sāngyē Sì* 桑耶寺
- Lage: 35 km westlich von Tsedang (nördliches Flussufer)

Fahrt nach Shigatse

Die kürzere Route (240 km) nutzt das Tal des Zangbo (Yarlung Zangbo, Tsangpo, Brahmaputra). Sie führt an Dörfern vorbei und durch eine Sandwüste. Für die längere und interessantere braucht man mit Besichtigungen einen Tag, denn sie geht durch Bergland: Jenseits des Tsangpo überquert man einen Pass (mit Himalayablick), fährt ein Stück den Yamdrok-See entlang, überquert einen zweiten, 5.010 m hohen Pass und erreicht nach zwei Dritteln der Strecke Gyantse.

Gyantse[1] ist ein alter Marktort und Handelsort. Die imposante Burg, die sie überragt, bietet einen weiten Blick. Die Hauptattraktion aber ist das weiter nördlich gelegene **Pelkhor-Chöde-Kloster**[2] mit seinem großartigen, 1440 erbauten „Stupa der 100.000 Bildnisse" (Kumbum Chörten). Dieses einzigartige Bauwerk ist als begehbares Mandala gestaltet; die Stufen entsprechen dem Rang der höheren Wesen von den einfachen Göttern bis zu den transzendenten Buddhas in der Spitze.

- [1] Gyantse: *Jiāngzī* 江孜
  Höhe: 4.040 m ü. NN
  Lage: 254 km ab Lhasa
- [2] Pelkhor-Chöde-Kloster: *Báijū Sì* 白居寺

Shigatse (Xigezê)

Tibets zweitgrößte Stadt war Burgstadt und Gouverneurssitz, ehe sie im 16. Jh. Sitz des Panchen Rinpoche (Panchen Lama) wurde und zum zweiten Machtzentrum des Landes avancierte.

- Chinesischer Name: *Rìkèzé* 日喀则
- Einwohnerzahl: 120.000 Einwohner
- Höhe: 3.900 m ü. NN

TIBET

Tashilhunpo

Das 1447 gegründete Gelbmützenkloster ist Sitz des Panchen Lama, der als höchste geistliche Autorität Tibets noch über dem Dalai Lama rangiert. Es ist heute das tibetische Kloster mit der größten Zahl von Mönchen. Beim üblichen Rundgang im Uhrzeigersinn erlebt man den Höhepunkt am Anfang: die 26 m große vergoldete Kupferstatue des sitzenden Maitreya, 1914 entstanden aus 11 t Bronze und 229 kg Gold. Er hält in der Linken ein Nektarkännchen zum Zeichen, dass er die Menschen wieder auf den Erlösungsweg führen wird. Prunkvoll ist auch der Grabstupa des 1989 verstorbenen 10. Panchen Lama. Die Baukosten sollen zur Hälfte vom Staat, zur Hälfte aus Spenden aufgebracht worden sein. Zu besichtigen sind außerdem die Grabstupas des 4. und des 5. bis 9. Panchen Lama.

Die Versammlungshalle gilt als Originalbau aus dem 15. Jh. und ist prächtig ausgemalt; die drei Sanktuarien auf der Nordseite zeigen einen weiteren monumentalen Maitreya (10 m groß, links), den jungen, gekrönten Shakyamuni im Kreis von Schülern und Bodhisattvas sowie Statuen der Tara, einer tibetischen Schutzheiligen (rechts).

Mehreren Hallen mit einer großen Zahl weiterer Bildnisse umgeben den Klosterhof auf zwei Etagen.

- Chinesischer Name: *Zhāshénlúnbù Sì* 扎什伦布寺

Tingri (Shegar)

Ein kurzer Abstecher von der Fernstraße G 318, die zur nepalesischen Grenze geht, führt nach Shegar (auch Shekar, Shelkar oder Xêgar), einem kleinen Ort, der als Verwaltungssitz des Kreises Tingri eher unter diesem Namen bekannt und auf Landkarten zu finden ist. Die einzige Sehenswürdigkeit sind die Ruinen der Burg (Dsong) von Tingri auf einem ins Tal hinein ragenden Bergsporn. Zerstört wurde die Burg im 18. Jh. im Zuge eines nepalesische Feldzugs. Heute nimmt ein Kloster einen Teil der Fläche ein.

- Chinesischer Name: *Dìngrì* 定日
- Lage: 240 Straßen-km südwestlich von Shigatse

Mount Everest

Tingri dient auch als Zwischenstopp auf dem Weg zum Mount Everest (8848 m), dessen dramatische Nordwand auf dem Weg zum Base Camp immer imposanter aufragt; rechts (westlich) von ihm erhebt sich der Cho Oyu (8153 m). Das eigentliche Basislager ist für Touristen gesperrt.

Der Kailash und Westtibet

Wer von Tingri aus weiter westwärts fährt, gelangt in immer abgelegenere Regionen, die nur noch äußerst spärlich besiedelt sind, da sie zum einen auf Grund ihrer Höhe – meist über 4500 Meter – keine Landwirtschaft mehr ermöglichen, zum zweiten wegen der Niederschlagsarmut zwischen Himalaya und Transhimalaya aber auch wenig Weideflächen bieten. Trotz der Unwirtlichkeit der Gegend und der enormen Entfernungen – von Tingri zum Kailash sind es 620 km Luftlinie, ab Shigatse sogar 940 Straßenkilometer ohne den Umweg über Tingri – ist die Reise nach und durch Westtibet ein besonderes Erlebnis wegen der endlosen Weite der oft kargen Landschaft und der immer wieder erhebenden Ausblicke auf die Schneegipfel des Himalaya. Westlich von Tingri sind oft mehrere Achttausender mit einem Blick zu erfassen. Besonders günstig ist in dem Punkt die Landstraße Z 717, die im Bereich des großen Sees Paikü Co durch eine weite Ebene führt.

Tashilhunpo

Auch wenn man auf den asphaltierten Straßen heute rasch vorankommt, wird auf dem Weg zum Kailash gewöhnlich eine Übernachtung fällig, für die sich eigentlich nur das leider reizlose Saga anbietet. Jenseits davon scheint sich der Weg endlos hinzuziehen, hat man aber erst den 5211 m hohen Mayumla-Pass überquert, so sind die zwei beieinander liegenden Hauptziele in Westtibet schon beinah in Reichweite: der Berg Kailash und der Manasarovar-See.

Kailash und Manasarovar

Wie ein weißer Riesenkristall ragt diese Bergpyramide des westlichen Transhimalaya gen Himmel, eine Naturschönheit von seltener Faszination – und die ist wohl der Hauptgrund gewesen, dass Hindus, tibetische Buddhisten und Anhänger weiterer asiatischer Religionen gerade diesen Berg als heilig erklärten. Buddhisten sehen in ihm den Weltenberg Meru verkörpert. Mit seinen 6638 Metern Höhe zählt der Kailash nicht gerade zu den Riesen im schneegipfelreichen Tibet, aber er ist konkurrenzlos in seiner Schönheit, zudem überragt er alle anderen Gipfel in seiner Nähe. Sowohl für tibetische Buddhisten als auch für die Anhänger der tibetischen Bön-Religion ist er ein Pilgerziel. Mindestens drei Tage dauert eine Umrundung, die bis auf 5700 m Höhe führt. Ausgangspunkt ist der Ort **Baga**[1], auch Darchen genannt, am Südfuß des Berges.

Wegen seiner Reinheit als heilig gilt auch der Manasarovar-See, der größere von zwei Seen südlich des Kailash. Er ist der größte Süßwassersee in Westtibet, einer Gegend mithin, die sonst vor allem Salzseen kennt. Die Namen von See und Berg sind übrigens nicht tibetisch, sondern Sanskrit.

- Kailash: *Gāngrénbōqífēng* 冈仁波齐峰
- Tibetischer Name: Kang Rinpoche
- Höhe: 6.638 m hoch (nach alten Angaben 6.714 m)
- Lage: 755 km Luftlinie westnordwestlich von Shigatse
- Manasarovar: *Mǎpángyōngcuò* 玛旁雍错
- Tibetischer Name: Mapam Yumco
- Fläche: 412 km²
- [1] Baga: *Bāgǎ* 巴嘎

Zanda und die Guge-Ruinen

Noch einmal 235 Straßenkilometer weiter westlich gelangt man zu der kleinen Klostersiedlung Zanda, die weniger wegen des Klosters Thöling Gompa Besucher anzieht, vielmehr als Station auf dem Weg zum 18 km weiter gelegenen **Tsaparang**[1] dient, einst Herrschersitz des westtibetischen Königreichs Guge. Dieses wurde im 10. oder 11. Jahrhundert gegründet und bestand bis 1630, als es von Ladakh aus erobert wurde. In und an den lehmgelben Hängen über dem Indus-Nebenfluss Sutlej blieben Mauern, Stupas sowie zahlreiche Höhlen erhalten, alles in derselben Ockerfarbe wie die ganze, unwirklich erscheinende Landschaft.

- Zanda: *Zhádá* 札达
- Guge-Ruinen: *Gǔgé Wángguó Yízhǐ* 古格王国遗址
- Lage: 150 km Luftlinie westnordwestlich vom Kailash
- Höhe: 3.700 m ü. NN
- [1] Tsaparang: *Zhábùràng* 札布让

Guge-Ruinen

Kailash

Yangtze

Cháng Jiāng 长江
Yángzǐ Jiāng 扬子江

Qutong-Schlucht

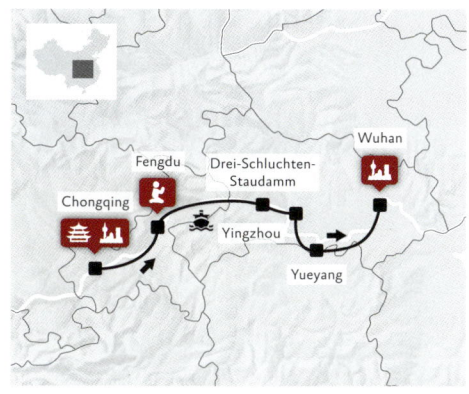

Empfehlung: 7 Tage

Chang Jiang, „langer Strom", heißt er auf Chinesisch, und das zu Recht: Mit 6.380 km ist er der drittlängste der Erde – und derjenige mit dem bevölkerungsreichsten Einzugsgebiet. Die Kulturlandschaft an seinem Ufer ist voller Sagen und Geschichten.

Chongqing

Die Stadt ohne Fahrräder. Von hier legen die Yangtze-Dampfer ab oder legen am Ende der etwas längeren Fahrt flussaufwärts wieder an. Zuvor ist ein Gang durchs Drei-Schluchten-Museum angenehme Pflicht. (Mehr zu Chongqing siehe S. 32 - 36)

- Chinesischer Name: *Chóngqìng* 重庆

Yangtze-Schluchten

Jeder denkt heute sogleich an das gigantische Staudammprojekt, das 600 Flusskilometer in einen See verwandelt hat. Trotzdem sind die Schluchten nicht gänzlich verschwunden. Zwar beträgt die Stauhöhe am Damm bis zu 110 m, bei der obersten Schlucht aber nur maximal 40 m – wenig im Vergleich zu den Felswänden. Die ohnehin kaum dramatische dritte Schlucht büßte ihren Charakter oberhalb des Staudamms gänzlich ein, behielt ihn aber unterhalb davon.

- Chinesischer Name: *Chángjiāng Sānxiá* 长江三峡

YANGTZE

Fengdu

Die „Geisterstadt". Der 288 m hohe Tempelberg ragt als Halbinsel aus dem Stausee, in dem die alte Ortschaft versank. Das Ensemble aus daoistischen Tempeln und teils im Freien stehenden Figuren führt vor Augen, wie man in den zehn chinesischen Höllen wofür büßen muss. Die Folterknechte im Jenseits sind denn auch reichlich gruselig.

- Chinesischer Name: *Fēngdū* 丰都
- Lage ab Chongqing: 172 Flusskilometer (links)

Shibaozhai

Die „Felsschatzfestung" ist ein kleiner Tafelberg mit einem 56 m hohen Treppenhaus an seiner linken Flanke, das wie eine Kreuzung aus Pyramide und Pagode anmutet. Oben steht ein daoistischer Tempel aus dem frühen 18. Jh. Der Sage nach rieselten hier einst ständig Reiskörner aus einem Löchlein im Fels, eben genug für die Mönche. Als sie aber das Loch vergrößerten, um mehr zu bekommen, versiegte die wundersame Reisquelle.

- Chinesischer Name: *Shíbǎozhài* 石宝寨
- Lage ab Chongqing: 277 Flusskilometer (links)
- Höhe: Gipfelplateau 230 m ü. NN

Baidicheng

Hoch über dem Stausee liegt die „Stadt des weißen Kaisers" als letzte Station vor der ersten Schlucht. Es handelt sich um einen Tempel, in dem Chinas Kriegsheroenzeit, der Ära der Drei Reiche (3. Jh.), gedacht wird. Hier nämlich soll der Herrscher Liu Bei nach einer verlorenen Schlacht im Jahr 223 vor Zorn gestorben sein. Figuren stellen seinen Kanzler Zhuge Liang und seine Generäle Zhang Fei und Guan Yu dar. Voraus fällt der Blick in die Qutang-Schlucht.

- Chinesischer Name: *Báidìchéng* 白帝城
- Lage ab Chongqing: 449 Flusskilometer (links)

Qutang-Schlucht

Die „Blasebalgschlucht" ist mit 8 km Länge die kürzeste und mit 350 m hohen Felswänden wohl die markanteste. Um den berühmten, in den Fels geschlagenen Treidelpfad zu sehen, müsste man freilich tauchen.

- Chinesischer Name: *Qútáng Xiá* 瞿塘峡
- Lage ab Chongqing: 450 Flusskilometer

Xiling-Schlucht

Drei kleine Schluchten

Bei der Kleinstadt Wushan mündet der **Daning He**[1] in den Yangtze. Von dessen drei kleinen Schluchten blieb nur die oberste unverändert, die Szenerie mit steilen grünen Bergen und Gipfeln erfreut jedoch noch überall. Alte Holzsärge in den Felsen sind Relikte einer Bestattungssitte aus der Ming-Zeit.

- Chinesischer Name: *Xiǎo Sān Xiá* 小三峡
- Lage ab Chongqing: 481 Flusskilometer
- [1] Daning He: *Dàníng Hé* 大宁河

Wu-Schlucht

Die mittlere Schlucht, oft „Hexenschlucht" genannt, ist 44 km lang und wird von zwölf 800 bis 1.200 m hohen Gipfeln überragt. Deren bekanntester ist der „Feengipfel" (Shennü Feng). Man sieht ihn nach etwa 10 km vor einer Linksbiegung auf der Nordseite des Sees.

- Chinesischer Name: *Wū Xiá* 巫峡
- Lage ab Chongqing: 488 Flusskilometer

Shennong Xi

Am Ende der Wu-Schlucht strömt von links der Shennong Xi („Bach des göttlichen Landmanns") ein. Dass sich der untere Teil von dessen Schlucht ebenfalls in einen See verwandelt hat, wird als besonders schmerzlich empfunden. Weiter oben aber wird noch getreidelt; die Touristen nehmen dazu in schmalen „Schotenbooten" Platz.

- Chinesischer Name: *Shénnóng Xī* 神农溪
- Lage ab Chongqing: 565 Flusskilometer

Xiling-Schlucht

Die mit 76 km längste Schlucht war einst vor allem wegen ihrer gefährlichen Untiefen und Stromschnellen berüchtigt. Hauptattraktion ist jetzt der gigantische **Drei-Schluchten-Staudamm**[1]: 1.853 m lang, 181 m hoch, Bauzeit: 15 Jahre. An die 1,2 Millionen Menschen mussten umgesiedelt werden. Das Projekt verfolgt drei Ziele: Strom zu produzieren (Kraftwerksleistung: 6,8 Gigawatt), durch Absenken des Seepegels vor der Regenzeit Überschwemmungen zu verhindern und die Schiffbarkeit der Schluchten zu verbessern.

- Chinesischer Name: *Xīlíng Xiá* 西陵峡
- Lage ab Chongqing: 577 Flusskilometer
- [1] Drei-Schluchten-Staudamm: *Sānxiá Dàbà* 三峡大坝
- Lage ab Chongqing: 604 Flusskilometer

Gezhou-Damm

Am Ausgang der Xiling-Schlucht passiert man den 1986 fertig gestellten Gezhou-Damm. Schon dieser Vorläufer des großen Damms ist imposant: 70 m hoch, 2.561 m lang.

- Chinesischer Name: *Gězhōu Bà* 葛洲坝
- Lage ab Chongqing: 643 Flusskilometer

Yichang

In dieser Stadt endet die übliche Flusskreuzfahrt. Bis zum fernen Meer hat der Fluss nur noch ein Gefälle von 40 m und wird breit und behäbig.

- Chinesischer Name: *Yíchāng* 宜昌
- Lage ab Chongqing: 648 Flusskilometer
- Einwohnerzahl: 1,3 Mio. Einwohner

Jingzhou

Die mittelgroße Stadt blickt auf eine schlachtenreiche Geschichte zurück – bis ins 3. Jh. Erhalten blieben eine 11,3 km lange **Stadtmauer**[1] mit sechs Toren und mehrere daoistische Tempel. Sehenswert ist das **Jingzhou-Museum**[2], das archäologische Funde aus der Gegend zeigt.

- Chinesischer Name: *Jīngzhōu* 荆州
- Lage ab Yichang: 115 Flusskilometer
- Einwohnerzahl: 555.000 Einwohner (ohne Umland)
- [1] Stadtmauer: *Jīngzhōu Gǔchéng* 荆州古城
- [2] Jingzhou-Museum: *Jīngzhōu Bówùguǎn* 荆州博物馆

Yueyang

Die geschichtsträchtige und über 3000 Jahre alte Stadt am Nordostufer des Dongting-Sees ist wegen des **Yueyang-Turms**[1], eines dreistöckigen Hallenbaus, landesweit bekannt, vor allem weil schon die Dichterfürsten der Tang-Zeit ihn besangen. Der anmutige Bau mit Seeblick gab der Stadt ihren Namen und sieht aus, wie wir uns China immer vorgestellt haben. 716 n. Chr. wurde er das erste Mal aufgebaut, danach jedoch 32 Mal zerstört und neugebaut. Der heutige Turm stammt aus dem Jahr 1880.

- Chinesischer Name: *Yuèyáng* 岳阳
- Lage: 165 km ab Jingzhou
- Einwohnerzahl: 815.000 Einwohner (ohne Umland)
- [1] Yueyang-Turm: *Yuèyáng Lóu* 岳阳楼

Dongting-See

Chinas zweitgrößter Süßwassersee dient dem Yangtze als Rückhaltebecken und dehnte sich bei Hochwasser um ein Vielfaches aus. Ausflugsboote fahren zur Halbinsel **Junshan Dao**[1], die bekannt ist für den „Silbernadel-Tee".

- Chinesischer Name: *Dòngtíng Hú* 洞庭湖
- [1] Junshan Dao: *Jūnshān Dǎo* 君山岛

Yangtze-Fähre in Wuhan

Wuhan

Das Zentrum von Mittelchina ist eine Drehscheibe des Bahnverkehrs und der Binnenschifffahrt. Der Yangtze und der zuströmende Han Jiang teilen die Stadt in drei Teile: Wuchang am östlichen Yangtze-Ufer, Hanyang westlich und Hankou nördlich gegenüber. In Hankou ist am meisten los mit Geschäften, Restaurants, einer Uferpromenade und Schiffsanlegern.

- Chinesischer Name: *Wǔhàn* 武汉
- Lage ab Chongqing: 1.274 Flusskilometer, 224 km ab Yueyang
- Einwohnerzahl: 4,7 Mio. Einwohner
- Provinz: Provinzhauptstadt von Hubei

Gelbe Kranichpagode

Ein Daoist malte einst einen gelben Kranich an die Wand eines Gasthauses, als er die Zeche nicht bezahlen konnte. Da der Vogel allabendlich lebendig wurde und für die Gäste tanzte, kam der Wirt zu Reichtum und errichtete diesen Turm. Das heutige, 51 m hohe Bauwerk ist von 1985 und ein herrlicher Aussichtspunkt.

- Chinesischer Name: *Huánghè Lóu* 黄鹤楼
- Lage: *Wǔchāng* 武昌, oberhalb der Yangtze-Brücke

Provinzmuseum

Im Mittelpunkt stehen die reichen Grabbeigaben des 433 v. Chr. verstorbenen Markgrafen Yi von Zeng, darunter das größte antike Glockenspiel Chinas mit 65 bis zu 204 kg schweren Glocken. Auf einem Nachbau wird vorgeführt, wie es klingt. Das Museum liegt in Wuchang am westlichen Ufer des Ostsees.

- Chinesischer Name: *Húběishěng Bówùguǎn* 湖北省博物馆
- Lage: *Wǔchāng* 武昌, *Dōnghú Lù* 东湖路1856 (Westufer des Sees *Dōng Hú* 东湖)

Praktische Hinweise

Auskunft

Touristeninformationsbüros sind in China wenig verbreitet. Am besten wendet man sich an den Reisebüroschalter seines Hotels. Stadtpläne werden an Bahnhöfen auf der Straße verkauft, allerdings meist nur auf Chinesisch.
Informationen rund um das Thema Chinareisen gibt es unter www.ChinaTours.de, aktuelle, interessante und manchmal auch skurrile Berichte aus dem Reich der Mitte unter www.ChinaTours.de/Magazin.

Chinesische Fremdenverkehrsämter:
- Ilkenhansstr. 6, 60433 Frankfurt a. M.
  Tel. 069 520135, www.China-Tourism.de
- Brandschenkestr. 178, 8002 Zürich
  Tel. 044 2018577, www.ChinaTourism.ch

Hongkong und Macau verfügen über erstklassige Fremdenverkehrsämter:

Hongkong Tourism Board:
- Humboldtstr. 94, 60318 Frankfurt a. M.
  Tel. 069 9591290, www.DiscoverHongkong.com
- Büro im Hongkonger Flughafen, am Star-Ferry-Anleger von Kowloon, auf der Peak Piazza zwischen Peak Tower und Galerie und in der MTR-Station Lo Wu (Grenzstation nach Shenzhen).
  Tel. +852 25081234

Fremdenverkehrsbüro Macau:
Schenkendorfstr. 1, 65187 Wiesbaden
Tel. 0611 2676730, www.Macau-Info.de

Macau Tourist Information Bureau in Hongkong:
Shop 336-337, Shun Tak Centre, 200 Connaught Rd Central
Tel. +852 28572287

Macau Gouvernment Tourist Office in Macau:
Büros im Fährterminal und im Flughafen, Stadtbüro: Largo do Senado 9
Tel. +853 28333000, www.MacauTourism.gov.mo

Diplomatische Vertretungen

Deutsche Botschaft in Peking
Dongzhimenwai Dajie 17
Tel. +86 (0)10 85329000, www.china.diplo.de

Deutsches Konsulat in Chengdu
25/F, Western Tower, Renmin Nanlu 4-duan 19
Tel. +86 (0)28 85280800, www.china.diplo.de

Deutsches Konsulat in Hongkong
21/F, United Centre, 95 Queensway
Tel. +852 21058788, www.hongkong.diplo.de

Deutsches Konsulat in Kanton
14/F, Teem Tower, Tianhe Lu 208
Tel. +86 (0)20 83130000, www.china.diplo.de

Deutsches Konsulat in Shanghai
Yongfu Lu 181 (Kanzlei)
Tel. +86 (0)21 3401 0106, www.china.diplo.de

Deutsches Konsulat in Shenyang
21/F, CR Building, Qingnian Dajie 286
Tel. +86 (0)24 83899100, www.shenyang.diplo.de

Österreichische Botschaft in Peking
Jianguomenwai Xiushui Nanjie 5
Tel. +86 (0)10 65329869, www.bmeia.gv.at/peking

Österreichisches Konsulat in Hongkong
2201 Chinachem Tower, Conaught Road 34-37
Tel. +852 25228086, www.bmeia.gv.at/hongkong

Österreiches Konsulat in Kanton
Unit 1202, Teem Tower, Tianhe Lu 208
Tel. +86 (0)85160047

Österreichisches Konsulat in Shanghai
Qihua Tower 3A, Huaihai Lu 1375
Tel. +86 (0) 64740268, www.aussenministerium.at/shanghaigk

Schweizerische Botschaft in Peking
Sanlitun Dong Wujie 3
Tel. +86 (0)10 85328888, www.eda.admin.ch/beijing

PRAKTISCHE HINWEISE

Schweizerisches Konsulat in Hongkong
62/F, Central Plaza, Harbour Road 18
Tel. +852 35095000, www.eda.admin.ch/hongkong

Schweizerisches Konsulat in Kanton
27/F, Grand Tower, Tianhe Lu 228
Tel. +86 (0)20 38330450, www.eda.admin.ch/guangzhou

Schweizerisches Konsulat in Shanghai
22/F, Bldg. A, Far East Intern. Plaza, Xianxia Lu 319
Tel. +86 (0)21 62700519, www.eda.admin.ch/shanghai

Einreise

Als Tourist benötigt man ein Visum und einen Reisepass, der mindestens noch sechs Monate nach Rückkehr aus China gültig ist. Damit kann man 30 Tage im Land bleiben. Deutsche beantragen ihr Visum bei einem der so genannten Chinese Visa Application Service Center, Schweizer und Österreicher unter persönlicher Vorsprache (nicht auf dem Postweg!) bei der Konsularabteilung der zuständigen diplomatischen Vertretung. Dazu ist ein Formular auszufüllen (kann aus dem Internet heruntergeladen und ausgedruckt werden); beizufügen sind der Reisepass und ein aktuelles farbiges Passfoto, zudem ist eine Visumgebühr und in Deutschland zusätzlich eine Servicegebühr zu zahlen. Die Bearbeitungszeit beträgt in Deutschland vier, sonst fünf Arbeitstage. Antragsteller mit nicht deutschem Pass müssen darüber hinaus eine Kopie ihrer Aufenthaltserlaubnis vorlegen, auch wenn sie als EU-Bürger keine benötigen, oder müssen anderenfalls das Visum in ihrem Heimatland beantragen. Für Geschäftsreisende, Journalisten und längere Aufenthalte gelten Sonderregeln. Vor allem für Reisende, die nicht an den jeweiligen Antragstellungsorten wohnen, empfiehlt sich die Beantragung über das Reisebüro oder über einen Visumdienst.

Zuständigkeiten im deutschsprachigen Raum:
- Für **Baden-Württemberg**, **Hessen**, **Nordrhein-Westfalen**, **Rheinland-Pfalz** und das **Saarland**:
  Chinese Visa Application Service Center
  Bockenheimer Landstr. 51, 60325 Frankfurt a. M.
  Tel. 069 26919130, www.visaforchina.org/FRA_DE
- für **Bremen**, **Hamburg**, **Niedersachen** und **Schleswig-Holstein**:
  Chinese Visa Application Service Center
  Willy-Brandt-Straße 57, 5. OG, 20457 Hamburg
  Tel. 040 323106000, www.visaforchina.org/HAM_DE
- für **Bayern**:
  Chinese Visa Application Service Center
  Lutzstraße 2, 80687 München
  Tel. 089 58927460, www.visaforchina.org/MUC_DE
- für **alle anderen Bundesländer**:
  Chinese Visa Application Service Center
  Invalidenstraße 116, 10115 Berlin (EG rechts)
  Tel. 030 979920000, www.visaforchina.org/BER_DE
- für **Österreich**:
  Konsularabteilung der Botschaft
  Neulinggasse 29, 1030 Wien
  Tel. 01 7103648, www.chinaembassy.at
- für zwölf **Nordschweizer Kantone** sowie **Liechtenstein**:
  Konsularabteilung des Generalkonsulats Zürich
  Mythenquai 100, 8002 Zürich
  Tel. 044 2091500, zurich.china-consulate.org/det
- für die **übrigen Schweizer Kantone**:
  Chinesische Botschaft
  Lombachweg 23, 3006 Bern
  Tel. 031 3518256

Transitaufenthalte in Peking, Chengdu, Chongqing, Dalian, Kanton, Shanghai und Shenyang sind bei Weiterreise in ein Drittland bis zu 72 Stunden visumfrei möglich. Für die Einreise nach Hongkong und Macau benötigen EU-Bürger und Schweizer nur einen gültigen Reisepass.

Einkaufstipps

China verführt zum Geldausgeben: Vieles hat man nie gesehen, anderes verlockt, da es preiswert ist. So mancher musste schon einen Extrakoffer kaufen, um alles zu verstauen. Besonders lohnt natürlich Chinatypisches: Lack, Jade, Tuschebilder und Kalligrafien, Schnitzereien, Pinsel, Drachen (zum Steigenlassen), Stickarbeiten und andere Volkskunst, um nur das Wichtigste zu nennen. Teppiche und Möbel kann man sich zuschicken lassen; beides wird im alten Stil neu gefertigt.

Wer mehr auf den Preisvorteil Wert legt, wird Kleidung kaufen, gleich, ob aus Seide, Baumwolle oder Kaschmirwolle, auch Frotteewaren, Gürtel, Taschen, Schuhe. Außer in großen Kaufhäusern ist dann kräftiges Feilschen nötig. Angesagte Designerware kann jedoch so teuer sein wie in Europa. Gleiches gilt für Werke renommierter Künstler und für Antiquitäten. Bei letzteren ist größte Vorsicht geboten. Heute wird so viel und so raffiniert gefälscht, dass selbst ehrliche Antiquitätenhändler darauf hereinfallen. Besser, man verlangt von vornherein Repliken, wie man sie z.B. in guten Museumsläden findet.

Ein guter Rat ist, nicht darauf zu hoffen, etwas woanders billiger zu bekommen, denn besonders schöne Stücke (z.B. Porzellan, Tuschebilder) findet man womöglich später nicht mehr. Achten Sie auch auf örtliche Spezialitäten. Beispielsweise erhält man Tees in Spitzenqualität nur im jeweiligen Anbaugebiet.

Leisten Sie außer bei Auftragsfertigung keine Anzahlungen. Wer bar zahlt, schlägt die besten Rabatte heraus. Aber nicht immer lohnt es sich, das Billigste zu kaufen. Gute Qualität, ob bei Kleidung oder bei Jade, hat auch in China ihren Preis.

Ein chinesisches Phänomen sind die weit verbreiteten „Freundschaftsläden" und ihnen ähnliche Fabrikationsstätten. Hier hinein werden Touristen öfters von ihren örtlichen Reiseführern geführt. Ob gewollt oder nicht, bekommt man so immer wieder die Gelegenheit zum Einkauf von Souvenirs. Dies ist zwar manchmal lästig, aber nicht immer vermeidbar. Nehmen die Besuche während einer Reise zu sehr überhand, sollte man sich bei seinem Reiseleiter beschweren.

Eisenbahn

China verfügt über das weltgrößte Netz an Hochgeschwindigkeitszügen, die großenteils als Tageszüge mit 1. und 2. Klasse auf Neubaustrecken mit 300 km/h verkehren. Abseits der Hauptstrecken fahren noch die deutlich langsameren und entsprechend billigeren konventionellen Züge, meistens mit Schlaf- und Liegewagen. Im Schlafwagen, dem so genannten „Soft-sleeper", findet man 4-Bett-Kabinen (je zwei Betten übereinander) mit frisch bezogenen Betten und kleinem Tisch vor. Die Klasse entspricht in etwa der europäischen 1. Klasse. Daneben gibt es noch den Liegewagen, treffend „Hardsleeper" genannt, mit offenen 6-Bett-Abteilen und schmaleren Betten. Waschraum und Toilette befinden sich jeweils am Ende eines Waggons. Kürzere Strecken werden im Sitzwagen der 1. oder 2. Klasse („Soft-" bzw. „Hardseater") absolviert.

Die Bahnhöfe sind gewöhnlich nur mit Fahrkarte zugänglich, die man daher vorher kaufen muss, entweder am Bahnhofsvorplatz oder über Agenturen, am bequemsten über das Business-Center im Hotel. Ein elektronisches Buchungssystem ist noch nicht voll entwickelt. Es kann schwierig sein, Tickets zu kaufen für Fahrten von einem anderen Ort aus als dem, wo man sich befindet. Für Expresszüge und Schlaf- sowie Liegewagen gilt Reservierungspflicht.

Entlegene Gebiete

Die Infrastruktur in Chinas entlegenen Gebieten hat trotz großer Anstrengungen noch viel Nachholbedarf. Man sollte daher auf Verspätungen und eventuelle kurzfristige Änderungen von Flug- und Zugzeiten oder der Reiseroute generell vorbereitet sein.

Fotografieren und Filmen

Foto- und Videokameras können problemlos zum eigenen Gebrauch nach China mitgenommen werden. Grundsätzlich ist das Fotografieren und Filmen auch überall, Militäranlagen ausgenommen, gestattet. Menschen des Gastlandes sollte man dennoch nicht gegen ihren Willen aufnehmen und ausdrückliche Fotoverbote beachten (z.B. in Tempelhallen).

Schlafwagen 1.Klasse

Geld und Geldwechsel

Renminbi, „Volksgeld", nennt China seine Währung. Die Einheit ist der Yuan, unterteilt in 10 Jiao (im Volksmund immer Mao) und 100 Fen. Münzen gibt es für Werte bis 1 Yuan, Scheine für alle Werte. Werte unter 1 Jiao kommen praktisch nicht mehr vor.

Zweckmäßig ist die Mitnahme von einem Betrag bar in Euro, dieser kann am Flughafen, in Banken und den meisten Hotels getauscht werden. Der Geldwechsel in Deutschland ist aufgrund des schlechten Wechselkurses nicht zu empfehlen. Das Abheben von Bargeld mit der Kredit- oder Bankkarte ist nicht überall möglich und daher nicht zu empfehlen. Reiseschecks lassen sich nur noch an touristischen Schwerpunkten problemlos einlösen. Für Hotelrechnungen ist eine Kreditkarte nützlich. Wer bei der Ausreise Geld zurücktauschen will, muss eventuell einen Umtauschbeleg in mindestens der gleichen Höhe vorlegen.

Hongkong und Macau haben eigene Währungen: den Hongkong-Dollar und die Pataca. In Macau werden auch Hongkong-Dollar akzeptiert, man muss nur darauf achten, sie auch als Wechselgeld zu bekommen. In Hongkong verwirrt die Tatsache, dass die Scheine von drei verschiedenen Banken herausgegeben werden, so dass solche desselben Nennwerts unterschiedlich aussehen können.

Gepäck

Unabhängig von der Freigepäcksmenge auf internationalen Flügen, muss man bedenken, dass auf innerchinesischen Flügen generell nur 20 kg Freigepäck erlaubt sind. Um Nachzahlungen zu vermeiden, sollte man sich an diese Beschränkung halten.

Während einer Gruppenreise wird das Gepäck meist getrennt befördert, man sollte daher in seinem Handgepäck genügend Platz für persönliche Dinge, Wertsachen, Medikamente, etc. haben. Auch Toilettenpapier gehört in das Handgepäck, denn auf öffentlichen Toiletten ist dies selten vorhanden. Für kurze Ausflüge mit Zwischenübernachtung und bei Fahrten mit dem Nachtzug empfiehlt sich ein Tagesrucksack mit ein wenig Wechselkleidung.

Gesundheit / Impfung

Impfungen sind für China nicht vorgeschrieben, sofern man nicht aus einem Seuchengebiet kommt. Vor Reisebeginn sollte man aber seine Grundimmunisierung (Tetanus, Polio und Diphtherie) überprüfen und gegebenenfalls mit einem Arzt oder Tropeninstitut über eine Prophylaxe gegen Hepatitis und Malaria sprechen. Nützliche Tipps und Hinweise findet man unter www.fit-for-travel.de.

Leitungswasser ist zum Zähneputzen normalerweise unproblematisch, sollte aber nur abgekocht getrunken werden. Was man an Medikamenten benötigt, nehme man in ausreichender Menge von zu Haus mit. Medikamente, die dauerhaft eingenommen werden müssen, sollten im Handgepäck parat liegen.

Beachten sollte man, dass ungewohntes Klima und fremdartige Küche gelegentlich zu Unpässlichkeiten führen können. Daher sollte die Reiseapotheke u.a. Medikamente gegen Magen- und Darmbeschwerden, Erkältungen, Schmerz- und Fiebermittel enthalten.

China besitzt ein dichtes Netz ärztlicher Versorgung, doch nicht überall sprechen die Ärzte auch englisch – am besten bittet man im Bedarfsfall die Reiseleitung oder die Hotelrezeption, einen Kontakt herzustellen. Generell empfiehlt es sich, eine Reisekrankenversicherung mit Rücktransport abzuschließen.

Wichtiger Hinweis

Diabeteserkrankungen, Lebensmittelallergien oder der Bedarf an besonderen medizinischen Geräten (z.B. Schlaf-Apnoe-Gerät) sollten bei einer Reisebuchung unbedingt angegeben werden, damit entsprechende Vorkehrung getroffen werden können.

Hotels / Übernachtungen

Bei einer organisierten Chinareise übernachten Sie in der Regel in Hotels mit internationalem Standard. Die Zimmer verfügen über Bad oder Dusche und WC, Klimaanlage, Telefon und in der Regel über Minibar und Satellitenfernsehen. In entlegenen Gebieten muss man sich auf Einschränkungen im Komfort einstellen. Generell gilt: Je abgelegener der Ort, desto einfacher der Hotelkomfort, wobei die hygienischen Standards sehr weit unter europäischem Standard liegen können.

Internet

W-LAN – vor allem als Gratisangebot – ist in China weiter verbreitet als in Europa; das „klassische" Internetcafé mit kostenpflichtigen Terminals ist daher kaum noch zu finden. Auch bieten fast alle Hotels W-LAN oder haben LAN-Steckdosen samt Anschlusskabel auf den Zimmern; ansonsten hat das Business-Center oft auch ein Internet-Terminal für die Gäste. Viele Ihnen geläufige Seiten wie Facebook, Twitter oder Google sind in China gesperrt. Mit E-Mails gibt es kein Problem. In billigeren Hotels ist W-LAN gewöhnlich gratis, nur teure Häuser lassen sich den Service extra bezahlen. Gleiches gilt in Hongkong und Macau.

Kleidung

Man sollte sich praktisch kleiden, in Hongkong und Shanghai gern auch modisch. Formale Kleidung braucht man als gewöhnlicher Tourist nicht. Das gleiche gilt auch für die Schuhe, die fest und bequem sein sollten. Beachten muss man, dass viele Lokale, Einkaufszentren, Eisenbahnwaggons etc. im Sommer stark klimatisiert werden. Man benötigt dann unbedingt etwas zum Überziehen. In Südchina wird im Winter meist nicht geheizt, da sind Pullover und Wollsocken unerlässlich. Eine Kopfbedeckung als Sonnenschutz gehört unbedingt ins Gepäck.
Fast alle Hotels bieten einen effizienten Wäschedienst: Was man morgens abgibt, erhält man bis zum Abend gewaschen und gebügelt zurück. In Vier-Sterne-Herbergen Hongkongs, Pekings und Shanghais kann das Waschen allerdings teurer sein als ein Neukauf.

Kriminalität

China zählt nach wie vor zu den sichersten Reiseländern der Welt. Doch gilt auch hier: „Gelegenheit macht Diebe". Man sollte daher insbesondere auf Bahnhöfen, Märkten sowie belebten Geschäftsstraßen nicht allzu sorglos mit seinen Wertgegenständen umgehen. In den meisten Hotels haben die Zimmer einen Safe. Ansonsten kann man seine Wertsachen an der Rezeption in einem Safe deponieren.

Post

Briefmarken sind in den Filialen der China Post erhältlich. Die Luftpost braucht etwa sieben Tage bis über drei Wochen von China nach Europa.

Respekt und Pünktlichkeit

China ist ein sehr gastfreundliches Land, man sollte aber versuchen, es nicht mit „deutschen Augen" zu sehen und es mit gleichem Maßstab zu messen. Etwas Toleranz und Geduld sind häufig notwendig. Eine Grundregel lautet: Nie laut werden oder gar die Fassung verlieren. In den Augen der Chinesen verliert man so das „Gesicht" und damit den nötigen Respekt.

Strom und Steckdosen

Der Strom aus der Steckdose hat wie in Europa 220 Volt bei 50 Hertz. Chinesische Steckdosen sind für zwei Systeme ausgelegt, wovon eins auch für mitteleuropäische Stecker taugt. Nicht kompatibel sind jedoch Steckdosen in Hongkong und Macau; entsprechende Adapter kann man vor Ort billig erwerben oder bei der Rezeption leihen. Wer viel aufzuladen hat (Kamera-Akku, Telefon, Computer) sollte einen Mehrfachstecker mitnehmen.

Taxifahrten

Chinas Städte sind mit Taxis gut versorgt. Alle Wagen haben den Kilometertarif außen angeschlagen, die Lizenz des Fahrers hängt innen aus mit einer Telefonnummer, bei der man sich gegebenenfalls beschweren kann. Alle Wagen haben ein Taxameter; innerhalb kleinerer Orte sind auch Pauschalpreise üblich. Die Tarife schwanken je nach Ort und Wagentyp, sind aber generell nicht teurer als der öffentliche Nahverkehr in Mitteleuropa. Falls ein Taxameter angeblich kaputt ist oder keine Fahrerlizenz sichtbar ist, nehmen Sie unbedingt ein anderes Taxi. Verfolgen Sie eventuell die Route auf dem Stadtplan. Wer von außerhalb in eine Großstadt fährt, muss auf halber Stre-

cke womöglich wechseln, da Wagen von außerhalb oft keine Lizenz für den Innenstadtbereich haben. Für längere Ausflüge empfiehlt es sich, einen Tagestarif auszuhandeln. Auf dem Land kann es schwierig oder unmöglich sein, ein Taxi zu bekommen. Lassen Sie sich immer das Ziel auf Chinesisch aufschreiben. Die wenigsten Fahrer sprechen eine Fremdsprache. Auch in Hongkong ist es damit nicht weit her.

Telefon

Man kann in China sein Mobiltelefon benutzen, allerdings sind die Gebühren recht hoch – auch wenn man angerufen wird. Billiger ist es in Hongkong. Wer eine Guthabenkarte nutzt („prepaid") sollte sich vor der Reise erkundigen, ob sie für Telefonate in China taugt. Ansonsten kann man überall vom Hotel aus ins Ausland wählen. Am sparsamsten sind Telefonkarten für öffentliche Fernsprecher.

Trinkgeld

In chinesischen Restaurants sind keine Trinkgelder üblich. In Hongkong und Macau lässt man aber vom Wechselgeld, das auf einem kleinen Tablett gereicht wird, etwas zurückgehen. Dagegen sind Reiseleiter, Busfahrer und Kofferträger auf Trinkgelder angewiesen. Tipps zur Höhe des Trinkgeldes gibt Ihr Reiseunternehmen. Bei Gruppenreisen bietet sich eine gemeinsame Trinkgeldkasse an, um die ständige Suche nach Kleingeld zu vermeiden. Von überzogenen Trinkgeldforderungen sollte man sich nicht nötigen lassen, denn man ist nicht verpflichtet Trinkgeld zu zahlen und Trinkgeld sollte schließlich auch immer eine Form der Anerkennung einer Leistung bleiben. Taxifahrer erwarten kein Trinkgeld, aber wer sich bis auf den Zehntel Yuan herausgeben lässt, macht sich lächerlich.

Yangtze-Kreuzfahrten

Die von den Reedereien direkt organisierten Fahrten auf dem Yangtze folgen festen Fahrplänen. Aufgrund von Wetterbedingungen, ungünstigen Wasserständen oder anderen Umständen kann es zu Änderungen der Kreuzfahrt oder der Besichtigungen kommen.

Zeit

Obwohl China mehr als drei Zeitzonen überspannt, gilt im ganzen Land offiziell Pekingzeit. Zum Ausgleich steht man in Westchina bis zu zwei Stunden später auf als in der Hauptstadt. Der Zeitunterschied zur Mitteleuropäischen Zeit beträgt 7 bzw. 6 Stunden, 10 Uhr in Mitteleuropa ist 17 Uhr in China, während der Sommerzeit 16 Uhr.

Zoll

Nach China zollfrei eingeführt werden dürfen zwei Flaschen Spirituosen (je 750 ml) und 400 Zigaretten. Die Einfuhr von Waffen, Funkanlagen, pornografische und andere als gefährlich eingestufte Medien, sowie Rauschgift ist verboten. Devisen im Wert von 5.000 US-Dollar oder mehr müssen bei Ein- und Ausreise deklariert werden. Bei der Einreise nach Hongkong sind 19 Zigaretten und 1 l Spirituosen mit über 30 Vol.-% Alkohol zollfrei. Für die Rückkehr in ein EU-Land und die Schweiz gelten andere Zollfreimengen: 200 Zigaretten und 2 l Spirituosen von bis zu 22 Vol.-% Alkohol oder 1 l Höherprozentiges (Grenze bei Einreise in die Schweiz: 15 Vol.-%).
In der EU zu verzollen sind außerdem Einkäufe im Wert von über 430 Euro (Kinder bis 15 Jahren: 175 Euro / Schweiz: 300 Franken). Weitere Infos: www.customs.gov.cn, www.zoll.de, www.ezv.admin.ch

Kleines Chinalexikon

Architektur

Kaum etwas anderes prägt das populäre Bild Chinas so sehr wie das geschwungene Dach. Es ist das offensichtlichste Merkmal einer traditionellen Baukultur, die sich ebenso durch Ästhetik wie durch konstruktiven Genius auszeichnet. Mehr noch: In Chinas alter Baukunst spiegelt sich auch eine Weltsicht.

Die relativ strenge Bauweise des Nordens, vor allem Pekings, macht dies deutlicher als die freiere, vielgestaltige des Südens. Nicht das Einzelhaus bildet eine Einheit, sondern ein Gebäudeensemble, dessen Hauptbau im Norden steht, sich mit der breiten Seite nach Süden, zur Sonne hin, öffnet und mit zwei seitlich davor stehenden kleineren Gebäuden sowie einer Mauer oder einem weiteren Gebäude im Süden einen Hof umschließt. Fehlen die Seitengebäude wie in Nordchinas Dörfern, schützt doch immer noch die Mauer. Mit der Ausrichtung nach Süden ordnet sich das Haus altchinesischer Vorstellung zufolge in den Kosmos ein, und so macht es auch die typisch chinesische Stadt mit ihrem vorzugsweise rechtwinkligen Grundriss und den Straßen, die sich an den Himmelsrichtungen orientieren. Peking ist dafür das beste Beispiel. Und wie sich die Bahnen der Gestirne um die imaginäre Achse drehen, die vom Polarstern ausgeht, sind auch die Bauensembles symmetrisch. In ihrer zeremoniell herausgehobenen Mitte, stets im Norden und nach Süden blickend, steht der Ahnenaltar im Wohnhaus, das Gottes- oder Buddha-Bild im Tempelkloster, der Thron im Palast.

Stärker variiert werden diese Konventionen vor allem im gebirgigen Süden, wo die unregelmäßigen Berge und Flüsse zu bedenken sind. Deren Verhältnisse werden dort gemäß den Lehren des Fengshui („Wind-Wasser") hinsichtlich ihrer günstigen oder schädlichen Einflüsse auf den Menschen gedeutet und bestimmen die Bauweise mit. Die schönsten Beispiele dafür liefern die Sippenhäuser der Provinz Fujian. Das Grundmuster zeigen auch die Kaisermausoleen und der Pekinger Kaiserpalast: Ein Berg schützt den Rücken, das „Gesicht" des Hauses wendet sich einem Teich oder einem Bach zu. Im Süden ist man aber viel ornamentverliebter als im Norden und zeigt seinen Rang und Wohlstand auch gern in äußerem Prunk. Geradezu souverän gespielt wird mit landschaftlichen Elementen in der Gartenkunst. Sie liefert nicht nur große Natur in einem idealisierenden Kleinformat zur erbaulichen Schau, sondern fügt darin mit schattenspendenden und vor Regen schützenden Pavillons, Wandelgängen und Gartenhäuschen auch die Menschenwelt harmonisch ein.

Ganz anders gebaut wird in Chinas Randgebieten. Bei tibetischen Klöstern, die keine Höfe und keine Ensemblesymmetrie kennen, fällt dies ebenso auf wie bei der islamischen Baukunst der Provinz Xinjiang, deren Formen zentralasiatisch sind – mit flachen Dächern, Minaretten, blauen und grünen Kacheln und geometrisch-floralen Ornamenten.

Nicht zu übersehen ist das China von heute: Hier verwirklichen die einflussreichsten Architekten des Globus ihre kühnsten Pläne. Billige Löhne und großzügige Budgets ermöglichen es, spektakuläre Bauten zu erstellen, wie sie die Welt noch nicht kannte. Vor den gesichtslosen Kachelfassaden mit blau getönten Fenstern, die überall durch abgerissene Altstädte und ins Land hinaus wuchern und die Schönheit traditionellen Bauens durch eine Badezimmerästhetik ersetzen, möchte man stattdessen lieber die Augen verschließen.

Buddhismus

Die Welt ist ein Jammertal, der Mensch gefangen im Kreislauf der Wiedergeburten durch Begierde, Hass und Wahn. Daraus befreien kann sich nur, wer diese als nichtige Illusionen durchschaut. Als diese Lehre vor 2000 Jahren China erreichte, war sie sensationell neu und wurde sogleich angefeindet. Die Vorstellung einer individuellen Erlösung aber beantwortete Fragen, die Chinas eigene Lehren ausgeklammert hatten, und so setzte sie sich durch. Seither ist der Buddhismus Teil der chinesischen Volkskultur, auch wenn die konfuzianische Elite auf ihn weiterhin hinabsah.

Die eigentliche Erfolgsgeschichte des chinesischen Buddhismus begann im 4. Jh. mit der „Erfindung" des Mahayana-Buddhismus, des „großen Fahrzeugs", das Platz hat für alle. Nun war nicht mehr totale Entsagung nötig, um Schmerz und Tod zu entkommen. Ohne Mönch oder Nonne zu werden, konnte dies nun jeder schaffen, am leichtesten mit Hilfe des Erlöser-

Buddhas Amitabha, der in sein westliches Paradies aufnimmt, wer nur seinen Namen inbrünstig anruft. Seine Helferin Guanyin wurde zur populärsten Gestalt der Lehre. Sie ist ein Bodhisattva, ein Wesen, das auf den Eintritt ins Nirvana, das große „Verwehen", verzichtet, um die Menschen zu retten.

Neben der „Schule des reinen Landes", die den Amitabha predigte, entstanden vor allem im 5. bis 7. Jh. noch weitere Schulen. Deren bekannteste, der Zen-Buddhismus, postuliert die Möglichkeit spontaner Erleuchtung. Viele chinesische Klöster sind bis heute offiziell Zen-Klöster, unterscheiden sich aber nicht von den anderen und haben mit den Zen-Heiligtümern Japans kaum etwas gemein.

Als Reisender begegnet man dem Buddhismus vor allem in den Tempelklöstern. Ihr Aufbau folgt einem Grundschema. Durch das äußere Tor betritt man einen Vorhof, in dem zu beiden Seiten Glocken- und Trommelturm stehen. Geradeaus, in der ersten Halle, strahlt ein behäbiger Dickbauch-Buddha den Eintretenden an, etwas Glückbringendes verheißend, das noch folgen wird. Sogleich aber erschrickt man unter den Blicken der breitbeinig dastehenden vier Himmelskönige an den Seitenwänden. In ihren Körperpanzern fletschen Fratzen die Zähne, und unter ihren Füßen winden sich Dämonen – unsere eigenen Unreinheiten, die es zu überwinden gilt und die dem heiligen Bezirk fern zu bleiben haben. Jeder der Himmelskönige wacht über eine Himmelsregion und trägt ein Attribut in der Hand, meistens sind es ein Schwert, eine Wasserschlange, ein eingerollter Schirm und eine Pipa, ein Zupfinstrument. Auf der Rückseite des Dickbauch-Buddha wacht General Weituo über die Mönchsgemeinde und das Tempelinnere.

Im anschließenden Haupthof steht das zentrale Weihrauchgefäß, oft eine aus Bronze gegossene Antiquität, die nicht mehr benutzt wird. In der Haupthalle blickt man zu drei goldenen Buddhas auf, der höchsten Form menschlicher Existenz. Sie tragen ein einfaches Mönchsgewand, doch die langen Ohren, die Stirnlocke (auch als drittes Auge bekannt) und eine Schädelauswölbung zeigen ihren Adel und ihre Erleuchtung. Auf einem Steinsockel, der den Weltenberg Sumeru verkörpert, und auf stilisierten Lotosblüten schweben sie über der Menschenwelt. Meistens sind die Buddhas der drei Zeitalter dargestellt mit Shakyamuni, dem Buddha der Gegenwart, in der Mitte. Oft begleiten ihn seine zwei Lieblingsjünger. Vor den Figuren stehen Altartische mit den fünf Verehrungsgeräten: einem Weihrauchgefäß, zwei Vasen und zwei Kerzenhaltern.

Kleinere Figuren entlang den Seitenwänden stellen meistens die 18 Luohan dar, erleuchtete Mönche. Als 500 Luohan können sie (abseits der Hauptachse) auch eine ganze Halle für sich füllen. Auf der Rückseite des Hauptaltars sieht man oft noch ein Bodhisattvabildnis, meistens eine Guanyin. In ihr erkennt der fromme Besucher die große Helferin auf dem Weg zur schließlichen Erlösung.

Hinter der Haupthalle folgt die Lehr- und Sutrenhalle mit Bänken für die Mönche und gewöhnlich weiteren Bildnissen. Bildwerke in den Seitenhallen kamen oft als Geschenk ans Kloster.

KLEINES CHINALEXIKON

China heute: Erfolge und Probleme

Nie zuvor hat sich eine ähnliche große Volkswirtschaft in so kurzer Zeit so rasch entwickelt wie das moderne China. Lag es 1978 unter den Handelsnationen noch an 32. Stelle, ist es 30 Jahre später dabei, die Nummer eins zu werden. China wurde zur Werkbank der Welt, und nicht nur das: Die Produkte, die es liefert, werden immer anspruchsvoller. Plastikspielzeug oder Kleidung weichen Computern und anderer Elektronik. Noch dramatischer ist der Wandel für die Chinesen selbst. Sozialistisch ist außer einer löchrigen Parteiideologie und der Diktatur der Kommunistischen Partei nichts mehr, und das Volk profitiert davon – durch mehr Freiheit zu wirtschaften, zu reisen, Eigentum zu bilden, das Leben individuell zu gestalten. Der enorm gestiegene Wohlstand ist zwar sehr ungleich verteilt, doch die Zahl der Verlierer ist verhältnismäßig gering. Eine selbstbewusste Mittelschicht entsteht.

Probleme schafft die Wirtschaftsentwicklung durch regionale und soziale Ungleichgewichte. Die Modernisierung der Infrastruktur, die die regionalen Diskrepanzen ausgleichen hilft, schritt jedoch rapide voran. Heute hat China bereits das zweitgrößte Autobahnnetz (über 50.000 km) sowie das größte Hochgeschwindigkeitsnetz der Eisenbahnen. Engpässe gibt es bei der Energieversorgung, und dramatisch wird der Rückstand bei der Versorgung mit sauberem Trinkwasser. Gravierend sind Rückstände beim Umweltschutz. Fortschrittliche Gesetze werden auf lokaler Ebene oft nicht umgesetzt. Die Luftreinhaltung hat sich schon verbessert, doch noch bleibt viel zu tun, vor allem was die Reinhaltung der Gewässer betrifft.

Chinas Probleme sind allerdings nicht nur ein Nebenprodukt grandioser Entwicklungserfolge, sondern auch Resultat rückständiger Politik. Die viel zu große Bevölkerung – unter Mao war Sex fast die einzige politisch unverfängliche Freizeitbeschäftigung – belastet heute übers Maß alle Ressourcen und führt zu sozialen Spannungen. Verschärft werden diese durch die grassierende Korruption. Mangels einer freien Presse und einer unabhängigen Justiz bleiben nur die selbst von Korruption befallenen innerparteilichen Kontrollmechanismen, die oft erst greifen, wenn es zu spät ist. Politische Reformen kommen nur schleppend voran. Die Partei- und Staatsführung fürchtet, dass eine freie Berichterstattung zu unkontrollierbaren Unruhen führen könnte, denn der Groll über Missstände ist weit verbreitet. Vor diesem Hintergrund ist auch die Angst der Partei vor der Religion zu sehen. Alle großen Religionsgemeinschaften samt Kirchen, Moscheen und Klöstern unterstehen dem Staat. Von freien religiösen Organisationen wird befürchtet, dass sie den Staat und die soziale Ordnung gefährden, daher die Unterdrückung der Falungong-Sekte, daher auch die irrational anmutende Angst vor dem machtlosen Dalai Lama. Religiosität und religiöse Aktivitäten haben gleichwohl stark zugenommen.

Ein schwindendes Problem ist die Ein-Kind-Politik. Vor ihrer Einführung 1979 wuchs die Bevölkerung so stark, dass eine Vollbremsung unabdingbar war. Das Ende der Bremsspur ist bis heute nicht erreicht, aber die Erfolge ermöglichten, die Regeln nach und nach zu lockern. Wie überall führen Verstädterung und wachsender Wohlstand dazu, dass immer mehr Paare sogar ganz auf Nachwuchs verzichten.

Mehrfach wurde wegen der zahlreichen Probleme ein Zusammenbruch von Chinas Wirtschaft vorausgesagt, aber so wenig die Prognosen eintrafen, so wenig ist auch in Zukunft damit zu rechnen. Alle sind bemüht, die neuen Freiheiten zu nutzen, ihre individuelle Lebenssituation zu verbessern – und den meisten ist dies ja auch gelungen. Jeder Chinese weiß, wie wichtig Bildung ist. Hier macht sich die konfuzianische Tradition segensreich bemerkbar. Alle möchten auch ihr einst gedemütigtes Land wieder in einer global führenden Position sehen. Der von der Partei dirigierte Wirtschaftsaufbau, der China wieder weltweites Ansehen verschaffte, wird ihr daher als Verdienst angerechnet. Die Chinesen hoffen auch unter diesem Aspekt darauf, dass China wieder wird, was sein chinesischer Name sagt: ein Reich der Mitte.

China und der Westen

China leidet unter einem kollektiven Trauma: der Erniedrigung, die es seit dem Ersten Opiumkrieg (1839-1842) erfuhr, mit dem Tiefpunkt unter der japanischen Besatzung im Zweiten Weltkrieg. Zwar waren die meisten Probleme hausgemacht – Reformunwilligkeit, Korruption, Bürgerkriege – und natürlich verdankt China den Fremden moderne Technik und neue Chancen, das Gefühl erlittenen Unrechts jedoch ist stärker. Es führt nicht nur dazu, dass die Katastrophen der Mao-Ära kaum diskutiert werden – bis heute gibt es keine Gedenkstätte für die Millionen von Todesopfern –, sondern auch, dass die Kommunistische Partei sich stets als Befreierin vom fremden Joch feiern und legitimieren konnte.

Freilich ist das Verhältnis zum Westen viel komplexer. Schon die Kaiser machten sich die Kenntnisse der Jesuitenmissionare zunutze, die seit dem 17. Jh. nach Peking kamen, ließen sie den Kalender neu ordnen, mechanische Uhren oder Lustschlösser im Rokokostil bauen. Ab den 1920er Jahren trat der Marxismus seinen Jahrzehnte währenden Siegeszug an und ab den 1980er Jahren ist ein Wissens- und Kulturtransfer (nicht nur auf technologischen Gebiet) inganggekommen, der Seinesgleichen sucht.

Bevor allerdings China vom Westen profitierte, hat es selbst den Westen bereichert. Papier, die Druckkunst, die Seide, das Porzellan, der Kompass – alles das und mehr kannte China schon lange, ehe es (meist über die Araber) nach Europa gelangte. Später sahen Philosophen der Aufklärung im konfuzianischen System der Beamtenprüfungen und der Abwesenheit eines durch Geburt privilegierten Adels das alte Ideal einer Herrschaft der Weisen realisiert.

Heute exportiert China nicht nur Mode und Computer, sondern reexportiert auch westliche oder vom Westen angeregte Kultur. Pionier war das Kino. Regisseure wie Chen Kaige und Zhang Yimou sind jedem Cineasten ein Begriff. Dann kamen die Klavier- und Geigenvirtuosen, und nun zieht auch die moderne chinesische Kunst nach und erobert mit ihrem Ideenreichtum, Witz und Tiefgang die Herzen und Geldbörsen der Kunstliebhaber, Galeristen und Museumskuratoren. Offenbar senden China und der Westen kulturell ziemlich auf derselben Wellenlänge. Dies mag dann auch die Kluft überbrücken helfen, die in Politik und Menschenrechtsverständnis West und Ost noch in zwei Welten trennt.

Daoismus

Im Westen wird der Daoismus vor allem mit der Philosophie des Lao Zi (Lao Tse, „Alter Meister") identifiziert. Schon vor 2300 Jahren forderte sie: Zurück zur Natur! Fort mit Kriegen und Waffen, fort mit konfuzianischen Regeln und Riten! Wie sich in Natur und Kosmos gemäß dem Urgesetz alles Seins, dem Dao (dào, „Weg"), alles von selber regelt, solle auch der Herrscher sein Reich einrichten.

Als Politiklehre unpraktikabel, wandte sich der spätere Daoismus ans Individuum: Wer sich von der Welt zurückziehe, sich die Haare wachsen lasse und ein Leben führe wie die Vögel, werde schließlich eins mit der ewigen Natur. Diesem Daoismus der Eremiten

Koloniale Spuren in Qingdao

neigten dann auch pensionierte konfuzianische Rentiers zu, wobei sie sich jedoch auf den Rückzug in den Privatgarten beschränkten.

Wahren daoistischen Adepten ging es vor allem um Unsterblichkeit. Dazu befassten sie sich mit den „inneren" und dem „äußeren Zinnober". Das ist vor allem symbolisch zu verstehen: Sie versuchten, die ewigen Kräfte des Kosmos zu bannen, und zwar entweder als Alchemisten in Form eines Elixiers, den sie in einer Kalebasse – als Mini-Abbild des Kosmos – anrührten, oder aber diese magisch-kosmische Kombination – als „inneren Zinnober" – im eigenen Körper zu züchten: durch Ernährungs- und Enthaltsamkeitsregeln, Atemtechnik, Massage, Meditation. So glaubten sie die Grenzen der irdischen Existenz überwinden zu können, um in einer rein geistigen Existenz frei durch Raum und Zeit zu reisen entsprechend dem volkstümlichen Vorbild der „Acht Seligen" (oder „Unsterblichen").

Als vor 2000 Jahren der Buddhismus nach China kam, bedeutete dies für den Daoismus eine ungeheure Herausforderung. Er übernahm dabei einiges von der Konkurrenzreligion, so die Institution des Tempelklosters und der zölibatären Mönchsgemeinde. Auch der beliebten buddhistischen Barmherzigkeitsgöttin Guanyin stellte der Daoismus eigene weibliche Gottheiten entgegen.

Ein sehr alter Traditionsstrang, der in den Daoismus einfloss, sind die Naturkulte. Deren bedeutendste Gottheit ist der Kaiser des heiligen Ostbergs Tai Shan. Mit ihm verbindet sich die Vorstellung von zehn Höllen, in denen die Seelen der Verstorbenen für die im diesseitigen Leben begangenen Missetaten büßen müssen, ehe sie gemäß buddhistischer Vorstellung wiedergeboren werden können. Die verschiedentlich noch erhaltenen Ostbergtempel zeigen, wie sehr der Daoismus die Volksreligion prägte. Am lebendigsten ist sie noch in Südchina, besonders in Hongkong sowie in Guangdong und Fujian.

Auch Schattenboxen, Qigong, Kongfu sowie diätetische Regeln, deren Kenntnis in China Allgemeingut sind, hängen mit daoistischen Traditionen zusammen, mit dem uralten Unsterblichkeitsideal und dem Wunsch, die geheimen kosmischen Kräfte für sich selbst nutzbar zu machen.

Essen und Trinken

Dass beides Leib und Seele zusammenhalte, weiß schon der deutsche Volksmund, aber wohl nirgends gilt es mit größerer Berechtigung als in China. Besonders in den Städten und in den südlicheren Landesteilen ist Kochkunst die am intensivsten konsumierte Kulturleistung.

In China speist man jedoch nicht einfach „chinesisch", sondern genießt Regionalküchen, die sich nach Zutaten und Geschmäckern deutlich unterscheiden. Dies liegt auch nahe, da Frische wichtig ist. Chinesen gehen täglich auf den Markt. In besseren Lokalen kommen Fische nie aus dem Eisfach, sondern aus dem Bassin.

Regionalküchen

Im Norden, wo wenig Reis angebaut wird, sind Teigwaren der übliche Sattmacher, etwa in Form von Weizendampfbroten (*mántóu* 馒头), handgezogenen oder geschnittenen Nudeln (*lāmiàn* 拉面, *dāoxiāomiàn* 刀削面) oder Teigtaschen (*jiǎozi* 饺子, *xiǎolóngbāo* 小笼包). Ein geselliges Winteressen ist Hammelfleisch-Feuertopf (*shuàn yángròu* 涮羊肉). Pekingente (*Běijīng kǎoyā* 北京烤鸭) ist ein Festessen, das man nur im Restaurant verzehrt; dabei geht es vor allem um die geröstete Haut, die man sich bei Tisch häppchenweise mit Lauch und einer speziellen Soße in runde Fladen wickelt.

In und um Shanghai wie überhaupt an der Küste hält man sich gern an Wassertiere: Fisch (*yú* 鱼), Garnelen (*xiā* 虾) und – im Herbst – Wollhandkrabben (*qīngshuǐxiè* 清水蟹). Manche Speisen werden mit Teeblättern gewürzt.

Während die meisten Regionalküchen mild sind, isst man in der Sichuanküche so feurig-scharf, dass man sich als Fremder erst daran gewöhnen muss. Gut für Anfänger und Fortgeschrittene ist der zweiseitige Feuertopf (*Yuānyang huǒguō* 鸳鸯火锅), ein Fondue aus einem zweigeteilten Topf mit einer milden Brühe auf der einen und einer scharfen auf der anderen Seite. Mild ist auch die über Kampferholz und Tee geröstete Sichuanente (*zhāngcháyā* 樟茶鸭).

Dank der Vielfalt ihrer Zutaten gilt die Kantonküche als Königin aller Regionalküchen. Zu ihr bzw. zur verwandten Chaozhouküche gehören auch die teuersten Spezialitäten: Haifischflossen, Schwalbennester und

Abalone, der Haftfuß einer Meeresschnecke. Populärer ist die Teekultur, vor allem deren essbarer Teil: die Dim Sum (sprich: *Dimßam*, 点心, „Herztreffer"). Gemeint sind allerlei zum Tee gereichte, teils süße, teils herzhafte Leckereien: gedämpfte Teigtäschchen mit Garnelenfüllung (虾饺), geröstetes Schweinefleisch in Hefeteig (叉烧包), Taroteigtaschen mit Gemüsefüllung (芋角), Sesambällchen mit Lotospaste (煎堆) und viele mehr. Man verzehrt sie vom frühen Morgen bis zum Nachmittag.

Wieder anders geht es auf den Tischen der Randgebiete zu. In der Mongolei beispielsweise isst man viel Lammfleisch und Käse, an der Grenze zu Korea scharfes Kimchi (eingelegten Chinakohl) und im Winter (wie auch in Kanton, aber nicht anderswo) Hundefleisch.

Grüner Tee

Praktische Tipps

Chinesisches Essen ist ganz auf Geselligkeit ausgerichtet. Beim Restaurantbesuch sollte man mindestens zu viert sein. Dann bestellt und bezahlt auch nicht jeder für sich, sondern einer übernimmt diese Aufgaben kommissarisch für den ganzen Tisch. Natürlich werden auch alle Gerichte mit allen geteilt, so auch bei Gruppenreisen. Einzelesser gehen in die Garküche und erfreuen sich an einer Nudelsuppe oder einem Teller Bratreis.

In China isst man natürlich mit Stäbchen. Das ist leicht zu lernen. Eins klemmt man fest in die Daumenkerbe und drückt es mit Mittel- oder Ringfinger in Position, das andere führt man zwischen Daumenkuppe und Zeigefinger ähnlich einem Bleistift. Einmal senkrecht auftippen, damit die Enden auf gleicher Höhe sind, nun mit der anderen Hand die Reisschale zum Mund führen – und schon kann's losgehen. Der Muskelkater in der Hand verschwindet nach dem zweiten Tag. Auf Wunsch wird in Restaurants aber auch ein Besteck gereicht.

Frühstück

Zum Frühstück Reissuppe mit eingelegtem Gemüse oder Sojamilch mit frittierten Teigstangen sind nicht jedermanns Sache. Kaffee wird traditionell nicht getrunken, setzt sich allerdings immer mehr durch. Die meisten Hotels bieten sowohl chinesisches als auch westliches Frühstück, an Orten mit wenigen ausländischen Gästen ist man mit dem chinesischen Frühstück allerdings generell besser bedient. Und bald gewöhnt man sich daran; zudem ist es bekömmlich und hält lange vor.

Internationale Küche

Appetit auf ein Steak, eine Pizza, einen Salat? Internationale Restaurants gehören vor allem in Peking, Shanghai und Hongkong zum Alltag; auch viele Chinesen gehen dort auf kulinarische Entdeckungstour. Man muss dafür allerdings auch mehr Bares hinblättern. Dabei gilt: Getrennt zahlen geht nicht.

Getränke

Im Heimatland des Tees wird keineswegs überall Tee (*chá* 茶) getrunken; zum Essen ist er nur im Bereich der Kantonküche üblich. Meistens handelt es sich um grünen Tee (*lǜchá* 绿茶) oder um halbfermentierten Wulong-Tee (*wūlóngchá* 乌龙茶). Beide werden ohne Zusatz genossen; die Blätter lässt man mindestens zweimal wieder aufbrühen. Zu den meisten Regionalküchen passt das leichte chinesische Bier (*píjiǔ* 啤酒) am besten; in der Mongolei kommt man am Schnaps (*báijiǔ* 白酒) nicht vorbei. In Xi'an und Yunnan kann man warmen, frisch vergorenen Reiswein (*mǐjiǔ* 米酒) zum Essen bekommen – sehr köstlich. Für unterwegs kauft man sich Wasser in Flaschen. Auch wenn man nach Mineralwasser (*kuàngquánshuǐ* 矿泉水) fragt, ist allerdings meist nur mineralisch angereichertes Wasser erhältlich. Eine bessere Art, seinen Flüssigkeitsbedarf zu decken, geht über Obst (*shuǐguǒ* 水果), das vor allem im Süden in großer Vielfalt auf den Markt kommt. An heißen Tagen ist gekühlter Trinkjoghurt (*suānnǎi* 酸奶) eine herrliche Erfrischung. An Cola (*kělè* 可乐) und Limonade (*qìshuǐ* 汽水) herrscht nirgends Mangel.

Immer mehr in Mode kommen Rotwein (*hóngpútáojiǔ* 葡萄酒) und Kaffee (*kāfēi* 咖啡). Weißwein (*báipútáojiǔ* 白葡萄酒) wird allenfalls in guten Lokalen angeboten und dann auch nur selten angemessen

KLEINES CHINALEXIKON

gekühlt. Aber Vorsicht: Außer vielleicht an der Hotelbar werden weder Wein noch Schnaps glasweise ausgeschenkt. Man muss immer eine Flasche kaufen. Leitungswasser sollte man nicht trinken, man kann es aber zum Zähneputzen verwenden. In chinesischen Nachtzügen stehen übrigens Thermoskannen mit abgekochtem, heißem Wasser bereit, womit man sich während der Fahrt eine Tütensuppe (werden am Bahnhof und im Zug verkauft), Tee oder Kaffee zubereiten kann.

Tipp: Wer auf schwarzen Tee oder Kaffee nicht verzichten möchte, sollte sich vorsichtshalber Teebeutel oder Instantkaffee mitnehmen.

Essen auf Rundreisen

Die zurzeit in China vorherrschende Regelung für den Tourismus, alle Mahlzeiten in touristischen Standardrestaurants zu sich zu nehmen, steht dem Erlebnis der kulinarischen Vielfalt Chinas meist im Wege. „China ist ein armes Entwicklungsland und viele Restaurants in China liegen bei den hygienischen Ansprüchen und beim Service unter den Erwartungen eines Europäers", so dachten die Beamten in der Tourismusbehörde, als sie anfingen, etwas für die Förderung des Tourismus zu tun. Der Ansatz war gut, das Ergebnis ist heute jedoch ernüchternd. Ausländische Reisegruppen dürfen offiziell nur in diesen speziellen Restaurants essen, die dann tatsächlich allmählich zu „Touristenrestaurants" werden und an Authentizität verlieren.

China Tours geht daher hier eigene Wege und bietet neben wenigen Touristenrestaurants vor allem lokale Restaurants an, um die ganze Vielfalt des chinesischen Essens zu zeigen. Das Probieren von Spezialitäten gehört natürlich auch dazu.

Festkalender

Gesetzliche Feiertage

Neujahrs- bzw. **Frühlingsfest** (Chinesisch Neujahr 1.Tag des 1. Mondmonats, sowie der Tag davor und der Tag danach)
Qingming-Fest (in Schaltjahren und dem Jahr danach am 4.4., sonst am 5.4.)
Tag der Arbeit (1.5.)
Drachenbootfest (5. Tag des 5. Mondmonats)

Mondfest bzw. **Mittherbstfest** (15. Tag des 8. Mondmonats)
Nationalfeiertag (1.10. sowie zwei Tage danach)

traditionelle Feiertage

Mit Ausnahme des Qingming-Festes richten sich alle Feiertage nach dem Mondkalender, der allerdings durch das Einfügen eines Schaltmonats etwa jedes dritte Jahr an das Sonnenjahr angepasst wird. Daher beginnt das Mondjahr immer mit dem ersten Neumond nach dem 21. Januar.

Frühlingsfest (Chinesisch Neujahr)

Es ist ein Familienfest und mit Abstand das wichtigste Datum im Jahreslauf. Wie in Deutschland zu Weihnachten fahren alle nach Hause, und nahezu alle Läden und Restaurants schließen zumindest am Vorabend vor Neujahr für mehrere Tage; in den Hotels tut allenfalls noch eine Notbesetzung Dienst. Zu Haus wird üppig gespeist, und Feuerwerk vertreibt an Neujahr die bösen Geister. Vor dem Fest finden bunte Neujahrsmärkte statt.

Laternenfest

Der erste Vollmond im neuen Mondjahr wird mit Laternen begrüßt. Vielerorts sind Ausstellungen von Prunklaternen zu bestaunen. Festtagsspeise sind süße kugelrunde Klebreisbällchen.

Qingming-Fest

Dies ist das bedeutendste Totengedenkfest im Jahr. Man reinigt die Gräber der Ahnen und bringt ihnen am Grab Opfergaben dar – diese Sitte wird vor allem in Hongkong noch praktiziert.

Drachenbootfest

Ruderboote mit Drachenköpfen treten vor allem in Südchina zum Wettkampf an. Man gedenkt des Dichterbeamten Qu Yuan, der sich im Jahr 295 v. Chr. aus Kummer um die politischen Missstände seiner Zeit ertränkte. Festtagsspeise sind *zòngzi* (粽子), in Blätter gewickelte Klebreisbällchen, die süß oder herzhaft sein können.

Fest der hungrigen Geister

Am 15. Tag des 7. Monats stellt man draußen Speisen auf, um die bösartigen Seelen von gewaltsam Getöte-

ten oder ohne Nachkommen Gestorbenen zu besänftigen; in der Nacht leuchtet man ihnen mit Lichtern, die aufs Feld gestellt werden.

Mondfest
Zum Mondfest, bzw. Mittherbstfest, betrachtet man den Vollmond und isst Mondkuchen, ein rundes Gebäck mit marzipanartiger Füllung und einem eingebackenen Eidotter, das dem Mond entspricht.

Doppelter Neunter
Der 9. Tag des 9. Monats ist ebenfalls ein Totengedenktag.

Lokale Feste
Sie laufen den landesweiten mancherorts den Rang ab. Berühmt sind folgende:

Eisfest in Harbin
(Mitte Januar bis Mitte Februar) Nachts von innen zauberhaft beleuchtete filigrane Eisskulpturen und ganze Eispaläste werden in den Parks der Stadt aufgestellt.

Internationales Drachenfest in Weifang
(Mitte April) Die Stadt in Zentral-Shandong ist bekannt für ihre kunstvollen, meist handgefertigten, Drachen (die zum Steigenlassen).

Wasserspritzfest in Xishuangbanna
(Mitte April) Das größte Fest der Dai-Nationalität (im Süden der Provinz Yunnan) geht über mehrere Tage und ist das lustigste in ganz China. Man wäscht die Buddha-Statuen, es gibt Musik und Tanz, und bei der anschließenden Wasserschlacht bleibt niemand trocken. Auf dem Fluss Lancang Jiang finden zudem Drachenbootrennen statt.

Fest des dritten Monats in Dali
Zur Mitte des dritten Mondmonats trifft sich die Bai-Nationalität zu einem bunten Markt am Rand von Dalis Altstadt. Auch andere nationale Minderheiten der Region kommen mit ihren Trachten und feiern mit.

Tin-Hau-Fest in Hongkong
Der 23. Tag des 3. Monats ist der Geburtstag von Mazu oder Tin Hau, der Schutzheiligen der Schiffer. Alle Hongkonger Schiffe lassen dann ihre Schiffsschreine im Haupttempel der Gottheit am Südende der Clear-Water-Bay-Halbinsel erneut weihen. Die Schiffer bringen der Göttin reiche Opfergaben dar und erfreuen sie mit Löwentänzen. Das Fest wird auch anderenorts an der Küste gefeiert.

Geschichte: wichtige Dynastien und Epochen

SHANG (ca.)	-1600	-1025
ZHOU	-1025	-249
Frühlings- & Herbst-Periode	-722	-481
Streitende Reiche	-453	-221
QIN (Reichseinigung)	-221	-207
HAN	-206	220
Drei Reiche	221	263
Westliche Jin	265	316
Nord-Süd-Dynastien	304	589
Nördliche Wei (Toba)	386	535
SUI (Reichseinigung 589)	581	618
TANG	618	907
Fünf Dynastien	907	960
Liao (Kitan)	947	1125
SONG (Nördliche Song)	960	1126
Südliche Song	1127	1279
Jin (Dschurdschen)	1126	1234
YUAN (Mongolen, Reichseinigung 1280)	1271	1367
MING	1368	1644
QING (Mandschu)	1644	1912
REPUBLIK	1912	1949
VOLKSREPUBLIK	1949	

Chinas bedeutendste Philosophen lebten zur Zeit der Streitenden Reiche und zur Song-Zeit, die berühmtesten Dichter wie Li Bai und Du Fu im 8. Jh. Das Musiktheater entwickelte sich ab der Yuan-Zeit. China erreichte seine größte Ausdehnung unter den Dynastien Han, Tang (bis 755), Yuan und Qing, danach ging das Land in die Republik über.

Konfuzianismus

Zwar geht die Staats- und Gesellschaftsideologie des kaiserlichen China auf Konfuzius (551-479 v. Chr.) zurück, am höchsten geachtet waren jedoch vorkonfuzianische Schriften, in denen man ein kulturell-politisches Idealbild zu erkennen glaubte. Ihre typische Entfaltung fand die Lehre in den Werken späterer Philosophen und in Riten- und Benimmregeln.

Im Zentrum stand die Einordnung des Menschen in Hierarchien – der Frau unter den Mann, des Jüngeren unter den Älteren, des Untertan unter den Herrscher. Für alle, die herrschten, wurde aber auch ein entsprechendes Maß an (charakterlicher) Bildung verlangt. Tatsächlich erfolgte sozialer Aufstieg seit der Song-Zeit fast nur mehr über die hohen Hürden anonymisierter Staatsprüfungen. Prüfungsstoff waren die konfuzianischen Klassiker.

Ihre grandiose Ausprägung fand das Hierarchiedenken im Staatskult: Der Herrscher stabilisierte mit wiederkehrenden Zeremonien die Harmonie zwischen Mensch und Kosmos, damit Sonne und Regen, Hitze und Kälte zur rechten Zeit kommen und gute Ernte die Menschen nähre. Auch Konfuzius als dem Urheber der Staatsweisheit wurde geopfert, doch begriff man ihn dabei als historische Person, nicht als magische Macht.

Die Zeremonien waren kostspielige Angelegenheiten, bei denen Opfertiere geschlachtet und große Mengen Seide verbrannt wurden. Die dazu gespielte Ritualmusik ist etwa 2000 Jahre alt und wohl die älteste lebendige Musiktradition der Welt. Sie galt als Verkörperung der konfuzianischen Ideale: So wenig Harmonie denkbar ist ohne die Herrschaft des Grundtons, so sehr benötigt eine Gesellschaft den tonangebenden Kopf.

Im Tributsystem, in dem China sein Verhältnis zu anderen Völkern gestaltete, sollte sich dieses Hierarchie-Harmonie-Ideal bis an den Rand der Welt erstrecken. Dass die europäischen Fremdmächte, die im 19. Jh. nach China eindrangen, sich dieser Ordnung keineswegs fügen wollten, überstieg im Reich der Mitte lange Zeit jedes Vorstellungsvermögen.

Dem Wunsch, das Ehrwürdige zu ehren, entsprach auch der Ahnenkult. Vor Holztafeln mit den Namen der Vorfahren wurden Opfergaben aufgestellt, zu deren Geburtstag und an hohen Festtagen fielen die Nachkommen davor zum Kotau nieder. Auch zu Lebzeiten wurden die Eltern von ihren Kindern und Enkeln zum Geburtstag durch den Kotau, das Niederknien und Verbeugen bis auf den Boden, geehrt.

Die Umwälzungen des 20. Jh.s konnte der Konfuzianismus nicht überleben. Das hindert konservative Kräfte in der Kommunistischen Partei nicht daran, ihn erneut zu propagieren und so Forderungen nach Gleichheit gemäß den Idealen von Menschenrechten und Demokratie als schädlich und unchinesisch abzuwehren.

Konfuzius

Kunst und Kunstgewerbe

Welch ein Reichtum! Los geht's in den Museen mit über 3000 Jahre alten Ritualgefäßen aus Bronze und mit Grabbeigaben aus Jade und Keramik, aus der Han-Zeit zeugen Bronzespiegel und Spielzeug von adligem Wohlleben, dann schauen tangzeitliche Buddha-Figuren aus den Vitrinen und dreifarbige Sancai-Keramik kündet von den fantasievollen Modefrisuren jener Glanzzeit höfischer Kultur. Nun folgen die Schaustücke songzeitlichen Gelehrtentums: Schreibtischutensilien sowie dunkel gewordene Tuschebilder und Kalligrafien. Mal- und Schreibkunst blieb auch in den nachfolgenden Dynastien tonangebend. Ab der Yuan-Zeit weicht das monochrome Seladon dem Porzellan, dessen Blütezeit mit zunehmender Farbigkeit bis ins 18. Jh. reicht. Ab der Ming-Zeit kommt das Cloisonné hinzu, eine über Zentralasien eingewanderte Emaillekunst, und aus der Mandschuära wird vielleicht das überbordende Schnitzwerk in Erinnerung bleiben, das freilich weniger beeindruckt als die schlichte Eleganz der heute noch nachgebauten Ming-Möbel.

Holzschnitzerei in Kanton

In den letzten 1000 Jahren genossen Malerei und Kalligrafie höchstes Ansehen auf Grund ihrer Schöpfer: Gelehrte und Literaten, selbst Kaiser übten sich darin. Demgegenüber galt der professionelle Maler, der akkurate Portraits in Auftragsarbeit auf die Leinwand brachte, als Handwerker. Der Literat dagegen malte Vögel, Blumen, Goldfische, wie er sie in seinem Garten sah, oder Fantasielandschaften. Das fertige Werk wurde auf Seide aufgezogen und meistens gerollt verwahrt, bis man es Freunden zeigte, verschenkte oder einmal im Jahr lüftete. Der Künstler und spätere Sammler setzten ihre roten Stempel darauf. Landschaften auf Querrollen betrachtete man abschnittsweise und unternahm so Reisen im Liegen.

Chinas imposanteste Kunstwerke wurden freilich von der Ehrfurcht vor höheren Mächten inspiriert und sind gewöhnlich nur an Ort und Stelle zu bestaunen: buddhistische Monumentalplastik und Grottenmalereien sowie die Tonfigurenarmee des Ersten Kaisers als größte Grabbeigabe, die je geschaffen wurde. Auch andere Grabanlagen wurden seit früher Zeit gemäß dem Rang des Verstorbenen üppig ausgestattet: mit Beigaben und Wandmalereien in der Gruft sowie mit Steinfiguren von Tieren und Menschen entlang dem „Seelenweg".

Viel mehr als durch die fromme Kunst oder durch die Werke der Literaten wurde China schon früh weltweit berühmt durch die Meisterschaft der Kunsthandwerker. Porzellan und Seide sind dafür die bekanntesten Beispiele. Nicht minder bedeutend sind Lackwaren, die es einfarbig, als Lackmalerei, mit Intarsien oder als aufwändig herzustellenden Schnitzlack gibt. Uralt und geradezu kulturprägend ist die Kunst des Jadeschleifens. Möbeltischlerei, Holz-, Elfenbein- und Knochenschnitzerei, Steinmetzkunst und Teppichknüpferei zeitigten ebenso staunenswerte Ergebnisse. Zur Volkskunst zählen Stickerei und Scherenschnitt. Daneben finden sich auch Knotenkunst, das Mehlfigürchenmachen, das Schnitzen von Walnüssen und manches Kuriose mehr, das heute nur noch vereinzelt gepflegt wird.

Stilepochen wie Gotik, Renaissance, Barock unterscheidet Chinas Kunstgeschichte zwar nicht, aber auch dort wandelten sich die Moden. Die großen Sammlungen, beispielsweise im Kaiserpalast oder im Shanghai-Museum, führen einen langen Prozess vor Augen, der bei Jade vom Magischen zum Dekorativen und bei Keramik danke mehrfacher technologischer Innovationen vom Irdenen zum Glänzend-Bunten führte. Einen Kunstsammlermarkt kennt China übrigens schon seit rund tausend Jahren, und so alt ist auch die Kunst des Fälschens. „Echte" Fälschungen aus dem 19. Jh. haben heute selbst schon wieder Sammlerwert.

Musik und Theater

Chinas Musik ist alt, sein Theater jung – so könnte eine Kurzformel lauten. Schon von Konfuzius wird berichtet, dass er musizierte: auf der Wölbbrettzither Guqin, die neben Glocken und Klingsteinen zu den ältesten Instrumenten Chinas zählt. Die Musik unterlag jedoch großen Wandlungen im Laufe der Zeit, z.B. als sie Einflüsse und Instrumente zentralasiatischer Völker übernahm. Die zweisaitige Kniegeige Erhu ist dafür ein bekanntes Beispiel. Wie überall sang man gern bei der Arbeit. Auf Instrumenten musiziert wurde bei feierlichen Anlässen – oder eben auf dem Theater. Die konfuzianische Elite zupfte oder blies zu ihrem Privatvergnügen als gehobene Hausmusik. Eine Konzertkultur entwickelte sich nicht, ebenso wenig die Mehrstimmigkeit. An ihre Stelle trat die Variabilität des Einzeltons, die wiederum der an Tonleitern orientierten westlichen Tradition fehlt. Seit dem 19. Jh. hielt westliche Musik in China Einzug und ist dort in den Metropolen inzwischen gut verwurzelt. Mit der Reformära kam Hongkonger Popmusik ins Land.

Chinas Bühnenkunst war stets Musiktheater, gespielt von Wandertruppen. Ihre Wurzeln reichen zurück in die Zeit früher höfischer Kultur, die sich an Tanz und Akrobatik erfreute, sowie zu rituellen Tänzen und Gesängen vor etwa 3000 Jahren. Die Bürger der Song-Zeit schwärmten fürs Marionettentheater. Menschliche Darsteller, die auf der Bühne in Form des Singspiels eine Geschichte darboten, gab es zwar schon früher – die erste kaiserliche Schauspielschule ist aus dem 8. Jh. bezeugt –, doch die Blütezeit der eigentlichen Theaterkunst beginnt erst mit der Mongolenzeit. Damals von namhaften Dramatikern geschriebene Stücke blieben bis heute erhalten.

Jede Region entwickelte ihren eigenen, dialektal geprägten Stil. Als führend galt die Kun-Oper aus der unteren Yangtze-Region, heute nur noch selten gespielt, ehe sich aus mehreren Musiktheaterstilen um 1800 die Pekingoper entwickelte. Ihre Merkmale sind ein koloraturenreicher Gesangsstil, nicht leicht goutierbar für westliche Ohren, das Fehlen eines Bühnenbilds – da ist die Fantasie des Zuschauers gefordert! – sowie ein Formelkanon der Gesten und Rollentypen. Von letzteren gibt es vier: positive männliche Helden mit rosigweiß geschminktem Gesicht, meist junge Beamtenanwärter; Frauen, weiß geschminkt, mit prächtigem Kopfputz, wenn sie jung und wohlhabend sind; Männer mit prächtiger Gesichtsbemalung, deren Farbe und Form auf ihr Temperament und ihren Charakter verweist (rot: Loyalität, Tapferkeit und Ehrlichkeit, schwarz: Draufgängertum, gelb: Grausamkeit, weiß: Heimtücke); Clowns oder Narren, die schon durch ihre weiße Bemalung rund um Nase und Augen lustig wirken. Die Rollen erfordern eine hohe Körperbeherrschung bis hin zur Akrobatik. Selbst Frauen haben sich in Kampfszenen zu bewähren. Der Kenner freilich schätzt die Stimmakrobatik höher. Erzählt werden Sagen und Geschichten von Heldentaten, lustigen Betrügereien, Liebesverwicklungen und anderen Sujets aus Mythos und Geschichte.

Traditionelle Bühnenkunst findet ein Publikum heute vor allem bei alten Leuten und Touristen.

Pekingoper

Sprache und Schrift

Verständigung

Nur wenige Chinesen sprechen eine Fremdsprache, was die Verständigung häufig sehr stark einschränkt. Gut also, wenn man mit einem Reiseleiter reist. Besser sieht es bei den jüngeren Einheimischen aus, die heutzutage Englisch in der Schule lernen. Meist können sie einige Brocken Englisch sprechen und erproben diese gerne am „lebenden Objekt". Das Personal in Hotels und internationalen Geschäften verfügt in der Regel auch über Grundkenntnisse in der Sprache. Keine Hoffnungen sollte man sich allerdings bei Taxifahrern machen, sehr hilfreich ist hier aber, dass die meisten Hotels Visitenkarten mit einer kleinen Lageskizze auslegen, die man dem Fahrer zeigen kann. Es ist empfehlenswert, wenigstens ein paar Wörter und Sätze zu lernen, damit die Grundverständigung klappt, für alles Weitere verwenden Sie einfach Hände und Füße.

Aussprache und Umschrift

Am besten lassen Sie sich einzelne Ausdrücke vorsprechen, z.B. von Ihrer chinesischen Reiseleitung. Die Lateinumschrift Pinyin allein hilft nicht immer. Hier die wichtigsten Regeln:

c	sprich wie z in „Zunge"	z.B. *cù* 醋 Essig
ch	sprich wie tsch wie in „tschüs"	z.B. *chūkǒu* 出口 Ausgang
ei	sprich wie ay in Englisch „day"	z.B. *Běijīng* 北京 Peking
j	sprich wie dj in „Django"	z.B. *jiāng* 奖 Sojasoße
h	sprich wie h in „lachen"	z.B. *hǎo* 好 gut, richtig
q	sprich wie tj in „tja"	z.B. *qián* 钱 Geld
r	als Anlaut wie g in „Genie", sonst wie engl. r	z.B. *ròu* 肉 Fleisch, *ér* 二 zwei
s	sprich wie ß	z.B. *chī sù* 吃素 vegetarisch essen
sh	sprich wie sch	z.B. *shuǐ* 水 Wasser
u	nach j, q, y sprich wie ü	z.B. *júzi* 橘子 Mandarine, *qù* 去 weg, hau ab!, *Yuán* 元 der Yuan (Geld)
x	sprich wie ch in „Becher"	z.B. *Xīan* 西安 (Stadt)
z	sprich weich und stimmhaft wie ds in „Dsungarei"	z.B. *zǎo* 早 Guten Morgen!
zh	sprich wie dsch in „Dschungel"	z.B. *chēzhàn* 车站 Haltestelle

Doppel- und Mehrfachvokale sind nicht zu trennen, chuang wird also nicht tschu-ang gelesen, sondern eher wie tschwang. Ao klingt wie au, ie wie iä, iu wie iou, ui wie ueh, z.B. in *hǎo* 好 o.k., *xièxie* 谢谢 danke, *jiǔ* 酒 Wein, Schnaps, Alkohol, *duì* 对 stimmt, richtig.

Akzente

Die berühmten vier „Töne" der chinesischen Hochsprache sind eigentlich Silbenakzente:

1. gleichbleibender Ton   *bā* 八 acht
2. steigender Ton   *bá* 拔 ausreißen
3. nach unten gedrückter, dann steigender Ton   *bǎ* 把 greifen
4. kurzer, fallender Ton   *bà* 罢 aufgeben

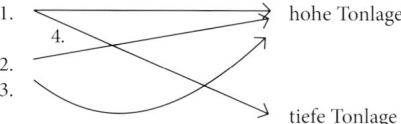

Daneben gibt es noch einen neutralen Ton (*ba* 吧, Aufforderungspartikel, z.B. *chī ba* 吃吧: Iss!). Sich verständlich zu machen gelingt meist auch, ohne die Töne zu beherrschen.

Grammatik

Wären doch alle Sprachen so einfach! Konjugation und Deklination gibt es so wenig wie Mehrzahl oder Einzahl. Der Satzbau ist ähnlich wie im Deutschen: *Wǒ ài nǐ* 我爱你 – Ich liebe dich, wörtlich: ich lieben du. Liest man den Satz rückwärts, so geht die Liebe von dir zu mir. Hängt man ein *ma* 吗 an einen Aussagesatz, wird daraus eine Ja-Nein-Frage: *Nǐ ài wǒ ma* 你爱我吗 – liebst du mich? Auch die Wortbildung ist einfach: *huǒ* 火 das Feuer, *chē* 车 der Wagen, zusammen: *huǒchē* 火车, der „Feuerwagen" – die Eisenbahn.

Schrift

Einen gewissen Bilderschriftcharakter hat das Chinesische schon vor rund 3000 Jahren verloren. Die meisten Zeichen bestehen aus zwei Elementen: einem Klassifikator und einem Lautgeber. So werden Baumarten und Gegenstände (Stuhl, Tisch, Balken, Brett usw.) mit dem Element „Holz" 木 mù (eigentlich das Bild eines Baums) geschrieben, Tätigkeiten meist mit dem Klassifikator „Hand" 手 shŏu. Beispiele für Kombinationen:

		Klassifikator:	Lautgeber:
房 fáng	Haus, Zimmer	= 戶 Tür, Haushalt	+ 方 fāng
芳 fāng	wohlriechend	= 艸 Gras, Kraut	+ 方 fāng
精 jīng	fein, ausgesucht	= 米 Reis(korn)	+ 青 qīng
清 qīng	klar, sauber	= 水 Wasser	+ 青 qīng

Abgesehen davon, dass manche Klassifikatoren eine andere grafische Gestalt annehmen, wenn sie allein stehen, ist dieses Sinn-Laut-Verfahren nicht eben systematisch. Viele Zeichen werden doch ganz anders ausgesprochen, als man vermuten würde. Generell gilt: Jedes Zeichen ist eine Silbe und jedes hat auch eine eigene Bedeutung, auch wenn heute meistens mehrere Zeichen benötigt werden, um ein Wort zu schreiben.

Um ein Zeichen im Wörterbuch nachzuschlagen, muss man den Klassifikator und die Zahl der Striche bestimmen. Es gibt aber auch alphabetisch nach Pinyin geordnete Wörterbücher.

Kalligrafie

Zu einer besonderen, in China hochgeschätzten Kunstform hat sich die Kalligrafie entwickelt. Mit Tuschepinseln, Stangentusche und Reibstein wird sie einer Malerei gleich auf das Papier gebracht, wobei nachträgliche Korrekturen nicht mehr möglich sind. In China ist sie wichtiger Bestandteil der Ausbildung, um sie zu beherrschen bedarf es jedoch jahrelanger Übung und nur die Besten schaffen es zur Perfektion. Aus der Art des Pinselstrichs lassen sich Rückschlüsse auf die Persönlichkeit des Kalligrafen ziehen, heißt es im chinesischen Volksmund, und sogar die Kaiser waren darum bemüht, sich in dieser Kunst auszuzeichnen. Auch heute noch besitzt die Kalligrafie einen hohen Stellenwert im Reich der Mitte.

Kalligrafie

Kleiner Sprachführer

Allgemeines

Guten Tag!	Nǐ hǎo!	你好!
Guten Morgen!	Zǎo'ān!	早安!
Gute Nacht!	Wǎn'ān!	晚安!
Auf Wiedersehen!	Zài jiàn!	再见!
Ja, stimmt.	Duì.	对.
Ja, einverstanden.	Hǎo.	好.
Nein, stimmt nicht.	Bú duì.	不对.
Nein, ich lehne ab.	Bú hǎo.	不好.
Danke.	Xièxie.	谢谢.
Bitte, gern geschehen!	Bú xiè!	不谢!
Keine Ursache.	Bú kèqì.	不客气.
Entschuldigung!	Duì bù qǐ!	对不起!
Ich verstehe Sie nicht.	Wǒ bù dǒng.	我不懂.
Was? / Wie bitte?	shénme?	什么?
Wie spricht man das auf Chinesisch aus?	Zhōngwén zěnme shuō?	中文怎么说?
Ich verstehe!	Wǒ dǒng le!	我懂了!
Ich möchte …	Wǒ yào …	我要…
Bitte nicht. Will ich nicht.	Bú yào.	不要.
Wo ist die Toilette?	Cèsuǒ zài nǎli?	厕所在那里?
Ich brauche einen Arzt.	Wǒ yào kàn yīshēng.	我要看医生.

Unterhaltung

Wie heißen Sie?	Nín guì xìng?	您贵姓?
Ich heiße …	Wǒ xìng …	我姓 …
Wo kommst du her?	Nǐ cóng nǎr lái de?	你从那来的?
Ich komme aus … .	Wǒ cóng … lái de.	我从 … 来的.
Deutschland	Déguó	德国
Österreich	Àodìlì	奥地利
Schweiz	Ruìshì	瑞士
Wie geht es dir?	Nǐ hǎo ma?	你好吗?
Mir geht es sehr gut!	Wǒ hěn hǎo!	我很好!
Schon gegessen?	chīguò le ma?	吃过了吗?
Macht nichts	Méiguānxi!	没关系!
Darf ich ein Foto von dir machen?	kěyǐ gěi nǐ pāi zhào ma?	可以给你拍照吗?

Unterwegs

links/rechts	zuǒ/yòu	左 / 右
geradeaus	wǎng qián	往前
nach Osten / Westen	wǎng dōng / xī	往东 / 西
nach Norden / Süden	wǎng běi / nán	往北 / 南
davor / dahinter	qián / hòu	前 / 后
Ist es weit?	yuǎn bù yuǎn	远不远?
Wo bin ich?	Wǒ zài shénme dì fāng?	我在什么地方?
Wo ist …?	… zài nǎlǐ?	… 在哪里?
Wie kommt man hin?	zěnme zǒu?	怎么走?
Bitte nach/zu …	Dào …	到 …
Hotel	bīnguǎn	宾馆
Restaurant	fàndiàn	饭店
Bahnhof	huǒchēzhàn	火车站
Busbahnhof	qìchē zhàn	汽车站
Flughafen	fēijīchǎng	飞机场
Ich steige hier aus.	Zhèlǐ xià chē.	这里下车.
Bitte warten Sie.	Qǐng nǐ děng wǒ.	请你等我.
Taxi	chūzū qìchē	出租汽车
U-Bahn	dìtiě	地铁
Bus	gōnggòng qìchē	公共汽车
Eisenbahn	huǒchē	火车
Flugzeug	fēijī	飞机
Ich möchte ein Rad mieten.	Wǒ yào zū zìxíng chē.	我要租自行车.
Was kostet es pro Tag?	Yī tiān duōshǎo qián?	一天多少钱?
Wie hoch ist die Kaution?	Dìngqián duōshǎo?	定钱多少?

Beim Einkaufen

Das gefällt mir.	Wǒ hěn xǐhuān.	我很喜欢.
Das gefällt mir nicht.	Wǒ bù xǐhuān.	我不喜欢.
Kann ich das probieren?	kěyǐ shìshi má?	可以试试吗?
Haben Sie das auch …?	Nín yě yǒu … má?	您也有吗?
größer / kleiner	dà / xiǎo	大 / 小
länger / kürzer	cháng / duǎn	长 / 短
mehr / weniger	duō / jiào shǎo de	多 / 较少的
rot / blau	hóng / lán	红 / 蓝
gelb / grün	huáng / lǜ	黄 / 绿
Haben Sie …?	yǒu méi yǒu …?	有没有…?
Haben wir / nicht.	yǒu / méi yǒu	有 / 没有.
Was kostet es?	Duōshǎo qián?	多少钱?
Zu teuer.	Tài guìle.	太贵了.
Ich möchte es kaufen.	Wǒ mǎile.	我买了.
Ich möchte es nicht kaufen.	Wǒ bù mǎi.	我不买.

KLEINES CHINALEXIKON

Im Restaurant

Ich möchte …	Wǒ yào …	我要 …
Glas	bēi	杯
Flasche	píng	瓶
Cola	kělè	可乐
Mineralwasser	kuàngquán shuǐ	矿泉水
Bier	píjiǔ	啤酒
grüner Tee	lǜ chá	绿茶
schwarzer Tee	hóng chá	红茶
Kaffee	kāfēi	咖啡
gekochter Reis	mǐfàn	米饭
Bratreis	chǎofàn	炒饭
Nudeln	miàntiáo	面条
Obst	shuǐguǒ	水果
Schweinefleisch	zhūròu	猪肉
Rindfleisch	niúròu	牛肉
Lammfleisch	gāoyángròu	羔羊肉
Hühnchen	jīròu	鸡肉
Fisch	yú	鱼
Ich esse kein Fleisch.	Wǒ bù chī ròu.	我不吃肉.
Bitte ohne Glutamat.	Bú yào jiā wèijīng.	不要加味精.
Guten Appetit	Mànmàn chī!	慢慢吃!
Prost!	Gānbēi!	干杯!
Gib mir bitte …	qǐng gěi wǒ …	请给我 …
Noch eine Flasche!	Zài lái yī píng!	再来一瓶!
Danke, genug!	Gòule, xièxie!	够了, 谢谢!
Bezahlen, bitte!	Mǎidān!	买单!

Bank

Ich möchte Geld wechseln.	Wǒ xiǎng huànqián.	我想换钱.
Euro	Ōuyuán	欧元
Schweizer Franken	Ruìshì fǎláng	瑞士法郎
Renminbi / Yuan	Rénmínbì / Yuán	人民币 / 元
Bargeld	xiànjīn	现金
Kreditkarte	xìnyòngkǎ	信用卡
Bankkarte	yínhángkǎ	银行卡
Reisescheck	lǚxíng zhīpiào	旅行支票

Post

nach Deutschland	jì wǎng Déguó	寄往德国
nach Österreich	jì wǎng Àodìlì	寄往奥地利
in die Schweiz	jì wǎng Ruìshì	寄往瑞士
Briefmarken	yóu piào	邮票
mit Luftpost	háng kōng	航空

Sehenswürdigkeiten

Haben Sie einen Stadtplan von …?	Nín yǒu … shìqūtú ma?	您有 … 市区图吗?
Museum	bówùguǎn	博物馆
Palast	gōngdiàn	宫殿
Tempel	sìmiào	寺庙
Park	gōngyuán	公园
Landschaft	fēngjǐng	风景

Notfall

Wo ist das Krankenhaus?	nǎr yǒu yīyuàn?	哪儿有医院?
Arzt	yīshēng / dàifu	医生 / 大夫
Zahnarzt	yáyīshī	牙医师
Apotheke	yàodiàn	药店
Ich fühle mich nicht gut.	Wǒ bù tài shūfu.	我不太舒服.
Fieber	fāshāo	发烧
Kopfschmerzen	tóuténg	头疼
Zahnschmerzen	yáténg	牙疼
Husten	késòu	咳嗽
Erkältung	gǎnmào	感冒
Durchfall	fùxiè	腹泻

Zahlen

	Pinyin	中文
1	yī	一
2 (Zahl)	èr	二
2 (Stück)	liǎngge	两个
3	sān	三
4	sì	四
5	wǔ	五
6	liù	六
7	qī	七
8	bā	八
9	jiǔ	九
10	shí	十
11	shí-yī	十一
12	shí-èr	十二
20	èr-shí	二十
22	èr-shí-èr	二十二
100	yì-bǎi	一百
1.000	yì-qiān	一千
10.000	yì-wàn	一万

KLEINES CHINALEXIKON

Symbolik

Seit alters umgeben sich Chinesen gern mit den Sinnbildern dreifachen Glücks: Wohlstand, langes Leben und männliche Nachkommenschaft. In Form von drei Männern sieht man sie als Allegorie auch in deutschen Chinarestaurants: Ein glatzköpfiger Alter trägt einen Unsterblichkeitspfirsich in der Hand; an seiner Krücke hängt eine Kalebasse mit dem Unsterblichkeitselixier. Der Hirsch, der ihn begleitet, ebenfalls ein Symbol der Langlebigkeit, steht auch für Beamtengehalt und leitet über zu dem Mann mit Beamtenhut und festem Einkommen. Der Dritte im Bunde stellt uns sein Söhnchen vor. Für Langlebigkeit stehen auch der Kranich und die immergrüne Kiefer. Der hohle, biegsame, immergrüne Bambus verkörpert Bescheidenheit und die Kunst, im Sturm widriger Zeiten durch Flexibilität zu überleben, die vor allen anderen Pflanzen blühende Winterkirsche verheißt, dass bessere Zeiten nahen. Trauerweiden lassen an gertenschlanke Weiblichkeit denken, Päonien an die Schönheit der Frauen. Die Lotosblüte (chinesisch: *lián*), im Buddhismus Symbol der Reinheit und der Erlösungshoffnung, steht in der Volkskunst für Liebe (*liàn*), der Granatapfel mit seinen vielen Kernen (*zi*) für viele Söhne (*zi*).

Beliebte Tiersymbole sind die Fledermaus (*fú*) für Glück (*fú*) und der Fisch (*yú*) für Überfluss (*yú*), letzterer besonders sinnreich auf Speisegeschirr.

Das bekannteste chinesische Symbol ist jedoch der Drache: kein fauchendes Untier in Fernost, sondern der Bewohner der Flüsse, Brunnen, Meere und Wolken, und daher machte der Kaiser den Wolkendrachen, der aufs Feld regnen lässt, zum Sinnbild seiner segensreichen Herrschaft.

Wetter

China ist ein riesiges Land und entsprechend vielfältig ist auch das Klima. Während in der nordchinesischen Stadt Harbin beispielsweise im Winter bei klirrend kalten -20° C das Eisfest stattfindet, vergnügen sich viele Chinesen zur gleichen Zeit auf der Insel Hainan beim Baden. Wüsten und Gebirge prägen hingegen das Klima im Westen. Die Frage nach dem Klima ist also immer eine Frage nach dem Wo und Wann, die sich am besten mit einem Blick auf die nachfolgenden Klimatabellen beantworten lässt.

Generell herrscht in China, die Küstenregionen ausgenommen, ein stark kontinental geprägtes Klima, mehr oder minder stark beeinflusst durch den Monsun, welcher dem Osten und Süden des Landes im Sommer Regen beschert. Als ideale Reisezeit bieten sich daher das Frühjahr zwischen den Monaten April und Anfang Juni, sowie der Herbst von September bis Mitte November an. Während dieser Zeiträume sind die Wetterbedingungen in den größten Teilen des Landes für Mitteleuropäer am günstigsten mit angenehm warmen Temperaturen und geringen Niederschlägen. Es lohnt sich aber auch, abseits dieser idealen Reisezeiten nach China zu reisen, zumal in der Nebensaison die Preise für eine Reise meist ein ganzes Stück geringer sind.

Fische als Symbol für Überfluss

KLEINES CHINALEXIKON

Chongqing

Monat	Jan	Feb	Mrz	Apr	Mai	Jun	Jul	Aug	Sep	Okt	Nov	Dez
Tagestemp. (°C)	9	12	17	22	25	28	32	33	27	22	15	11
Nachttemp. (°C)	5	7	11	15	19	21	25	24	20	16	11	7
Sonnenstunden	2	2	3	4	4	4	7	7	4	2	2	1
Niederschlag (mm)	20	20	40	95	130	170	130	125	150	100	50	25
rel. Feuchte (%)	83	79	75	77	79	83	75	74	77	85	84	84

Guilin

Monat	Jan	Feb	Mrz	Apr	Mai	Jun	Jul	Aug	Sep	Okt	Nov	Dez
Tagestemp. (°C)	9	10	13	18	22	30	33	33	31	26	20	12
Nachttemp. (°C)	3	5	8	11	16	22	26	24	20	15	8	
Sonnenstunden	3	3	3	3	4	5	7	8	7	6	5	3
Niederschlag (mm)	50	90	110	240	370	380	210	200	80	60	50	40
rel. Feuchte (%)	74	77	79	81	79	82	79	79	70	75	68	68

Hongkong

Monat	Jan	Feb	Mrz	Apr	Mai	Jun	Jul	Aug	Sep	Okt	Nov	Dez
Tagestemp. (°C)	18	18	20	24	28	30	31	31	30	27	24	20
Nachttemp. (°C)	13	13	16	19	23	26	26	26	25	23	19	15
Sonnenstunden	5	4	3	4	5	5	7	6	7	7	6	6
Niederschlag (mm)	25	35	80	140	260	400	350	375	300	120	40	25
rel. Feuchte (%)	69	72	72	76	74	75	76	74	70	68	62	69

Kanton

Monat	Jan	Feb	Mrz	Apr	Mai	Jun	Jul	Aug	Sep	Okt	Nov	Dez
Tagestemp. (°C)	18	18	22	25	29	31	33	32	31	29	24	20
Nachttemp. (°C)	10	11	15	19	23	25	25	25	24	21	16	11
Sonnenstunden	4	3	2	3	4	5	7	7	6	6	6	5
Niederschlag (mm)	45	60	100	160	260	250	250	240	150	70	50	25
rel. Feuchte (%)	73	75	77	83	79	80	81	81	75	72	66	68

Kunming

Monat	Jan	Feb	Mrz	Apr	Mai	Jun	Jul	Aug	Sep	Okt	Nov	Dez
Tagestemp. (°C)	8	10	13	17	20	20	20	20	18	16	12	8
Nachttemp. (°C)	1	3	6	10	12	15	17	18	15	11	8	3
Sonnenstunden	3	2	3	4	5	6	7	5	4	5	4	5
Niederschlag (mm)	15	20	25	30	100	170	200	200	140	75	45	10
rel. Feuchte (%)	63	61	57	52	71	74	78	78	73	77	74	70

Lhasa

Monat	Jan	Feb	Mrz	Apr	Mai	Jun	Jul	Aug	Sep	Okt	Nov	Dez
Tagestemp. (°C)	7	9	12	15	19	23	22	21	20	16	11	8
Nachttemp. (°C)	-10	-7	-3	1	5	9	10	9	8	1	-5	-9
Sonnenstunden	8	8	8	8	9	7	7	8	9	9	9	8
Niederschlag (mm)	10	15	10	35	80	120	110	165	20	10	5	
rel. Feuchte (%)	29	24	30	39	46	54	65	68	63	48	36	33

Peking

Monat	Jan	Feb	Mrz	Apr	Mai	Jun	Jul	Aug	Sep	Okt	Nov	Dez
Tagestemp. (°C)	1	4	11	21	27	31	31	30	26	20	10	3
Nachttemp. (°C)	-10	-8	-2	7	13	18	21	20	14	6	-2	-8
Sonnenstunden	7	7	8	8	9	9	7	7	8	8	6	6
Niederschlag (mm)	10	10	15	20	35	75	220	160	55	20	15	10
rel. Feuchte (%)	47	43	41	49	52	59	66	71	65	58	55	49

Sanya

Monat	Jan	Feb	Mrz	Apr	Mai	Jun	Jul	Aug	Sep	Okt	Nov	Dez
Tagestemp. (°C)	25	25	27	30	31	31	31	31	30	28	25	
Nachttemp. (°C)	19	21	22	24	25	26	26	25	25	24	22	20
Sonnenstunden	4	4	5	6	8	8	8	7	7	6	5	5
Niederschlag (mm)	10	8	50	40	240	260	240	200	390	330	90	40
rel. Feuchte (%)	74	75	77	78	80	82	83	82	81	78	72	70

Shanghai

Monat	Jan	Feb	Mrz	Apr	Mai	Jun	Jul	Aug	Sep	Okt	Nov	Dez
Tagestemp. (°C)	8	8	13	19	24	28	32	32	27	23	17	10
Nachttemp. (°C)	-1	0	4	9	14	19	23	23	19	13	7	2
Sonnenstunden	4	4	4	5	5	5	7	8	5	6	5	4
Niederschlag (mm)	90	40	100	70	120	250	150	300	60	75	70	70
rel. Feuchte (%)	74	73	73	73	75	81	80	82	76	75	73	73

Urumqi

Monat	Jan	Feb	Mrz	Apr	Mai	Jun	Jul	Aug	Sep	Okt	Nov	Dez
Tagestemp. (°C)	-10	-6	0	15	22	27	29	28	23	13	1	-6
Nachttemp. (°C)	-20	-17	-8	4	10	15	17	16	11	3	-8	-16
Sonnenstunden	5	6	6	8	9	10	10	10	9	8	5	4
Niederschlag (mm)	20	10	25	60	20	50	50	40	35	40	20	25
rel. Feuchte (%)	82	77	66	49	39	44	45	44	44	63	74	78

Wuhan

Monat	Jan	Feb	Mrz	Apr	Mai	Jun	Jul	Aug	Sep	Okt	Nov	Dez
Tagestemp. (°C)	8	10	15	21	26	30	33	33	28	23	16	11
Nachttemp. (°C)	-1	1	6	12	18	22	25	25	19	13	7	2
Sonnenstunden	4	4	4	6	7	8	9	9	6	5	5	4
Niederschlag (mm)	50	50	95	135	160	200	160	110	75	80	50	30
rel. Feuchte (%)	77	74	75	74	72	76	74	75	71	76	76	77

Xi'an

Monat	Jan	Feb	Mrz	Apr	Mai	Jun	Jul	Aug	Sep	Okt	Nov	Dez
Tagestemp. (°C)	5	8	14	20	26	31	32	31	25	19	12	6
Nachttemp. (°C)	-4	-2	3	9	14	19	22	21	16	10	3	-3
Sonnenstunden	4	4	5	6	7	7	7	5	4	4	4	
Niederschlag (mm)	10	10	20	45	60	55	95	80	110	60	25	10
rel. Feuchte (%)	66	60	47	57	59	61	63	71	74	76	71	70

Index

Index

A

Abakh-Hoja-Mausoleum	226
Aberdeen	67
Affeninsel Nanwan	145
Ahnentempel der Familie Chen	83
Altarterrasse	124
Anyang	199
Apotheke Huqingyu Tang	60
Astana-Gräberfeld	223
Ausländerstraße	38

B

Badaling	132
Baga	252
Bai-Damm	59
Baidicheng	254
Baisha	102
Banyan-Baum	52
Baoding Shan	34 - 35
Basar (Kashgar)	225
Befreiungsdenkmal	32
Beihai-Park	128
Beishan-Kloster	98
Bierfest	140
Bijin-Pavillon	238
Bingling Si	96
Binyang-Grotten	107
Bita Hai See	232
Blaudruckerei	210
Botanischer Garten (Xiang Shan)	132
Brücke über den Wolken	173
Brücke Wumen Qiao	167
Buddha-Grotten von Bezeklik	224
Buddha-Grotten von Kizil	224
Bund	156
Bund Sightseeing Tunnel	157

C

Caicun-Anleger	39
Cang Shan	39
Canton Tower	86
Causeway Bay	67
Central District	66
Central Escalator	66
Chanadorje	231
Chang Ling	134
Changsha	203 - 204
Chaotian-Men-Platz	32
Chaoyang-Theater	135
Chengde	18 - 21
Chengdu	22 - 31
Chengyang	197
Chenresig	231
Cheung Chau	71
Chikan	216
Chongqing	32 - 36
Chongsheng Si	38
Christuskirche	140
Coloane	72
Cotai	72
Cuihu-Park	91

D

Dabaoji Gong	102
Dacanglangmu	244
Dadonghai-Bucht	144
Dagoba (Yangzhou)	212
Dai Miao	170 - 171
Dali	37 - 40
Daning He	255
Danxia-Geopark	221
Daocheng	231
Daoistenkloster Qingyang Gong	24
Dashalan	126
Dashanzi Art District	116
Datong	41 - 44
Dayan Naxi Concert Hall	100
Dazhai	52
Dazu	34 - 35
Deqing	217
Diaolou	216
Diecui Lu	52
Ding Dongling	134
Dinghu Shan	217
Ding Ling	134
Dongba-Museum	101
Dongting-See	256
Dongzha-Gebiet	210
Dorf der Nationalitäten	214
Drachenkopfgasse	179
Drachenmuttertempel	217

Drachentor	92
Drei kleine Schluchten	255
Drei Pagoden	38
Drei-Schluchten-Museum	34
Drei-Schluchten-Staudamm	255
Drepung	248
Duftberg Xiang Shan	132
Dujiangyan	27 - 28
Dunhuang	45 - 48
Dynamic Yunnan	94

E

Eckturm	126
Einzelpagode Yi Ta	38
Eisenpagode	201
Elefantenrüsselberg	50
Elternhaus Mao Zedongs	204
Emeishan	238 - 239
Emeishan-Museum	239
Emin-Minarett	223
Ende der Welt	145 - 147
Er Hai See	39
Erste Brücke unter dem Himmel	206
Erster Wachtturm	222
Erwang Miao	28

F

Fangbang Zhonglu	154
Feilai Feng	60
Felsinschrift (Tai Shan)	173
Fengdu	254
Fenghuang	207
Fengxian-Dian-Palast	121
Festung Jiayuguan	222
Flammende Berge	223
Flusslagerhaus	47
Foguang Si	234
Foshan	87 - 88
Friedhof der Kong-Sippe	176
Fubo Shan	50
Fuchsgeisttheater	207
Fuhu Si	239
Fulong Guan	27
Fünf-Pavillon-Brücke	212
Fünf-Ziegen-Monument	84
Fuxing Lu	38
Fuzimiao	111

G

Gantong-Seilbahn	39
Gaochang	223
Garten Canglangting	166
Garten der Politik meiner Wenigkeit	165
Garten des Meisters der Netze	166 - 167
Garten Liu Yuan	167
Garten Shihu Yuan	229
Garten Shizilin	165
Garten zum Rückzug zur Besinnung	168
Gedenkstätte des Nanjing-Massakers	111
Gedenktempel Wuhou Ci	25
Ge-Garten	213
Gelbe Kranichpagode	256
Geschichtsmuseum (Hongkong)	70
Geschichtsmuseum (Xi'an)	187
Gezhou-Damm	255
Glocken- und Trommelturm	185
Goldpeitschenbach	205
Gongsheng-Schnapsbrennerei	210
Gouvernementshügel	140
Gouverneursresidenz	141
Gräbermuseum (Luoyang)	105
Grabhügel	188
Große Mauer	132
Große Moschee	186
Großer Buddha von Leshan	237
Großes Theater (Shanghai)	153
Große Wildganspagode	187
Grottenmuseum	46
Guangxi	196 - 197
Guangzhou	80 - 89
Guanqian Jie	166
Guge-Ruinen	252
Guilin	49 - 57
Guiyang	196 - 197
Guizhou	196 - 197
Guoliang Cun	200
Gu Shan	59
Gutshöfe (Pingyao)	236
Gyantse	250

H

Hainan	144 - 149
Hakka-Wohnburgen	180 - 181
Halle der Anspruchslosigkeit & Ernsthaftigkeit	18
Halle der Freude und der Langlebigkeit	130

Halle der Harmonie der Mitte	119
Halle der Harmoniewahrung	119
Halle der Himmelskönige	126
Halle der höchsten Harmonie	119
Halle der ziehenden Wolken	131
Halle des Altwerdens durch Güte	130
Halle des Erntegebets	124
Halle zur Geistespflege	120
Hängende Mauer	222 - 223
Hängendes Kloster	43
Han-Grab am Gui Shan	227
Han-Grab am Löwenberg	228
Han-Gräber (Xi'an)	190
Hangzhou	58 - 62
Hanlin-Residenz	210
Han-Mauer	47
Happy Valley	65
Häuptlingspalast Mu Fu	101
Hefang Jie	60
He-Garten	213
Henan	198 - 202
Himmelsaltar	124 - 125
Himmelsfriedenstor	122
Himmelstempel	124 - 125
Hinterer Berg	76
Hinterer See	135
Hollywood Road	66
Holzpagode von Yingxian	43
Holzschnitzereiausstellung	210
Hongjiang	208
Hongkong	63 - 75
Hongkong Island	66 - 67
Hongkong Park	66 - 67
Hotan	225
Hualin-Jademarkt	85
Huangdu	208
Huanglong	241
Huangshan	76 - 79
Huangshizhai	205
Huangxing Nanlu	203
Huaqing Chi	187
Huating-Kloster	92
Huayan-Klöster	41
Hügel der Langlebigkeit	130
Hunan	203 - 208
Hundert-Drachen-Lift	206

I

Id-Kah-Moschee	226
Impression Liu San Jie	52
Impression West Lake	61
Insel Gulangyu	179
Insel Juzi Zhou	204
Insel Nanhu Dao	131
International Commerce Center	70
International Finance Center	66

J

Jadebuddhatempel	159
Jadedrachenschneeberg	102
Jadekaisertempel	173
Jadetorfestung	47
Jambeyang	231
Jiaozuo	200
Jiaxiu-Pavillon	196 - 197
Jiayuguan	222
Jiefang Lu	144
Jieyindian	239
Jigu Ge	126
Jinbi-Platz	91
Jin Ci	235
Jin Ding	239
Jingzhou	255
Jingzhou-Museum	255
Jinjiang	52
Jinmao-Tower	158
Jinsha-Museum	25 - 26
Jinshanling	132 - 133
Jiuzhaigou	240 - 243
Jokhang	248
Jüdisches Viertel (Kaifeng)	201
Junshan Dao	256

K

Kaifeng	200 - 201
Kailash	251 - 252
Kaili	197
Kaiping	216
Kaisergräber	134
Kaiserliches Himmelsgewölbe	124
Kaiserpalast (Peking)	117 - 121
Kangding	230 - 231
Kangxi Ceremony	21
Kanton	80 - 89

INDEX

Kantoner Kunstmuseum	84
Karakul-See	226
Karez-Bewässerungssystem	223
Kashgar	225 - 226
Katholischen Kirche (Qingdao)	141
Kerti Gompa	244
Klaviermuseum	179
Kleiner Goldberg	212
Kleines Yingzhou	59
Kleine Wildganspagode	187
Klein Qingdao	142
Kloster Baoguo Si	239
Kloster Chonggo Gompa	231
Kloster Ci'en Si	187
Kloster Daming Si	213
Kloster der azurblauen Wolken	132
Kloster der sechs Banyanbäume	83
Kloster Ganden Sumtseling	232
Kloster Guangxiao Si	83
Kloster Hanshan Si	167
Kloster Jianfu Gong	28
Kloster Lingyan Si	173
Kloster Qiongzhu Si	92
Klosterruinen von Subashi	225
Kloster Samye	250
Kloster Shangqing Gong	28
Kloster Tianshi Dong	28
Kloster Yuantong Si	91
Knüppelberg	20
Kohlehügel	128
Konfuzius	174 - 176
Konfuziustempel (Deqing)	217
Konfuziustempel (Peking)	127
Konfuziustempel (Pingyao)	236
Konfuziustempel (Qufu)	174
Kong-Residenz	176
Königsgräber (Tsedang)	249
Kowloon	70
Kuan Zhai Xiangzi	27
Kulturzentrum (Hongkong)	70
Kumbum-Kloster Ta'er Si	98
Kunming	90 - 95
Kunming-See	130
Kunstmuseum (Hongkong)	70
Kuqa	224 - 225

L

Labrang-Kloster	97

Lamakloster Yonghe Gong	126 - 127
Landungsbrücke	140
Langmusi	244
Lan Kwai Fong	73
Lantau	71
Lanzhou	96 - 99
Laojun Ge	28
Lao Shan	142
Lao She Teehaus	135
Lehrhalle	126
Leifeng-Pagode	59
Leshan	237 - 238
Lhasa	246 - 249
Lichtgipfel	77
Lichtshow (Hongkong)	73
Lidui-Park	27
Lijiang	100 - 103
Li Jiang Fluss	51
Lingyin Si	60
Lingyun-Tempelkloster	238
Litang	231
Litang Chöde Gompa	231
Liulichang	126
Liyuan-Theater	135
Lokomotivfabrik	42
Long Bar	159
Longjing-Dorf	61
Longji-Terrassenfelder	52
Longmen-Grotten	106 - 107
Longquan Si	234
Longsheng	52 - 53, 55
Lotosblüten-Grotte	107
Lotus Lane	135
Löwengipfel	76
Löwenhügel Shizi Shan	101
Luding	230
Luhuitou-Park	144
Luohan-Tempelkloster	32
Luoyang	104 - 109
Luoyang-Museum	105
Luze-Gildenhaus	104

M

Macau	72 - 73, 75
Mahao-Felsgräbern	238
Manasarovar	252
Man-Mo-Tempel	66
Mao-Mausoleum	123

 INDEX

Maoming Nanlu	159
Mao-Museum	204
Marinemuseum	142
Marmorboot	131
Mauermuseum	132
Mausoleum der Aman Isa Khan	225
Mausoleum des Ersten Kaisers	188 - 189
Mausoleum des Kaisers Jing	190
Ming-Gräber	134
Ming-Grab Xiaoling	112
Mission Hills Golf Club	214
Mittagstor	118
Mittleres Himmelstor	172 - 173
MOCA Shanghai	153
Mogao-Grotten	46
Mondberg	52
Mondsichelsee	47
Mongkok	70
Moschee Qingjing Si	180
Moslemviertel	186
Mount Everest	251
Muschelausstellung	145
Museum der hanzeitlichen Bildkunst	228
Museum des Guo-Staates	202
Museum des Nanyue-Königsmausoleums	84
Musikfontäne	190
Mutianyu	132

N

Nachtgarten	168
Nanchan Si	234
Nan Dajie	236
Nanjing	110 - 113
Nanjing 1912	111
Nanjing Lu	153
Nanjing-Museum	111
Napa-See	232
Nathan Road	70
Nationales Schwimmzentrum	129
Nationalitätendorf und -museum	93
Nationalmuseum	122
Nationalstadion	129
Nationaltheater	123
Naxi-Musik	100
Nebengrab der Prinzessin Yongtai	190
Nebengrab des Kronprinzen Yide	190
Nebengrab des Prinzen Zhanghuai	190
Neun-Drachen-Mauer	41

Ningshou Gong	121
Norbulingka	248
Nordberg Bei Shan	35
Nordtor (Dali)	38

O

Oberes Kloster	41 - 42
Observatorium Guanxing Tai	108
Ocean Park	71
Octopus Card	64
Olympiapark	129
Opernhaus (Kanton)	86
Oriental Pearl Tower	158
Ostpagode	91

P

Pacific Place	66 - 67
Pagode Beisi Ta	165
Pagode der sechs Harmonien	61
Pagode Songyuesi Ta	108
Pagode (Wuzhen)	210
Palastgarten (Chengde)	20
Palastgarten (Peking)	120
Palasttheater	130
Pamir	226
Panda-Aufzuchtstation	25
Panlong-Schlucht	217
Pavillon Aiwan Ting	204
Pavillon der ziehenden Wolken	76
Pavillon des Buddhaweihrauchs	131
Peak	67
Peak Tram	64
Peking	114 - 139
Pekingoper	135
Peking-Straße	82
Pelkhor-Chöde-Kloster	250
Peninsula Hotel	73, 75
Perlfluss	81 - 82, 214 - 219
Pfandleihe	210
Pingyao	235 - 236
Pipa-Berg	34
Po-Lin-Kloster	71
Potala-Palast	247
Prinzengräber	51
Provinzmuseum Gansu	96
Provinzmuseum Guangdong	85
Provinzmuseum Hubei	256
Provinzmuseum Hunan	204

Provinzmuseum Sichuan	24
Provinzmuseum Xinjiang	224
Provinzmuseum Yunnan	91
Provinzmuseum Zhejiang	59
Pudacuo-Nationalpark	232
Pudong	157 - 158
Pule Si	20
Puning Si	21
Pusa Ding	234
Putuozongcheng Miao	21
Puxiu-Brücke	208

Q

Qianling	190
Qianling Shan	197
Qianmen Dajie	126
Qianmen-Viertel	126
Qianming-Tempel	196
Qianxi Si	107
Qianyang Gucheng	208
Qingcheng Shan	28
Qingdao	140 - 143
Qingdao Lu	140
Qing-Gräber	134
Qinghai-Tibet-Bahn	249
Qingping-Markt	82
Qingyin Ge	239
Qingyun-Kloster	217
Qingzhou	228
Qingzhou-Museum	228
Qinyan Lou	28
Qiyun-Pagode	106
Quanzhou	180 - 182
Qufu	174 - 177
Qutang-Schlucht	254

R

Rathaus (Shanghai)	153
Reisterrassen von Yuanyang	94
Repulse Bay Beach	71
Residenz des Prinzen Gong	129
Rize-Tal	241
Rongbao Zhai	126
Rong Hu	49
Rongjiang	197
Rotes Tor	172
Ruinenstadt Jiaohe	223
Ruinenstätte der Yin	199

S

Sangdui	231
Sanjiang	197
Sanlitun	135
Sanmenxia	202
Sanxingdui	28
Sanxingdui-Museum	28
Sanya	144 - 149
Schattentheater	210
Schmaler Westsee	212
Schmetterlingstal	145
Schneeschatzgipfel	241
Seebühne	210
See Dian Chi	92
Seeverkehrsmuseum	182
Seidenbrokatweberei	210
Seidenmuseum	165
Seidenstraße	220 - 226
Sera	248 - 249
Shaanxi Opera House	190
Shamian	81
Shandong	227 - 229
Shanghai	150 - 163
Shanghai Centre Theatre	159
Shanghai Museum	153
Shanghai Tower	158
Shangri-La	230 - 232
Shan Hu	49
Shanhua-Kloster	42
Shanxi	233 - 236
Shaolin-Kloster	107 - 108
Shaoshan	204
Shaping	39
Shegar	251
Shennong Xi	255
Shenzhen	214 - 215
Shibaozhai	254
Shichahai-Viertel	128, 135
Shigatse	250 - 251
Shiqiao	197
Shuanglin Si	236
Shudu-See	232
Shufeng Yayun	26
Shuzheng-Tal	240
Sichuan	237 - 244
Siebensternfels-Park	217
Sieben-Sterne-Park	50
Sifang Jie	101

Singende Sanddünen	47
SoHo	73
Sommerpalast (Chengde)	18 - 20
Sommerpalast Yihe Yuan	130 - 131
Songpan	240
Song Shan	107 - 108
Songyang-Akademie	108
Sonnenscheinfels	179
Stadtgotttempel (Pingyao)	236
Stadtgotttempel (Shanghai)	154
Stadtmauer (Datong)	42
Stadtmauer (Jingzhou)	255
Stadtmauer (Peking)	126
Stadtmauer (Xi'an)	186
Stadtmuseum (Dali)	38
Stadtplanungsmuseum (Peking)	123
Stadtplanungsmuseum (Shanghai)	153
Stadttor Zhonghua Men	111
Stammhäuser	235
Stanley	71
Star Ferry	64
Statue Square	66
Steinwald	93
Stelenwald	186
Sternensee	217
Straße des 3. Monats	38
Strohhütte des Du Fu	24
Südliches Himmelstor	173
Südtor (Kaifeng)	201
Südtor (Dali)	38
Südtor (Datong)	42
Suleiman-Moschee	223
Sun Yat-sen Mausoleum	112
Sun Yat-sen Straße	178
Super Brand Mall	158
Suzhou	164 - 169
Suzhou-Museum	165
Suzhou-Straße	131
Synagoge (Kaifeng)	201

T

Tai'an	170 - 171, 177
Taihang-Gebirge	199 - 200
Taihuai	233
Taihua-Kloster	92
Tai Shan	170 - 177
Taiyuan	235
Taklamakan	225
Tangkou	216
Tashilhunpo	251
Tayuan Si	234
Teehaus Huxin Ting	154 - 155
Teemuseum	67
Teich des schwarzen Drachen	101
Tempel der Ahnenverehrung	107
Tempel des Herzogs von Zhou	176
Tempelkloster Dafo Si	221
Tempelkloster des Seelentals	112
Tempelkloster Hongfu Si	197
Tempelkloster Hualin Si	85
Tempelkloster Kaiyuan Si	182
Tempelkloster Nanputuo Si	179
Tempelkloster Wofo Si	132
Tempelkloster Xuanmiao Guan	166
Tempel Liuli Dian	102
Tempel Yan Miao	176
Tempel Yuanmiao Guan	182
Tempelkloster Zhonghe Si	39
Tempel Zhenguo Si	236
Tempel Zhongyue Miao	108
Temple-Street-Nachtmarkt	73
Terrakotta-Armee	188 - 189
The House of Dancing Water	73
Tian'anmen-Platz	122 - 123
Tian'anmen-Tor	122
Tianfu-Platz	22 - 23
Tianmen Shan	207
Tianzi-Anleger	82
Tianzifang	154, 159
Tianzi Shan	206
Tibet	245 - 252
Tigersprungschlucht	102
Times Square	67
Tingri	251
Tongdao	208
Tongli	168
Tongxiang-Oper	210
Tor der höchsten Harmonie	119
Trommel- und Glockenturm	129
Tropfsteinhöhle Huanglong Dong	206
Tropfsteinhöhle Ludi Yan	50
Tsaparang	252
Tsedang	249 - 250
Tsim Sha Tsui	70
Turfan	222 - 224
Turm der Äonen	101

U

Überzeugungsgipfel 76
Unteres Kloster 42
Urumqi 224

V

Verbotene Stadt .... 117 - 121
Viehmarkt (Kashgar) 225
Vogelnest 129
Volksauditorium .... 33 - 34
Volkskongresshalle 123
Volkskunstpark Yangjiabu 229
Volkspark (Shanghai) 153
Volksplatz (Chongqing) .... 33 - 34
Volksplatz (Guiyang) 196
Volksplatz (Shanghai) 153
Volksplatz (Weifang) 229
Vorderer Berg 77
Vorderes Tor 123

W

Wandelgang 131
Wanfo Ding 239
Wanfo Ge 234
Wangcheng-Park 104
Wangcheng-Platz 104
Wangfujing 116
Wangjianglou-Park 25
Wannian Si 239
Wanshou Shan .... 130 - 131
Wanxian Lou 172
Weifang 229
Weltdrachenmuseum 229
Weltraummuseum 70
Wenfeng-Pagode 199
Wenhua Dian 120
Wenshu Fang 23
Wenshu-Kloster 23
Westberge Xi Shan 92
Westpagode 91
Westsee 59
Westtibet .... 251 - 252
Westtor (Dali) 38
White Swan Hotel 81
Willkommenskiefer 77
Wind- und Regenbrücken 52
Wohnhaus des Lei Lütai 235

Wohnhöhlen 202
World Financial Center 150, 158
Wudaifu-Kiefer 173
Wuhan 256
Wulingyuan .... 205 - 207
Wu-Schlucht 255
Wutai Shan .... 233 - 234
Wuying Dian 120
Wuyou-Tempelkloster 238
Wuzhen 210

X

Xaldarang-Gebirge 224
Xiaguan 37
Xiahe 97
Xiamen .... 178 - 183
Xiamen Undersea World 179
Xi´an .... 184 - 191
Xiangcheng .... 231 - 232
Xiantong Si 234
Xiequ Yuan 131
Xihu Tiandi 59
Xiling-Schlucht 255
Xincun 145
Xinduqiao 231
Xining 98
Xintiandi 154
Xixiangchi 239
Xizha-Gebiet 210
Xizhangcun Zhen 202
Xu-Garten 212
Xumifushou Miao 21
Xuzhou .... 227 - 228

Y

Yading .... 231 - 232
Yajiang 231
Yalong-Bucht 145
Yamen 236
Yangjiajie 206
Yangshuo .... 51 - 52, 55
Yangtze .... 253 - 256
Yangtze-Schluchten .... 253 - 255
Yangtzeseilbahn 32
Yangzhou .... 212 - 213
Yao Shan 51

Yarkant	225
Yashow-Markt	116
Yichang	255
Yingxiong-Hügel	179
Yin Museum	199
Youlicheng	199
Yuanjiajie	206
Yuecheng	217
Yuelu-Akademie	204
Yuelu Shan	204
Yuexiu-Park	84
Yueyang	256
Yueyang-Turm	256
Yu-Garten	154
Yu Ling	134
Yulong He Fluss	51
Yumbulakhang	249
Yungang-Grotten	43 - 44
Yungu-Seilbahn	76
Yunmen Shan	228
Yuntai Shan Landschaftspark	199 - 200
Yuping-Seilbahn	77
Yutou Cun	208

Z

Zanda	252
Zechawa-Tal	240
Zehn-Meilen-Galerie	206
Zehntausend-Buddha-Grotte	107
Zentralplatz (Guilin)	49
Zhangjiajie	205 - 207
Zhangye	220 - 221
Zhaoqing	217
Zhaoxing	197
Zhengyang Lu	49
Zhongdian	231 - 232
Zhongshan Zhonglu	49
Zhuhai	215
Zhujiang New Town	85
Zhuyu Feng	200
Zijin Shan	112
Zili	216
Zu Miao	87 - 88

ANZEIGE

BUCHTIPP
China verrückt ... und schonungslos ehrlich

Lukas Weber reist zum wiederholten Mal durch China. Für verschiedene Reisemagazine berichtet er aus dem Reich der Mitte. Dieses Buch vereint seine Artikel mit den verrückten und schonungslos ehrlichen Tagebuchaufzeichnungen, die auf seiner sechsmonatigen Landeserkundung entstanden sind.

In China bin ich verrückt geworden. Das zumindest behauptet mein Therapeut. Ich entgegne, in einem verrückten Land erfordert selbst die Normalität ein gewisses Maß an Wahnsinn. Den Wahnsinn hätte ich aber dort lassen sollen, kontert der Therapeut belehrend.

Zu spät gewarnt! Jetzt ist er da – manifestiert in Buchstabenkolonnen, Satzparaden und Titelaufmärschen, begleitet von feierlich herausgeputzten Farbfotografien auf begeistert rauschendem Papier. Aus riesigen Lautsprechern tönen dröhnend die Kommentatoren: »Ein aberwitziges und geistreiches Buch voller Abenteuer und erstaunlicher Begegnungen in einem stets aufs Neue verblüffenden Land. Köstliche Lektüre für alle, die von ihrem Lehnsessel aus in ein China frei von Klischees eintauchen möchten; inspirierender Reiseführer und Verhaltensratgeber für jene Wagemutigen, die das Reich der Mitte selbstständig bereisen wollen; und reichhaltiger Wissensquell für alle, die China bereits zu kennen glauben. Kurzum, wenn Sie sich ernsthaft mit dem Reich der Mitte auseinandersetzen wollen, so ist dieses Insider-Werk ein absolutes Muss! Halten Sie China hingegen für uninteressante Zeitverschwendung, dann ist Ihnen dieses Buch erst recht zu empfehlen!«

Vorsicht!
Dieses Buch macht verrückt – verrückt nach China.

▶ Die Einstimmung auf Ihre Chinareise ist als Taschenbuch im Buchhandel erhältlich oder direkt auf: http://shop.traveldiary.de

ANZEIGE

BUCHTIPP – Die Einstimmung auf Ihre Chinareise
Die besten Reiseberichte – China

Längst ist China kein Reich mehr, das hinter der Großen Mauer dem Rest der Welt verborgen bleibt. Die „Autoren ohne Grenzen" haben das Land auf ihre Weise bereist, sind der Faszination verfallen und an seinen Kuriositäten gewachsen.

Kaum ein Land erwartet uns mit einer größeren Vielfalt zwischen modernen Metropolen und noch fast unberührtem Hinterland, zwischen einer für uns ungewohnten Weltanschauung und einer Jahrtausende alten Hochkultur.

Ob in Hongkong, Shanghai oder Peking, entlang der Großen Mauer, bei der Terrakotta-Armee von Xi'an, in der Bergwelt von Huangshan, entlang der Seidenstraße oder auf dem Dach der Welt, überall sind sie unterwegs. Auf eigene Faust, mit dem Zug, allein oder mit Kind sind sie durch China gereist und haben Erlebnisse mitgebracht, die der traveldiary.de Reiseliteratur-Verlag gemeinsam mit China Tours, der Deutschen Zentrale für Globetrotter e.V. und Globetrotter Ausrüstung zu den besten Reiseberichten aus und über China zusammengefasst hat.

▶ Die Einstimmung auf Ihre Chinareise ist als Taschenbuch erhältlich im Buchhandel oder direkt auf:
http://shop.traveldiary.de